国家级精品课程教材

高职高专经管类专业核心课程教材

客户关系管理
与客户经营

林昭文　李业明　■主　编
吕　钦　张利深　秦　琴　■副主编

清华大学出版社

北　京

内 容 简 介

本书坚持"以职业岗位为课程目标,以职业能力为课程核心,以职业标准为课程内容,以学生为主体,以教师为引导,以最新客户关系管理与客户经营为课程视野"的课程设计的理念,对客户关系管理与客户经营的基本概念、特点、观念、理论进行概述,为从事客户关系管理与客户经营工作奠定基础;对客户信息调查、客户数据挖掘、联系客户、产品展示和公共活动展开分析,使学习者掌握从事客户关系管理与客户经营应该从何处入手、怎样入手;最后阐述投标、配送、售后服务、新客户开发、优质客户拓展、提升客户满意度和CRM应用系统等客户关系管理与客户经营的核心内容,使学习者具备实际操作能力。

本书适合高职高专经济管理类专业和秘书类专业作为教材使用,亦可供社会读者参考。

本书封面贴有清华大学出版社防伪标签,无标签者不得销售。
版权所有,侵权必究。举报:010-62782989,beiqinquan@tup.tsinghua.edu.cn。

图书在版编目(CIP)数据

客户关系管理与客户经营/林昭文等主编. —北京:清华大学出版社,2010.9(2023.7重印)
(高职高专经管类专业核心课程教材)
ISBN 978-7-302-23705-1

Ⅰ. ①客… Ⅱ. ①林… Ⅲ. ①企业管理:供销管理—高等学校:技术学校—教材 Ⅳ. ①F274

中国版本图书馆 CIP 数据核字(2010)第 164540 号

责任编辑:刘士平
责任校对:袁 芳
责任印制:朱雨萌

出版发行:清华大学出版社
    网 址:http://www.tup.com.cn, http://www.wqbook.com
    地 址:北京清华大学学研大厦 A 座 邮 编:100084
    社 总 机:010-83470000 邮 购:010-62786544
    投稿与读者服务:010-62776969, c-service@tup.tsinghua.edu.cn
    质 量 反 馈:010-62772015, zhiliang@tup.tsinghua.edu.cn
印 装 者:涿州市般润文化传播有限公司
经 销:全国新华书店
开 本:185mm×260mm 印 张:18.5 字 数:448 千字
版 次:2010 年 9 月第 1 版 印 次:2023 年 7 月第 15 次印刷
定 价:49.00 元

产品编号:039947-03

前言
Foreword

随着行业竞争的日趋白热化，个性化客户服务成为企业发展的关键，但由于客户关系专业教育的缺乏，这方面人才显得严重不足，现有从业人员素质也亟待提高。本编写组在行业和企业专家的指导下，根据不同企业对客户管理与客户服务人才的各种需求类型，对课程体系进行了改革。培养面向企业需求、掌握客户关系管理和客户经营的内涵和前沿性发展理论，并具备一定的客户管理和客户经营操作技能的专业性技术人才。

本书坚持"以职业岗位为课程目标，以职业能力为课程核心，以职业标准为课程内容，以学生为主体，以教师为引导，以最新客户关系管理与客户经营为课程视野"的课程设计的理念，以具体的"客户管理与客户服务项目"为平台，按照"具体工作岗位→分析实际的工作过程→提炼典型工作任务→转化为学习领域→设计教学项目→形成课程结构"的流程进行基于工作过程、行动导向的课程设计，形成"教、学、做"一体化的课程。

本书首先对客户关系管理与客户经营的基本概念、特点、观念、理论进行概述，为从事客户关系管理与客户经营工作奠定基础；其次，对客户信息调查、客户数据挖掘、联系客户、产品展示和公共活动展开分析，使学习者掌握从事客户关系管理与客户经营应该从何处入手、怎样入手；最后，阐述投标、配送、售后服务、新客户开发、优质客户拓展、提升客户满意度和CRM应用系统等客户关系管理与客户经营的核心内容，以使学习者熟练掌握并能灵活运用。

为方便教学，本教材附有各章"实训报告范本"。

本教材由广东科学技术职业学院林昭文教授、李业明高级经济师主编，吕钦老师、张利深老师和秦琴老师副主编，金蝶软件（中国）有限公司集团副总裁靳慧勇先生和珠海摩天宇航空发动机维修公司市场销售部总监李威先生主审。第1章由林昭文教授编写，第2章由吴岩副教授编写，第3章、第13章由秦琴老师编写，第4章、第6章由李荣老师编写，第5章由李斌宁副教授编写，第7章、第8章由张利深老师编写，第9章、第10章由吕钦老师编写，第11章、第12章由熊玉娟博士编写，最后全书由林昭文教授和李业明高级经济师总纂定稿。

本书可作为高职高专院校市场营销专业、工商企业管理专业及相关专业的全国通用教材，也可供企业在职人员培训使用。

在编写过程中，我们借鉴和参考了大量国内外的相关书籍和教材，并得到了珠海摩天宇航空发动机维修公司市场销售部总监李威先生策划和指导。在此，谨向所有相关作者表示诚挚的感谢。由于作者水平有限，书中缺陷和错误在所难免，敬请读者朋友不吝赐教。

编　者
2010年7月

001　第1章　概述
- 1.1　客户、客户关系与客户关系管理的含义和作用　/ 002
- 1.2　客户经营的核心理念　/ 008
- 1.3　客户经营的 5 个关键能力　/ 010
- ■ 理念总结　/ 015
- ■ 理念应用　/ 016
- ■ 实务训练　/ 019

020　第2章　调查客户信息
- 2.1　客户信息系统　/ 021
- 2.2　客户调研方法　/ 023
- 2.3　客户调研流程　/ 026
- 2.4　客户调研报告　/ 028
- ■ 理念总结　/ 035
- ■ 理念应用　/ 036
- ■ 实务训练　/ 037

039　第3章　数据挖掘与 CRM
- 3.1　数据挖掘　/ 040
- 3.2　数据挖掘在 CRM 中的应用　/ 048
- ■ 理念总结　/ 052
- ■ 理念应用　/ 052
- ■ 实务训练　/ 054

055　第4章　联系客户
- 4.1　联系客户概述　/ 055
- 4.2　联系客户的实施　/ 058
- 4.3　联系客户过程中的沟通　/ 064

- 理念总结 / 068
- 理念应用 / 069
- 实务训练 / 072

074　第5章　产品演示

5.1　产品演示概述 / 075
5.2　产品演示的过程 / 077
5.3　产品演示的技巧 / 078
5.4　客户异议处理 / 082
5.5　促进交易的最后一步 / 086
- 理念总结 / 092
- 理念应用 / 093
- 实务训练 / 095

097　第6章　公关活动

6.1　公关活动概述 / 098
6.2　公关活动中的危机管理 / 101
6.3　公关活动礼仪 / 105
- 理念总结 / 111
- 理念应用 / 111
- 实务训练 / 114

116　第7章　投标

7.1　招投标概述 / 117
7.2　投标项目的研究与选择 / 122
7.3　投标的技巧 / 125
7.4　投标报价策略及技巧 / 127
- 理念总结 / 132
- 理念应用 / 132
- 实务训练 / 135

137　第8章　配送

8.1　配送概述 / 138
8.2　配送网络 / 141
8.3　配送模式 / 147
8.4　配送增值服务 / 150
- 理念总结 / 152
- 理念应用 / 153
- 实务训练 / 155

157　第 9 章　售后服务
　　9.1　售后服务概述　/ 157
　　9.2　售后服务的实施　/ 159
　　9.3　处理客户投诉　/ 170
　　■ 理念总结　/ 172
　　■ 理念应用　/ 172
　　■ 实务训练　/ 175

177　第 10 章　新客户开发
　　10.1　新客户的理念　/ 177
　　10.2　新客户开发　/ 184
　　■ 理念总结　/ 190
　　■ 理念应用　/ 191
　　■ 实务训练　/ 194

196　第 11 章　优质客户拓展
　　11.1　顾客价值　/ 197
　　11.2　优质客户的内涵　/ 199
　　11.3　优质客户拓展的意义　/ 201
　　11.4　优质客户拓展　/ 202
　　■ 理念总结　/ 211
　　■ 理念应用　/ 211
　　■ 实务训练　/ 214

216　第 12 章　提升客户满意度
　　12.1　客户满意度管理　/ 217
　　12.2　客户忠诚度管理　/ 220
　　12.3　客户体验管理　/ 225
　　12.4　一对一营销　/ 227
　　■ 理念总结　/ 231
　　■ 理念应用　/ 232
　　■ 实务训练　/ 234

236　第 13 章　CRM 应用系统
　　13.1　CRM 应用系统分类　/ 237
　　13.2　CRM 应用系统结构　/ 243
　　13.3　CRM 系统的功能模块　/ 248
　　■ 理念总结　/ 250
　　■ 理念应用　/ 251

■ 实务训练 / 253

254 附录 实训报告范本

附录1 上海金丰易居客户关系管理与客户经营情况调研报告 / 254

附录2 广东省英德市市场需求预测分析报告 / 257

附录3 基于数据挖掘的 CRM 在酒店行业中的应用策略
实训报告 / 261

附录4 烟草公司客户经理拜访频次调整实训工作报告 / 263

附录5 某配送车介绍范本 / 266

附录6 为某企业的一次年终总结暨表彰大会拟出会议筹备方案的
实训报告 / 267

附录7 投标报价实训报告 / 269

附录8 药物配送实训报告 / 272

附录9 ××汽车企业售后服务运作实训报告 / 273

附录10 可口可乐的战略性潜在客户挖掘计划 / 277

附录11 某通用耗材厂家客户开发实训报告 / 279

附录12 提高寿险公司服务客户满意度途径的实训报告 / 281

附录13 商业银行分析型 CRM 系统的发展与问题调研
实训报告 / 283

286 参考文献

概 述

■ 学习目标

了解和掌握客户关系管理与客户经营的主要理念,能运用所学理念和技能来规范"客户关系管理与客户经营"的相关实务操作,并依照行业职业规范,强化学生的"职业素养"。

实务引例　西门子:"客户主宰我们的行动"

在中国有两大主要 GSM 网络运营商(中国移动和中国联通)购买了西门子的设备。由于出售的大部分设备都被用于这两大运营商的省网,所以西门子所为之服务的实际上是遍布中国的 35 家中国移动和中国联通分支机构。随着电信市场的逐渐成熟,供应商们以产品论英雄的做法已显得越来越不合时宜。整个行业正从过去的"以产品为中心"向"以客户为中心"转变。西门子崇尚"客户主宰我们的行动"。西门子的目标是为全世界的客户创造价值而不仅仅局限于中国客户。

与产品不同,好的服务并不是竞争对手说抄袭就抄袭的。为了保持西门子的优势以及在电信行业的领导地位,西门子始终致力于为中国,乃至全世界的西门子移动用户提供最佳服务。西门子立志成为移动网络竞争队伍中独树一帜的服务供应商,以最合理的价格提供可持续性、专业性服务。

"以客户为中心,尽职,负责,高效,尽责,可靠,创新,善于协作和自信"是西门子全体服务人员的 9 个共同价值观。有关企业策略、价值观和目标的信息通过管理层信件、小组会议和专门的研习会自上而下传达至每位员工的。每个员工都很清楚地知道他/她在客户面前就代表着 SSMC 的形象,他/她应该担负起向客户提供企业价值的责任。

为了优化人力资源的使用从而改善对客户的关注度,西门子历经了一些组织变革:依托于现有的服务团队建立 CIC(客户互动中心)和 RNCC(区域网络关怀中心)。

除了 CIC 和 RNCC 之外,设于德国总部的 NCC(网络关怀中心)作为强大的技术后盾,那些当地企业无法解决的客户案例都将会被转交到 NCC,在那里有最优秀的技术和研发团队。

(资料来源:佚名. 西门子客户关系管理应用案例研究. 呼叫中心与 BPO 行业资讯网, http://www.51callcenter.com/Contents/? fid=156&webid=26848, 2009-3-25)

只有真正做到了以客户为中心,了解不同客户群的特点和需求,有针对性地通过适当的渠道进行适当沟通,提供适当的产品和服务,并提供各个层面的内部运营和执行保障,才能将客户期望值管理融入客户关系管理与客户经营的各方面工作中,在提高客户的忠诚度和满意度的同时,保留高价值客户,发掘新客户,提升客户利润率,实现企业绩效和股东价值的提升。

1.1 客户、客户关系与客户关系管理的含义和作用

1.1.1 客户的含义

高价值的、回头的、满意的、创利的客户是全世界所有盈利型和增长型公司的焦点。美洲航空公司CEO,Donald J. Carty(1999)说过,自由市场竞争的精灵就是客户,是他们决定着谁输谁赢;而且最终,客户将是最大的赢家。

Webster和Wind对客户的定义为:所有本着共同的决策目标参与决策制定并共同承担决策风险的个人和团体,包括使用者、影响者、决策者、批准者、购买者和把关者。

著名的管理大师彼得·德鲁克(Peter Drucker)说过:"企业经营的真谛是获得并留住顾客。"顾客利润率主要来源于老顾客的保留。因此,高度忠诚的客户是企业最重要的资产。越来越多成功企业的实践证明,企业成功的关键在于关注顾客需求、为顾客提供适销对路的产品与服务、有效地管理与顾客的关系,以确保顾客有较高的满意度,从而有较高的忠诚度,对企业的产品和服务保持持续地购买行为。

1.1.2 客户关系的主要意义

在当今快速发展和高度竞争的市场空间中,产品不断更新换代,新产品层出不穷,单纯依靠产品已很难延续持久的竞争优势,通过关注顾客的需求,提供个性化的产品与服务,保持与客户亲密的、个性化关系,从而提高顾客满意度与忠诚度,最终实现企业与客户的双赢。图1-1说明了企业经营中心从产品向客户的转移。

图1-1 企业经营中心的转移

如今,企业的产品优势、服务优势已不复存在,因为它们很容易被模仿,可以很快被竞争对手复制,而企业与客户的关系则是不能复制的,它是企业的核心竞争力。因此,企业与客户关系的重要性不言而喻。

【实务思考1-1】 蓝光地产的增值服务

2009年,蓝光地产在大成都范围销售住房11 311套,销售金额超过60亿元,连续7年蝉联大成都房地产市场销售冠军。作为客户关系管理(CRM)的先行者,蓝光地产认为,CRM的"最高境界"已经并不是客户对每项服务的满意与否,这只是一个开发商对自己产品和服务的最基本要求。"我们发现,如今如果仅仅是以'满意度'作为衡量我们CRM的更高标准,那么我们和客户、住户之间的关系,永远也只能是买家和卖家的关系,很难更好地在客户服务基础上对社区文化进行营造。所以,我们希望通过自身的增值服务来引导未来的物业增值。房地产客户越来越追求心灵感受,而不是单纯的居住感受。整个幸福宜居指数体系将从'产品'、'家园'、'社会'和'价值'四大层面,以客户的全方位身心感受为出发点构建整个指数和评价系统。"对于"客户幸福感"的追求,蓝光早在2004年就已经付诸实践。蓝光不断对CRM的研究和升华,就是为了让客户每时每刻都能感受到优质服务带来的愉悦心情、便利生活和增值喜悦。客户对产品、服务水准的每个细节的意见,都会被纳入这个体系进行整理和分析,甚至细到了"小区道路的设计方式",以及"入户大堂的装修"等。而对于客户的投诉,还细分成了"投诉渠道"、"响应速度"、"服务态度"、"处理效率"以及"解决结果"等几个方面。

分析说明: "满意度"是否能作为衡量CRM的最高标准?根据客户的定义和客户关系的意义来分析。

理解要点:

(1) 一个拥有高水准的物业供应商和有良好口碑的社区,就会吸引更高素质的群体来租房或者买房,从而形成租价和二手房的溢价。而蓝光通过社区文化增值、圈层增值,将最终达到产品物业增值的目的,让所有购买蓝光物业的客户都分享到增值的喜悦。

(2) 开发商在客户服务上的投入不遗余力,既为赚钱,更为收获人心,为自己开发的楼盘升值,并赢取更好的口碑。

(资料来源:佚名. 蓝光地产全国再开先河 推出"幸福宜居指标". 腾讯. 大成网. http://cd.qq.com/a/20100119/004163.htm, 2010-1-19)

科特勒曾经区分了企业与客户之间的五种不同程度的关系水平,如表1-1所示。

表1-1 企业与客户之间的关系水平

类 型	特 征
基本型	销售人员把产品销售出去就不再与顾客接触
被动型	销售人员把产品销售出去并鼓动顾客在遇到问题需要讨论或者有意见的时候和公司联系
负责型	销售人员在产品售出以后联系客户,询问产品是否符合顾客的要求;销售人员同时需求有关产品改进的各种建议,以及任何特殊的缺陷和不足,以帮助公司不断的改进产品使之更加符合客户需求

续表

类型	特征
能动型	销售人员不断联系客户,提供有关改进产品用途的建议以及新产品的信息
伙伴型	公司不断地和客户共同努力,帮助客户解决问题讨论,支持客户的成功,实现共同发展

需要指出的是,这5种程度的客户关系类型并不是一个简单的从优到劣的顺序,企业所能采用的客户关系的类型一般是由它的产品以及客户决定的,比如宝洁公司的洗发水、洗衣粉的客户之间是一种被动性的关系;宝洁设立客户抱怨处理机构,处理客户投诉,改进产品;但是宝洁和沃尔玛之间却可以建立互惠互利的伙伴性关系。

1.1.3 客户关系管理理念

有关客户关系管理(CRM)的定义有很多,不同的人从不同的角度总会有不同的理解。这里给出一个具有代表性的定义:CRM是一种以客户为中心的经营策略,它利用日新月异的现代通信技术,通过对实务过程的重新组合(BPR),从而增强企业的客户保持能力和客户认知能力,最终达到客户收益最大化的目的。客户关系管理包括一个组织机构判断、选择、争取、发展和保持其客户所要实施的全部过程。

归纳起来,对 CRM 的理解有如下几方面的内容:
- 全方位的客户视图——从不同的角度来了解你的顾客;
- 一整套工具和技术的组合——主要是指信息技术;
- 企业从传统的以产品为中心的行为模式向以客户为中心的行为模式转变;
- 整合优化营销、销售和服务三大实务领域。

【实务指南1-1】

企业专家:中德合资珠海摩天宇航空发动机维修公司　市场销售部总监　李威最新点评(2010年4月18日)

客户关系管理体系的三条主线,如表1-2所示。

表1-2　客户关系管理体系的三条主线

三条主线	以"客户满意"为中心的外部需求	以"产品满意客户"为中心的内部管控	以"研发创造需求"为中心的核心竞争力
来自	外部—需求	内部—生产	融合了内部和外部的企业核心价值观
解释	主要指:客户;了解客户的需求,针对性的制定其满意的方案,以获取更大的市场份额	主要指:产品;将外部的需求细化为企业自身产品的定制,提供高素质、稳定和具有成本竞争力的生产体系	主要指:核心技术,研发战略,以及同最顶层 OEM(原厂家)的融合

续表

主要范畴	• 市场 • 需求 • 客户 • 销售 • 收入最大化	• 流程控制 • 生产 • 服务 • 成本控制 • 质量体系	• 品牌 • 核心技术 • 研发 • 技术拥有者 • 资源的整合 • 产品需求的设计和引导
追求点	• 实战性 • 绩效性	• 生产流程控制 • 质量控制 • 成本控制	• 战略 • 品牌 • 研发
解释	外部客户需求,就是要通过接触客户,了解客户,以达到分析客户,配合和参与客户决策的目的,最终实现扩大盈利化的收入和增加市场占有率;对其衡量的指标非常明晰和数字性,主要就是收入、利润、市场占有率、客户覆盖率和客户满意度	将客户的需求向生产体系的融合和延伸,通过对产品的生产流程,质量体系和成本的控制,完成客户关系管理体系中的重要一环,即需求向生产的延续;衡量的指标有成本、生产周期、品质合格率、人员效率和客户满意度	如何高瞻远瞩的定位企业的品牌和核心竞争力,如何定位和引导客户的需求是企业最高决策层的责任;主要指品牌价值、远期战略、核心技术的研发和价值链最高层的OEM的合作、内外部资源的整合;衡量的指标有市场的引导率、核心技术的占有率、自有知识产权
通常运用的具体工具	• 全方位、多角度的客户数据库和视窗 • 先进IT技术对外部客户需求的管理 • 完善的定价和利润点的分析 • 对客户决策层的分析和控制 • 客户投诉和客户满意度 • 差异化的需求和服务	• 旧客户的流程优化 • 为吸引新客户的创新 • 资源的整合和优化	• 超越产品和服务本身的体验平台 • 品牌优势 • 战略合作伙伴的引进
综述	客户关系管理体系是建立在客户和企业之间的一个开放性,高层次的管理平台,贯穿它的主线是(客户—需求)—(产品—生产)—(技术—研发)。三条主线是层层递进的;完成了主线一(即符合市场需求),意味着企业有了成立的冲动;完成了主线二(即符合生产需求),意味着企业具有了盈利性,有着生存的冲动;完成了主线三(即拥有了技术和品牌),意味着企业有了发展和引导需求的冲动			

1.1.4 客户关系管理的功能

1. CRM 有利于提高企业的盈利能力

(1) 实施 CRM 可以降低企业的经营成本

有资料表明,企业用于增加一个新客户的成本是维护一个老客户成本的 5~8 倍。哈佛商学院曾经在 1990 年对顾客整个购买生命周期内服务于顾客的成本和收益进行了分析,并得出结论:对于每个行业来说,在早期为赢得顾客所付出的高成本使得客户关系不能盈利;但在随后几年,随着服务老顾客成本的下降及老顾客购买额的上升,这些客户关系带来了巨大收益。

(2) 实施 CRM 可以使企业获得更多的收入

因为客户关系管理会为企业带来忠诚客户。忠诚客户会重复购买,会增加钱包份额,对价格的敏感程度低,会推荐其他人前来购买。CRM 使企业的管理重点由短期交易变为长期交易,并通过客户分类,识别最有价值的客户。

2. CRM 有利于降低企业的经营风险

当今企业的经营环境高度不确定、不稳定,变化迅速。表现在客户需求的不确定性增加、多元化趋势加剧、变化快。企业传统的"为产品找客户"的"以产品为中心"的经营理念将承受极大的风险,因为产品一旦开发失败,将受到灭顶之灾。而"为客户找产品"的"以客户为中心"的经营理念却成为企业缓冲市场扰动造成的冲击、最大限度地降低企业经营风险的有效途径。

3. CRM 有利于为企业创造竞争优势

开发 1 个新客户的成本等于留住 5 个老客户的成本,也就是说留住老客户是企业最有性价比的选择,但是如果老客户每年都在流失,则每年都必须加倍开发新的客户。如何留住老客户,如何提高重复购买率,这些都是很多企业存在的问题,或者叫做营销难题。

因此,客户关系管理是企业竞争的利器,它既节约成本又提高收入,从而提高企业的利润。

4. 企业实施 CRM 是提高交易效率的重要途径

尽管信息时代买卖双方可以不断增加交易对方的信息,激烈的竞争和技术的突飞猛进使得顾客的选择权越来越大,但要实现交易的高效率还是很困难的。企业客户不可或缺的互动关系,企业充分考虑到客户的各种要求,为客户创造性的设计各种交易结构,使买卖双方均为了支持对方即为对方创造价值而进行专有性的投资,形成一种持续性的依赖关系,这种治理结构有助于降低交易成本,提高交易的效率。这种依赖关系越持久双方从此获得的收益也越大。

【情境案例 1-1】 客车生产企业实施客户关系的管理

实务情境:一方面,近年来,客车产品同质化趋势越来越明显,除了主流配置几乎雷同,另外,随着宇通、金龙等国内客车企业制造技术的发展和成熟,国产高档客车与国外同类车型的差距也在缩小,不同品牌的产品在性能上也出现同质化趋势。面对这种现象,仅仅依靠产品已经难以扩大和巩固市场份额。另一方面,随着客运市场的管理规范化,特别是客运企业资质和车辆等级的评定,用户购买行为也进一步理性化、市场化,计算成本和投资回报意识普遍加强。如何提高产品质量和服务质量,为用户创造更大的使用价值,成为客车企业当前乃至今后扩大市场份额的关键。

问题讨论:客车生产企业如何创造自己产品的差异性?怎样才能让客户相信自己的产品性能最优越、质量最可靠,并能够放心购买?如何在价格高于竞争产品的情况下去销售?既然产品在性能配置上、价格上差别不大,那么如何使客户满意呢?

思路引导:

(1) 建立并充分利用客户数据库。客车生产企业主要是通过销售人员与客户的联系来销售客车的。这样就需要建立一个客户数据库,把企业内外的客户数据信息都集合在一起,方便企业销售人员和其他企业员工使用。另外,基于客车产品的独特性,几乎每一辆客户定制的客车都有所不同,因而通过客户数据库,为客户提供符合他们特定需要的定制产品和相应的服务。

(2) 通过客户关怀提高客户满意度。客户关怀活动应包含从购买前、购买中到购买后的客户体验的全部过程中。一是提供售前技术服务,满足客户个性化需求;二是提供使用经济性分析,选用何种车型获得最大的经济效益,是客运企业最关心的事情。

(3) 利用客户投诉,分析客户流失的原因。

(资料来源:王瑞花. 应用分析:客车生产企业实施客户关系的管理. 微软 MSN 网. http://msn.chinabyte.com/a/11119414-1.shtml,2010-2-1)

【实务指南 1-2】

贝瑞和帕拉苏拉曼归纳了以下三种建立客户关系营销手段。

1. 一级关系营销

这种方法是企业让渡适当的财务收益给客户,增加客户价值,从而起到提高客户满意度和增进客户关系的目的,频繁客户关系管理与客户经营就是这种营销方式的一个很有代表性的例子。所谓频繁客户关系管理与客户经营计划,是指对那些频繁购买以及按稳定数量进行购买的顾客给予财务奖励的营销计划,也就是"老客户优惠","买得越多越便宜",需要指出的是,这个"多"是指积累消费,而非一次购买。例如,中国香港汇丰银行、花旗银行等通过它们的信用证设备与航空公司开发了"里程项目"计划,按积累的飞行里程达到一定标准之后,共同奖励那些经常乘坐飞机的顾客。

一级关系营销的另一种常用形式是对不满意的顾客承诺给予合理的财务补偿。例如,新加坡奥迪公司承诺如果顾客购买汽车一年后不满意,可以按原价退款。

2. 二级关系营销

关系营销的第二种方法是既增加目标顾客的财务利益,同时也增加他们的社会利益。二级关系营销的主要表现形式是建立消费者俱乐部。以某种方式将消费者纳入到企业的特定组织中,使企业与顾客保持更为紧密的联系,实现对顾客的有效控制。

3. 三级关系营销

第三种方法是增加结构纽带,与此同时附加财务利益和社会利益。结构性联系要求为客户提供这样的服务：它对客户有价值，但不能通过其他来源得到，我们可以把这种关系称为"合作伙伴"或者"客户联盟"。这种关系的建立是企业间的行为，而不是仅仅依靠企业销售或者服务人员交际的态度和技巧。

(资料来源：张云鹏：客户关系管理(CRM)策略、方法和软件支持之二：客户关系选型．中国软件网．http://www.soft6.com/tech/4/42806.html，2007-8-10)

1.2 客户经营的核心理念

1.2.1 客户经营产生的经济背景——体验经济形态

从交易关系角度来看，经济形态是沿着农业经济、商品经济、服务经济的规律演进的(见图 1-2)。

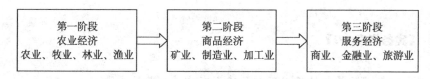

图 1-2 三种经济形态的演进过程

服务经济社会中，人们开始注重于生活质量的提高，以健康、教育、娱乐、信息咨询等为主的服务业成为生活质量的象征和改善生活质量的先锋。更多的劳动力参与到服务业之中，更多的企业不断地提供优质的服务，创造着更多的财富。

【情境案例 1-2】 IBM 就意味着服务

实务情境：在 20 世纪六七十年代它的全盛时期，IBM 这个硬件制造商喊得最多的口号是："IBM 就意味着服务"，它对那些愿意购买它的硬件产品的公司给予大量的无偿服务。它规划设施，编制程序代码，兼容其他公司的设备并且与之融为一体，为自己生产的机器提供维修服务。它们的这些工作使 IBM 压倒了几乎所有的竞争对手。

但随着时间的推移，这一产业成熟起来，顾客对于服务的要求超出了 IBM 公司能够提供免费服务的能力，IBM 公司开始明确地要求对其提供的服务付费。公司后来发现，公司曾经免费提供的服务，事实上是其最有价值的商品。今天，随着它的计算机主机商品化，IBM 的全球服务网点以两位数的速度增加着，这个公司不再为了出售其商品而免费提供服务。

"IBM 就意味着服务"的口号说明,IBM 现在虽然仍然制造计算机,但它是从事提供服务的企业。

思路引导:服务经济正在成为推动经济增长的主要力量。但是随着服务业规模的扩大和竞争的日趋激烈,企业提供的服务已经被"商品化"了,服务差别化逐渐缩小,所含有的附加价值成分逐渐被蒸发。这说明服务经济已经接近极致。

体验经济是逐渐远离服务而独立出来的一种新的经济形态。

所谓体验经济,是指企业以服务为重心,以商品为素材,为消费者创造出值得回忆的感受。如果顾客愿意为这类体验付费,那么体验本身也就可以看成是某种经济上的给予,同时就赋予了称为一种经济的内涵,即体验经济。体验是整个人类快乐天性回归的反应。在市场全球化的今天,体验因素正在改造经济,渗透到经济增长以及人们社会生活中的所有层次,体验经济逐渐显现。

【情境案例1-3】 进咖啡厅的体验

实务情境:以色列的一位著名营销专家曾设计了一个体验模型:有这样一个传统的咖啡厅,突然有一天它什么饮料也不提供了,但人们仍然愿意付钱进入咖啡厅。

思路引导:顾客由于在这里可以获得愉悦或见到朋友。顾客所付的钱是咖啡厅在咖啡饮品之外的体验费用,当然也是为客户创造的价值。

1.2.2 客户关系管理向客户经营发展

要想全面提升客户资源的利用效率,必须让客户关系的管理工作,能左右客户在整个销售环节中的行为,并让它变得可执行、可量化、可获利。所以在 CRM(Customer Relationship Management,客户关系管理)的基础之上,我们提出了 CPM(Customer Pleasure Management,客户愉悦度管理)系统,其目的很简单,全面提升单位客户资源的渗透率、成交率、客单价和二次购买率,在单位销售成本不变的情况下,提升单位客户的产出,进而实现利润倍增。

客户经营通过 CPM 系统,帮助企业了解市场的构成和市场发展动态,了解各类细分客户群体的典型社会特征和消费特征,揭示出企业自客户的价值分布,并根据战略发展需要对主要细分客户群进行价值定位,从而明确客户管理工作的重点,为客户管理工作深入开展提供基础性研究和数据支持。

【情境案例 1-4】 普尔特的新客户细分标准

实务情境：在全球房产业中，普尔特已被公认为名副其实的标杆公司，名列美国4大房产商之首。2003年普尔特的实务遍及全美27个州、48个城市，同时在建项目达70个，一年间，普尔特共卖掉了3万多套住宅，实现销售额90亿美元其决胜秘诀在于普尔特摒弃了传统的客户细分方法，从生命周期和支付能力两个指标系，确认了新的客户细分标准，共包括11类客户，即首次置业者、常年工作流动人士、单人工作丁克家庭、双人工作丁克家庭、有婴儿的夫妇、单亲家庭、成熟家庭、富足成熟家庭、空巢家庭、大龄单身贵族、活跃长者。

问题讨论：请归纳美国普尔特的客户细分类别。此种客户细分类别有何不足？请提出改进建议。

思路引导：可以将它归纳为两大类。第一大类是以个人为单位的客户，其中有首次置业者、常年工作流动人士、大龄单身贵族、活跃长者；第二大类是以家庭为单位的客户，其中有单人工作丁克家庭、双人工作丁克家庭、有婴儿的夫妇、单亲家庭、成熟家庭、富足成熟家庭、空巢家庭。普尔特的客户细分基本上将一个人"从摇篮到坟墓"的生命过程中的家庭状态做了充分的提炼，每个人或者家庭都可以从这11种客户细分中找到自己的位置。客户细分是一种高度的抽象，并不是说在一个人的一生中，他都将体验过这11种家庭形态，但是他一定会体验这11种细分中间的某几种形态的生活。

（资料来源：佚名．普尔特的客户细分案例分析．深圳市奇迹信息系统有限公司网．http://www.sales888.net/model/1_201001211112519.html#）

1.3　客户经营的5个关键能力

通过客户经营创造卓越绩效，需要建立保证行动成功的关键能力。可持续客户经营的关键能力主要包括：推动客户关系管理与客户经营以达到绩效目标；创建与塑造需求；将前瞻与洞察转化为客户关系管理与客户经营的效率；致力于企业的高成长、快速反应的实务管控；发展与传达客户体验五个层面的能力。

1.3.1　推动价值链以达到绩效目标

企业在研发、产品、供应链、生产、营销、渠道/物流、服务等价值链各层面的关键技能平台均具有优势，并借此形成核心竞争能力，以达到最具佳绩效目标。打通价值链就必须从大规模积聚客户开始，必须学会应用最有效的方式方法去积聚客户，待客户积聚或发展形成一定规模后，再反过来整合或掌控高端资源，为客户提供更多增值服务、提供更大的价值，保证企业高成长和高绩效的完成。

【实务指南1-3】 "龙的"集团：逆向打通价值链

"龙的"逆向打通价值链发展之路别具特色，其根源在于把握客户需求的向上延伸，逆向完成了价值链的整体布局。更为突出的是"龙的"在每一个环节都做到了优秀：在网络终端拥有遍布全国的经销商网络，成为国外小家电产品进入中国的首选合作伙伴；产业上成为全球吸尘器生产巨头；技术更是做到了以市场为导向，密切跟踪消费者的小步创新。并且三者形成了一个有效的正向循环，推动了企业不断的成长发展。

精品小家电产品更加凸显了消费者的个性需求与生活品质满足，具有浓郁的个性化特征。工业的规模化与个性化需求之间的距离比较大，"龙的"把握了其中的平衡点，既非完全意义上的订单式生产，同时又整合了消费者意见的产品改善，尽可能贴近终端消费者，这一逻辑尤其值得借鉴。

更为重要的是，"龙的"在企业发展模式上的意义。目前，家电行业面临普遍的困局，价值链的失衡与混乱，迫使制造企业与终端企业为了自保，拼命在利益格局上向自己倾斜，因此引发了普遍的争端，致使本来是利益共同体的制造业与连锁流通业形同敌人。而"龙的"逆向打通价值链的发展模式，不失为家电行业的一条光明大道。

"龙的"的价值不仅在于家电行业，其对于一般企业更具有普遍意义上的启示。很多企业热衷于横向的多元化扩张，不仅是拼命扩张产品，更是喜欢进行跨行业发展，恨不得"普天之下，莫非王土"。于是做家电的去搞汽车，做消费品的去搞房地产，做农业的去搞钢铁，最后除少数天才应时而成外，莫不以失败收场。"龙的"纵向打通产业链的模式，为很多企业提供了一种新的思路。

（资料来源：王昱．"龙的"集团：逆向打通价值链．价值中国网．http://www.chinavalue.net/Media/Article.aspx？ArticleId＝14443＆PageId＝4，2007-10-19）

1.3.2 致力高成长

获取高成长的核心能力是由拥有的客户数量与质量决定的，客户的大规模集聚能力，源于大规模市场创新的能力，以及基于需求多样化之上产品标准化的能力，即实务流程规范化的能力。

【实务指南1-4】 手机产业的全球布局

要想在中国手机市场生存，200万部销量是一个底线。此论并非有错，但此论忽略了一个非常重要的事实和趋势，即手机产业的竞争已不是一国一地的竞争，而是全球化竞争。对于全球化，人们并不陌生，但对于一个具体产品一个具体产业的全球化，人们又并不熟悉，人们在思考时往往又会停留在一国一地。纵观手机一线厂商中，没有一家不是全球化研发、全球化采购、全球化生产、全球化销售,原因就在于手机产业已经到了需要全球化的时候,规模需要的是全球化意义上的规模,所以不是200万部,是1 000万部,甚至更多。

因此,国产厂商是否已经意识到自己已经身处产业全球化的中心,是否已经开始为此而去布局,去打造自己面向全球市场的竞争力?

(资料来源:佚名. 亚博观察:手机产业该布局全球了. 载通信产业报. http://59.64.144.52/new/second/yb061025.htm#_Toc149488301,2006-10-23)

1.3.3 创建、塑造需求

创建、塑造需求决定着企业选择哪些客户作为目标客户,提供什么样的产品来满足目标客户的需求,创建、塑造需求过程需要明确企业的目标客户,认清他们的需求以及企业能够从哪些方面为这些需求作出贡献。企业只有充分考虑到目标客户的特点,针对他们的某种需求不断推陈出新,才可能形成自己的经营特色,在未来的竞争中立于不败之地。把创建、塑造需求作为企业战略的一项内容,意味着必须坚持客户导向,把客户利益贯穿于全部生产经营活动之中。

【实务指南1-5】 西方网络公司在中国的惨败是普遍现象

实务情境:淘宝创立于2003年,是易趣创立4年之后。一开始淘宝甚至没有列入eBay易趣广告投放的排斥性名单,后来才引起了eBay易趣的警觉。用马云的话来说,它们之间的差异就是蚂蚁和大象的差别。3年后,即2006年,eBay易趣的市场份额下降到20%,淘宝上升至72%,年底的时候,被淘宝逼得步履维艰的eBay易趣宣布和TOM在线组成合资公司,TOM在线占股份51%,eBay占股份49%。至此,eBay以一种体面的形式退出市场,蚂蚁雄兵最终击败大象。

在个人即时通信(Instant Messaging)市场,中国企业也占据绝对优势。《2008年中国手机网民手机上网行为调研报告》显示,手机网民在各类移动增值实务(短信除外)中对移动IM的使用率最高。其中,手机QQ以80.8%的渗透率位居第一,飞信和移动MSN分居二、三位。在移动商务市场,中国企业QQ拥有着绝对的话语权。

在中国企业的即时通信市场上,中国企业也成为市场的主导力量,据2009年第三方统计数据,仅腾讯RTX就已占到超过70%的市场份额。腾讯为代表的国产软件企业。它们的产品设计更加贴近中国用户的实际需求,产品操作更加贴近中国人的使用习惯,并亦具有很高的品牌知名度。

Yahoo!(雅虎)也在中国遭受惨败。雅虎中国网站在1999年9月正式开通,但最后雅虎不得不把自己在中国的品牌权和运营权卖给中国本土企业阿里巴巴,再加上10亿美元换取了阿里巴巴40%的股份。艾略咨询首席分析师、艾略研究院院长曹军波认为"业内公认中国雅虎是失败的,因为这么多年来,在实务上,用户数、运营收入和战略定位上都存在问题"。

根据中国 CNNIC 的在 2009 年 9 月公布的统计数据,仅有 12.7% 的中国网民将 Google 作为搜索网站的第一选择,比 2008 年大幅下降 3.9%。而中国本土的百度被高达 77.2% 的网民作为第一选择。

问题讨论:分析西方网络公司在中国惨败的原因。你认为今后它们应该怎样做?请提 1~3 条建议。

思路引导:大多数的业内人士都指出,西方那些有实力的网络公司在中国失败的根本原因是缺乏对中国文化、网民需求、市场变化的了解。

(资料来源:佚名.西方网络公司在中国的惨败是普遍现象.中工网.http://www.hackbase.com/news/2010-01-17/33098.html,2010-3-23)

【职业道德与伦理 1-1】 数据隐私权的威胁与保护

Google 搜寻网站在世界各地大受欢迎,因为它的功能强大,只需简单的步骤便可找到很多有用的数据。不过,网民上网浏览或搜寻数据的记录,都会被储存在一个庞大的数据库内,执法部门可以运用权力要求该集团提交这些数据,令很多网民感到不安。Google 的代表律师费希尔和 Nicole Wong 指出:"Google 很高兴能改变集团的私隐政策。除非当局引用法例要求我们把数据保存一段更长的时间,否则我们会在限期内,把客户上网的数据记录删除,让他们可以安心。"按照 Google 自己的高调标准,Google 本身是一个高举道德大旗的公司。但 2008 年印度 22 岁的 IT 专业人士 Rahul Krishnakumar Vaid 因为在 Orkut 网站写下"我恨索尼娅甘地"(I hate Sonia Gandhi)而遭逮捕。Orkut 是 Google 在印度的一个社交网络网站。Google 立即向印度警方提供了 Vaid 的 Gmail 电子邮件信息。Vaid 被起诉违反了印度《刑法》第 292 条和信息技术法第 67 条,在网上社区发布辱骂印度国大党领袖索尼娅甘地的内容。如果被判有罪,他将可能要入狱 5 年,罚款 10 万卢比。Google 声称:Google 致力于保护用户隐私,但 Google 必须遵守所在国的法律。

这还并不是第一起印度政府在 Google 帮助下逮捕其公民的事件。2007 年 11 月也有一位名叫 Lakshmana Kailas K. 的网民也是在 Google 的 Orkut 网站上张贴了一张亵渎印度教圣人 Shivaji 的图像,印度官方要求 Google 提供该网民的 IP 地址,Google 完全配合,这位印度网民随后被印度政府逮捕,并遭受殴打。更为不人道的是该网民在印度监狱里被强迫用同一个碗吃饭和撒尿。更出乎意料的是事后证明该网民是被冤枉的。

分析要点:面对信息时代对数据隐私权构成的威胁,各国均采取加强立法的方式来保护个人资料。对隐私的需要影响着运营者对电子邮件数据库的使用和通过网站搜集信息的方式。如何获得和保护网络客户的隐私是将来运营者必须考虑的问题。

(资料来源:佚名.数据隐私权的威胁与保护.希赛顾问网.http://www.csai.cn2010-4-26)

1.3.4 发展、传达客户体验

企业是客户体验经济的领航者,在发展与传达客户体验上,特别强调在服务和速度的体验上,具有不可模仿的综合竞争能力,这要求企业必须以新的可持续客户经营理论指导经营活动,将客户体验作为日常必备的一种管理方式,从而将客户体验不仅适用于传统业,而且可以推广到整个产品业和服务业,把客户体验普遍化。

【实务指南1-6】 可口可乐的客户体验

可乐其实就是一种加了气的糖水,它能为人带来愉悦的体验,这是一个基本点。可口可乐也认为,首先它要把产品关键属性识别出来,然后把它联系到更高层次的感觉。首先,可口可乐就找到了它的产品特征即可口可乐有一种特别的口感。通过这样的一种特殊的口感,再联系到更高一个层次的感觉:消费者喝了可乐以后,感到精神面貌焕然一新、心情非常愉悦。但是如果可口可乐仅仅是用这样的一种方法来宣传品牌的话,那它其实是无法把自己和其他竞争对手的品牌进行差异化。仅仅做到这样一点,也是无法成为全球知名品牌的。所以,这个时候可口可乐就导入了一种方法——主动地了解消费者更加广阔的体验空间,然后切入到消费者整个生活体验当中去,而且还要将产品的好处和消费者的生活目标相关联起来。

(资料来源:佚名.国际品牌大师为浙大EMBA学员带来品牌战略管理盛宴.浙江教育在线网. http://edu.zjol.com.cn/05edu/system/2009/09/11/015812665.shtml, 2009-9-11)

1.3.5 快速反应的实务管控

为确保可持续客户经营的最佳实践,企业定期审视自己的实务范围和实现方式,适当调整企业的资源、网络和体系等,建立相应的实务管控模式来保证可持续客户经营获得相应的成长活力。

客户经营战略以"客户为中心、市场为导向、战略为驱动"的协同作业系统,达到"快速响应、服务规范、标准统一",形成"售前——售中——售后"的闭环的管理流程。

【实务指南1-7】 真情注入今宵难忘

钱王大酒店是临安唯一的一家三星级饭店,优雅的环境,优质的服务在当地有口皆碑。多年以来,酒店一直把"宾客至上,服务第一"作为自己的宗旨,让客人真正享受到"宾至如归"的服务,而无"羁旅之感"。为此酒店要求每一位员工热情待客、竭诚服务,使来临安居留的客人不仅能领略到临安的真山真水,更能感受到临安的真情真意。

来自上海的裴先生随假日旅游团队住进了临安市钱王大酒店,晚上他兴致勃勃地携几个游伴到娱乐厅观看歌舞表演。热烈的演出中,台上一个女歌手热情相邀裘先生上台合唱一曲《夫妻双双把家还》,唱完后,裘先生拿着麦克风说:"今天我很开心,认识了这么多朋友,但很遗憾,不能把这精彩的时刻带回家,大家喜欢听我唱歌,我再为朋友们唱一首《朋友》。"又是一阵雷鸣般的掌声……

晚会临近散场,意犹未尽的裘先生正待起身,没料边上笑容可掬的服务员十分礼貌地走过来,递上一盘录音带对他说:"先生,十分感谢您为大家带来的歌声,我们的音响师已经将您的《朋友》录下来,让您可以把欢乐带回家去。"拿过这盒磁带,裘先生惊喜之情难以言表,充满感激地说:"真是太感谢你们了,想不到我不经意的一句话你们却如此当真,你们的诚意真让我感动。今后,每当我听这盒磁带时,一定会想起美丽的临安,想起一流的钱王大酒店,想起今天这难忘的夜晚。"

裘先生愉快地回房去,一路走,一路哼:"朋友一生一起走,那些日子不再有……"

思路引导:一盒小小的磁带,给客人带来了意外惊喜,使客人离店时的满意值远远超过了客人的期望值,而这一切完全取决于服务人员认真诚挚的服务,处处主动、事事想深、未雨绸缪。一盒小小的磁带实质上是酒店真诚服务的结晶,是钱王人真情真意的表达。同时体现了该酒店流程中各环节能准确、高效的合作,针对目标客户迅速进行一对一营销,为客户提供个性化的服务,从而达到发展客户、留住客户、提高客户的满意度和忠诚度的目的。

(资料来源:汪良军. 真情注入今宵难忘(酒店个性化服务案例). 西祠胡同. http://www.xici.net/main.asp?url=/b168310/d35356757.htm, 2009-2-28)

在客户经营过程中,应遵循 20/80 原则,企业大部分利润来源于核心忠实客户:即大客户,客户关系管理的关键是不断提高客户忠诚度,提升大客户保有,减少客户流失,实现对价值客户的持续销售。

理念总结

- 客户关系管理的理论基础来源于西方的客户关系管理与客户经营理论。在目前充满竞争的市场上,如何抓住客户、留住客户,维持客户的忠诚度,保持市场竞争力,是今天所有厂商关心的问题。能赢得和留住客户的唯一方法就是更加关注客户的需求。
- 客户关系管理从广泛的意义上讲是指:在企业的运营过程中不断累计客户信息,并利用获得的客户信息来制定市场战略以满足客户个性化需求。CRM 意味着观念的转变,开始以客户为中心。
- 我们从上面的定义可以看出,强调客户为中心,强调 CRM 不仅仅是能满足客户所有需要的技术,因为 CRM 不仅是一个系统,一个技术解决方案,而更加是一种管理思想,这种观念的转变终将影响到 CRM 实施的全过程。

- 企业在实现商业流程的自动化和优化的同时,意识到关注客户,就是关注企业的成长。但由于企业中的销售、营销和客户服务/支持部门都是作为独立的实体来工作的。部门界限的存在使这些不同的实务功能往往很难以协调一致的方式将注意力集中在客户身上。CRM则正是着眼于企业的这一需求应运而生的。在如今竞争激烈的商业环境中,越来越多的商家开始通过实施客户关系管理(CRM)来赢得更多的客户并且提高客户的忠诚度。传统的数据库营销是静态的,经营需要好几个月时间才能对一次客户关系管理与客户经营战役的结果做出一个分析计算表格,许多重要的商业机遇经常在此期间失去。CRM软件建立在多个营销战役交叉的基础上,能够对客户的活动及时做出反应,因而能够更好地抓住各种商业机遇。

- 客户关系管理(CRM)源于以"客户为中心"的新型商业模式,是一种旨在改善企业与客户之间关系的新型管理机制。通过向企业的销售、市场和客户服务的专业人士提供全面、个性化的客户资料,并强化跟踪服务、信息分析的能力,使他们能够协同建立和维护一系列与客户和生意伙伴之间卓有成效的"一对一关系",从而使企业得以提供更快捷和周到的优质服务、提高客户满意度、吸引和保持更多的客户,从而增加营业额;并通过信息共享和优化商业流程有效的降低企业经营成本。

- 可持续客户经营的关键能力主要包括:推动客户关系管理与客户经营以达到绩效目标;创建与塑造需求;将前瞻与洞察转化为客户关系管理与客户经营的效率;致力于企业的高成长、快速反应的实务管控;发展与传达客户体验五个层面的能力。

▪ 实务观念 ▪

客户　客户关系　客户关系管理　客户经营　客户经营的5个关键能力　客户管理体系

▪ 职业技能 ▪

搭建客户管理体系

理念应用

□ 单项选择题

1. 当企业不再局限于提供优质产品和按时交货以及服务,还出售客户"成功",开始寻求和客户建立(　　)关系。

A. 基本型　　　　B. 负责型　　　　C. 能动型　　　　D. 伙伴型

2. 如果企业有志于和客户建立长期的稳定的关系,就要改变那种每一笔交易都力求利润最大化的做法,这是(　　)关系营销。

A. 一级　　　　B. 二级　　　　C. 三级　　　　D. 四级

3. 客户关系管理与客户经营的目标是和客户建立长期的可盈利的关系。显然,完成这种转变要由企业的( )来推动。

　　A. 决策层　　　B. 销售员　　　C. 工人　　　D. 服务员

□ 多项选择题

1. 下面各项中是科特勒区分的企业与客户之间的不同程度的关系水平的有( )。

　　A. 负责型　　　　　　　　　　B. 被动型
　　C. 伙伴型　　　　　　　　　　D. 主动型

2. 客户关系管理体系的三条主线是( )。

　　A. 客户满意　　　　　　　　　B. 产品满意客户
　　C. 研发创造需求　　　　　　　D. 客户服务

3. 下面各项中属于"产品满意客户"的常用工具的是( )。

　　A. 旧客户的流程优化　　　　　B. 为吸引新客户的创新
　　C. 资源的整合和优化　　　　　D. 品牌优势

□ 判断题

1. 无论在哪一种交流渠道,客户体验必须一致,要使每一位客户都能体会到企业是真正"了解"他们的。　　　　　　　　　　　　　　　　　　　　　　　　( )

2. 体验时机的选择必须基于详细的洞察力,并视个人具体情况而定。　　( )

3. 客户应对要反映出与品牌宣传和实务目标一致的战略目标及明确规定的流程,但要依据人员或系统的改变而改变。　　　　　　　　　　　　　　　　　　( )

□ 理念辨析

1. 如何打造以"研发创造需求"为中心的核心竞争力?
2. 客户经营中如何推动价值链以达到绩效目标?

□ 实务运用

1. 新加坡奥迪公司承诺如果顾客购买汽车一年后不满意,可以按原价退款。请用关系营销的理念来分析这种做法的意义。

2. 据《河南日报》报道:上海市浦东新区日前完成了首份《市民生活质量指数报告》,结果发现在涉及民生的同类问题上,主要由政府常规统计指标而来的"客观评价"与来自百姓日常感受的"主观评价"之间存在明显差异:在百分制情况下,8大类政府统计指标中,有一半评分差异超过20分。

　浦东新区这份报告反映了客户关系管理与客户经营中的什么问题?

□ 案例题

新客户忠诚度的强化服务

　　黄女士决定买一辆车,而且还想买一辆好车,最初,她定下的目标是一辆日产车,因为她听朋友说日产车质量较好。在跑了大半个北京城、看了很多售车点并进行反复的比较,最后走进了她家附近一个新开的上海通用汽车特约销售点。接待她的是一名姓段的客户服务员。一声亲切的"您好",接着是规范地请坐、递茶,让黄女士感觉相当热情。仔细听完黄女士的想法和要求后,段先生陪她参观并仔细地介绍了不同型号别克轿车的性能,有时还上车进行示范,请黄女士体验。对于黄女士提出的各种各样的问题,段先生都耐心、形象、深入浅出地给予回答,并根据黄女士的情况与她商讨最佳购车方案。黄女士特别注意到,在去停车场的看车、试车的路上,天上正下着雨,段先生熟练地撑起雨伞为黄女士挡雨,却把自己淋在雨里。在这一看车、试车的过程中,黄女士不仅加深了对别克轿车的了解,还知道了别克轿车的服务理念及单层次直接销售的好处,她很快就改变了想法,决定买一辆"别克"。约定提车的那一天,正好是中秋节。黄女士按时前来,但她又提出了新的问题:她自己开车从来没有上过马路,况且又是新车,不知如何是好。段先生想了想,说:"我给您开回去。"由于是中秋节,又已经接近下班时间,大家都赶着回家,路上特别堵。短短的一段路上,竟走了近两个小时,到黄女士家时已经是晚上六点半了。在车上,黄女士问:"这也是你们别克销售服务中规定的吗?"段先生说:"我们的销售服务没有规定必须这么做,但是我们的宗旨是要让客户满意。"黄女士在聊天当中得知段先生还要赶往颐和园的女朋友家吃饭,所以到家后塞给他一点钱,让他赶紧打车走。段先生怎么也不肯收,嘴里说着"没事,没事",一会儿就不见踪影了。一段时间后,黄女士发现汽车的油耗远大于段先生的介绍,每百公里超过了15升。她又找到了段先生询问原因,段先生再一次仔细讲解了别克车的驾驶要领,并告诉她节油的"窍门",还亲自坐在黄女士旁边,耐心地指导她如何操作。一圈兜下来,油量表指示,百公里油耗才11升。现在,黄女士和其他别克车主一样,与段先生成了熟悉的朋友。她经常会接到段先生打来询问车辆的状况和提供咨询的电话,上海通用汽车按时寄来季刊《别克车主》。黄女士逢人便说:别克车好,销售服务更好!

问题讨论:

1. 段先生用自己的行动为黄女士打造了什么样的体验?
2. 段先生通过哪几条途径令客户满意?

□ **实务分析**

与客户互动是成功的关键

实务情境:

客户在销售员的帮助下买下了一幢大房子。房子虽说不错,可毕竟是价格不菲,所以总有一种买贵了的感觉。几个星期之后,房产销售员打来电话说要登门拜访,这位客户不禁有些奇怪,因为不知他来有什么目的。星期天上午,销售员来了。一进屋就祝贺这位客户选择了一幢好房子。在聊天中,销售员讲了好多当地的小典故。又带客户围着房子转了一圈,把其他房子指给他看,说明他的房子为何与众不同。还告诉他,附近几个住户都是有身份的人,一番话,让这位客户疑虑顿消,得意满怀,觉得很值。那天,销售员表现出的热情甚至超过卖房子的时候,他的热情造访让客户大受感染,这位客户确信自己买对了房子,很开心。一周后,这位客户的朋友来这里玩,对旁边的一幢房子产生了兴趣。自然,他介绍了那位房产销售员给朋友。结果,这位销售员又顺利地完成了一笔生意。

(资料来源:黄晓明.客户关系管理案例.销售人脉网.http://sns.top-sales.com.cn/space.php?uid=29&do=blog&id=5356)

问题讨论:

1. 为什么这位销售员能顺利地完成另一笔生意?
2. 你认为房地产销售员哪些方面还做得不够好?并请提出改进建议。

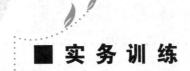

实务训练

"客户关系管理与客户经营"职业技能和素养训练

【实训目的】

通过切实体验"客户关系管理与客户经营"各实训任务和要求的完成、系列技能操作的实施,《客户关系管理与客户经营认知实训报告》的准备与撰写等活动,培养"客户关系管理和客户经营"的职业技能,践行职业规范,促进职业人格的塑造。

【实训技能规范】

职业技能——客户关系管理与客户经营认知

技能Ⅰ:搜集、改进并设计最佳客户体验

职业规范:"设计最佳体验",不是所有体验对顾客都是同样重要——找出客户的关键体验。客户体验的主要类型包括:产品、服务、价格、关系、品牌形象、便利性等,找出关键体验。

技能Ⅱ:搜集和报告客户关系管理与客户经营流程

职业规范:

(1) 掌握构成客户关系管理与客户经营流程的重要元素。

(2) 认识保持该流程有效运营的方法。

【实训任务和要求】

各实训组对所选企业项目客户关系管理与客户经营(包括辨识、获取、保持和增加"可获利客户"的实践和技术手段等)运作情况调查、参与和体验,运用所学知识总结该企业相应业务运作的成功之处和不足之处,在此基础上提出建议,并撰写《××企业某产品(或项目)的客户关系管理与客户经营情况调研报告》。

【实训时间】

一周。

【实训步骤】

(1) 将学生组成若干个实训组,每5~6人分成一组,每组确定1人负责。

(2) 确定每个组的实训企业产品(或项目),根据各自企业客户关系管理与客户经营情况,对其辨识、获取、保持和增加"可获利客户"的实践和技术手段等进行调查,参与并体验所选企业项目的客户关系管理与客户经营(辨识、获取、保持和增加"可获利客户"的实践和技术手段等)具体运作,将工作情况进行详细记录。

(3) 撰写《××企业某产品(或项目)客户关系管理与客户经营情况调研报告》。

(4) 在班级交流、讨论和修订《××企业某产品(或项目)客户关系管理与客户经营情况调研报告》。

【实训报告范本】

见附录1。

第2章 调查客户信息

■ 学习目标

了解并掌握客户状态,能获得客户的需求信息;能用所学理念和技能规范软件设计问卷、设计抽样、数据分析和分析报告的相关实务操作,并依据行业规范或标准,强化学生的职业素养。

实务引例　客户需求调研推动客户销售

S大学城建筑外墙使用建筑涂料,要求涂料质量高并能体现大学庄重、严谨的风格,同时对施工进度有一定要求。项目招标后,有十多个销售代表递送资料,有的销售代表通过简单的项目背景了解做出了涂装服务方案。某涂装服务商的销售代表获知这一信息后,并没有马上递送公司与产品资料或找所谓"关系",而是做了另外一件事。结果,在各种错综的关系中胜出!

(1) 成立项目组:根据本项目的初步信息,成立以客户服务总监为首的项目组。向甲方提交专业的初步调研方案并发出希望获准调研的请求。

(2) 沟通诊断:认真听取有关领导、校方、设计院、总包单位对本项目的要求和意见,特别针对甲方对外观效果要求较高的情况,安排专业设计师与建筑设计师多次沟通,按设计要求完成外观色彩及效果设计方案并绘制效果图。

(3) 现场考察:到施工现场考察将来的施工环境以及S大学城周边建筑物的风格色彩的协调性。

(4) 协助招标:为甲方特别开设专业研讨会,介绍不同种类建筑涂料性能特点、外观效果、技术参数、施工要素,加深甲方对建筑涂料知识的了解。另外,针对本次投标单位较多的现实情况,为甲方设计评判方案,协助甲方组织了各投标单位现场样板展示比赛。

(5) 拟订并提交涂装解决方案。

本案例的成功之处是:

(1) 将需求调研作为差异化策略。在买方主权市场到来的时候,任何一个顾客的面前都会聚集两个以上的销售人员,差异化销售是销售人员梦寐以求的。但绝大部分人员认为差异化就是向顾客承诺提供不同的产品、不同的价格、不同的客户信息调查等。这样做的误区是:这些条件并不是销售人员个人能够改变的,它是由公司决定与提供的,所以销售人员没有创造价值。在本案例中,销售代表没有通过展示产品与公司的资料来建立差异,而是通过调整自己的销售行为,将工作的重点首先聚焦于顾客需求的调研,这些举动让顾客真正感觉到了销售人员价值的存在。这时,销售行为的差异化成为本案例制胜的关键。但我们经常见到的情况却是绝大部分销售代表在发现销售机会后急于向顾客展示自己的公司与产品,顾客刚开始可能还有兴趣,慢慢地就变得麻木,甚至反感,顾客会觉得这些销售代表根本就不关心自己,唯一关心的是它们公司的产品。

(2) 用专业调研方案申请调研机会。如果不能获得调研机会,再好的调研设想也无用武之地。但客户允许调研之前是要考虑配合调研的成本的,安排人员接受调研访谈需要动用很多资源。很多销售人员抱怨客户不批准自己进行深入调研,其实关键的问题在于客户方的联络人(把关者)没有感受到调研安排的专业程度,不敢随便安排调研。所以,在本案例中,销售人员郑重其事地成立了调研项目组,并以书面的形式提交了《初步调研方案》来申请获得调研的机会,这一做法与很多经常用口头的方式申请调研的销售人员比自然是高明多了。因为,联络人可以拿着书面的《初步调研方案》向他的上司要求进行审批——实现内部销售,而口头请求显然不能。

(3) 让专业人员参与需求调研。销售不只是销售人员一个人应该完成的事情,在专业的销售领域,销售人员应该懂得扮演导演的角色,调动公司的专业人力资源,组成具有专业背景的团队来挖掘顾客的需求。这可以给顾客传递一些正面信息:这家公司分工明确;这个销售人员很有能量。另外,当我们有更多的人与客户公司互动后,信任关系变得更加牢固。

(4) 顾客的困难就是需求。好的产品、好的价格、好的客户信息调查都是满足顾客需求的要素,但是,所有这些承诺都只有在顾客花钱以后才可以得到。有没有一些东西能够在顾客付款之前就提前享受得到呢?顾客在购买高附加值的产品时,并不是都有丰富的、科学的采购经验,个别顾客有可能一辈子只采购一次或者只是第一次做采购,这样一来,对某些顾客而言制定采购标准本身就是一件很困难的事情。本案例中,销售代表敏锐地感觉到这一需求,并及时提供协助。由于获得协助招标的机会,等于帮助顾客出考试题自己也参加考试。取胜,自在情理之中。即使有时候顾客不同意你协助制定采购标准也没关系,顾客对你的书面请求仍然会心存感激,由此你将比竞争对手赢得更多的信任。所以千万不要以为采购是顾客的自己事,我只关心如何提供最好的产品。相反,顾客的任何困难都是需求,尤其是那些顾客不方便说出来或者说不出来的困难。

(资料来源:程文,刘祖轲.案例——需求调研如何才能推动大客户销售.慧聪网.http://finance.sina.com.cn,2005-10-13)

2.1 客户信息系统

2.1.1 客户信息系统的含义

客户信息系统就是以客户为基础,联动整合客户的所有实务信息及档案资料信息,消除"信息孤岛",为各实务管理人员提供客户信息的完整透明的共享。客户信息系统主要的目的是整合客户信息,包括客户基本信息、客户关系、客户产品等。

2.1.2 客户信息系统的作用

1. 整合客户实务信息

客户信息系统整合了客户的全部实务信息,消除了各实务的"信息孤岛",为实务管理人员提供客户信息的完整透明的实时共享,为提高实务管理效率及防范风险都将发挥重要作用。

2. 深入挖掘客户信息

客户信息系统可以分实务地深入了解客户的实务情况,专项查询针对不同的实务提供不同的查询条件,深入了解客户的信息,并能进一步查看相应的情况,深入挖掘潜在客户。

3. 关注最重要的客户

客户信息系统可以使实务管理人员更直接方便、简单明了地了解掌握最需要关注的客户的信息。

4. 为客户提供差异化服务

客户信息系统提供对不够完整或需要重新调整的客户资料信息进行补充、修改,包括客户基本资料、家庭情况及其他信息,可以将用户所管理的关注客户指派给本级或下级的相关实务人员进行进一步管理。

客户信息系统给客户指派管理人员,使得实务管理人员能对具有关注价值的客户进行管理及客户资料收集整理,随时分析客户的实务情况,以便根据不同特点的客户提供差异化的服务。

5. 整体分析客户实务

客户信息系统可以使得客户管理人员能整体把握实务的发展变化情况,分析实务构成、实务组合、空间分布等结构信息,以便为经营管理决策提供可靠的分析依据。

6. 发掘最有价值的客户群

客户信息系统可以分析多种公司客户贡献度,从公司客户实务数据中分析出公司客户贡献度。

【情境案例 2-1】 可口可乐重视客户信息

实务情境:可口可乐公司非常重视客户信息的收集,该公司发现,人们平均在每杯水中放 3.2 块冰块,每年看到 69 个该公司的商业广告,喜欢在售点饮料机放出的饮料温度是 35℃。金伯利·克拉克公司计算出每人每年平均挖自己的鼻孔 256 次。在霍文吸尘器上挂了计时器和其他仪器后,在家庭中发现每星期平均使用 35 分钟,每年吸出 8 磅垃圾,使用 6 个垃圾袋。

问题讨论:客户信息的重要性表现在哪些方面?

思路引导:可口可乐公司就非常重视客户信息,随时把握消费者的信息,为其产品研发和推广提供了充分而可靠的依据。

2.2 客户调研方法

2.2.1 需求调研的前期准备——文案调研

文案调研(也称案头调研),对已经存在并已为某种目的而收集起来的信息进行的调研活动,也就是对二手资料进行搜集、筛选,并据以判断它们的问题是否已局部或全部地解决。文案调研是相对于实地调研而言的。通常是调研活动的第一步,为正式调研先行收集已经存在的信息。

总的来说,文案调研可以先易后难,由近及远,先内部后外部,先一般后特殊。

1. 文案调研的资料来源

成功进行文案调研的关键是发现并确定二手资料的来源。我的体会和基本原则是拿来主义,广收博采,坚持数年,必成专家。

对于一般的文案调研来说,二手资料的来源很多,可以通过各种方式进行查找、索要、交换或者购买。对于需求调研来说常见的有以下几种。

(1) 企业内部资料。包括企业内部的资料,如企业各项财务报告、销售记录、存货记录、行业信息等,调研人员积累的材料也属此类。对这些资料进行研究,有助于对企业的经济效益的评价和市场营销问题讨论的发掘。

(2) 企业外部资料。包括政府机构的统计资料和有关调查报告、金融机构的相关资料、学术研究机构或其他调研机构的调查报告以及外贸部门的贸易统计资料、进出口商名录等。

(3) 正式刊物和媒体的资料以及专业书籍和杂志等。

此外,二手资料的来源还有银行、调研机构、消费者组织、图书馆等,这些都是在实际工作中需要不断扩大的信息来源。

对于需求调研来说,还有一个重要的来源,就是售前阶段产生的各项资料。

2. 文案调研的作用、限制和应用范围

文案调研的作用有以下三个方面。

(1) 了解项目或者客户的基本情况,作为下一步正式调研的参考。

(2) 了解市场的发展趋势和发展前景,对不同行业市场应用的商机提出前瞻性的预测和建议。

(3) 可以对实地调研奠定三项基础:明确实地调查应该调查的问题讨论;节省调查费用和时间;协助鉴定实地调研资料的准确性。

文案调研的限制有以下三个方面。

(1) 收集到的资料都是静态的二手资料,不能满足对于项目或客户现状动态的了解。

(2) 收集资料容易遗漏。

(3) 其结果仅能做出叙述性的调查报告。

文案调研适用的范围：第一，作为实地调查的预备调查；第二，作为组织经常性的调查手段；第三，定期提供市场资料。

3. 文案调研的步骤

(1) 确定调研的目的和内容，根据情况制订调研计划和人员安排；确定市场调查目的，明确调查要求，必要时应限定调查范围。

(2) 查明可以加以利用的资料内容和来源，主动开展资料收集；对应有的该行业、企业或该项目的背景、基本知识要掌握，才能做深入的工作。

(3) 过滤、筛选、评估资料的适用性，整理、补充和消化资料；进行资料分析，剔除错误信息、消除数据误差，消化、酝酿。

(4) 将整理后的调研结果和消化资料产生的结论形成调研报告。加工处理，形成清晰、明朗的问题讨论报告，从现有的数据、信息中产生新的知识。

4. 持续、定期进行文案调研

持续、定期的文案调研，应该成为知识型企业的一种制度，以作为企业知识库的一个固定来源。具体来说，应该有专人来负责资料的整理、分析和加工。

调查资料的整理，是根据调查研究的目的，对调查所获得的资料进行审核、检验、分类、汇编等初步加工。

调查资料的分析，也就是统计分析，是指运用统计学原理和方法处理调查所获得的数据资料，简化和描述数据资料、揭示变量之间的统计关系并进而推断总体的一整套程序和方法。

调查资料的加工，就是对整理和统计分析后的文字资料和数据资料进行研究并得出结论的过程。

【实务思考 2-1】

某公司接受了上海时装有限公司的委托，对上海服装消费状况进行调研与分析，请回答应采用什么调研方法。

分析说明：市场调研的方法选择的合适与否，会直接影响到调查的结果。所以，选择市场调研方法是市场营销调研的重要环节。

理解要点：本案例应根据实际情况选择案头调研法或街头拦截访问调研法。

2.2.2 需求调研的现场实施——实地调研

实地调研法指由调研人员或接受委托的专门调研机构通过发放问卷、面谈、电话调查等方式收集、整理并分析第一手资料的过程。实地调研是相对于案头调研而言的，是对在实地进行调研活动的统称。一般的调研项目都会包括文案调研和实地调研两部分。

按照一般的说法，实地调研是指由调研人员亲自搜集第一手资料的过程。当调研人员得不到足够的第二手资料时,就必须收集原始资料。实地调研是任何调研方法都无法替代的。

观察法和访问法是实地调研中最常用的搜集资料方法,它们都是直接调查方法,即在搜集市场资料时,市场调查者与被调查者是直接接触的。观察法和访问法各有其特点,在市场调查中各有其适用条件。

1. 观察法概述

(1) 定义

观察法,是观察者根据研究目的,有组织、有计划地运用自身的感觉器官或借助科学的观察工具,直接搜集当时正在发生的、处于自然状态下的市场现象有关资料的方法。

(2) 特点

根据以上对观察法的表述,显然可以看出它既不同于日常生活中的观察,也不同于对自然现象的观察,它的特点是非常明显的。

① 观察法是观察者根据研究市场问题的某种需要,有目的、有计划地搜集市场资料,是为科学研究市场服务的。

② 观察法是科学的观察,它必须是系统、全面的。

③ 科学的观察在利用观察者感觉器官的同时,还可以运用科学的观察工具进行观察。

④ 科学观察的结果必须是客观的,它所观察的是当时正在发生的、处于自然状态下的市场现象。

2. 观察法的基本类型

观察者为了取得所需要的市场现象资料,往往要在不同情况下采取不同类型的观察方法。按照不同的区分标准,观察法可分为不同的搜集资料的具体方法。

(1) 参与观察与非参与观察

根据观察者是否参加到被观察的市场活动中,观察法可以分为参与观察和非参与观察。

(2) 有结构观察和无结构观察

根据观察者对观察内容是否有统一设计、有一定结构的观察项目和要求,观察法可分为有结构观察和无结构观察。

3. 观察法的优点和缺点

观察法是市场调查研究中重要方法之一,它是一种非常古老的认识方法,并在现代市场调查中由于各种观察工具的使用得到进一步发展和深化。它也是市场调查中经常被采用的方法。与其他调查方法比较,观察法的优点和局限性是很明显的。

(1) 观察法的优点

观察法有不少显著的优点,可以归纳为以下几个方面。

① 观察的直接性及可靠性。

② 适用性强。

③ 观察法简便易行,灵活性较大。

(2) 观察法的局限性

观察法的局限性主要表现在以下几个方面。

① 观察活动必须在市场现象发生的现场。

② 观察法明显受到时空限制。
③ 有些市场现象不能用观察法。
在用观察法搜集市场资料时,应该扬长避短,充分发挥其优点,避免其局限,减少观察误差。

【情境案例 2-2】 宝洁公司对较低的渠道成员采用多种沟通方式

实务情境:宝洁公司对较低的渠道成员采用电话、传真、普通互联网、邮寄、人员等多种方式进行沟通和了解。宝洁公司还会指令驻分销商人员或者定期派出市场渗透人员到其他各类终端进行沟通,在助销的同时随时向总部反馈来自市渠道成员和当地市场的信息。在中国市场,宝洁公司除了对区域分销商派驻助销人员以及为分销商组织、培训助销队伍之外,同时也通过尽可能快捷的通联手段,譬如内联网络平台系统与本部保持密切的沟通联系。在很多分销商处我们可以看到,销售代表的便携式电脑随时与本部进行着譬如仓储、补货、出货、销售数据以及来自市场终端的各类信息的反馈和沟通。

问题讨论:宝洁公司为何对较低的渠道成员采用多种沟通方式?

思路引导:宝洁公司对较低的渠道成员采用多种沟通方式,搜集来自市场终端的各类信息,防止信息断流,为公司的决策支持提供必需的信息资料。

2.3 客户调研流程

2.3.1 客户调研应该考虑的因素

进行客户调研应考虑以下因素。
(1) 调研的地理范围。是做地区的调查还是大范围的调查。
(2) 调研的方式。是全面调查还是典型调查还是抽样调查。
(3) 调查的方法。是文献调查还是询问调查,或者是观察询问调查、实验调查。
(4) 调查人员的安排。人多还是人少,培训的时间安排、请人调查还是自己公司派人调查。
(5) 调研的物资安排。如问卷的数量、小礼品的数量等。

2.3.2 客户调研流程

客户调研流程如图 2-1 所示。

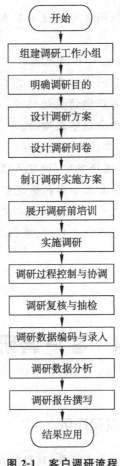

图 2-1 客户调研流程

【情境案例 2-3】 速溶咖啡巧妙收集终端信息

实务情境：20 世纪 40 年代，美国速溶咖啡投入市场后，销路不畅。厂家请调研专家进行研究。先是用访问问卷直接询问，很多被访的家庭主妇回答说，不愿选购速溶咖啡是因为不喜欢速溶咖啡的味道。

在试饮中，主妇们却大多辨认不出速溶咖啡和真正咖啡的味道有什么不同。这说明，主妇们不选购速溶咖啡的原因不是味道问题讨论而是心理因素导致。

为了找出这个心理因素，研究人员设计出两张几乎相同的购物清单，唯一的区别在于两者上面写了不同咖啡。然后把清单分给两组可比性的家庭主妇，要求她们评价清单持有人的特征。结果差异非常显著：读了含有速溶咖啡购物单的被访者绝大多数认为，按照这张购物单买东西的家庭主妇是个懒惰、差劲、浪费、蹩脚的妻子，并且安排不好自己的计划；而看到含有豆制咖啡购物单的被访者则认为，按照这个购物单购物的家庭主妇是勤俭、称职的妻子。由此可见，当时的美国妇女存在一个共识：作为家庭主妇，担负繁重的家务劳动乃是一种天职，任何企图逃避或减轻这种劳动的行为都应该遭到谴责。速溶咖啡之所以受到冷落,问题并不在于自身,而是家庭主妇不愿让人非议,想要努力保持社会所认定的完美形象。

谜底揭开以后,厂家首先对产品包装作了相应的修改,比如使密封十分牢固,启开时比较费力,这就在一定程度上打消了顾客因为用新产品省事而造成的心理压力。在广告中也不再强调简便的特点,而是宣传速溶咖啡同豆制咖啡一样醇香、美味。很快,速溶咖啡销路大增,成为西方世界最受欢迎的咖啡。

问题讨论:信息收集需要注意哪些问题?

思路引导:在速溶咖啡调研案中,研究人员通过试饮活动,发现主妇们中的大多数辨认不出速溶咖啡和真正咖啡的味道有什么不同,于是得出结论,主妇们不选购速溶咖啡的原因不是味道问题而是心理因素导致。这种深层次的原因,单靠信息收集和直接访问是不能发现的,我们必须依靠创造性的思维能力。

2.4 客户调研报告

2.4.1 客户调研报告的特点和作用

客户调研报告是客户调研活动的直接结果,其目的在于展现客户调研的成果,把获得的客户信息传递给决策者和领导者。

在客户调研活动中,调研机构通过调研策划,收集客户信息,并对资料进行整理分析,做出符合实际的结论和判断,最终都必须形成某种形式的报告,提交给调研活动的组织者或委托者。

1. 客户调研报告的特点

客户调研报告应具备针对性、时效性和创新性的特点。针对性是指客户调研报告应针对不同的调研目的和不同的阅读对象安排报告的内容和格式。时效性是指为了更好地适应市场竞争,调研报告及时反馈给使用者,以便适时做出决策。创新性是指调研报告中应总结有创见性的观点、结论,以增强调研报告的使用价值,更好地指导企业的生产经营活动。

2. 客户调研报告的形式

客户调研报告有多种形式,它可以是书面形式、口头形式、计算机汇报软件的形式,或者同时使用几种形式。

3. 客户调研报告的作用

客户调研主体对调研活动最为关心的就是调研报告,调研主体提出进行市场调研活动的直接目的在某种程度上讲,就是为了获得市场调研报告。这是因为市场调研报告具备以下主要作用。

(1) 客户调研报告能将市场信息传递给决策者。这是调研报告最主要的功能。决策者需要的不是市场调查采集的大量信息资料,而是这些市场信息资料所蕴涵的市场特征、规律和趋势。市场调研报告能在对信息资料分析的基础上形成决策者需要的结论和建议。

(2) 客户调研报告可以完整地表述调研结果。调研报告应对已完成的市场调研做出完整而准确的表述。能够详细地、完整地表达出市场调研中有关市场调研的目标、造就要求调研报告背景信息、调研方法及评价、以文字表格和形象化的方式展示的调研结果、调研结论和建议等内容。

(3) 客户调研报告是衡量和反映市场调研活动质量高低的重要标志。尽管市场调研活动的质量还要体现在调研活动的策划、方法、技术、资料处理过程中,但调研活动的结论和论断以及总结性的调研报告无疑也是重要的方面。

(4) 客户调研报告能够发挥参考文献的作用。调研报告的使命是作为决策者和领导者做出重大决策时的参考文献。调研报告包含了一系列意义重大的市场信息,决策者在研究问题时,往往要以调研报名作为参考。

2.4.2 客户调研报告的结构

尽管客户调研报告的格式会因项目和读者的不同而有所差异。但调研报告要把市场信息传递给决策者的功能或要求是不能改变的。因此,在长期的商务实践中逐渐形成了调查报告的常规格式:当然许多公司在其实务实践中都具有自己特点的报告格式。一份完整的调研报告可分为三大部分:前文、正文和附录。

1. 前文

(1) 标题页和标题扉页

标题页包括的内容有报告的标题或主题、副标题(即该份调研报告提供的具体材料)、报告的提交对象、报告的撰写者和发布(提供)的日期。对企业内部调研,报告的提交对象是企业某高层负责人或董事会,报告撰写者是内设调研机构。对于社会调研服务,报告的提交对象是调研项目的委托方,报告的撰写者是提供调研服务的调研咨询机构。在后一种情况下,有时还需要写明双方的地址和人员职务。特别正规的调研报告、在标题页之前还安排标题扉页,此页只写调研报告标题。

(2) 授权信页

授权信是由调研项目执行部门的上司给该执行部门的信,表示批准这一项目,授权给某人对项目负责,并指明可用于项目开展的资源情况。在许多情况中,汇报信会提及授权问题,这样也可以不将授权信包括在调研报告中。但是当调研报告的提供对象对授权情况不了解,或者他需要了解有关授权的详情时,出授权信提供这方面的信息则是必要的。

(3) 提交信

提交信是以调研报告撰写者个人名义向报告提交对象个人写的一封信,表示前者将报告提交给后者的意思。在此信中,可以概括一下市场调研者承担并实施项目的大致过程,也可以强调一下报告提交对象需要注意的问题讨论以及需要进一步调查研究的问题讨论,但不必叙述调研的具体内容。其所用口气是个人对个人,因而可以不太受机构对机构的形式拘束,便于沟通双方的思想。在较为正规的调研报告中,都应该安排提交信。当调研报告的正规性要求较低时,提交信可以从略。

(4) 前言

前言是该调研项目的简要介绍。这部分的内容包括报告的可靠依据的目的和范围、资料收集的基本方法和要求以及对有关方面的致谢等。

(5) 目录表

一般的调研报告都应该编写目录,以便读者查阅特定内容。目录包含报告所分章节及其相应的起始页码。通常只编写两个层次的目录。较短的报告也可以只编写第一层次的目录。需要注意的是,报告中的表格和统计图都要在目录中列明。

(6) 图表目录

如果报告含有图和(或)表,那么需要在目录中包含一个图表目录,目的是为了帮助读者很快找到对一些信息的形象解释。

2. 正文

正文包括研究目的、调研方法、结果、局限性、结论和建议,以及摘要。

(1) 研究目的

在报告正文的开头,调研人员首先应当简明扼要地指出该项调研活动的目的和范围,以便阅读者准确把握调研报告所叙述的内容。

(2) 调研方法

如何阐明所用的调研方法是一件不太轻松的事,因为对技术问题讨论的解释必须能为读者所理解。在这里对所使用的一些材料不必详细列出,详细的材料可以放到目录中。

调研方法部分要阐明以下五个方面。

① 调研设计:说明所开展的项目是属于探索性调研还是因果性调研,以及为什么适用于这一特定类型调研。

② 资料采集方法:所采集的是高级资料还是次级资料。结果的取得是通过调查、观察,还是实验;所用调查问卷或观察记录表应编入附录。

③ 抽样方法:目标总体是什么,抽样框如何确定,是什么样的样本单位、它们如何被选取出来。对以上问题的回答根据及相应的运算须在附录中列明。

④ 实地工作:启用了多少名、什么样的实地工作人员,对他们如何培养、如何监督管理,实地工作如何检查。这一部分对于最终结果的准确程度十分重要。

⑤ 分析:说明所使用定量分析方法和理论分析方法。

(3) 结果

结果在正文中占较大篇幅。这部分报告应按某种逻辑顺序提出紧扣调研目的的一系列项目发现。发现结果可以以叙述形式表述,以使得项目更为可信,但不可过分吹嘘。在讨论中可以配合一些总结性的表格和图像,这样可以更加形象化,然而详细和深入分析的图表宜放到附录中。

(4) 局限性

完美无缺的调研是难以做到的,因此,必须指出调研报告的局限性。

讨论调研报告局限性是为给正确评价调研成果以现实的基础。在报告中,不可将成果加以绝对化;承认它的局限性和应用前提是科学的态度。当然,也没有必要过分强调它的局限性。

(5) 结论和建议

结论是基于调研结果的意见,而建议是提议应采取的相应行动。因此建议的阐述应该较为详细,而且要辅以必要的论证。

(6) 摘要

摘要一定要写明为何开展此项调研,考虑到该问题讨论的哪些方面,有何结果。建议怎么做。摘要是调研报告的重要部分,必须写好。许多高层管人员通常只阅读报告的摘要,可见摘要很可能是调研者影响决策者的唯一机会。

摘要应该放在正文的最后部分。长度以不超过两页为好,因此作者要仔细斟酌哪些东西是足够重要的,需要在摘要中写明。摘要不是报告正文各章节的等比例浓缩。它要写得自成一篇短文,既要概括调研成果的主要内容,也得简明,重点突出。

摘要通常包含四方面内容。首先,要申明报告的目的,包括重要的背景情况和项目的具体目的。其次,要给出最主要的结果,有关每项具体目的的关键结果都须写明。再次是结论,这是建立在发现结果基础上的观点和对于结果含义的解释。最后是建议,或者提议采取的行动。这是以结论为基础而提出的。在许多情况下,管理人士不希望在报告中提出建议。因此,是否在摘要中包括建议需要依报告的特定情况而定。

3. 附录

任何一份太具技术性或太详细的材料都不适宜出现在正文部分,而应编入附录,以备阅读者在必要的时候查阅。这些材料可能只为某些读者感兴趣,或者它们与调研没有直接的关系,而只有间接的关系。

附录通常包括的内容有调查提纲、调查问卷和观察记录表、被访问人(机构单位)名单、较为复杂的抽样调查技术的说明、一些次关键数据的计算(最关键数据的计算,如果所占篇幅不大,应该编入正文)、较为复杂的统计表和参考文献等。

以上提出了一份极为正规的调研报告所应包含的所有组成部分。这种极为正规的格式用于企业内部大型调研项目或调研公司向客户提供的服务项目。对于那些不很正规的报告,某些组成部分可以略去不写。视项目的重要程度和委托方的实际需要,可以从最正规的格式到只有一份报告摘要的这一逐渐简化系列,来选择一个适当的设计。

2.4.3 撰写客户调研报告的步骤

撰写客户调研报告是把调查报告分析的结果表述出来。无论是哪一种调查报告,撰写的程序一般都是确定主题、取舍资料、拟订提纲、撰写报告和修改报告五个步骤。

1. 确定主题

调查报告的主题是调查报告的关键问题。主题是否明确、是否有价值,对调查报告具有决定性意义。

(1) 确定主题的步骤

确定主题由选题和确定观点两个步骤组成。

① 选题

选题是发现、选择、确定、分析论题的过程;论题就是分析对象和目的的概括。所以选题一般表现为调查报告的标题。选题是认识过程中已知领域与未知领域的联结点。它既表现为已知的,是在以往认识基础上产生的,又表现为未知的,是以往认识活动所未解决的。它既反映了现有知识的广度和深度,又反映了未知领域探索的广度和深度。

成功的选题不仅能使作者用较少的时间和精力,积累充实的材料,有目的、有计划地调整自己的知识结构,确定必要的分析方法和手段,而且还是调查报告适销对路的前提条件。选题失误,即使调查报告表述完美也会影响其社会经济效益。

选题的途径一般分为:领导征集或外单位委托和作者自选观察、调查两种。选好题的关键是处理好分析对象的意义、服务对象的需求和作者的主观条件。

② 确定观点

观点是调查研究者对分析对象所持的看法与评价,它是调查材料的客观性与作者主观认识的统一性,是形成思路、组织材料、构成篇章的基本依据和出发点。观点是在充分材料的基础上形成的。它的思维过程是对调查材料的分析——综合——再分析。随着认识的不断深入、认识水平的不断提高,观点渐渐产生。因此观点的确定一般要经历萌发、深化、形成三个阶段。

在观点形成过程中要遵循的原则如下。

a. 分析要深入。要从实际调查的情况出发,分析不可以先入为主,也不可以从某观念和政策条文出发。

b. 分析要具体。只能从具体的现象、数字入手,在调查材料上面做文章。抓住事物的特殊性进行分析,从中找出代表性的内容,并力求观点内涵丰富。

c. 立论要新颖。观点是认识的逻辑概括,作者使用简单语言把自己的新认识阐述出来。

(2) 确定主题应注意的问题

① 调查报告的主题必须与调查主题相一致。一般说来,调查的主题就是调查报告的主题。因此,选题也是调查主题确定的关键。调查主题在社会调查之初即已基本确定。而调查报告的主题观点则产生在调查分析之后。

② 要根据调查分析的结果确定观点并重新审定主题。有的时候,调查报告的主题不一定就是调查的主题,两者并不一致。这主要是因为调查主题涉及面宽或问题较多,因而需要重新确定主题以缩小原题的范围;在调查主题的范围内有些情况和问题因材料不充分,或调查分析较肤浅,没有把握而需要重新确定主题;在调查分析过程中发现缺乏新意或价值不大,须依据实际应用价值,重新确定,不一定局限于与调查主题相一致。

③ 调查报告的主题不宜过大。为便于反映问题,主题要相对小些、短些,同时也容易写。

2. 取舍资料

资料是形成调查报告主题观点的基础。观点是资料的统帅和代表,观点决定资料的取舍和使用。只有达到资料与观点的高度统一,资料才能充分地说明调查报告的主题。这是我们撰写调查报告必须遵循的主要原则。

在撰写调查报告时,必须坚持论证材料要充分,言必有据。充分的材料不但应是客观的真实材料,而且还必须是全面反映事物的本质的典型材料。通常还应有侧面或反面的材料,以说明和支持作者的结论。

在取舍调查材料时应注意以下几点。

(1) 材料的充分、完整

对调查资料要全面分析和比较,以获取尽可能充分和完整的材料,因为调查报告与简报不同,不能只是简单地罗列材料,而应根据调查报告的目的和要求,进行具体的分析、比较和论证。这种分析、论证又与论文不同,它必须以反映事实为基础,用事实说话。在不离开事实叙述的前提下,把充分完整的材料提到原则高度上进行适当的评析,才能揭示材料的性质和意义。

(2) 材料的筛选

资料只有依据主题的需要、观点的要求进行筛选,才能使主题更加突出。与主题无关的或关系不大的资料要忍痛割爱。否则堆砌材料,会冲淡主题,降低调查报告的效果。

精选标准是能深刻说明问题本质。精选一般采用比较鉴别的方法,对同类材料依精选标牌和报告的篇幅进行比较、鉴别,以决定取舍。另外,鉴于调查报告明确、简练的特点,可用可不用的材料要大胆舍弃。

(3) 多次取舍

在调查材料量很大时,为减少不必要的劳动,在分析之前也可进行一次取舍。但在分析前后对材料的取舍都要以有关概率统计理论为依据。这样既省了力,又不降低材料的代表性和结论的科学性。同时,材料的取舍工作还要和定量分析、定性分析等工作结合起来。只有经过筛选,调查报告的依据才能充实、扼要,而不致偏颇。

3. 拟订提纲

提纲是调查报告的骨架,可以理清思路,表明调查报告各部分之间的联系。调查报告写作提纲可分为条目提纲和观点提纲两类。条目提纲就是从层次上列出报告的章节;观点提纲则是列出各章节要表述的观点。

一般先拟订提纲,把调查报告分成几大部分。然后在各部分中再充实,按次序或按轻重,横向或纵向罗列编织而成较细的提纲。提纲的粗细也反映了作者对写作内容了解的深浅程度。提纲越细,说明作者对材料、内容掌握越深入、越具体,反映作者的思路越清晰,在撰写报告时也越顺手。拟订调查报告写作提纲的另一作用,可使作者进一步深思熟虑、精益求精,也便于对调查报告进行"构造"的调整。因此,写作提纲的作用是不可低估的,不是可有可无的。即使对于写作上有经验的人,也应于撰写调查报告之前先拟订写作提纲,特别是较细的提纲。

拟订提纲以后,方可开始撰写报告。撰写完成后须对报告进行修改。

2.4.4 客户调研报告的写作技巧

客户调研报告中重要的是怎样设计主体部分的内容。从一定意义上讲就是如何确定调研报告的整体内容。

1. 撰写调研报告的人员应该掌握的几个环节

(1) 明确调研报告的阅读者

由于不同的阅读者掌握的信息不同、需要做出决策的性质不同,从而决定了他们需要了解的信息也不同。同时,不同的阅读者的素质不同决定了他们的兴趣上的差别。同样一份调研报告,提供给决策者与专家,所注重的信息是不同的。提供给决策者作为决策的依据,则可以着重描写"是什么"、"为什么会这样"、"如果……将会怎样"。以便他们尽快了解情况与原因,采纳自己的建议。提供给专家评审的调研报告,由于专家对于事实情况、引发的原因都十分清楚,他们关心的是报告中的结论是通过什么方法分析后得出的。

(2) 段落的标题设计

调研报告也可以设计成章、节、段,每一章、节、段都应有相应的特征鲜明的标题,问题是这些标题的设计方法应该采用哪种为宜。

目前两种常用的方式为:

以结论或观点作为各章、节、段的标题。如"高技术含量是明年国外大公司登陆中国市场的撒手锏"、"提高价格不能操之过急"等。

以原因或状况作为各章、节、段的标题。如"国内许多企业将更加举步维艰"、"登陆中国市场的著名跨国公司的产业结构"、"调整经营战略窥测中国市场变化的外国著名大公司的举动"等。

(3) 表格和图像的格式要求

在调研报告正文中恰当地运用统计图,发挥调查所得资料的论据和论证作用。

统计表必须具备表号、表头(总标题)、横行标题、纵栏标题、指标数值、(必要的)注释、资料来源等。

总标题要写得醒目,扼要提出本表要提供的信息内容。横、纵标题要简明,尽量使用正规的指标、分组标志和时间分量。

如果横、纵标目中使用了与国家统计标准指标同类而不同含义的指标、分类标准,或者使用了尚未被本行业同仁普遍接受的名词,则应在注释部分加以注明。

凡表中所用数据来源于本项目调查、观察或实验所获之外的次级资料,均应在资料来源处注明其来源。

统计图也要设置图号和图名。它们的要求与表号和总题相同。统计图在目录中的位置在统计表之后。统计图中所绘几何图形(线段、矩形、扇形等)要与所表现的数值成比例、数轴要注明所表示的变量及所用计量单位。在图中对图形加以必要的标注,说明其代表的意义,以便读者不参阅任何文字材料就能读懂统计图要说明的问题。最后,资料来源对于统计图也是必不可少的。

(4) 附件部分的利用

在调研报告中不能不用到各种统计学的分析方法,也不能没有调研的原始资料,因为这些都是论证自己结论的证据。

(5) 调研报告中的建议

这主要看管理层或决策层对于下属的建议和意见的一贯态度,或者查看在调研方案合同上是否包括调研机构必须在调研报告中提出客观、公正、准确的建议与意见的相应款项。有些领导希望下属在提供实际情况后再谈谈自己的分析结论与想法,因此调研机构应该在调研报告中详细地列出自己的意见与建议。但有的领导只听下属的报告,不允许下属提出自己的想法,此时调研报告中的建议会显得多余。

2. 撰写调查报告应注意的问题讨论

一份高质量的调研报告,除了符合调研报告的一般格式是多样的,但也应注意以下一些问题。

(1) 实事求是

市场调查研究是为了揭示事情的真相,在研究过程中要求实事求是,按照严格的程序进行科学的研究,极大地克服个人偏见和主观印象。因此,作为市场调查研究结果的调研报告也必须真实、准确,要以实事求是的科学态度,准确而全面地总结和反映调查结果。这就要求市场调查报告所使用的信息资料必须符合客观实际,不能有任何虚假内容。同时,要注意信息资料的全面性,避免因结论和建议的片面性对决策者造成的误导。

(2) 重点突出

市场调查研究报告的内容编排应该密切结合调查宗旨,重点突出调研目标完成和实现情况。一份高质量的调查报告既要具备全面性、系统性,又要具备针对性和适用性。因此,在编写调查报告时必须对信息资料进行严格分类,筛选剔除一切无关资料。

(3) 篇幅适当

调查报告的价值需要以质量和有效性度量,而非篇幅的长短。因此,在撰写调查报告时,应根据调查目的和调查报告内容的需要确定篇幅的长短。市场调查阶段积累的大量信息资料虽然弥足珍贵,但如果全部纳入调查报告中必然会使调查报告的内容冗长繁杂,阅读者难以领略重点而产生反感。因此,调查报告篇幅的长短,内容的取舍、详略都应该根据需要确定。

(4) 解释充分

调查研究的目的在于利用丰富的信息资料说明市场现象所蕴涵的特征、规律和趋势。但这些信息资料所蕴涵的市场特征、规律和趋势并非是每个人都能领会的,需要调研人员运用专业知识和科学的理论进行解释。一份高质量的调查报告应该充分利用统计图表、统计数据等各种形式的表现方法来说明和显示资料,使阅读者更容易接受和认同。

(5) 便于阅读

为了提高调查报告的可阅读性,应做到版面设计合理、语言简洁、字迹清晰、书写工整。

■ 理念总结

- 客户信息系统就是以客户为基础,联动整合客户的所有实务信息及档案资料信息,消除"信息孤岛",为各实务管理人员提供客户信息的完整透明的共享。
- 客户调研方法包括文案调研和实地调研。
- 客户调研的流程包括开始、组建调研工作小组、明确调研目的、设计调研方案、设计调研问卷、制订调研实施方案、展开调研前培训、实施调研、调研过程控制与协调、调研复核与抽检、调研数据编码与录入、调研数据分析、调研报告撰写、结果应用。
- 一份完整的调研报告可分为三大部分:前文、正文和结尾。
- 客户调研报告的撰写程序一般都是确定主题、取舍资料、拟订提纲、撰写报告和修改报告五个步骤。

■ 实务观念 ■

市场调查　市场潜量　销售潜量　市场调查技术　市场预测　客户信息系统
客户分析报告

■ 职业技能 ■

市场调查和市场预测

■ 理念应用

□ 单项选择题

1. 面谈调查法的缺点是（　　）。
   A. 真实性差　　　　　　　　B. 成本高
   C. 回收率低　　　　　　　　D. 调查范围受限
2. 邮寄调查法的优点是（　　）。
   A. 结果较为客观　　　　　　B. 速度快
   C. 回收率高　　　　　　　　D. 灵活性强
3. 电话调查法的优点是（　　）。
   A. 结果较为客观　　　　　　B. 速度快
   C. 调查范围广泛　　　　　　D. 灵活性强

□ 填空题

1. 按收集资料的方法不同可将市场调查的方法分为_____调查法、_____调查法和_____调查法。
2. 询问调查法的种类有_____调查法、_____调查法、_____调查法和_____调查法。
3. 观察法是铁路客流调查的常用方法，它可分为_____法、_____法和_____法。

□ 简答题

1. 简要叙述市场调查的功能。
2. 简要叙述市场调查的内容。

□ 理念辨析

1. 简述集体意见法的预测程序。
2. 简述市场调研与预测中潜在的误差。
3. 简述选择问题讨论措辞应注意的问题。

□ 实务运用

1. 某调查显示，在休假时人们选择外出旅游，占被调查者的 23.4%，其他依次为看书看报、看电视、串门聊天和娱乐健身、业余学习、逛街购物、打牌玩麻将与其他，分别占 19.8%、16.7%、9.5%、8.6%、4.2%、2.7% 和 5.5%。请分析人们休闲的主流方式。
2. 对人们出游逗留时间的调查显示，28.8% 的人是 1～3 天；36.9% 的人是 3～7 天；

10.4%的人是7~15天;15天以上的仅占2.7%;而21.2%的人选择了依假期来定。请分析目前假期制度对大多数人的出游时间是否有影响。

□ 案例题

某知名的摩托车企业人力资源部培训主管L先生打电话给培训公司,要求培训公司提供销售类课程菜单以便选择培训课程,看到顾客主动上门,培训公司的销售人员先是惊喜一番,然后迫不及待地将课程清单传真给L先生,有的发了E-mail,在课程清单以外,有的销售代表还没忘记加上一些公司简介、培训师师资简介、公司实力品牌等证明资料。在顾客看了这些资料后,销售代表几乎都无一例外地使用了一些技巧:产品呈现技巧、成交技巧等,结果却无功而终。但某公司的销售代表A先生接到电话后,初步判断出这是一个大客户,可能有长期的培训合作可能,因而并没有急于这样做,而是对L先生说:"我们非常理解您想得到培训课程清单,不过,根据我们的经验,在没有了解贵公司的需求之前,我们担心发给您的资料会浪费您的时间;另外,课程清单并不能让您了解到课程本身的价值,要不,我先给您发一份《营销培训需求调查表》,您填好后给我,我请我们的资深老师跟您做一个交流,然后再确定如何做?"听到销售代表这么一说,L先生颇感意外,但觉得这样好像很有道理,所以很快就同意了。A先生很快就收到L先生发回的《营销培训需求调查表》。接下来,培训公司的老师根据《营销培训需求调查表》提供的信息进行了初步需求分析,建议L先生应该与他们的人力资源主管做一下电话访谈,L先生再次同意。电话访谈结束后,培训公司以书面传真的形式给L先生做了回复,谈到现有的资讯对形成较高水准的《营销培训建议书》仍然不够,提出进一步进行面对面访谈的计划与请求,这次面对面访谈要求对方的销售部经理、市场部经理、受训对象代表(分公司经理)等参加。做完本次面对面访谈后,培训公司提交了一份《营销培训建议书》给L先生。后来,很快就签订了合作协议。

问题讨论:
1. 需求调研是技巧还是策略?
2. 不了解需求的情况下做产品介绍合适吗?
3. 应该被动迎合顾客需求还是主动引导顾客需求?
4. 对顾客进行需求调研的价值是什么?
5. 培训公司为什么提出面对面访谈的请求?

■ 实务训练

"调查客户信息"职业技能和素养训练

【实训目的】

通过切实体验"客户信息调查"各实训任务和要求的完成、系列技能操作的实施、《客户分析报告》的准备与撰写等活动,培养"客户信息调研"的职业技能,并通过践行职业规范,促进职业人格的塑造。

【实训技能规范】

职业技能——调查客户信息

技能Ⅰ：客户信息调研方法选择

职业规范：能够按标准选择客户信息调研方法。

技能Ⅱ：客户信息调研流程选择

职业规范：能够按标准选择客户信息调研流程。

技能Ⅲ：客户信息调研报告的撰写

职业规范：撰写规范的客户信息调研报告。

【实训任务和要求】

对"调查客户信息"职业技能领域的各"技能点"实施阶段性基本训练。

实训后学生要对本次"调查客户信息"的实训活动进行总结，在此基础上撰写实训报告。

各实训组通过对所选企业项目调查客户信息（包括调研方法、调研流程、调研报告等）运作情况的调查、参与和体验，运用所学知识总结该企业相应业务运作的成功之处和不足之处，在此基础上提出建议，并撰写《××企业某产品（或项目）客户信息调研报告》。

【实训时间】

一周。

【实训步骤】

(1) 将学生组成若干个实训组，每5~6人分成一组，每组确定1人负责。

(2) 确定每个组的实训企业产品（或项目），根据各自企业客户信息，对其调研方法、调研流程等进行调查，参与并体验所选企业项目的客户信息调查（调研方法、调研流程等）具体运作。将工作情况进行详细记录。

(3) 撰写《××企业某产品（或项目）客户信息调研报告》。

(4) 在班级交流、讨论和修订《××企业某产品（或项目）客户信息调研报告》。

【实训报告范本】

见附录2。

第 3 章

数据挖掘与 CRM

■ 学习目标

了解并掌握数据挖掘的一般步骤、典型算法、数据挖掘的模型;能用所学理念和技能规范"数据挖掘"的相关实务操作,并依据行业规范或标准,强化学生的职业素养。

实务引例 贝尔大西洋公司的数据挖掘应用

贝尔大西洋公司是美国最大的电话公司,它的电话实务覆盖美国 14 个州,拥有商业、住家电话账户近亿个。

在电话公司,追缴拖欠话费是一件很头疼的事情,不及时追缴会给公司带来很大损失,但如果每个人都进行追缴又带来很大的成本。

为此,贝尔大西洋公司建立了数据挖掘系统,帮助它们进行话费追缴决策。

第一步,将所有客户分为不同的类型,并建立不同的追缴欠费模型。系统根据数据分析,将公司客户分为 8 种类型,并一共建立了 40 个追缴话费模型。

第二步,计算各种客户拖欠话费的概率,包括从一个月未缴话费到两个月未缴的可能性,从三个月未缴话费到变成坏账客户的可能性,从坏账客户到变成死账客户的可能性。

第三步,提出追缴策略线索,哪些客户应进行追缴,哪些客户可以暂时不追缴;在追缴的客户中,哪些应该采取高强度追缴,哪些客户只需要采取低强度追缴等,如图 3-1 所示。

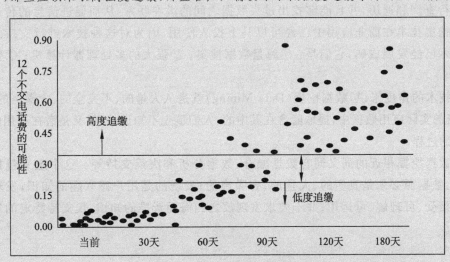

图 3-1 不同的追缴话费策略

在美国的电话公司中,追缴话费可采用信件和电话两种形式,电话追缴的强度大,效果好,但成本要比信件高得多。一般情况下,通过信件追缴话费的成本约1美元,而电话追缴的成本约在30美元。

过去,电话公司在决定追缴策略时带有很大的盲目性,支付了大量的追缴成本,但追缴的效果并不好,甚至还得罪了一些有价值的客户,造成客户资源的流失。

采用了数据挖掘技术后,这一问题得到了较好的解决。数据挖掘帮助公司了解客户的行为模式,以此来决定所应采取的话费追缴模式。同时根据一个好客户能给公司带来的利润,和他拖欠话费给公司带来的损失进行比较,决定是否要进行话费的追缴、何时进行话费追缴以及以何种方式进行话费追缴。

数据挖掘系统帮助贝尔大西洋公司减少了大量的话费追缴成本,同时也留住了大量的有价值的老客户。

3.1 数据挖掘

3.1.1 数据挖掘的定义和内涵

随着数据库技术的迅速发展以及数据库管理系统的广泛应用,人们积累的数据越来越多。激增的数据背后隐藏着许多重要的信息,人们希望能够对其进行更高层次的分析,以便更好地利用这些数据。目前的数据库系统可以高效地实现数据的录入、查询、统计等功能,但无法发现数据中存在的关系和规则,无法根据现有的数据预测未来的发展趋势。缺乏挖掘数据背后隐藏的知识的手段,导致了"数据爆炸但知识贫乏"的现象。

数据挖掘技术是人们长期对数据库技术进行研究和开发的结果。起初各种商业数据是存储在计算机的数据库中的,然后发展到可对数据库进行查询和访问,进而发展到对数据库的即时遍历。数据挖掘使数据库技术进入了一个更高级的阶段,它不仅能对过去的数据进行查询和遍历,并且能够找出过去数据之间的潜在联系,从而促进信息的传递。现在数据挖掘技术在商业应用中已经可以马上投入使用,因为对这种技术进行支持的三种基础技术已经发展成熟,它们是:①海量数据搜集;②强大的多处理器计算机;③数据挖掘算法。

从技术的角度来说,数据挖掘(Data Mining)就是从大量的、不完全的、含噪声的、模糊的、随机的实际应用数据中,提取隐含在其中的、人们事先不知道的、但又是潜在有用的信息和知识的过程。

与数据挖掘相近的同义词有数据融合、数据分析和决策支持等。这个定义包括好几层含义:数据源必须是真实的、大量的、含噪声的;发现的是用户感兴趣的知识;发现的知识要可接受、可理解、可运用;并不要求发现放之四海而皆准的知识,仅支持特定的发现问题讨论。

从商业的角度来说,数据挖掘是一种新的商业信息处理技术,其主要特点是对商业数据库中的大量实务数据进行抽取、转换、分析和其他模型化处理,从中提取辅助商业决策的关键性数据。

简而言之,数据挖掘其实是一类深层次的数据分析方法。数据分析本身已经有很多年的历史,只不过在过去数据收集和分析的目的是用于科学研究,另外,由于当时计算能力的限制,对大数据量进行分析的复杂数据分析方法受到很大限制。现在,由于各行业实务自动化的实现,商业领域产生了大量的实务数据,这些数据不再是为了分析的目的而收集的,而是由于纯机会的(Opportunistic)商业运作而产生。分析这些数据也不再是单纯为了研究的需要,更主要是为商业决策提供真正有价值的信息,进而获得利润。但所有企业面临的一个共同问题是:企业数据量非常大,而其中真正有价值的信息却很少,因此从大量的数据中经过深层分析,获得有利于商业运作、提高竞争力的信息,就像从矿石中淘金一样,数据挖掘也因此而得名。

因此,数据挖掘可以描述为:按企业既定实务目标,对大量的企业数据进行探索和分析,揭示隐藏的、未知的或验证已知的规律性,并进一步将其模型化的先进、有效的方法。

3.1.2 数据挖掘的方法

在 CRM 中,必不可少的要素是将海量的、复杂的客户行为数据集中起来的,形成整合的、结构化的数据仓库(Data Wearhouse),这是数据挖掘的基础。在此基础上,就需要借助大量的知识和方法,把表面的、无序的信息整合,揭示出潜在的关联性和规律,从而用于指导决策。常见的数据挖掘的方法有关联分析、预测、分类分析、聚类分析、序列模式分析等。通常为了解决某个实务问题讨论,往往需要混合使用两种或两种以上的技术类别。

1. 关联分析

关联分析是挖掘表面看似独立的事件间的相互关系,如"90%的顾客在一次购买活动中购买商品 A 的同时购买商品 B"之类的知识。

【实务指南 3-1】 尿布和啤酒

全球最大的零售商沃尔玛通过对顾客购物的数据分析后发现,很多周末购买尿布的顾客也同时购买啤酒。经过深入研究后发现,美国家庭买尿布的多是爸爸。爸爸们下班后要到超市买尿布,同时要"顺手牵羊"带走啤酒,好在周末看棒球赛的同时过把酒瘾。后来沃尔玛就把尿布和啤酒摆放得很近,从而双双促进了尿布和啤酒的销量。这个经典的"尿布和啤酒"的故事被公认是商业领域数据挖掘的诞生。这里就是利用关联分析这种方法,发现两种商品之间有很高的相关系数,引起重视,然后深入分析后才找出内在原因的。

2. 序列模式分析

序列模式分析与关联分析相似,其目的也是为了控制挖掘出的数据间的联系。但序列模式分析的侧重点在于分析数据间的前后(因果)关系。可以通过分析客户在购买 A 商品后,必定(或大部分情况下)随着购买 B 商品,来发现客户潜在的购买模式。例如,一个顾客在买了计算机之后,就很有可能购买打印机、扫描仪等配件。

3. 分类分析

分类分析就是通过分析样本客户数据库中的数据,为每个类别作出准确的描述或建立分析模型或挖掘出分类规则,然后用这个分类规则对其他客户的记录进行分类。比如,信用卡公司根据顾客的信用记录,把持卡人分成不同等级,并把等级标记赋予数据库中的每个记录。对于每一等级,找出它们共同点,比如:"年收入在 10 万元以上,年龄在 40~50 岁之间的外企白领"总体上信用记录最高。有了这样的挖掘结果,客户服务部门就知道一个新的客户的潜在价值,在客户服务投入上就心中有底。

4. 聚类分析

聚类分析是分类的逆向方法。聚类把没有分类的记录,在不知道应分成几类的情况下,按照数据内在的差异性大小,合理地划分成几类,并确定每个记录所属类别。它采用的分类规则是按统计学的聚类分析方法决定的。比如,面对数据库中"消费额"、"购买频率"、"收入水平"等多个评价指标,没有办法按照一个指标去分类,就可以通过聚类按照数据间的自然联系把分散的记录"聚"成几"堆",然后再对每堆进行深入分析。

数据挖掘融合了数据库、人工智能、机器学习、统计学等多个领域的理论和技术,对数据进行标准化、抽象化、规范化分类、分析,从而淘出所需要的"金"。在技术上,客户关系管理系统采用嵌入数据挖掘系统的方式,可以自动地产生一些所需要的信息。深度的数据挖掘,还需要企业有统计学、决策科学、计算机科学方面的专业人才,制定出相应的挖掘规则,才能发挥出挖掘系统的优势。

3.1.3 数据挖掘的经典算法

1. 神经网络

神经网络被称为有学习能力的商业智能系统,是企业客户关系管理的一项重要支持工具。它具有和人类大脑相似的功能,经过对神经网络系统进行一段时间的训练以后,该系统可以在没有人干预的情况下进行模拟识别,以解决特定领域中的问题讨论。当神经网络被训练好以后,如果给它制定领域内新的模式识别问题讨论,它就能给你有关这种模式的相关信息。原因就在于神经网络是按照人脑的模式制造出来的。它的任务就是响应、自我组织、学习、抽象和遗忘,而不是执行。

神经网络可以通过对过去所处理过的数据的分析、学习,获得数据的模式以及相互间的关系。训练的数据越多,它对数据的模式和相互间的关系的学习能力就越强。随着数据模式的改变,神经网络可以改变它所接收的输入数据与由此所导致的输出数据之间的连接强度,连接强度越强的输入数据项对于描述所需信息的相关度越高,这是神经网络技术的应用原理。

神经网络技术在客户评价中有广泛应用。以对客户的信用评价为例来说明,为了探明影响信用的客户特征,及早回避高信用风险客户,企业首先将客户区分为可信任客户和不负责任客户。选择几个权重相同的变量作为信用的决定因子,将它们作为输入神经元,与可信任客户和不负责任客户建立联系形成网络。经过一个回合的训练之后,发现可信任客户神经元与"高工资"、"拥有住房"强相关,而不负责任客户与此弱相关。不相关准则,如"圈养宠物"与客户神经元微弱相关。

接着,该神经网络模型学习导致良性贷款与不良债务的客户特征。试验人员需要为该模型提供大量的信用应用与债务结果的实例来处理。据此产生调整神经元之间信号相关强弱的机会。神经网络模型的训练将持续下去,直到它有较高的精确度预测当前的案例。这时,该神经网络模型就可以作为客户信用评价的工具。

2. 决策树算法

决策树提供了一种阐释类似在什么条件下会得到什么值之类规则的方法。比如,在贷款申请中,要对申请的风险大小做出判断,图 3-2 是为了解决这个问题讨论而建立的一棵决策树,从中我们可以看到决策树的基本组成部分:决策节点、分支和叶子。

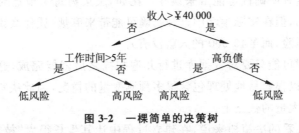

图 3-2　一棵简单的决策树

决策树中最上面的节点称为根节点,是整个决策树的开始。本例中根节点是"收入＞￥40 000",对此问题的不同回答产生了"是"和"否"两个分支。

决策树的每个节点子节点的个数与决策树在用的算法有关。如 CART 算法得到的决策树每个节点有两个分支,这种树称为二叉树。允许节点含有多于两个子节点的树称为多叉树。

每个分支要么是一个新的决策节点,要么是树的结尾,称为叶子。在沿着决策树从上到下遍历的过程中,在每个节点都会遇到一个问题,对每个节点上问题的不同回答导致不同的分支,最后会到达一个叶子节点。这个过程就是利用决策树进行分类的过程,利用几个变量(每个变量对应一个问题)来判断所属的类别(最后每个叶子会对应一个类别)。

【实务指南 3-2】　贷款决策

负责借贷的银行官员利用上面这棵决策树来决定支持哪些贷款和拒绝哪些贷款,那么他就可以用贷款申请表来运行这棵决策树,用决策树来判断风险的大小。"年收入＞￥40 000"和"高负债"的用户被认为是"高风险",同时"收入＜￥40 000"但"工作时间＞5 年"的申请,则被认为"低风险"而建议贷款给他/她。

数据挖掘中决策树是一种经常要用到的技术,可以用于分析数据,同样也可以用来作预测(就像上面的银行官员用它来预测贷款风险)。常用的算法有 CHAID、CART、Quest 和 C5.0。

建立决策树的过程,即树的生长过程是不断地把数据进行切分的过程,每次切分对应一个问题讨论,也对应着一个节点。对每个切分都要求分成的组之间的"差异"最大。

各种决策树算法之间的主要区别就是对这个"差异"衡量方式的区别。我们可以把切分看成是把一组数据分成几份,份与份之间尽量不同,而同一份内的数据尽量相同。这个切分的过程也可称为数据的"纯化"。看我们的例子,包含两个类别——低风险和高风险。如果经过一次切分后得到的分组,每个分组中的数据都属于同一个类别,显然达到这样效果的切分方法就是我们所追求的。

当然实际中应用的决策树可能非常复杂。假定我们利用历史数据建立了一个包含几百个属性、输出的类有十几种的决策树,这样的一棵树对人来说可能太复杂了,但每一条从根节点到叶子节点的路径所描述的含义仍然是可以理解的。决策树的这种易理解性对数据挖掘的使用者来说是一个显著的优点。

然而决策树的这种明确性可能带来误导。比如,决策树每个节点对应分割的定义都是非常明确毫不含糊的,但在实际生活中这种明确可能带来麻烦(凭什么说年收入￥40 001的人具有较小的信用风险,而￥40 000的人就没有)。

建立一棵决策树可能只要对数据库进行几遍扫描之后就能完成,这也意味着需要的计算资源较少,而且可以很容易地处理包含很多预测变量的情况,因此决策树模型可以建立得很快,并适合应用到大量的数据上。

对最终要拿给人看的决策树来说,在建立过程中让其生长得太"枝繁叶茂"是没有必要的,这样既降低了树的可理解性和可用性,同时也使决策树本身对历史数据的依赖性增大,也就是说就是这棵决策树对于历史数据可能非常准确,一旦应用到新的数据时准确性却急剧下降,我们称这种情况为"训练过度"。为了使得到的决策树所蕴涵的规则具有普遍意义,必须防止训练过度,同时也减少了训练的时间。因此我们需要一种方法能让我们在适当的时候停止树的生长。常用的方法是设定决策树的最大高度(层数)来限制树的生长。还有一种方法是设定每个节点必须包含的最少记录数,当节点中记录的个数小于这个数值时就停止分割。

与设置停止增长条件相对应的是在树建立好之后对其进行修剪。先允许树尽量生长,然后再把树修剪到较小的尺寸,当然在修剪的同时要求尽量保持决策树的准确度尽量不要下降太多。

对决策树常见的批评是说其在为一个节点选择怎样进行分割时使用"贪心"算法。此种算法在决定当前这个分割时根本不考虑此次选择会对将来的分割造成什么样的影响。换句话说,所有的分割都是按顺序完成的,一个节点完成分割之后不可能以后再有机会回过头来再考察此次分割的合理性,每次分割都是依赖于它前面的分割方法,也就是说决策树中所有的分割都受根节点的第一次分割的影响,只要第一次分割有一点点不同,那么由此得到的整个决策树就会完全不同。那么是否在选择一个节点的分割的同时向后考虑两层甚至更多的方法,会具有更好的结果呢?目前我们知道的还不是很清楚,但至少这种方法使建立决策树的计算量成倍的增长,因此现在还没有哪个产品使用这种方法。

而且,通常的分割算法在决定怎么在一个节点进行分割时,都只考察一个预测变量,即节点用于分割的问题讨论只与一个变量有关。这样生成的决策树在有些本应很明确的情况下可能变得复杂而且意义含混,为此目前新提出的一些算法开始在一个节点同时用多个变量来决定分割的方法。比如以前的决策树中可能只能出现类似"收入<￥35 000"的判断,现在则可以用"收入<(0.35×抵押)"或"收入>￥35 000 或抵押<￥50 000"这样的问题。

决策树很擅长处理非数值型数据,这与神经网络只能处理数值型数据比起来,就免去了很多数据预处理工作。甚至有些决策树算法专为处理非数值型数据而设计,因此当采用此种方法建立决策树同时又要处理数值型数据时,反而要做把数值型数据映射到非数值型数据的预处理。

3. 聚类算法

将物理或抽象对象的集合组成为由类似的对象组成的多个类的过程被称为聚类。由聚类所组成的簇是一组数据对象的集合,这些对象与同一簇中的对象彼此类似,与其他簇中的对象相异。在许多应用中,可以将一些簇中的数据对象作为一个整体来对待。

聚类是研究数据间逻辑上或物理上的相互关系的技术,其分析结果不仅可以揭示数据间的内在联系与区别,还可以为进一步的数据分析与知识发现提供重要依据。它是数据挖掘技术中的重要组成部分。作为统计学的重要研究内容之一,聚类分析具有坚实的理论基础,并形成了系统的方法学体系。

数据挖掘中聚类算法的应用很广泛。在商务上,聚类能帮助市场分析人员从客户基本库中发现不同的客户群,并且用不同的购买模式来刻画不同的消费群体的特征。在生物学上,聚类能用于帮助推导植物和动物的种类、基因和蛋白质的分类,获得对种群中固定结构的认识。聚类在地球观测数据中相似地区的确定,根据房屋的类型、价值和位置对一个城市中房屋的分类发挥作用。聚类也能用来对 Web 上的文档进行分类,以发现有用的信息。聚类分析能作为一种独立的工具来获得数据分布的情况,观察每个簇的特点,并对某些特定的节点进一步分析。此外,聚类还可以作为其他方法的预处理步骤。

3.1.4 数据挖掘的过程模型

许多公司针对数据挖掘过程提出了参考模型,或者说进行数据挖掘需要的标准。具有代表性的是 SPSS 提出的 5A 模型和 SAS 提出的 SEMMA 模型。

1. 5A 模型

SPSS 提出的 5A 模型中 5A 是指评估(Assess)、存取(Access)、分析(Analyze)、演示(Act)和自动(Automate)。

(1) 评估。评估是指准确评估模型的需求和设计方向。

(2) 存取。存取是指挖掘模型能够快速、准确地对数据进行存取。

(3) 分析。分析是指运用数据挖掘工具或方法对数据进行合理、有效的分析。

(4) 演示。演示是指数据挖掘软件能够提供可视化功能,便于算法的演示和用户对算法的理解。

(5) 自动。自动是指数据挖掘的结果应以尽可能自动化的现实,为用户提供一个有效的、简单易用的数据分析环境。

5A 模型反映的是数据挖掘模型的功能。

2. SEMMA 模型

SAS 研究所提出的 SEMMA 模型是目前最受欢迎的一种数据挖掘方法,其描述的数据挖掘的大致过程包括数据取样(Sample)、数据探索(Explore)、数据调整(Modify)、建立模型(Model)和评价(Assess)。

(1) 数据取样。在进行数据挖掘之前,首先要根据数据挖掘的目标选定相关的数据库,通过创建一个或多个数据表进行抽样。所抽取的样本数据量既要大到足以包含有实际意义的信息,同时又不至于大到无法处理。

(2) 数据探索。数据探索就是对数据进行深入调查的过程,通过对数据进行深入探查以发现隐藏在数据中预期的或未被预期的关系和异常,从而获取对事物的理解和概念。

(3) 数据调整。在数据取样和数据探索的基础上对数据进行增删、修改,使之更明确、更有效。

(4) 建立模型。使用人工神经网络、回归分析、决策树、时间序列分析等分析工具来建立模型,从数据中发现那些能够对预测结果进行可靠预测的模型。

(5) 评价。评价就是对从数据挖掘过程中发现的信息的实用性和可靠性进行评估。

3.1.5 数据挖掘的基本步骤

数据挖掘是一个反复迭代的人机交互处理过程。该过程需要经历多个步骤,并且很多决策需要由用户做出。

1. 定义商业问题讨论

这是数据挖掘的第一步,要想充分发挥数据挖掘的价值,必须要对目标有一个清晰明确的定义,即决定到底想干什么。只有确定了目标才能提取数据、选择方法。

2. 建立数据挖掘库

建立数据挖掘库是数据挖掘过程中较为复杂的一步,大概要花去整个数据挖掘项目的 50%~90% 的时间和精力。一般来说,直接在公司的数据仓库上进行数据挖掘是不合适的,最好建立一个独立的数据集。建立数据挖掘库可分成以下几个部分:

(1) 数据收集;

(2) 数据描述;

(3) 选择;

(4) 数据质量评估和数据清理;

(5) 合并与整合;

(6) 构建元数据;

(7) 加载数据挖掘库;

(8) 维护数据挖掘库。

经过以上几步后,将整理后的数据存入数据挖掘库。数据挖掘库可以是一个单独的数据库,也可以和数据仓库建立在相同的物理介质上。数据挖掘库中还应包括数据的元数据。

3. 分析数据

分析数据即对数据挖掘库中的数据进行分析,比如计算数据的平均值、标准差等统计信息。数据分析的目的是找到对预测输出影响最大的数据字段,并决定是否需要定义导出字段。

4. 准备数据

这是建立模型之前的最后一步数据准备工作。可分成以下四个部分。

(1) 选择变量

对于变量的选择,首先要考虑对结果有影响,可以反映结果的变量。而对于几乎相同的变量可以有选择的去掉,比如一条记录中同时包括了出生年月日和年龄两个属性,将两个变量都选择出来是没有必要的。

(2) 选择记录

选择记录主要考虑的是数据量的要求。如果收集到的数据量并不很大,可以将全部数据进行挖掘,而不需要选择记录。同时,选择记录还应考虑记录的合理性、真实性、有效性以及使用限制,如果有的数据在某些应用中是禁用的,那么选择时应将这些记录排除掉。

(3) 创建新变量

有时收集的数据中包含的变量不足以影响结果,此时还需要增加新变量。比如原有数据记录中记录的某个变量的绝对量,而在应用中更关心它所占的比例,这时可创建一个新变量记录比例,而将原来的绝对量属性去掉。

(4) 转换变量

在有些算法中,各变量单位选取的不同会导致各变量在结果中的影响程度不一样。比如数据集中,各记录收入的差在100~2 000之间,而年龄的差在1~30之间,那么在欧几里得距离的计算中,年龄的差对距离的影响较收入的差对距离的影响就小得多了,但在挖掘模型中,年龄和收入是同样重要的,此时就需要将所有变量进行标准化,以去掉选取单位的不同带来的影响。

5. 建立模型

建立模型是根据模型分析目标选择合适的方法和算法对数据进行分析,得到一个数据挖掘模型的过程。建立模型时选择正确的方法和算法是必需的。首先针对数据量、数据形式、数据层次、维度等因素,结合分析目标(比如进行购物篮分析一般会选择关联规则挖掘)找到可以进行挖掘的几种算法,然后对数据用几种算法分别挖掘,对算法的实现过程、实现代价和挖掘效果等进行比较,选出最合适的模型。可见,建立模型是一个反复进行的过程,需要仔细考察不同的模型以判断哪个模型对商业问题最有用。

为了保证得到的模型具有较好的精确度和健壮性,需要验证模型的有效性和可用性,对模型的测试也是一个反复进行的过程。通常可以从检验集中随机抽取一部分数据对模型进行验证,记录结果后,再从检验集中抽取相同数量的数据对模型进行验证,反复验证并及时对模型进行调整和修改,直至模型准确率不再提高为止。这种方法在拥有大量数据时比较适用。当数据量不多时,可以将数据集平分成两个部分,用其中一部分建立模型,用另一部分验证模型,然后交换两个数据集,也就是用原来的验证集建立模型,用原来的建模数据集验证模型,这是一种交叉验证的方式。

6. 评价和解释

对模型的评估主要从以下几个方面进行。

(1) 模型的准确性

对于数据挖掘模型来说,模型的准确性是最为重要的。利用各种验证方式对模型进行测试的主要目的也是验证模型的准确性。

(2) 模型的可理解性

在准确的基础上,模型还应容易理解,比如数据挖掘人员了解不同的输入对结果的影响,预测成功或失败的原因等。同时,挖掘结果也应该具有可理解性。如果挖掘算法将数据分了组,或预测了值,但这些分组和预测的数值没有任何作用,或不易理解分组后的数据的关系,这样的模型就缺乏可理解性。

(3) 模型的性能

模型的性能主要是指模型运行的速度、输出结果、实现代价、复杂度等。运用不同的算法,产生的模型的性能也是不同的。对于数据挖掘模型来说,最好的模型并不一定是性能最好的模型,但在准确性和可理解性的基础上,高性能也是数据挖掘模型追求的一个目标。

7. 实施

模型建立并经验证之后,可以有以下两种主要的使用方法。

(1) 第一种方法是提供给分析人员做参考,由他/她通过察看和分析模型之后提出行动方案建议。比如可以把模型检测到的聚集、模型中蕴涵的规则或表明模型效果的图表拿给分析人员看。

(2) 第二种方法是把此模型应用到不同的数据集上。模型可以用来标示一个事例的类别,给一项申请打分等。还可以用模型在数据库中选择符合特定要求的记录,以用 OLAP 工具进一步的分析。

3.2 数据挖掘在 CRM 中的应用

数据挖掘的出现只有短短的几年时间,而它所表现出的广阔应用前景令人瞩目。CRM 作为一个涉及知识管理、实务流程再造和企业信息化的概念正以前所未有的速度发展,并且迅速扩大着用户群体。随着市场经济的推动和信息技术的发展,尤其是网络通信和数据仓库技术,广大用户也越来越注重 CRM 的实用价值。CRM 的良好应用前景会进一步加快数据挖掘技术的成熟和发展。在 CRM 中有效利用数据挖掘,可以指导企业高层决策者制定最优的企业营销策略,降低企业运营成本,增加利润,加速企业的发展。目前,国内外已经有众多的供应商正致力于 CRM 系统的开发之中。

3.2.1 数据挖掘在 CRM 中的应用

数据挖掘在 CRM 中的应用主要分为以下几种情况。

1. 客户群体分类分析

客户分类是指将所有客户分成不同的类的过程。对客户进行分类有利于针对不同类型的客户进行客户分析、分别制定客户服务策略。近年来,特别是在电子商务环境下,一对一营销正在受到企业的青睐,这意味着企业要了解每一个客户,并同其建立起持久的关系。利用数据挖掘技术可对大量的客户进行分类,提供针对性的产品和服务。

客户分类可以采用分类的方法也可以采用聚类的方法。分类的方法是预先给定类别,比如将客户分为高价值客户和低价值客户,或者分为长期固定客户和短期偶然客户等。然后确定对分类有影响的因素,将拥有相关属性的客户数据提取出来,选择合适的算法对数据进行处理得到分类规则。经过评估和验证后就可将规则应用在未知类型的客户中,对客户进行分类。

聚类的方法则是一种自然聚集的方法,在数据挖掘之前并不知道客户可以分为哪几类,只是根据要求确定分成几类(有些算法需要人为确定输出簇的数目)。将数据聚类以后,再对每个簇中的数据进行分析,归纳出相同簇中客户的相似性或共性。

客户群体分类可以对客户的消费行为进行分析,也可以对顾客的消费心理进行分析。企业可以针对不同行为模式的客户提供不同的产品内容,针对不同消费心理的客户提供不同的促销手段等。

2. 客户识别和保留分析

(1) 识别潜在客户,然后将他们转化为客户

客户识别是企业发现潜在客户、获取新客户的过程。新客户包括以前没听过或没使用过企业产品的人、以前不需要企业产品的人,甚至是竞争对手的客户。由于新客户的信息企业掌握的并不多,所以企业应采取一些必要的手段(如广告宣传的同时进行调查问卷或网上调查等)来获取潜在客户的信息。这些信息应该包括地址、年龄、收入范围、职业、教育程度和购买习惯等。

这时可以采用数据挖掘中的分类方法。首先是通过对数据库中各数据进行分析,从而建立一个描述已知数据集类别或概念的模型,然后对每一个测试样本,用其已知的类别与学习所获模型的预测类别作比较,如果一个学习所获模型的准确率经测试被认可,就可以用这个模型对未来对象进行分类。例如,图书发行公司利用顾客邮件地址数据库,给潜在顾客发送用于促销的新书宣传册。该数据库内容有客户情况的描述,包括年龄、收入、职业、阅读偏好、订购习惯、购书资金、计划等属性的描述,顾客被分类为"是"或"否"会成为购买书籍的顾客。当新顾客的信息被输入到数据库中时,就对该新顾客的购买倾向进行分类,以决定是否给该顾客发送相应书籍的宣传手册。

(2) 在客户保留中的应用

客户识别是获取新客户的过程,而客户保留则是留住老顾客、防止客户流失的过程。由于企业对老客户的信息掌握得比较详细,而对潜在客户的信息掌握得很少,所以对企业来说,获取一个新顾客的成本要比保留一个老顾客的成本高。

在保留客户的过程中,非常重要的一项工作就是要找出顾客流失的原因。例如,某专科学校的招生人数在逐渐减少,那么就要找出减少的原因,经过广泛的搜集信息,发现原因在于本学校对技能培训不够重视,学生只能学到书本知识,没有实际的技能,在就业市场上找工作很难。针对这种情况,学校应果断的抽取资金,购买先进的、有针对性的实验实训设备,同时修改教学计划,加大实验实训课时和考核力度,培训相关专业的教师。

根据已经流失的客户的特点还可以预测现有客户中有流失倾向的客户。对于这些客

户企业应该及时调整服务策略,针对用户分类时得到的用户特点采取相应的措施挽留客户。

3. 对客户忠诚度进行分析

客户忠诚度的提高是企业客户关系管理的一个重要目标。忠诚度高的客户会不断地购买企业产品或服务。企业获得一个忠诚客户无疑会大大降低成本(广告成本、折扣成本等),同时会提高企业的竞争力(因为忠诚客户只购买你的产品而排斥你的竞争对手的产品)。

数据挖掘在客户忠诚度分析中主要是对客户持久性、牢固性和稳定性进行分析。客户持久性反映的是客户在企业连续消费的时间。客户牢固性反映的是客户受各种因素(如价格、广告宣传等)的影响程度。牢固性高的客户受各种因素的影响小,始终购买同一企业的商品或服务,而牢固性相对较低的客户,他们只在促销、打折或大规模宣传时才购买该企业的产品或服务。客户稳定性是客户消费周期和频率的表现,每隔一段时间就购买一次该企业产品的客户被认为是稳定的,而那些偶尔购买、购买时间随机的客户被认为是不稳定的。这三个指标综合起来可以反映客户的忠诚度。

对客户忠诚度的分析主要是运用时间序列模型中的趋势分析方法。通过趋势分析可以了解客户在过去一段时间的消费周期和消费随时间变化的情况,同时还能预测客户在未来一段时间内的消费趋势。比如大型超市通过会员的消费信息,如最近一次消费、消费频率、消费金额三个指标对数据进行分析,可以预测出顾客忠诚度的变化,据此对价格、商品的种类以及销售策略加以调整和更新,以便留住老顾客,吸引新顾客。

4. 客户盈利能力分析

对于一个企业而言,如果不知道客户的价值,就很难做出合适的市场策略。不同的客户对于企业而言,其价值是不同的。研究表明,一个企业的80%的利润是由只占客户总数的20%的客户创造的,这部分客户就是有价值的优质客户。为了弄清谁才是有价值的客户,就需要按照客户的创利能力来划分客户,进而改进客户关系管理。数据挖掘技术可以用来分析和预测不同市场活动情况下客户盈利能力的变化,帮助企业制定合适的市场策略。比如,商业银行一般会利用数据挖掘技术对客户的资料进行分析,找出对提高企业盈利能力最重要的客户,进而进行针对性的服务和营销。

5. 交叉销售和增量销售

交叉销售是促使客户购买尚未使用的产品和服务的营销手段,目的是可以拓宽企业和客户间的关系。增量销售是促使客户将现有产品和服务升级的销售活动,目的在于增强企业和客户的关系。这两种销售都是建立在双赢的基础上的,客户因得到更多更好符合其需求的服务而获益,公司也因销售增长而获益。数据挖掘可以采用关联性模型或预测性模型来预测什么时间会发生什么事件,判断哪些客户对交叉销售和增量销售很有意向,以达到交叉销售和增量销售的目的。例如,保险公司的交叉营销策略:保险公司对已经购买某险种的客户推荐其他保险产品和服务。这种策略成功的关键是要确保推销的保险险种是用户所感兴趣的,否则会造成用户的反感。

【实务指南 3-3】 美林证券公司的商业智能应用

美林证券公司是世界知名的证券公司,它拥有上百万的客户,并受托为这些客户管理1.3万亿美元的资产。

随着实务的不断扩大,美林公司的经营目标开始由单纯的交易代理,转向为客户提供全面的财务规划和理财服务。

每一个客户都有与其他客户不同的生活背景和投资策略,因此美林公司为他提供的必须是一种个性化的服务。这就要求公司必须更多地了解客户,并在此基础上管理与客户的关系。

1996年,美林公司提出了利用商业智能进行客户关系管理的计划。在这之前,美林公司积累了大量的重要客户的数据,这些数据储存于分布在不同地点的25个计算机系统中。商业智能系统要将这些客户信息集成在一个单一的计算机环境,并通过数据分析和数据挖掘,为公司客户关系管理提供支持。

商业智能系统首先可以帮助公司找出最重要的客户群,并发现他们的购买行为方式。商业智能还能够帮助公司检验、评估目前重点客户群的确定是否恰当,并为重点客户群的调整提供依据。

商业智能系统另一个重要的功能就是为公司寻找产品及服务上需要改进和完善之处,发现客户的潜在需求,并据此开发出适应客户需求的新产品。

商业智能系统的一个重要作用就是为美林公司1.3万理财顾问提供支持,使他们能够更好地为每一个客户提供恰如其分的服务。通过客户买盘数据与客户档案资料的对比分析,理财顾问可以将美林的产品和服务进行不同的组合和匹配,提供几乎无限种类的各种不同组合来满足每一位投资者的个性化需求。同时公司能够检测到每一种产品和服务组合的利润率,评价客户关系管理对公司经营的影响。

商业智能系统还为公司100多位实务分析师提供支持。这些分析师的职责是对市场状况和公司经营情况进行分析,为理财顾问提供技术指导。过去,分析师只能从主机系统得到书面报告,然后进行手工的计算,再将计算的结果输入到电子表格中。现在,这些工作都由商业智能系统代替,分析师只需要提出问题讨论,例如,哪个地方、哪个办事处、哪个理财顾问的销售业绩最好?什么地方、什么产品的销售为美林创造的销售额和利润最高?系统就会自动进行运算,并给出答案。利用这些答案,分析师们就可以更有效地进行策略分析,帮助公司高层管理者和众多的理财顾问进行决策。

商业智能系统还是一个知识仓库和交流平台。对于那些成功的理财顾问,系统将其成功经验进行总结并储存在数据库中,供其他理财顾问学习、借鉴。理财顾问、分析师之间也可以通过系统进行交流,沟通对市场的认识,传授销售的技巧,使商业智能系统成为一个有效的知识管理工具。

在商业智能系统的帮助下,美林公司拥有了使每一位客户走向成功的能力,从而也为自己走向成功提供了保证。

■ 理念总结

- 从技术的角度来说,数据挖掘就是从大量的、不完全的、含噪声的、模糊的、随机的实际应用数据中,提取隐含在其中的、人们事先不知道的、但又是潜在有用的信息和知识的过程。从商业的角度来说,数据挖掘是一种新的商业信息处理技术,其主要特点是对商业数据库中的大量实务数据进行抽取、转换、分析和其他模型化处理,从中提取辅助商业决策的关键性数据。
- 常见的数据挖掘的方法有关联分析、预测、分类分析、聚类分析、序列模式分析等。通常为了解决某个实务问题讨论,往往需要混合使用两种或两种以上的技术类别。
- 数据挖掘的经典算法:神经网络、决策树算法、聚类算法。
- PSS 提出的 5A 模型和 SAS 提出的 SEMMA 模型是有代表性的数据挖掘参考模型。
- 数据挖掘的基本步骤:定义商业问题讨论、建立数据挖掘库、分析数据、准备数据、建立模型、评价和解释、实施。
- 数据挖掘在 CRM 中的应用主要分为以下几种情况:客户群体分类分析、客户识别和保留分析、对客户忠诚度进行分析、客户盈利能力分析、交叉销售和增量销售。

■ 实务观念 ■

数据挖掘　关联分析　聚类分析　决策树　5A 模型　SEMMA 模型　数据挖掘的方法　数据挖掘的经典算法　数据挖掘的过程模型　数据挖掘的基本步骤

■ 职业技能 ■

数据挖掘应用

■ 理念应用

□ 简答题

1. 什么是数据挖掘?
2. 5A 模型中,5A 指的是什么?

□ 理解题

举例说明什么是分类分析。

□ **理念辨析**

1. 数据挖掘的基本步骤是什么？
2. 举例说明决策树算法的特点。
3. 如何进行客户群体分类？

□ **实务运用**

1. 简要描述 SEMMA 模型中定义的数据挖掘的过程。
2. 数据挖掘在客户忠诚度分析中主要从哪几个方面进行分析？每个方面的含义是什么？

□ **实务分析**

关于 CRM 数据挖掘提供的最有趣的例子——沃尔玛啤酒加尿布的故事

实务情境：

一般看来，啤酒和尿布是顾客群完全不同的商品。但是沃尔玛一年内数据挖掘的结果显示，在居民区中尿布卖得好的店面啤酒也卖得很好。这个故事被公认是商业领域数据挖掘的诞生。

沃尔玛能够跨越多个渠道收集最详细的顾客信息，并且能够造就灵活、高速供应链的信息技术系统。沃尔玛的信息系统是最先进的，其主要特点是：投入大、功能全、速度快、智能化和全球联网。目前，沃尔玛中国公司与美国总部之间的联系和数据都是通过卫星来传送的。沃尔玛美国公司使用的大多数系统都已经在中国得到充分的应用发展，已在中国顺利运行的系统包括：存货管理系统、决策支持系统、管理报告工具以及扫描销售点记录系统等。这些技术创新使得沃尔玛得以成功地管理越来越多的营业单位。当沃尔玛的商店规模成倍地增加时，它们不遗余力地向市场推广新技术。比较突出的是借助 RFID 技术，沃尔玛可以自动获得采购的订单，更重要的是，RFID 系统能够在存货快用完时，自动的给供应商发出采购的订单。

另外，沃尔玛打算引进到中国来的技术创新是一套"零售商联系"系统。"零售商联系"系统使沃尔玛能和主要的供应商共享实务信息。举例来说，这些供应商可以得到相关的货品层面数据，观察销售趋势、存货水平和订购信息甚至更多。通过信息共享，沃尔玛能和供应商们一起增进实务的发展，能帮助供应商在实务的不断扩张和成长中掌握更多的主动权。沃尔玛的模式已经跨越了企业内部管理（ERP）和与外界"沟通"的范畴，而是形成了以自身为链主，链接生产厂商与顾客的全球供应链。沃尔玛能够参与到上游厂商的生产计划和控制中去，因此能够将消费者的意见迅速反映到生产中，按顾客需求开发定制产品。

沃尔玛超市"天天低价"广告表面上看与 CRM 中获得更多客户价值相矛盾，但事实上，沃尔玛的低价策略正是其 CRM 的核心，与前面的"按订单生产"不同，以"价格"取胜是沃尔玛所有 IT 投资和基础架构的最终目标。

问题讨论：

1. 商业领域数据挖掘是如何诞生的？
2. 沃尔玛的信息系统有哪些特点？
3. 沃尔玛的"零售商联系"系统在客户关系管理方面有何作用？
4. 沃尔玛超市"天天低价"广告与 CRM 中获得更多客户价值是否矛盾？
5. 沃尔玛可以怎样对客户进行群体分类分析？

"数据挖掘"职业技能和素养训练

【实训目的】

通过切实体验"数据挖掘"各实训任务和要求的完成、系列技能操作的实施、《××企业数据挖掘运作实训报告》的准备与撰写等活动,培养学生的"数据挖掘"的职业技能,并通过践行职业规范,促进职业人格的塑造。

【实训技能规范】

职业技能——数据挖掘

职业规范Ⅰ:数据挖掘的方法。

职业规范Ⅱ:数据挖掘的典型算法。

职业规范Ⅲ:数据挖掘的一般步骤。

【实训任务和要求】

各实训组通过对所选企业项目数据挖掘运作情况的调查、参与和体验,运用所学知识总结该企业相应业务运作的成功之处和不足之处,在此基础上提出建议,并撰写《××企业数据挖掘应用实训报告》。

【实训时间】

一周。

【实训步骤】

(1) 将学生组成若干个实训组,每5~6人分成一组,每组确定1人负责。

(2) 确定每个组的实训企业产品(或项目),根据各自企业数据挖掘运作情况,对其数据挖掘应用等进行调查,参与并体验所选企业数据挖掘应用具体运作。将工作情况进行详细记录。

(3) 撰写《××企业数据挖掘应用实训报告》。

(4) 在班级交流、讨论和修订《××企业数据挖掘应用实训报告》。

【实训报告范本】

见附录3。

联系客户

■ **学习目标**

了解和掌握联系客户中的礼仪操作,直接和间接的客户联系方式,并能用所学理念和技能来规范客户联系相关实务操作,并依照行业规范或标准,强化学生的职业素养。

实务引例 拜访请求

某年冬天,大雪纷飞,小陈缩在办公室里看客户资料,忽然想到自己应该出去拜访客户了,于是给客户公司前台打了个电话,得知客户没有外出,于是带好需要用到的材料出发了。到客户公司门口的时候,小陈给客户打了个电话,说客户昨天需要的资料可以给他带来。客户说你发个传真就行了。小陈说:"李总,我现在就在您公司门口,把资料给你送上去吧。"客户"啊"了一声,片刻之后,说:"你上来吧。"结果客户不但留下了资料和样品,还和小陈聊了半个多小时。

尽管销售人员不会每天都有感动客户的机会,但选择绝好的上门访问时机,往往能够感动客户,让客户更容易接受你的推销,或者至少不会反感。联系客户是客户关系的重要步骤和环节,客户是企业发展的重要保证,在建立客户关系的过程中,不仅要掌握联系的契机,更重要的是通过联系客户,使客户成为企业的一分子,成为企业发展的动力和助力,如果每个工作人员都能用心经营和维护与客户的联系,对企业形成自己的竞争优势将有着特别的意义和作用。本章将围绕客户,系统阐述联系客户的相关内容。

4.1 联系客户概述

4.1.1 联系客户常见的方式

1. 在互联网上与客户沟通

在互联网上与客户沟通,成本最低效率最高。根据客户的需求,有针对性地发送邮件、短信等,可促进企业与客户之间的沟通,在一些节日或者客户的生日的时候,对客户进行关怀,虽然是商业气息比较浓的情感联系,但是从客户角度看来,符合每个人希望被他人关注的心理需求。通过互联网的方式联系,可能是最有效的、成本最低的方式,但这是基于一套管理和沟通工具,如在线客户管理软件。

2. 俱乐部会员的方式

俱乐部会员的方式可能更加能够粘着客户,相对来说,客户成为自己的会员,当然能享受到会员的增值服务。

3. 有规律的客户回访

有规律的客户回访,是一个主动倾听客户抱怨的一种方式,如果对方没有抱怨,也能使企业能够了解到客户新的需求,使客户感觉到自己在被关怀之列。客户回访的大部分的时间是企业的销售人员和客户保持一种联系。

4.1.2 拜访客户的目的

很多实务员去拜访客户都会把重点放在客户上,因为去拜访客户才是自己要做的事,但实际上不是这样。你前去拜访的客户只是你的潜在客户,成功与否取决于你的个人表现能力,这样的客户你最好不要过于关心他。

那么,你去拜访客户时该做些什么呢?每次去拜访客户最好是去认识那些坐在等候室里和你一起等候接见的实务员。认识那些人才是你去拜访客户的目的。那些人手里有你要做的真正客户,而都是他们已经开始合作并了解客户的底细的人。只要他们愿意介绍给你,那么你还怕没有客户吗?每个工厂或公司的产品,在生产过程中都要采购很多材料,这些材料都是通过采购从销售这些材料的实务员手中买回来,生产那些材料的公司如何的多你应该很明白,只要你有诚心去结交那些实务员,没有人不愿意和你做朋友,当你拿出自己的联系本和他们交换客户时他们也很愿意。他们不但要把客户介绍给你,还会给他们的客户推荐你的产品和你,当然你也要同样去做,这样你的客户就会自动来找你了!

【实务指南 4-1】 戴尔的客户联系

戴尔的推销员在利用客户资料卡向客户推销新产品方面的做法值得好好学习。他们会在数据库中直接找出潜在的客户,然后致电他们。

"您好,我是戴尔公司的推销员。我们公司现在对我们的老客户有一些很好的促销活动,您有兴趣了解一下吗?"

"好啊。"

"在我们的记录中,您是3年半以前采购的,使用得还好吗?"

"质量不错,没出过什么问题。"

"谢谢您的夸奖。这台计算机是3年前的配置,现在我们为老客户推出一款特价的配置,如果您在3周内购买,您将另外得到一台力盟彩色打印机。"

"我考虑一下吧。"

> "好啊,我先将这款计算机的配置发到您的电子邮箱里,您的邮箱没有变吧?好的,等我的邮件,再见。"
>
> 在几周后,这位客户买了戴尔公司的计算机。估计计算机已经安装使用后,这位推销员又致电这位客户。
>
> "我在资料库查到计算机已经到货了,您用得还好吗?"
>
> "总体还不错,但是好像启动有点儿慢。"
>
> "我记录一下,您还有其他问题吗?我会尽快帮您解决的。"
>
> 过了3天后,这位推销员再次打电话给这位客户:"关于您使用中遇到的问题,启动慢应该按照下面的步骤解决,……这样解决还行吗?"
>
> "不错,谢谢你。"
>
> "没关系,是应该的。另外,您的职业是记者,您如果有朋友想买计算机,麻烦您通知一下我,好吗?按照我们的促销原则,您将得到免费的内存升级。您方便给我提供一些您同事的电话吗?"

4.1.3 约见客户

约见是指销售人员与客户协商确定访问对象、访问事由、访问时间和访问地点的过程。约见在推销过程中起着非常重要的作用。它是推销准备过程延伸,又是实质性接触客户的开始。

1. 约见的基本原则

(1) 确定访问对象的原则。确定与对方哪个人或哪几个人接触。

① 应尽量设法直接约见客户的购买决策人。

② 应尊重接待人员。为了能顺利地约见预定对象,必须取得接待人员的支持与合作。

③ 应做好约见前地各项准备工作。如必要的介绍信、名片等,要刻意修饰一下自己,准备好"态度与微笑"。

(2) 确定访问事由的原则。任何推销访问的最终目的都是为了销售产品,但为了使客户易于接受,销售人员应仔细考虑每次访问的理由。根据销售实践,下列几种访问理由和目的可供参考:①认识新朋友;②市场调查;③正式推销;④提供服务;⑤联络感情;⑥签订合同;⑦收取货款;⑧慕名求见、当面请教、礼仪拜访、代传口信等。

(3) 确定访问时间原则。要想推销成功,就要在一个合适的时间向合适的人推销合适的产品。

① 尽量为客户着想,最好由客户来确定时间。

② 应根据客户的特点确定见面时间。注意客户的生活作息时间与上下班规律,避免在客户最繁忙的时间内约见客户。

③ 应针对推销产品与服务的特点确定约见与洽谈的时间,以能展示产品及服务优势的时间为最好。

④ 应根据不同的访问事由选择日期与时间。

⑤ 约定的时间应考虑交通、地点、路线、天气、安全等因素。

⑥ 应讲究信用,守时。

⑦ 合理利用访问时间，提高推销访问效率。如在时间安排上，在同一区域内的客户安排在同一天访问，并合理利用访问间隙做与销售有关的工作。

(4) 确定访问地点的原则。确定访问地点应遵循以下原则。

① 应照顾客户的要求。

② 最经常使用，也是最主要的约见地点是办公室。

③ 客户的居住地是销售人员选择的约见地点之一。

④ 可以选择一些公共场所。

⑤ 公共娱乐场所也是销售人员选择的地点之一。

2. 在销售实践中接近客户常用的几种方法

(1) 介绍接近法。介绍接近法是指销售人员自己介绍或由第三者介绍而接近推销对象的方法。介绍的主要方式有口头介绍和书面介绍。

(2) 产品接近法。产品接近法也是实物接近法，是指销售人员直接利用介绍产品的卖点而引起客户的注意和兴趣，从而接近客户的方法。

(3) 利益接近法。利益接近法是指销售人员通过简要说明产品的利益而引起客户的注意和兴趣，从而转入面谈的接近方法。利益接近法的主要方式是陈述和提问，告诉购买要推销的产品给其带来的好处。

(4) 问题讨论接近法。直接向客户提问来引起客户的兴趣。从而促使客户集中精力，更好地理解和记忆销售人员发出的信息，为激发购买欲望奠定基础。

(5) 赞美接近法。销售人员利用人们的自尊和希望他人重视与认可的心理来引起交谈的兴趣。当然，赞美一定要出自真心，而且要讲究技巧。

(6) 求教接近法。一般来说，人们不会拒绝登门虚心求教的人。销售人员在使用此法时应认真策划，把要求教的问题与自己的销售工作有机地结合起来。

(7) 好奇接近法。一般人们都有好奇心。销售人员可以利用动作、语言或其他一些方式引起客户的好奇心，以便吸引客户的兴趣。

(8) 馈赠接近法。销售人员可以利用赠送小礼品给客户，从而引起客户兴趣，进而接近客户。

4.2 联系客户的实施

4.2.1 登门拜访客户

1. 拜访准则

就整个拜访过程而言，我们必须做到有礼有节、真情服务、注重细节，更重要的是持之以恒；我们必须做到善于倾听、热心帮助、友情提示，更重要的是以诚相待；我们必须帮助客户经营管理、出谋划策，更重要的是诚信守法；我们必须充实自己的实务知识、善于吸收、灵活运用，更重要的是学无止境；我们必须深入营销、充分挖掘潜在市场、维护现有市场，更重要的是能将企业、客户与我们有机的融合成一体,形成统一目标,实现双赢格局。

【实务指南4-2】 客户联系的关键步骤

(1) 不为难客户。一定要体谅别人,不要让客户为难。

(2) 替客户着想。与客户合作一定要追求双赢,让客户也能漂亮地向上司交差。

(3) 尊重客户。每个人都需要尊重,都需要获得别人的认同。

(4) 信守原则。满足一种需要并不是无条件的,而必须是在坚持一定原则下的满足。只有这样,他们才能放心与你合作和交往。

(5) 多做些销售之外的事情。这样,与客户之间就不再是合作的关系了,更多的就是朋友关系了。这样,一旦有什么机会时,他们一定会先想到你。

(6) 让朋友推荐你。如果前面的要诀都掌握并运用自如的话,你就会赢得客户和朋友的口碑,你的朋友就会在多数也是他同行的朋友中推荐你。

(7) 不要忽视让每笔生意来个漂亮的收尾。生意结束的时候正是创造下一次机会的最好时机。千万别忘了送给客户一些合适的小礼品,如果生意效益确实不错,最好还能给客户一点意外的实惠。

(资料来源:佚名.维护客户关系的关键步骤.淘宝论坛,http://www.pingtaobao.com/thread-204-1-1.html,2007-7-15)

2. 拜访准备

拜访是指企业为了收集信息、发现需求、促进参与、改善沟通的而采取的活动。客户拜访可谓是最基础、最日常的工作了:市场调查需要拜访客户、新品推广需要拜访客户、销售促进需要拜访客户、客情维护需要拜访客户。

【实务指南4-3】 拜访流程

拜访规划需要做以下五项工作。

(1) 客户分析。分析客户的购买动机、预测客户可能的需求,并明确我们的特点和优势。

(2) 拜访目标。拜访目标描述了我们期望实现的结果。我们需要设计结果目标和支持结果目标实现的过程目标。

(3) 问题讨论设计。问题讨论设计帮助我们确认要了解的信息和如何引导客户思考。

(4) 沟通策略。沟通策略进一步细化我们实现目标的手段,预测实现目标的障碍,并给出实现目标后的具体结果,也就是客户承诺。

(5) 预测意外情况,并做好应对准备。

3. 拜访礼仪

礼仪是在人际交往中,以一定的、约定俗成的程序方式来表现的律己敬人的过程,涉及穿着、交往、沟通、情商等内容。从个人修养的角度来看,礼仪可以说是一个人内在修养和素质的外在表现。从交际的角度来看,礼仪可以说是人际交往中适用的一种艺术、一种交际方式或交际方法,是人际交往中约定俗成的给人以尊重、友好的习惯做法。

4. 良好的第一印象

第一印象是指两个不相识的人第一次见面时所形成的印象。管理者往往面临着要对另一人形成印象的首要任务,这些人或许是新来的员工、自己的下属,或许也包括自己的上级。

【情境案例4-1】 两个回合结束的拜访

实务情境:刚从大学毕业的我,幼稚而简单,听众多"过来人"说销售很能够锻炼人,于是去找了家公司做销售。公司是卖考勤机的,考勤机当时可是个新事物。老总是个年轻人,给我两本资料,讲了一下提成分配,说了一下考勤调研报告就算面试成功了。回去研究了一晚上资料,我也没想明白该向哪家企业进攻。问问老爸他们厂要不要这玩意儿,我老爸说太贵,他们小工厂一定舍不得买。

我心里想着第一个客户一定得找好。没人培训没人指导,想了半天,总算想出个地方。第二天,拿上资料就冲到了区长办公室。(胆子够大,所谓无知者无畏。)区长被我吓了一跳,问我怎么进来的,我就大大咧咧地坐到区长的桌前椅子上开始了我的"精彩"对话:"我是来推销这个××牌的考勤机的。区长你看你们区政府需要吗?这个考勤机是这样的……"花了大概两分钟时间我把资料上的一些重点一股脑儿地背给了区长听。区长笑眯眯地听我说完,然后对我说:"哦,你的产品很不错,不过我们是政府机构不需要你的产品。你可以去其他地方试试。""哦!你不是区长吗?区长不是说了算的吗?要不你考虑一下吧?"我急着说道。"我们这儿没这方面的预算,另外我做区长不是我说了算的。我还有点事,不能接待你了。"区长说完埋头写起东西来。我走出了区长办公室……或许很多朋友看了会从心底里发笑。当时的我就是这样的不懂如何铺垫、如何回复、如何解决问题。如果这样的场景换做是你,你又将如何?

问题讨论:情境中的我拜访失败的原因是什么?

思路引导:作为销售人员,除了善良、热情、乐观、正直礼貌、真诚的本质以外,我们还需要学习销售技巧。这技巧不是说让我们成为虚伪、狡诈的人,而是我们可以换一种更为艺术的语言来表达。

(资料来源:佚名. 失败案例:两个回合结束的拜访. 富英快讯网. http://www.fuyingkuaixun.com/bencandy.php? fid=18&id=476,2010-4-30)

4.2.2 电话联系客户

电话已经成为网络社会中最普遍的沟通工具,尤其3G流行手机真是如影随形,几乎是走到哪儿讲到哪儿,电话对工作的影响也大幅增加,可以肯定地说网络社会中电话礼仪最足以代表个人形象和公司形象。

用电话沟通人人都会,但是通过电话来服务、销售和营销并不容易。

1. 调整好电话拜访前的心态

从某种意义上讲,电话拜访客户就是与客户之间的一场心理博弈。而要想在这场心理博弈中取胜,就必须要具备一个良好的心态。对于电话拜访来讲,如果没有良好的心理素质,一旦遭到客户的拒绝,就很难再有勇气继续打电话。

【实务指南 4-4】 不良心态下的电话拜访

先看一个简短的例子。由于受到过多次拒绝,实务员小张的积极性受到一定的打击,于是他对电话沟通产生了消极情绪。有一次他很不情愿地拿起了电话,电话拨通了,那边传来了一个声音:"喂!你找谁?"

"我找一下你们王经理?"小张有气无力地回答道。

"你是哪里,找我们经理有什么事吗?"

"我是××公司张××,有工作上的事情想与他沟通一下。"

"你有什么事情就直接跟我说吧,我们经理有事出去了。"

"那就算了吧!"小张如释重负地放下了电话,总算结束了一场对话。

在这个案例中,王经理并非真的出去了,只是接线人员从小张的话语中感觉到了他的消极情绪,所以有意要应付他一下。如果小张的态度是积极而热情的,可能直接就能找到王经理。另外,如果王经理真的不在的话,小张也可以这样问一句:"王经理什么时候回来,您可以告诉我一下他的手机号码吗?我确实有重要的事情找他。"或者说:"您看,王经理什么时候回来?我到时候再给他打电话。"如果你的话都说到了这个份上,想必对方也不会再应付你了。但在这次电话拜访中,对方好像已经感觉到了小张的消极态度,于是似乎有意向他撒了一个谎,而他也如释重负地放下了电话。一次电话拜访就这样结束了,对小张来讲,这是一个典型的无效电话。

(1) 热情

电话拜访人员在与客户进行沟通时,应当让对方能感受到你的亲切服务,应该让每一个与你通话的人都能感受到你的热情。如果你能够以一种热情的态度来引导他们,让他们耐心地听明白自己为什么会有这样的需求,这时候,他们一般就不会再对你的这番热情加以拒绝了。

(2) 自信

电话拜访过程中经常会遇到一些困难和挫折,如果一个人有了足够的自信,即使在电话拜访过程中遇到一些挫折,也不会影响到自己的心态。越有自信,越不容易受到打击。

(3) 真诚

具备了以上三个方面的优秀品质,你就具备了打造良好心态的基础。但是这种良好的心态并非一成不变的,任何外来的因素都有可能改变或打破这种心态。

2. 认真收集筛选客户资料

电话拜访客户,要尽可能掌握详尽的客户资料。只有详尽地了解客户的资料,才能做好充分的心理准备,从而达到成功拜访客户的目的。

(1) 客户资料的详细内容

① 电话号码。电话号码是电话拜访的最基础的信息,当然这里的电话号码包括传真号码等。电话号码是客户资料里最重要的信息,因此,在收集资料过程中,一定要对电话号码格外重视。

② 客户姓名。客户姓名是目标客户区别于其他人员的一个重要标志。电话拜访过程中,如果能正确地叫出客户的姓名,还会给客户一种受尊重的感觉,这样很容易引起他们的注意,从而为更深入地交谈打下基础。

③ 职务。拜访对象职务的重要性仅次于他名字的重要性。这不仅对于关键的决策人来讲是如此,且对于一般的接线人来讲也是如此。

④ 公司。公司是你拜访客户的第一张通行证。当你拿起电话后,首先应当确认一下对方是不是你所想找的那家公司。

⑤ 客户的需求和实务范围。客户的需要是十分重要的客户资料。因为一般电话拜访客户的目的都是希望客户购买自己的产品或服务,或者为他们解答产品或服务使用过程中出现的一些问题。因此,了解在不同情况下所产生的客户需求,是于客户电话沟通过程中最基本的切入点。

⑥ 地址和邮编。地址和邮编并非必不可少的客户资料,但有时候针对一些特殊的情况或许也会用到这些信息资料。

⑦ 其他客户资料。其他客户资料主要包括客户公司的网址、E-mail 地址以及客户的 MSN 等联系方式,除此之外,还包括客户的其他一些个人信息。

(2) 认真分析筛选客户资料,选择有效客户

如何选择有效的客户呢?首先要收集全面的客户信息,然后对这些有效信息进行全面分析。看哪些客户符合你的要求,哪些客户有更大的开发潜力,哪些客户根本就不可能与你合作。对待这些客户资料,你一定要去粗取精,去伪存真。甚至应当对这些客户逐级分清。对这些客户资料用1、2、3…进行标号分级,然后按照级别的不同具体安排拜访时间和顺序。这样就能使收集到的客户资料发挥到最大的效用。当然,对于根本就没有希望的客户资料,直接去除就是了,或者在收集客户资料的过程中就把这部分客户资料过滤掉。

总之,所掌握的客户资料越详尽,越有利于在电话中把握与客户沟通的主动权,也越有利于协议的达成。因此,不仅在电话拜访前要认真收集客户的资料,在整个的电话沟通过程中认真收集客户资料也非常重要。

4.2.3 电话的基本礼仪

打电话应遵循以下基本礼仪。

(1) 重要的第一声。当我们打电话给某单位时,如果一接通就能听到对方亲切、优美的招呼声,心里一定会很愉快,使双方对话能顺利展开,对该单位有较好的印象。

(2) 要有喜悦的心情。打电话时我们要保持良好的心情,这样即使对方看不见你,但是从欢快的语调中也会被你感染,给对方留下极佳的印象,由于面部表情会影响声音的变化,所以即使在电话中,也要抱着"对方看着我"的心态去应对。

(3) 清晰明朗的声音。打电话过程中绝对不能吸烟、喝茶、吃零食,即使是懒散的姿势对方也能够"听"得出来。因此,打电话时,即使看不见对方,也要当作对方就在眼前,尽可

能注意自己的姿势。

（4）迅速准确的接听。听到电话铃声,应准确迅速地拿起听筒,最好在三声之内接听。如果电话铃响了五声才拿起话筒,应该先向对方道歉,若电话响了许久,接起电话只是"喂"了一声,对方会十分不满,会给接听方留下恶劣的印象。

（5）认真清楚的记录。随时牢记5W1H技巧,所谓5W1H是指:① When,何时;② Who,何人;③ Where,何地;④ What,何事;⑤ Why,为什么;⑥ How,如何进行。在工作中,这些资料都是十分重要的,对打电话、接电话具有相同的重要性。电话记录既要简洁又要完备,有赖于5W1H技巧。

（6）了解来电话的目的。我们首先应了解对方来电的目的,如自己无法处理,也应认真记录下来,委婉地探求对方来电目的,就可不误事而且赢得对方的好感。

（7）挂电话前的礼貌。要结束电话交谈时,一般应当由打电话的一方提出,然后彼此客气地道别,说一声"再见",再挂电话,不可只管自己讲完就挂断电话。

【情境案例4-2】 电话行销接听

实务情境：

接线生：早安,这里是TECH2000,请问您要和谁通话呢?

客户：我想了解有关贵公司办公室系列的产品。

接线生：我帮您转接实务代表。

实务代表：您好,我是汤姆·霍普金斯,请问需要什么服务呢?

客户：我想了解有关贵公司办公室系列的产品,你们有目录可以寄给我吗?

实务代表：当然可以啦,请问您大名是……

客户：我叫吉蒂·马丁,你能寄给我有关各种产品和价格的资料吗?

实务代表：可以的,请问贵公司邮递区号和地址?

客户：我这里是唐马氏集团,地址在×××,邮递区号是85251。

实务代表：对不起,邮地区号是?

客户：85251。

实务代表：马丁小姐,谢谢您。请问您是怎么找到我们公司的?

客户：是报纸上的广告。

实务代表：请问您是对我们所有的产品都有兴趣,还是在找某些项目的产品?

客户：我想了解你们所有的产品及价格,如果我能有目录那就太好了。

实务代表：我很乐意提供目录给您,事实上我今天下午会在您附近,我可以把目录直接拿给您吗?

问题讨论：

（1）实务代表总共问了几个问题?

（2）客户总共问了几个问题?

思路引导：

（1）实务代表电话沟通的方法和技巧。

（2）实务代表接电话时的态度。

4.3 联系客户过程中的沟通

4.3.1 客户沟通的含义

沟通包括语言沟通和非语言沟通,语言沟通是包括口头和书面语言沟通,非语言沟通包括声音语气(比如音乐)、肢体动作(如手势、舞蹈、武术、体育运动等)最有效的沟通是语言沟通和非语言沟通的结合。

沟通的要素包括沟通的内容、沟通的方法、沟通的动作。就其影响力来说,沟通的内容占7%,影响最小;沟通的动作占55%,影响最大;沟通的方法占38%,居于两者之间。

【实务指南4-5】 沟通不仅仅是语言

飞机起飞前,一位乘客请求空姐给他倒一杯水吃药。空姐很有礼貌地说:"先生,为了您的安全,请稍等片刻,等飞机进入平稳飞行后,我会立刻把水给您送过来,好吗?"15分钟后,乘客服务铃急促地响了起来,空姐猛然意识到:糟了,由于太忙,她忘记给那位乘客倒水了!她小心翼翼地把水送到那位乘客跟前,面带微笑地说:"先生,实在对不起,由于我的疏忽,延误了您吃药的时间,我感到非常抱歉。"这位乘客抬起左手,指着手表说道:"怎么回事,有你这样服务的吗?"空姐手里端着水,心里感到很委屈,但是,无论她怎么解释,这位挑剔的乘客都不肯原谅她的疏忽。

接下来的飞行途中,为了补偿自己的过失,每次去客舱给乘客服务时,空姐都会特意走到那位乘客面前,面带微笑地询问他是否需要水,或者别的什么帮助。然而,那位乘客余怒未消,摆出一副不合作的样子,并不理会空姐。临到目的地前,那位乘客要求空姐把留言本给他送过去,很显然,他要投诉这名空姐。他接过留言本,开始在本子上写了起来。等到飞机安全降落,所有的乘客陆续离开后,空姐本以为这下完了,没想到,等她打开留言本,却惊奇地发现,那位乘客在本子上写下的并不是投诉信,相反,这是一封热情洋溢的表扬信。

是什么使得这位挑剔的乘客最终放弃了投诉呢?在信中,空姐读到这样一句话:"在整个过程中,您表现出的真诚的歉意,特别是你的十二次微笑,深深打动了我,使我最终决定将投诉信写成表扬信!你的服务质量很高,下次如果有机会,我还将乘坐你们这趟航班!"

(资料来源:佚名.十二次微笑.中国管理传播网.http://www.mie168.com/read.aspx,2010-07-21)

4.3.2 联系客户的沟通原则

1. 互酬原则

在人际交往中,人与人之间的关系是相互的,其行为具有互酬性。彼此有所施,也有所受。互酬不仅包括物质内容,也包括精神和情感方面的内容。在交往中,应该常常想到"给予"而不是"索取"。相反,如果取而不酬,就会失去朋友。

2. 自我开放原则

个人把自我向别人敞开比死死关闭更能使人满足,并且这种好的感觉也会感染自我暴露的对象。

3. 真诚评价原则

人们在相互交往过程中,免不了要互相议论,互相评价。而评价水平的高低,取决于评价者是否真诚和符合实际。因此,一般强调对人评价的态度要诚恳,情感要真挚。

4. 互利性原则

要解决人际关系不协调的矛盾,就要采用互利性原则。"互利"就是矛盾双方都能接受调节,都认为调节对双方有利。

5. 目的性原则

人与人做沟通时,有其目的性存在。

6. 象征性原则

沟通可能是语言性也可能是非语言性,如面部表情能够表现出你的非语言沟通。

7. 关系性原则

关系性原则意旨在任何的沟通中,人们不只是分享内容意义,也显示彼此间的关系。在互动的行为中涉及关系中的两个层面,一种是呈现于关系中的情感;另一种是人际沟通中的关系本质在于界定谁是主控者。而关系的控制层面有互补的,也有对称的。

8. 需要学习的原则

因为人际关系好像是自然的、与生俱来的能力,所以很少有人注意沟通形态与技巧。其实沟通是需要学习的,我们必须去学好人际沟通,而且要不断地在学习和练习中获益。

【情境案例 4-3】 客户沟通的技巧

实务情境:XF 区域经理小陈是个能说会道、性格开朗、做事有激情的人,市场掌控能力不弱,可以说做起实务是把好手,可就是与客户处不好关系,换了不少区域还是被客户投诉:说小陈成事不足,败事有余。搞得小陈十分纳闷,在销售方面,已经帮助这些客户做得有声有色、钞票为他们也赚取了不少;市场方面,也为他们操作得风生水起,可这些刁钻古怪的客户为什么不领情呢,还投诉自己呢?小陈在不停地自我反省,寻找着自己得不到客户喜欢的原因。

下面是小陈刚到S区域,拜访S市最大的分销商的一段插曲,折射着小陈的处世风格和自我改进的态度。小陈坐在宾馆的沙发上,心里犹如打翻了五味瓶:自己几乎在每个片区都和客户搞不好关系,被整得灰头土脸,混不下去,领导为照顾自己,又给自己换了个区域。自己说什么也要给领导争个面子,不能再犯同样错误,想着想着,浑身热血沸腾,干脆先给S市最大的客户周总打个电话,一来表示尊重;二来争取给他留个好印象,有利于以后工作的开展;三来显示自己的专业形象。于是拿出手机,打起电话来了:"您好,周总,我是XF电器新调来的区域经理小陈,公司最近人事调整,我现在负责管理S区域的实务开展。我现在已经到达S市,能否约您下午3点钟见个面呢?主要谈一下本月的产品订货、回款情况、库存处理以及您卖场临促问题讨论,您看怎么样?周总!"周总:"噢,你是新来的陈经理啊,真不好意思,我这两天有几个会议要开,事情特别多,你看改天吧!"小陈:"怎么会这样呢?那您说个具体时间吧!"周总:"这样吧,你没事就到我办公室门口来看看,如果我在你就进来和我谈谈吧!"小陈一听就火上心头,心中暗骂"刚来就给我个下马威,看我以后怎么整你"。但又怕和周总因"话不投机半句多",影响以后的相处,小陈强忍着不满说:"好的,周总,谢谢您,那我准备'三顾茅庐'了,呵呵。"小陈在随后两天在周总的卖场、办公室附近溜达,希望来个"瓮中捉鳖"。可是总看不到周总的身影,心中不免急躁,又给周总打了个电话:"周总啊,真不好意思,又打扰您了,会开得怎么样啦?"周总:"陈经理啊,恐怕还要有一天。"小陈:"哎呀,周总啊!您总不能让我天天等您吧!周总,这怎么行呢?您得抽个时间,我刚来这里也有很多的事情要做的嘛,这已经是月中了,您的货款如果再不办出来,这个月的促销政策可能真没什么指望啦!"小陈还想再表述什么,发觉对方已经把电话挂了,小陈不由脱口大骂:"妈的,这里的客户比R市还贱,我是为他们着想啊,居然挂我电话!"小陈真的好郁闷。

问题讨论:为什么许多如此专业的销售人员,反而得不到客户认可,难以和客户处好关系呢?

思路引导:

(1) 那些"吊儿郎当"见谁都称兄道弟,见谁都感到特别亲的销售人员,反而能和客户打成一片,实务做得也不弱。

(2) 帮客户做好销售就能获得客户的好感。

(3) 销售人员努力必须努力先做客户的朋友,然后随着相互了解,关系增进,逐渐在客户心中树立专业形象,这样才有威信。

(4) 在朋友基础上增加点专业形象,生意反而更容易操作,在专家的基础上想增加朋友感情,就有点儿难度。因为路已经在开始就被自己封死。所以,聪明的销售人员在同客户打交道时,表面上做到是客户的朋友、兄弟、亲人,而实际工作上依然根据自己的职责、特长、能力来促进销售、操作市场、掌控资源的,从而得到名利双收。这里也不排除那种"傻子式"服务型销售人员,同样也得到客户喜爱。其中最怕的是那些自以为是的销售人员,客户关系搞不好,客户服务不尽心,把客户当成自己的员工进行指挥。虽然有点儿能力、手段,把销售、市场做得不错,但在客户眼中也是得不到欢迎的。

(资料来源:佚名. 与客户沟通遇到问题讨论的解决办法. 艾秘书网 http://www.aimishu.com/observe/Monitor/1703.html,2009-11-26)

4.3.3 联系客户沟通的技巧

1. 提出问题讨论

让客户讲话,有助于销售人员了解客户需求,效果比直接介绍产品更好。毫无疑问,提问是让客户讲话最好的方法,因为客户不会主动把你想知道的告诉你。《销售巨人》的作者尼尔·雷克汉姆这样说道:"在与客户进行沟通的过程中,你提出的问题讨论越多,获得的有效信息就会越充分,最终销售成功的可能性就越大。"那么应如何提问呢?

(1) 提出的问题讨论要确保客户讲的话比你多。

(2) 设计一些较浅显的问题讨论,用于过渡,让客户觉得轻松、愉快,能够让谈话继续。

(3) 用一个问题讨论开头,以便更深入地细化其他问题。

(4) 设计二选一的问题讨论,以便让客户在规定的范围内作出回答。

(5) 问题讨论具有连贯性。

(6) 问题讨论具有专业性,从而给客户一种可以信赖的感觉。

(7) 问题讨论应易于回答,这样客户拒绝回答的可能性比较小。

(8) 尽可能地进行开放式提问。因为开放式提问不会限制客户回答的方向和范围,能够让客户根据自己的偏好,围绕交谈的主题自由发挥。这既有利于进一步沟通,也有助于销售人员了解更多、更有效的信息。

(9) 注意提问的表述方式。比如,如果你需要了解客户的年龄,尤其是女士的年龄,你可以这样提问:女士,我们公司要求在登记表中填写年龄,有人愿意填写大于 25 岁,有人愿意写小于 25 岁,您愿意怎么填呢?这样,客户一般不会拒绝。

(10) 注意保持礼貌和谨慎。不要给客户留下不被尊重和不被关心的印象。

2. 学会倾听

戴尔·卡耐基说:"在生意场上,做一名好听众远比自己夸夸其谈有用得多。"如果你对客户的话感兴趣,并且有急切地想听下去的愿望,那么订单通常会不请自到。要了解客户的真实想法、实际需求和面对的问题讨论,就需要销售人员有效地倾听客户的谈话,从中获得重要信息,并且进行分析。一般来说,倾听客户谈话,需要做到以下几点。

(1) 想方设法引导和鼓励客户开口讲话。

(2) 要实现良好有效的沟通,你必须保持热情,专心倾听。如果你的身体疲惫不堪,神态无精打采,情绪消极低沉,就很可能会使倾听走向失败。

(3) 对于客户的谈话,你需要积极、及时的回应,别让客户觉得自己是在唱独角戏。

(4) 客户表达观点、提出意见时,你必须全神贯注地倾听,掌握客户的真正想法。

(5) 即使客户谈论的话题相当不符合你的兴趣,也不要明显地表示排斥,如果有可能,可以巧妙地引导客户换一个话题。

(6) 避免你的一些不良习惯。

3. 主导客户的注意力

在接触客户的时候,如果你不能通过最有效的方法在最短的时间让客户的注意力转移到你的身上,那么你所有的努力都将是无效的,因为只有让客户把他的注意力放到你的身上,才能让销售过程真正开始。那么,你需要怎么做呢?

(1) 设计好第一次拜访客户的开场白,从一开始就抓住客户的需求点,牢牢吸引客户的注意力。步骤为:感谢客户—赞美客户—与客户交换名片,并自我介绍——介绍此次来访目的——提出问题讨论,让客户开口说话。

(2) 注意说话技巧、说话方式。与客户的沟通,基本上靠的是语言交流,因此,你必须对自己说话时的语气、语调、语速、措辞等进行自我检查,进而引起客户的注意。

4. 阐释自己的观点

为什么许多客户抱怨销售人员奸诈呢?那是因为他们中的大多数都有过被销售人员欺骗的亲身经历,或者他的亲友有过类似经历,以至于一看到推销的人就火冒三丈。那种依靠不法手段欺骗客户的销售人员,实际上是自己挖坑自己埋,这种做法是不可能实现长远发展的,所以,阐释自己的观点时要做到以下几点。

(1) 遵守职业道德,顾及个人和企业的声誉。

(2) 向客户提供建议,推荐那些能够满足客户需要、价格适中的产品。

(3) 从客户角度出发,真正替客户着想,客户才会被你感染,把你当朋友看待。

5. 适度提出自己的反对意见

客户永远不会那么听话,如果客户对你的产品挑三拣四,对你的公司表示质疑,或者认为自己根本不需要你的产品来帮他解决问题,你该怎么办呢?这时候,为将销售进行到底,必须提出你的反对意见,但需要遵循以下的规则。

(1) 不要以一个"反方二辩"的形象出现,公然抨击客户的观点。

(2) 对客户谈话中你认为正确合理的部分,给予充分的肯定和赞同,这样可以避免在销售过程中形成不必要的心理障碍。

(3) 提出客户观点的症结所在,保持态度平和。

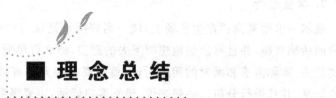

理念总结

- 联系客户是指:对企业产品和服务有特定需求的群体,它是企业经营活动得以维持的根本保证。客户也是服务请求方,所谓联系客户,就是与客户之间的相互依赖、相互作用的关系,这种关系包括客户关系的建立、客户关系的维护、客户关系的巩固,通过一系列的客户经营过程,形成良好的客户关系群,建立客户对企业的忠诚度。

- 就整个拜访过程而言,我们必须做到有礼有节、真情服务、注重细节,更重要的是持之以恒;我们必须做到善于倾听、热心帮助、友情提示,更重要的是以诚相待;将企业、客户与我们有机地融合成一体,形成统一目标,实现双赢格局。
- 拜访客户的实施主要包括上门拜访和电话拜访。
- 上门拜访主要包括拜访准则、准备、礼仪和形象。
- 电话拜访中要注意主要心态的调整、收集筛选要访问对象的资料、时间管理和基本的电话礼仪。
- 联系客户中的沟通具有特别重要的意义,因此,了解沟通的基本原则、沟通中的注意事项,以及掌握沟通的技巧对于客户关系的建立具有积极作用。

■ **实务观念** ■

联系客户　联系客户的实施　登门拜访客户的准则、步骤　电话联系客户　客户沟通

■ **职业技能** ■

登门拜访客户的礼仪和技巧　电话礼仪　拜访客户的步骤　沟通的技巧　沟通语言训练

■ 理 念 应 用

□ **单项选择题**

1.（　　）是一种语言沟通,是对一些短小的信息、简单的思想情感进行传递的有效方式。
　　A. 电话　　　　B. 肢体动作　　　C. 电子邮件　　　D. 图片

2. 聆听时只听一部分内容,称为（　　）。
　　A. 专注地聆听　B. 选择性聆听　　C. 设身处地地聆听　D. 建议性聆听

3. 所谓沟通,是指为了一个设定的目标,把信息、（　　）和思想在个人或群体间传递并且达成共同协议的过程。
　　A. 传闻　　　　B. 语言　　　　　C. 情感　　　　　D. 思路

□ **多项选择题**

1. 语言沟通包括（　　）。
　　A. 口头语言　　B. 书面语言　　　C. 图片　　　　　D. 图形

2.（　　）沟通起来比较简单,（　　）和（　　）是不太容易沟通的。
　　A. 思想　　　　B. 情感　　　　　C. 品格　　　　　D. 信息

3.（　　）是聆听的积极行为。
　　A. 点头　　　　B. 身体前倾　　　C. 微笑　　　　　D. 频繁看表

□ **判断题**

1. 沟通一定要有一个明确的目标。　　　　　　　　　　　　　　　　　　　　（　　）

2. 沟通结束以后一定要一方说服另一方。（　　）
3. 电子邮件是典型的书面语言沟通,能够很好地传递思想和情感。（　　）

□ **理念辨析**
1. 客户联系的关键步骤有哪些?
2. 电话拜访时应准备的客户资料有哪些?
3. 沟通的基本原则是什么?

□ **实务运用**
1. 如何向客户提出问题?
2. 如何做到有效地倾听客户谈话?

□ **案例题**

松下电器举办了一期人事干部研讨会,与会者都是各部门人事课长。松下幸之助在会讲话,他单刀直入地发问:"在拜访客户的时候,如果客户问你们,松下电器到底是制造什么产品的公司,你们怎么回答?"实务部的人事课长A君恭恭敬敬地回答道:"那我就回答对方,松下电器是制造电器产品的。""像你样回答是不行的!"松下先生拍打着桌子怒气冲冲地道:"你们这些人不都是在人事部门任职的吗?如果有人问你们松下电器是制造什么的,你们要是不回答松下电器是培育人才的公司,并且兼做电器产品的话,就表示你们对人才的培育一点儿都不关心,就是严重渎职!"

"造人先于造物",这是松下幸之助人才观的直接反映。他认为,企业是由人组成的,必须强调发挥人的作用。松下幸之助指出:"公司要发挥全体员工的勤奋精神,必须使各自的生活和工作两方面都是安定的。因此,'高效率,高工资'是公司的理想,虽然不能立即达到,但要尽一切努力促其实现。"

松下注重维系人心,采取精神与物质结合的激励办法,使员工紧密聚焦在公司之内拼命工作,以保证效率和高利润。看似寻常的发动员工提建议的调研报告,在松下公司却有它的独到之处,实施的效果非常好,极大地发挥了广大员工的潜能,也有助于发现、选拔各种可造之才。

松下公司善于争取众人之心,巧妙地使员工们对公司产生亲切感,营造了一种命运与共的氛围,因而员工们都积极参加提供合理化建议的活动。松下公司的阿苏津说,即使我们不公开提倡,各类提案仍会源源而来。我们的员工随时随地在家里、在火车上,甚至在卫生间里都在思索提案。由员工选出的委员会去推动提案工作,使得提案工作在员工中更有号召力,提案率也更高。比如,松下集团有员工6万名,提案超过66万个,其中被采纳的就有6万多个,约占总提案数的10%。

"着眼于鼓励"是松下的一条重要经验。即使某些员工提出的提案被认为是他们分内的事,但只要是有价值的,仍给予奖励。不管提案是否采用,只要是严肃认真动脑思考出来的,都发给可在福利总社换肉品的兑换券以作为鼓励。而且,通过公司出版的旬刊和公司栏对获奖者进行宣传表彰,这就使得工作提案的积极性永不减退。

及时、认真、全面、公正地对员工提案做出评审,也激发了员工提案的热情。由各部门经理组织提案评审委员会主持评审工作,及时和认真是提案评审的基本要求。一是及时,在一个月内做出评审并公布结果,取信于民;二是认真,进行严肃审慎的研究,拿出具体方案。凡被采用者,提出实施的时间,但有深入研究价值者,则鼓励其作进一步的研究,公司并提供方便。

依据松下幸之助的育才理念以及人才培育规划,松下公司创造性地培育出了一批又一批的经理、主管、实务骨干以及基层管理人才。

问题(选择题):

1. 松下公司的经营之道,符合管理的(　　)。
   A. 人文规律　　　B. 组织规律　　　C. 人本规律　　　D. 择优规律

2. 松下公司通过出版旬刊和公布栏对获奖者进行宣传表彰,旬刊和公布栏这种沟通方式不属于(　　)。
   A. 正式沟通　　　　　　　　　　B. 非语言沟通
   C. 语言沟通　　　　　　　　　　D. 语言沟通和正式沟通

3. 松下幸之助认为:"公司要发挥全体员工的勤奋精神,必须使各自的生活和工作两方面都是安定的。"保障全体员工有安定的生活和工作,这(　　)。
   A. 属于双因素理论中的激励因素　　B. 属于双因素理论中的保健因素
   C. 既是激励因素又是保健因素　　　D. 既不是激励因素又不是保健因素

4. 拜访是指企业为了收集信息、发现需求、促进参与、改善沟通的而采取的活动,必须做到(　　)。
   A. 持之以恒、善于倾听、以诚相待
   B. 帮助客户经营管理、出谋划策
   C. 深入营销、充分挖掘潜在市场、维护现有市场
   D. 能将企业、客户与我们有机地融合成一体,形成统一目标,实现双赢格局

5. 要了解客户的真实想法、实际需求和面对的问题讨论,就需要销售人员有效地倾听客户的谈话,从中获得重要信息,并且进行分析。一般来说,倾听客户谈话,需要做到的是(　　)。
   A. 想方设法引导和鼓励客户开口讲话
   B. 要实现良好、有效的沟通,你必须保持热情,专心倾听
   C. 对于客户的谈话,需要积极、及时的回应
   D. 客户表达观点、提出意见时,掌握客户的真正想法

□ **实务分析**

实务情境:

琳达是一个有着三个孩子的单身妈妈,被一个卡车运输公司雇用,做订单录入员。头两周,她被送去参加一个特殊的培训课程,每天早上8点到下午4点,在那里她学习怎样对订单进行分类、编码和输入计算机。最后有老师给她大量的指导,逐渐地她越来越熟练,越来越自信,指导就逐渐减少。琳达为拥有这个新工作而高兴,也喜欢这个时间安排。培训结束以后,公司通知她下周一去订单录入部门报到。

在她最后被招聘时,也许是琳达没有阅读和理解通知书上关于她工作的时间安排,也可能是招工的人忘了告诉她,她是被招来填补从早上4点到中午这一特殊工作时段的。不管什么原因,琳达第一天上班时没有按早班时间报到。当她8点来上班时,她的主管批评她没

有责任感。琳达则反驳说,她不可能上早班,因为她要照顾孩子,她威胁说如果不能上晚班就辞职。由于公司实务紧张,劳动力市场上也很难找到合适的人选,主管很需要琳达做这份工作,但是早上8点到下午4点的班已经排满了。

问题讨论:

1. 分析案例中出现的沟通障碍。
2. 请说明你将如何处理这个案例中的问题讨论。
3. 依据相关的沟通原则和技巧,重新设置一段两人的沟通内容。

提示:沟通中的障碍通常都是双方基于自己的立场而不是对方的立场而带来的。

实务训练

"客户联系"职业技能和素养训练

【实训目的】

通过训练,让学生不仅具备相关的专业知识和技能,同时在实训中提升工作中所应具备的关键能力,更重要的是培养学生作为职业人所应有的职业素养、职业精神、职业规范和职业能力,以适应社会对相关人才的要求和需要。

【实训技能规范】

职业技能——客户联系

技能Ⅰ:联系客户的内容

职业规范:能够按要求建立客户联系。

技能Ⅱ:客户沟通的技巧

职业规范:

(1) 能初步掌握处理客户联系的原则和步骤。

(2) 能正确运用客户联系的礼仪和要求。

【实训任务和要求】

各实训组通过对所选企业项目联系客户(包括登门拜访、电话拜访、相关礼仪、拜访的实施、客户沟通的原则、客户沟通的技巧运用等)实施情况的调查、参与和体验,运用所学知识总结该企业相应业务运作的成功之处和不足之处,在此基础上提出建议,并撰写《××企业某产品(或项目)的客户联系调研报告》。

【实训时间】

一周。

【实训步骤】

(1) 将学生组成若干个实训组,每5~6人分成一组,每组确定1人负责。

(2) 确定每个组的实训企业产品(或项目),根据各自企业客户联系情况,对其等进行调查,参与并体验所选企业项目的联系客户(登门拜访、电话拜访、相关礼仪、拜访的实施、客户沟通的原则、客户沟通的技巧运用等)实施情况的调查。将工作情况进行详细记录。

(3) 撰写《××企业产品(或项目)联系客户调研报告》。

(4) 在班级交流、讨论和修订《××企业某产品(或项目)客户联系实训报告》。

【实训报告范本】

见附录4。

第 5 章

产品演示

■ 学习目标

了解并掌握产品演示方法,能用所学理念和技能来规范产品演示相关实务操作,并依照行业规范或标准,强化学生的职业素养。

实务引例 向黑人推销化妆品

20世纪40年代,美国已有了专门制造黑人化妆用品的公司,但规模都不大,因为当时的美国黑人懂得用化妆品的人很少,而且大部分黑人根本没想到要用化妆品,甚至于有些黑人认为化妆是白人的特权,黑人根本不配用。此外,大多数黑人的经济状况并不好,在他们看来,化妆品是奢侈品。黑人化妆品行业可以说是一个小得可怜的市场。

约翰生终于明白了,对从未用过化妆品的黑人,空口说白话,一点用处也没有。他决定采用放饵钓鱼(试用)的产品演示的方式打开销售局面。

他来到一个较大的城市住下来,以汽车作为活动商店,然后特地去租了一架手风琴,摊子拉开时,先自拉自唱了几首流行歌曲,等人多了再介绍化妆品让人们试用。

这一招非常有效,许多害羞胆小的黑女人,看到别人免费试用雪花膏、头油,也都好奇地围上来要一点用用。

事实上,女人用化妆品,就像男人吸烟、喝酒一样,一旦上了瘾,就很难戒掉,约翰生就是靠"试用"打开了黑人化妆品的销路。

(资料来源:黄福林.妆扮上帝黑子民的人.载营销与市场,1994(11))

从案例可知,产品演示可以有力地引发顾客的购买动机,约翰生就是通过试用的方法成功地打开了黑人化妆品的市场。

5.1 产品演示概述

5.1.1 产品演示含义

所谓的产品演示,指推销人员通过演示产品来劝说顾客购买推销产品的洽谈方法,是通过推销员对产品的实际操作,向顾客说明他提供的产品及服务能带给顾客何种利益,让顾客眼见为实,留下深刻的印象。单纯地宣传专业技术知识很难拉近与消费者的关系,而采用让消费者直观操作感受的销售模式能够很好地将产品推销出去。尤其是对新产品的推销,要想被消费者接纳,首先必须取得消费者的了解和信任。因此,"新产品演示"十分必要,现在产品演示已经被推销人员广泛地采用。

5.1.2 产品演示的目的及特征

产品演示的目的:提醒客户对现状问题讨论点的重视,让客户了解能获得哪些改善,让客户产生想要的欲望,让客户认同你的产品或服务,能解决他的问题及满足他的需求。把产品的特性,转换成对客户别具意义的特殊利益,只有特殊利益才能打动客户,让客户产生"想要"的欲望;没有想要的欲望产生,就不会有购买的行为发生。

成功的产品演示具有以下特征。
(1) 能毫无疑义地说出我们的服务可以为客户解决问题及改善现状。
(2) 能让客户相信你能做到你所说的,认同你所演示的产品。
(3) 让客户感受到你的热诚,并愿意站在客户的立场,帮助客户解决问题。

【实务指南5-1】

一位消防用品推销员见到顾客后,并不急于开口说话,而是从提包里拿出一件防火衣,将其装入一个大纸袋,旋即用火点燃纸袋,等纸袋烧完后,里面的衣服仍完好无损。这一戏剧性的表演,使顾客产生了极大的兴趣。卖高级领带的售货员,光说:"这是金钟牌高级领带",这没什么效果,但是,如果把领带揉成一团,再轻易地拉平,说"这是金钟牌高级领带",就能给人留下深刻的印象。

5.1.3 产品演示的要求

无论推销哪一种产品,都要作演示。但是,作为推销人员,要永远记住演示不是目的,最终目的是达成交易,恰恰是后者更具有特殊意义。因此演示工作要吸引客户并使之购买你的产品,要遵循两个原则如图 5-1 所示。为了有效地进行产品演示,推销人员还应该注意以下几个问题。

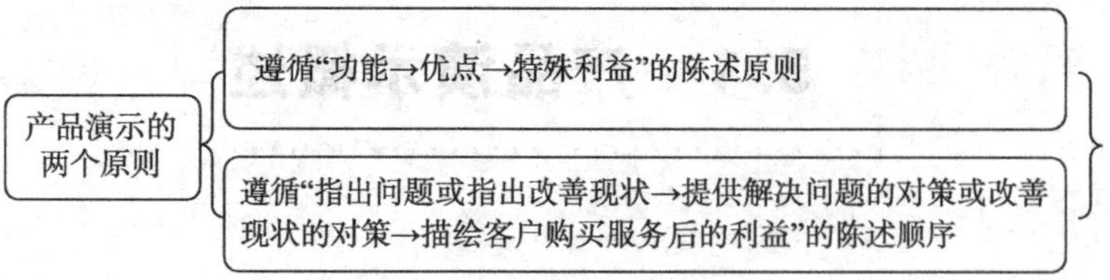

```
                    ┌─ 遵循"功能→优点→特殊利益"的陈述原则
产品演示的
两个原则    ─┤
                    └─ 遵循"指出问题或指出改善现状→提供解决问题的对策或改善
                       现状的对策→描绘客户购买服务后的利益"的陈述顺序
```

图 5-1　产品演示的两个原则

(1) 首先培养良好的口才,建立起从容的演示心态。若推销人员口齿不清,怎么会有客户耐心详细打听并接受他所推销的产品呢?因此,良好的口才是推销活动成功的一半。

(2) 根据推销品的特点选择演示方式和演示地点。由于推销品的性质和特点各不相同,演示方法和演示地点应有所不同。例如,有形产品可以进行实际操作表演,无形产品就更应该进行演示,加强顾客对推销品的直观了解,可以借助辅助物品,利用各种形象化手段将无形产品实体化。有些体积小、携带方便的产品可以进行室内演示,而有些携带困难的产品就需要与顾客当面约定,另行安排具体时间和地点进行现场演示。所谓现场演示,也就是现场看货。比如,可以邀请顾客参观生产现场,也可以邀请顾客参观产品展览会等。

(3) 操作演示一定要熟练。推销人员的演示,是向顾客证明推销品。如果推销人员在演示过程中因操作不熟练,总是出现差错或笨手笨脚,就会引起顾客对推销品质量的怀疑,而不相信推销人员及推销品。

(4) 操作演示要有针对性。不同的顾客有着不同的兴趣和性格特点。因此你的推销说明和演示示范就不能按一成不变的模式去进行,也就是说,即使你用这种推销说明和演示在这个顾客那里取得了很大的成功,也可能在另一个顾客面前败得一塌糊涂。你应该针对各个顾客的不同性格特点采用能够吸引顾客的生动演示法。还有,每一位顾客对推销品所关注的点可能会不同。如果顾客最关心产品质量,则推销人员的演示速度不宜过快,要让顾客看得清、听得懂,对推销品有一个认识、接受的过程。推销人员不能因为自己对推销品很了解,就忽略了顾客的感受,也许顾客是第一次接触推销品。如果顾客更关心价格或服务,则推销人员在演示的同时要注意说明产品的功能价格比,说明产品演示的内容等。所以推销人员在演示时要有针对性。

(5) 演示速度适当,边演示边讲解,制造良好的推销氛围。推销人员向顾客演示商品,特别是新产品时,操作演示的速度要放慢;对于老商品或技术含量不高、操作简单的产品,操作速度可以适当加快。同时,要针对推销要点和难点,边演示边讲解,要讲、演结合,开展立体化的洽谈,努力引起顾客的注意和兴趣,充分调动顾客的积极性,制造有利的洽谈气氛。

(6) 鼓励顾客参与演示,把顾客置于推销情境中。推销洽谈作为一个双向沟通过程,推销人员和顾客都是推销活动的主体。因此,在使用产品演示法时,应鼓励顾客参与表演操作。例如,汽车推销人员可以请顾客试车,食品推销人员可以请顾客试尝,服装推销人员可以请顾客试穿,等等。但是,有些商品是不能交给顾客试用的,也有些顾客不会操作推销品,这时推销人员应该亲手为顾客演示,充当主角,鼓励顾客参与演示,邀请顾客做助手。这样做有利于形成双向沟通,发挥顾客的推销联想,使顾客产生推销认同,增强洽谈的说服力和感染力,提高洽谈效率,激发顾客的购买信心和决策认可程度。

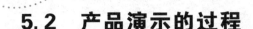

5.2 产品演示的过程

5.2.1 产品演示的步骤

产品演示包括以下五个步骤。

1. 开场白

在推销演示中,开场白至关重要,一个好的开场白等于成功一半。通过你的开场白,客户对你的产品初步的了解并产生注意和兴趣,建立亲和力。

可通过自我问答的方式设计独特且吸引人的开场白,我们应该想想:凭什么客户要放下手里的事情,100%地专心听你来介绍你的产品呢?根据销售心理学的统计:最好的吸引客户注意力的时间就是当你刚开始接触他的头30秒,所以要在30秒内将答案说完,而且能够让客户满意并吸引他的注意力,对你的产品产生最大的兴趣。

最好用问题来吸引客户的注意力。把你的产品最终能带给客户的利益转换成问句来问他(讲结果,别讲产品)。

好的开场白应该会引发客户的第二个问题,即想知道是什么产品。当你用30秒的时间说完你的开场白后,最佳的结果是让客户问你,你的东西是什么?当客户问你是干什么的时候,就表示客户已经对你的产品产生兴趣了;如果没有让客户对你的产品或服务产生好奇心、兴趣,仍然告诉你没有时间或没有兴趣,那就是表示你这30秒开场白是无效的,应赶快设计另外一个更好的。

【情境案例 5-1】 寿险销售

实务情境:

寿险销售员:"×总,假如我这里有十公斤软木,你愿意出多少钱?"

客户:"我不需要什么软木呀,所以没必要出钱。"(惊讶地看着销售人员)

销售员:"好的,我再问您,如果您现在坐在一艘正在下沉的小船上,生命遇到了危险,我可以救您,但前提是您必须答应付我十万元的酬金,您愿意答应我这个条件吗?"

客户:"这个嘛……呵呵,你怎么会问我这样的问题呢?"

问题讨论:你觉得这个销售员的开场白怎么样,他如何激发了客户的好奇心?

思路引导:这个销售员不急于向客户推销自己的产品,而是问一些似乎无关的问题,这让客户感到非常意外,于是就会产生听下去的欲望。他的成功之处在于能够掌握客户的心理,及了解客户的购买是建立在有需求的基础上。他的第二问题就是一个很好的铺垫,而且这样的问题能够完全吸引客户。

2. 指出客户需求

依调查的资料,陈述客户目前的状况,指出客户目前期望解决的问题或期望得到满足的需求。

3. 介绍服务项目的功能、优点或特殊利益

针对客户需求,重点介绍适合于他的服务项目的功能、优点或特殊利益。

4. 异议处理

顾客购买产品时产生异议,客户对你的任何一个举动表示不赞同、提出质疑或拒绝,是在购买行为中必然发生的事。异议没什么可怕,它是攀向成功销售的阶梯,每解除一个顾客的异议,就是向成功的销售目标跨上一步。

5. 取得订单

促进交易的最后一步就是取得订单。产品演示的最终目的是取得交易的订单,它同时也是最难的阶段。

5.2.2 产品演示中的注意事项

在产品演示中应注意以下几点①。

(1) 维持良好的介绍气氛;

(2) 选择恰当的时机做介绍;

(3) 介绍中不要逞能与客户辩论;

(4) 预先想好推荐重点;

(5) 运用销售辅助物,如投影片、幻灯片、产品说明书、企业简介、对销售有帮助的报纸杂志的报道及其他任何有助于销售的辅助物。

5.3 产品演示的技巧

5.3.1 预先框示法

产品介绍前,先接触顾客的内心抗拒,让客户能敞开心扉来听你做产品介绍。

例如:"××,我这次来的目的并不是要卖您什么东西,我这次来见您的目的只是让您了

---

① 资料来源:佚名. 销售培训资料. 起点鞋贸网. http://www.qidian888.com/shtmlnewsfiles/ecomnews/508/2009/200931320093322062.shtml

解为什么我们许多的客户,他们会购买我们的产品,以及这些产品能够为您带来哪些利益和好处,所以我只需占用您十分钟左右的时间来解说,等我介绍完了之后,我相信您完全有这个能力来判断哪些东西对您来说是适合的。"

当介绍完了之后,可以顺利地接着问:"请问通过刚才对我们的产品和服务的介绍,您觉得是不是合适,或对您是不是有所帮助呢?"当客户说合适时,你就可以直接促成他们的购买决定;即使他说不合适,你也能够顺势地促使他们告诉你产品不合适的原因在哪里,找出客户在购买这一个产品上的种种抗拒点,以便能够让你开始解除客户的这些抗拒点。因为客户不告诉你他真正的抗拒原因,你是无法达成销售结果的。

5.3.2 假设问句法

将产品最终能带给顾客的利益转换成一种问句的方式来询问你的客户,借此让顾客在你一开始进行产品介绍前,就能产生好奇心及期待感。

找出在你的产品销售过程中,最常见的客户抗拒点,使用假设问句法来询问你的客户。例如:如果我能证明这个产品真的有效,您是不是会有兴趣购买呢?使用这种假设问句法,让客户自己回答:只要……我就会买。让客户自己作出承诺,那么之后,只要你能证明产品是有效的,客户购买的意愿自然会增加。

在销售过程的开始,所需要做的第一件事情,就是先确定你所面对的是不是值得你去销售的目标客户。如果不是,那么你也不必再向他做所谓的说明了。比如说,他回答:对不起,我不感兴趣。

【实务指南 5-2】 产品介绍要点

你的产品最终带给顾客的利益点是能节省他们的成本开支或增加他们的某些生产利润,那么在一开始接触客户时,我们可以直接问:"××先生(小姐),如果我有一种方法能够帮你每月提升 1 000 元钱的利润或节约 1 000 元的开支,请问你会有兴趣花十分钟的时间来了解吗?"

5.3.3 下降式介绍法

逐步介绍产品的好处和利益,把最主要、最吸引客户兴趣的利益点或产品特色放在最前面介绍,而逐步地将较不重要的或较不具吸引力的利益放在后面解说。

产品介绍的目的是找出客户的购买利益点。在产品介绍的过程中,你要一步一步介绍你产品的每一项优点,在介绍的过程中,仔细观察顾客对哪些事项最感兴趣,而这可能就是他们购买的利益点,然后将你 80% 以上的精力,放在强调这些客户最感兴趣的购买利益点上,之后,你就可以直接地成交你的客户,就不需要再啰里啰嗦地介绍那些他们所不关心的其他优点。

在使用下降式介绍法之前,首先你要知道你所销售的产品有哪些可能吸引顾客的特色及优点,以及这些优点对于客户来说,它的轻重排列顺序为何。能采取的最好办法是:去询问过去曾购买过你产品的旧客户，找出旧顾客在使用产品后所认为你的产品有哪些最能吸引他们的优点，并加以统计，依照对客户的吸引力排列出轻重顺序，你才能对顾客使用下降式介绍法时，知道应依照什么样的顺序来介绍产品。

5.3.4 找到客户的"樱桃树"

每一个客户心中都有一棵"樱桃树"，而推销员最重要的工作就是在最短的时间内，找到那棵"樱桃树"在哪里，然后将所有的注意力放在推销那棵"樱桃树"上，那么客户自然而然地就会减少许多抗拒。如果成功的推销有秘诀的话，就是在了解顾客消费需求的基础上，找到他们心底最强烈的需要并设法帮助他们满足这种需要。每一个客户购买任何一个产品时，都有一个最重要的购买诱因，同时也有一个最重要的抗拒点。推销员的主要工作就是找出客户购买这种产品的主要诱因是什么，以及客户不购买这种产品最重要的抗拒点是什么。只要找到这两点，把自己所有的注意力都放在让客户了解并且相信这种产品能够带给他们的利益点上，并且能有效地解决他们购买产品主要的抗拒点，那么客户就会购买你的产品。

5.3.5 倾听法

人都希望被聆听和尊重，当一个好的聆听者有以下四个事项需要注意。

（1）要专注地看着他，非常有耐心地倾听他的谈话，中途不要打断他。记住：让客户说得越多，你对他的了解就越深入。

（2）轮到自己说话前，注意要先暂停3~5秒。目的是：如果客户还有一些话要补充，他可以接着说下去。这也是让客户感到你对他所提的问题，非常专注地在思考，也表示你对客户的一种重视。如果客户问完问题后，你马上回答提的问题，那么你会让客户感到你没有耐心。

（3）保持微笑，运用镜面映向法则。所谓的镜面映向，就是通过一种对映或临摹对方的方式让一个人无论在文字、声音、肢体语言诸方面都能和对方达成一致的沟通模式。

（4）对顾客所谈内容若有任何不了解之处，寻找适当的时间询问问题，让他更深入地解说，不要猜测对方的心意。

5.3.6 互动式介绍法

利用"观察＋提问＋倾听"发掘客户的需要，有利于创造一种轻松的讨论氛围，从而使信息的收集变得更为有益。客户的参与程度越高，就越能针对他们的需要进行销售，从而建立信任感，同时更可能在交流中达到目标。

最佳的说服方式不是你去告诉客户什么，而是想办法让客户自己说服自己。就是你要想将产品的好处介绍给客户，转换成一种问句，通过良好的问句设计，让客户自己说出答案。例如，不时地问客户："您现在能够看出来这产品对您的好处吗？您现在能够真正了解我们的东西为什么能帮助您提升20%~30%的业绩吗？"这才是最有力的说服法，所以学说话之前要先学会问话。

5.3.7 视觉销售法

让客户看到或在头脑中想到购买你的产品后的情境,以及使用你的产品能给他带来的利益。这是一种很常用的销售策略,即通过你的描述或提示,让顾客想象到使用产品后的情境,这样可以增强顾客想拥有产品的欲望。在销售心理学上,有个非常有趣的事情。如果能让客户在脑海里去想象,一旦购买到产品后或使用产品后他能得到的利益的那幅画面,一旦出现这个画面,他的购买意愿就会增强了。

比如卖房子的情境。"××先生(小姐),您可以想象一下,当您买了这栋房子后,每天早上起床的时候,看到金色的阳光照进您的房间里,让您一早就感觉到非常的轻松、有精神、有朝气,然后晚上当您坐在房子的客厅里面,听着外面幽静的虫鸟叫,那又是一种什么样的感觉呢?当您假日时,带着您的家人,在漂亮的花园里散步,感受这种温馨的感觉……"

5.3.8 假设成交法

假设成交法是推销人员假定顾客已决定购买商品了,又称"假定成交法",是推销员展开推销努力的一种成交法。在产品介绍的过程中,适当地运用假设成交法可以让顾客对你的产品越来越感兴趣,购买意愿也会加强。

假设成交法的优点是:①它将会谈直接带入实质性阶段。②通过逐步深入的提问,提高顾客的思维效率。③和直接请求成交法相同,它使顾客不得不作出反应。

假设成交法的关键在于:①必须善于分析顾客,对于那些依赖性强的顾客,性格比较随和的顾客,以及一些老顾客可以采用这种方法。②必须发现成交信号,确信顾客有购买意向,才能使用这种方法。③尽量使用自然、温和的语言,创造一个轻松的推销气氛。

比如,在推销复印机时,你可以问:"我们的产品每分钟可以印 16 张,您觉得一分钟印 16 张的速度对您来讲重要吗?"如果客户回答说他们并不是很在乎复印机的速度,你就可以问他:"那您觉得您最在乎的是什么?"如果客户回答说:"价钱和体积才是我考虑的最重要因素。"你就应该接下去问:"那么价钱和体积哪一项对您最重要呢?"客户可能会说:"两项都很重要。"你就接着说:"我能够了解这两项对您来说都非常重要,而如果做个比较的话,您觉得哪一项对您来说更重要一些呢?"当你得到客户的答案后,你也就非常清楚客户在购买这项产品时最重要的考虑因素了,而这也就是客户的"购买价值观",那么你也就能接下去调整你的产品介绍方式,让它更能够符合你的客户的需求。①

【情境案例 5-2】 利润重要还是人命重要

实务情境:20 世纪 60 年代后期,美国的汽车业受到外国货,尤其是日本与德国汽车的激烈竞争,便急谋对策,企图力挽狂澜,夺回优势。福特汽车公司是美国三大汽车公司之一,自然要作出回应。1968 年福特决定生产一种型号叫翩度的小型房跑车。为了节省成本,福特将正常的生产日程由三年半缩减为两年。

---

① 资料来源:尚致胜. 制胜行销学. 优酷网 http://v.youku.com/v_playlist/f4056195.html

在翩度未正式投产前,福特对 11 部车进行安全试行,公路安全局规定在时速 20 里的碰撞中,汽车的油缸要不漏油才算合格。测试的结果是,有 8 部翩度在碰撞中全部不合格,只有其余的 3 部由于改良了油缸,才通过了安全检查。

福特的行政人员要面对一个困难的抉择。如果依原来的生产日程生产,就会对消费者的安全构成威胁;如果要改良油缸,就会延迟生产,增加成本,公司会继续处于下风,让外国车雄霸市场。要解决这个问题,福特做了一个成本效益分析,计算改良油缸的可能成本与效益,然后再作决定。

另外,据公路安全局的估计,交通意外中每死 1 个人,社会就损失约 20 万元,这个数字显示,加强安全设施的成本超出了效益。

根据利润极大化的考虑,福特公司作了毫不含糊的抉择——保持原来的设计,不作安全的改装。这个决定,福特车的缺陷导致了严重的后果——超过 50 人在翩度车中烧死,另有多人烧伤。福特被控谋杀,但陪审团最后裁定福特无罪。

问题讨论:福特的行政人员要面对一个困难的抉择。如果依原来的生产日程生产,就会对消费者的安全构成威胁;如果要改良油缸,就会延迟生产,增加成本,公司会继续处于下风,让外国车雄霸市场。你认为福特公司应如何选择?

思路引导:虽然福特在这次诉讼中免除其刑事责任,但从伦理而言,他们的安全权利显然被忽视了。福特的决策者根本没有履行生产者义务——制造安全产品。而是最关心如何用最低的成本生产最多的车。更令人震惊的是改良油缸所需的额外费用,只不过是每辆车多付 11 元而已。然而在利润极大化的诱惑下,11 元却比人命更有价值!人的价值被与其他利润成本数字互相比较及一并被计算与取舍。完全忘记了企业的目的最终是要满足人的需要,提高人的生活素质。

(资料来源:叶保强.金钱之外:商业伦理启示录.北京:中国友谊出版公司,1998)

5.4 客户异议处理

客户"异议"是你在销售过程中导致客户不赞同、提出质疑或拒绝的言行,例如,你要去拜访客户,客户却说没有时间;你在努力询问客户的需求,客户却隐藏其真正的动机;你向他解说产品,他却带着不以为然的表情……这些都属于"异议"的范畴。

销售新人对异议往往抱有负面看法,甚至对异议怀有挫折感与恐惧感。但是,对有经验的销售人员来说,他却能从另外角度来体会异议,并揭示出另外的含意。比如,从客户的异议中能判断客户是否真的有需求;从客户的异议中能了解到客户对你的接受程度,这有助于你迅速调整战术;从客户提出的异议中可以获得更多的信息;等等。

5.4.1 异议产生"二源头"

异议有的是因客户而产生,有的是因销售人员而产生。

1. 客户原因

(1) 拒绝改变。多数人对改变都会习惯性地产生抵触情绪,因为销售人员的工作或多或少会给客户带来一些改变。例如,从目前使用的A品牌转换成B品牌;从目前可用的预算中拿出一部分来购买未来的保障;等等。

(2) 情绪处于低潮。当客户的情绪正处于低潮时,可能没有心情来谈,也容易提出异议。

(3) 还没有意愿。客户的意愿没有被激发出来,没有能引起他的注意及兴趣。

(4) 无法满足客户的需求。客户的需要不能充分被满足,因而无法认同你的产品。

(5) 预算不足,因而产生价格上的异议。

(6) 借口、推托。客户不想花时间来谈。

2. 销售人员原因

(1) 销售人员无法赢得客户的好感,如举止态度让客户产生反感。

(2) 做了夸大不实的陈述。比如,以不实的说辞哄骗客户,结果带来了更多的异议。

(3) 使用过多的专门术语。如专业术语过多,客户觉得自己无法胜任使用并提出异议。

(4) 事实调查不正确。销售人员引用不正确的调查资料,引起了客户的异议。

(5) 不当的沟通。说得太多或听得太少都无法把握住客户的需求点,因而产生许多异议。

(6) 展示失败。展示失败会立刻遭到客户的质疑。

(7) 姿态过高,让客户理屈词穷。比如,处处强势,客户感觉不愉快,提出主观异议。

只有了解异议产生的可能原因,你才可能更冷静地判断异议产生的真正原因,并针对原因来"有的放矢",如此,你才能真正有效地化解异议。

5.4.2 异议处理"六方法"

1. 忽视法

所谓"忽视法",顾名思义,就是当客户提出一些反对意见,并不是真的想要获得解决或讨论时,这些意见和眼前的交易扯不上直接的关系,你只要面带笑容同意他就好了。对于一些"为反对而反对"或"只是想表现自己的看法高人一等"的客户意见,你如果认真地处理,不但费时,尚有旁生枝节的可能,因此,你只要让客户满足了表达的欲望,就可采用忽视法迅速引开话题。常用的"忽视法"有微笑点头(表示"同意"或表示"听了你的话")、"你真幽默"、"嗯,高见!"等。

2. 补偿法

当客户提出异议且有事实依据时,你应该承认并欣然接受,强力否认事实是不明智的举动,但要设法给客户一些补偿,让他取得心理上的平衡,即让他产生两种感觉:产品的价格与售价一致;产品的优点对客户重要,产品没有的优点对客户而言较不重要。世界上没有一样十全十美的产品,人们会认为产品的优点越多越好,其实,真正影响客户购买决策的关键点并不多,补偿法能有效地弥补产品本身的弱点。补偿法的运用范围非常广泛,效果也很有实际。例如,美国艾维士汽车出租公司一句有名的广告"我们是第二位,因此我们更努力!"就是一种补偿法。再比如,客户嫌车身过短时,汽车销售人员可以告诉客户"车身短有助于你方便地停车"。

3. 太极法

太极法取自太极拳中的借力使力。太极法用在销售上的基本做法是当客户提出某些不购买的异议时,销售人员能立刻回复说:"这正是我认为你要购买的理由!"也就是销售人员能立即将客户的反对意见,直接转换成为什么他必须购买的理由。我们在日常生活上也经常碰到类似太极法的说辞。例如,主管劝酒时,你说不会喝,主管立刻回答说:"就是因为不会喝,才要多喝多练习。"你想邀请女朋友出去玩,女朋友推托心情不好,不想出去,你会说:"就是心情不好,所以才需要出去散散心!"这些异议处理的方式,都可归类于太极法。

4. 询问法

询问法在处理异议中扮演着两个角色。

首先,透过询问,可以把握住客户真正的异议点。销售人员在没有确认客户异议重点及程度前,直接回答客户的异议可能会引出更多的异议,从而使销售人员自困愁城。销售人员的字典中,有一个非常珍贵、价值无穷的字眼"为什么?"请不要轻易放弃这个利器,也不要过于自信,认为自己已能猜出客户为什么会这样或为什么会那样,要让客户自己说出来。当你问为什么的时候,客户必然会做以下反应:他必须回答自己提出反对意见的理由,说出自己内心的想法;他必须再次地检视他提出的反对意见是否妥当。此时,销售人员能听到客户真实的反对原因及明确地把握住反对的项目,他也能有较多的时间思考如何处理客户的反对意见。

其次,透过询问,直接化解客户的反对意见。有时,销售人员也能透过各客户提出反问的技巧,直接化解客户的异议。

5. 转移法

人有一个共性,不管有理没理,当自己的意见被别人直接反驳时,内心总会感到不快,甚至会很恼火,尤其是当他遭到一位素昧平生的销售人员的正面反驳时。屡次正面反驳客户会让客户恼羞成怒,就算你说得对,而且也没有恶意,也会引起客户的反感,因此,销售人员最好不要开门见山地直接提出反对的意见。在表达不同意见时,尽量利用"是的……如果"的句法,软化不同意见的口语。

"是的……如果……"源自"是的……但是……"的句法,因为"但是"的字眼在转折时过于强烈,很容易让客户感觉到你说的"是的"并没有多少诚意,你强调的是"但是"后面的诉求,因此,若你使用"但是"时,要多加留意,以免失去了处理客户异议的原意。

6. 直接反驳法

在"是的……如果"法的说明中,我们已强调不要直接反驳客户。直接反驳客户容易陷于与客户争辩而不自知,往往事后懊悔,但已很难挽回。但有些情况你必须直接反驳以纠正客户的错误观点。例如,当客户对企业的服务、诚信有所怀疑或当客户引用的资料不正确时,你就必须直接反驳,因为客户若对你企业的服务、诚信有所怀疑,你拿到订单的机会几乎是零。例如,当保险企业的理赔诚信被怀疑时,你还会去向这家企业投保吗?如果客户引用的资料不正确,你能以正确的资料佐证你的说法,客户会很容易地接受,反而对你更信任。

5.4.3 处理异议的态度

异议不能限制或阻止,而只能设法去加以控制,在处理异议时应注意以下几点[①]。
(1) 情绪轻松、不可紧张。
(2) 重述问题讨论,证明了解。
(3) 审慎回答,保持友善。
(4) 尊重顾客,圆滑应付。
(5) 准备撤退,保留后路。

【情境案例5-3】 心态的重要性

实务情境:一位销售人员热情地向客户介绍产品,却遭到客户的拒绝。这时他没有放弃,而是继续跟客户聊天。

销售员:"陈总,我觉得这个产品设计方案非常适合贵公司,您觉得呢?"

陈总:"嗯,你们的产品是不错,可是我们是有合作对象的了,而且合同还没到期,还不能和你们合作。"

销售员:"哦,这样啊,那真是遗憾,可以问一下您是跟哪家公司合作的呢?他们的产品如何?"

陈总:"我们是跟××公司合作,已经签了一年了,除了产品质量好之外,他们还为我们提供……的服务,信誉很好。"

销售员:"听起来真是很好,真为您高兴,能得到这样的公司真不容易啊!您说的公司我也听说过,他们口碑一直不错,是我公司的最强竞争对手。"

陈总:"哦?是吗?呵呵,既然是竞争对手,还一直夸对方?"

销售员:"竞争归竞争,诋毁对方很不公平,客观说我们的产品稍胜××公司的地方在于研发技术,你看我们的产品……"

陈总:"看你这素质,可见你们公司很强,这样吧,我把你介绍给伙伴吧。"

问题讨论:为什么那个销售员在好像没希望的情况下还可以接到生意呢?

思路引导:销售员以开阔的心态面对商谈,轻松地跟陈总沟通,不断跟客户沟通,巧妙介绍产品,激发客户的购买欲望,或在得到客户的认可的情况下,获得新客户。

---

① 资料来源:刘昆,芮新国. 如何处理客户异议. 中国营销传播网,http://www.emkt.com.cn/article/228/22880.html

【情境案例 5-4】 欺骗性广告的诱惑

实务情境：一间颇有名气的家具公司，最近在报章上刊登大减价广告，其中一项很引人注目的减价是，一个两件式组合衣柜竟以二折出售！这样的折扣自然非常吸引人。

当消费者来到该家具公司时，确实见到有减价组合衣柜，上面还贴上写有大减价后价码的标贴，一如广告所言。正欲成交之际，却发现公司职员所报出的价格，并非衣柜上标贴示的数字，而是衣柜未打折之前的价格，结果职员说："先生你看错了，两折的是衣柜的那扇门及一只抽屉不是指整个衣柜！你看，贴着的减价标贴也是这样说的。"他细看，确是如此，但却认为公司有欺骗消费者之嫌。消费者不服，继续争论，却只能叹无辜被骗，白跑一趟。

问题讨论：究竟是公司存心骗人？还是消费者粗心大意？

思路引导：欺骗的广告不只是说假话，它还是说谎言的广告。夸大渲染的说话不一定是谎言，因此就算广告用了夸张言词，也不构成谎言。谎言是蕴涵有欺骗的成分的。说谎言就是讲明知是虚假或不正确的述句，目的是要误导或欺骗对方。

因此欺骗的广告就是用明知是虚假或不正确的话来推销产品，目的是要误导消费者购买或准备购买其产品。

（资料来源：祝泽文．欺骗性广告的诱惑．博客网．http://zhuzewen123.bokee.com/viewdiary.25963270.html）

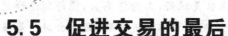

5.5 促进交易的最后一步

促进交易的最后一步是缔结，也通常是整个销售过程中最困难也是最令人害怕的一部分，你必须善加规划和设计缔结的方法和步骤，让它能够以高潮结束，而不像一般的实务员，在产品的解说过程中让客户感到非常的兴奋，不断调动客户的情绪，而一旦进行到缔结的过程，就把气氛一下子带到了低谷，而且让双方都感觉非常紧张、有压力，这些都是非常错误的做法。下面是有效缔结的十种方法。

5.5.1 假设成交法

假设成交法是在销售的适当时机，你询问一些假设当客户已经决定购买之后，所需要考虑的一些购买细节问题。你可以将关于这些购买细节的问题提出来，你可以问："你觉得我们是今天下午送货，还是明天早上送货到您家比较好呢？"或你可以问他说，"您想要付现金，还是刷卡呢……"等类似的问题。它将会谈直接带入实质性阶段，通过逐步深入的提问，提高顾客的思维效率。

假设成交法的关键：

（1）必须善于分析顾客，对于那些依赖性强的顾客，性格比较随和的顾客，以及一些老顾客可以采用这种方法。

（2）必须发现成交信号，确信顾客有购买意向，才能使用这种方法。

（3）尽量使用自然、温和的语言，创造一个轻松的推销气氛。

5.5.2 不确定缔结法

当发现客户犹豫不决时，用不确定商品是否还有货的借口来促成客户购买决定。这种方法是把客户要不要买产品转换成能否买得到了，使用这种方式来促使客户成交，有时候是非常有效的。心理学上我们发现当一个人越得不到一件东西的时候，他就越想得到它。使用这种方式来促使客户成交，有时候是非常有效的。不确定缔结法时常被使用在那些销售女性精品服饰或珠宝的店里。

【实务指南 5-3】 帮她下决心

有一位女士进入一个高档的服饰店，她看上的一件衣服可能价格非常昂贵，所以她一直迟疑不决，不敢做出购买的决定，因为她怕买了以后，她的先生可能会责怪她，或者怕遭受其他人的批评。精明的售货员在这个时候就会走过去告诉这位客户："嗯，这件衣服非常适合您。但是等一下，我不确定是不是还有适合您的尺码了，让我先去检查一下，您可以等我一下，我去查一查吗？"当客户答应售货员的请示后，十有八九代表这个客户已经想到购买了。当售货员过了几分钟回来后，告诉客户："哎呀，您实在是太幸运了，适合您的尺码的衣服刚好只剩下最后一件了。"在这个时候，售货员可能更容易地促使客户做出购买决定。

5.5.3 总结缔结法

总结缔结法又称利益总汇法，是指推销人员将顾客关注的产品的主要特色、优点和利益，在成交中以一种积极的方式来成功地加以概括总结，以得到顾客的认同并最终获取订单的成交方法。

采用此法，推销人员必须把握住顾客确实的内在需求，有针对性地汇总阐述产品的优点，不要"眉毛胡子一把抓"，更不能将顾客提出异议的方面作为优点加以阐述，以免遭到顾客的再次反对，使总结利益的劝说达不到效果。

【实务指南 5-4】 总结缔结法

在一次推销洽谈中，顾客（一位商店女经理张女士）向推销员暗示了她对产品的毛利率、交货时间及付款条件感兴趣。以下是他们之间的对话。

推销员:"张女士,您说过对我们较高的毛利率、快捷的交货时间及付款方式特别偏爱,对吧?"(总结利益并试探成交)

张女士:"我想是的。"

推销员:"随着我们公司营销计划的实施,光顾我们商店的顾客就会增加,该商品的销售必将推动全商店的销售额超过平常的营业额,我建议您购买(陈述产品和数量)。下两个月内足够大的市场需求量,必将给您提供预期的利润,下周初我们就可交货。"(等待顾客的回应)

(资料来源. 术士. 什么是总结缔结法. 大学生创业网. http://www.tjxumu.cn/News/shch/2009/1007/56865.html 2009-10-07)

5.5.4 试用缔结法

让客户实际的触摸或试用你所销售的产品,让他们从内心感受这个产品已经是属于自己的那种感觉。让你的客户试用你的产品,这样他会更容易做出购买决定。

全世界最大的日用品销售公司——安利公司也曾经使用过这样的方式。他们要求推销人员去拜访客户的时候,每个人手上提一个产品试用袋,在他们拜访客户的时候会将这些装满各式各样产品的安利试用袋交给客户,告诉客户可以随意试用这个袋子里的任何产品,而且都是免费的。过了几天或一周后,推销人员会回访这位客户,询问客户对这些产品的使用有什么心得或者需要协助的地方。安利公司仅仅使用这样的方式,就使他们的公司创造了惊人的销售额。

【实务指南 5-5】 试用缔结法

客户:"第一次买这种牌子的洗发水,不知道会不会起头皮屑。"

销售员:"您放心,这种洗发水的效果非常好。您可以先回去用,如果在五天内发现问题,可以过来退货。这样您就放心了吧?"

客户:"好吧,要是五天内,我用的效果不好,可要回来找你们的哦。"

销售员:"好的,没问题,您要是退货,记得带上销售小票过来。"

5.5.5 富兰克林缔结法

富兰克林缔结法即天平缔结法。每当客户要做出一个购买决定时,他的头脑里就如同有一个天平,天平的左边放着快乐,右边放着痛苦。他必须不断地衡量比较到底购买所带来的快乐多还是所造成的痛苦或损失多,也就是这种追求快乐、逃离痛苦的力量促使客户决定买或不买这种产品。这时候,聪明的推销员可以使用天平缔结法,在产品介绍完后,如果发现客户有犹豫不决的情形,此时你可以告诉客户:"××,我知道要做一个决定不容易,因为我们都会担心,万一做错了决定,买错了东西总是不好,我也不希望卖给您一个您不需要的东西。而您也知道,如果我们购买一种产品的好处多于坏处,那么我们应该买,而如果坏处多于好处,那么我们就不应该买。所以现在我在这张纸的左边写出您购买这种产品会有什么好处(此时你就逐项地在线的左边写出客户如果购买你的产品会有哪些好处,一边写一边说出这些项目的内容,同时你所写出的内容应该越多越好,至少也应有 8~10 项)。"写完后你告诉客户:"好了,××,我想现在是您来写出购买这种产品所可能带来的坏处的时候了。"接着你就将这张纸连同你手中的笔一并递给客户,让他自己写出购买这种产品可能会造成的损失或者坏处。

5.5.6　订单缔结法

在你和客户进行产品介绍的一开始,先拿出一张预先设计好的购买合同或订单,这张合同或订单上你依照假设成交法的问句形式设计一系列从浅到深的问题,并在这张合同上写上日期或客户姓名等基本资料。通常有可能当你拿出这张合同的时候,客户会紧张地说:"等一下,我还没有决定买你的东西呢!"这时候你可以非常轻松地对他说:"不要紧张,这张合同并不是要让您买东西,只是因为我怕把我们等会儿所讨论的内容忘了,所以我想将一些细节记录在这上头,等我们说完后,如果您不想买,我们就把它扔到垃圾筒里。"而每当你和客户谈话时,你就不经意问一句:"这种产品您比较喜欢红色还是蓝色呢?"每当客户回答后,你就将答案写在或者勾在你的合同上面。而每当你问客户一个合同上的关于购买产品的选择性的问题时,你就提高了客户对购买这种产品的意愿,也就让他更容易做出购买决定了。然后当你一旦已经得到客户所有关于你在合同上所列的问题讨论,或者当你已经把这个合同填完时,大概你的成交步骤也完成了 80% 或 90% 了。最后你可以使用假设成交法问客户:"您觉得我们是明天送货还是今天送货比较好呢?"当你问完客户这些问题,你就把合同交给客户,然后让客户签字。

另外当你向客户介绍完产品时,你也发现他已经对这种产品有兴趣了,这时候你可以拿出你的购买合同或订购单。同时问他:"××,请问您的送货地址是什么呢?"或者"您今天可以先付多少订金呢?"当他告诉你送货的地址或订金数额的时候,也就表示他已经决定买你的产品了。同样地,当你写完购买合同后,就交给客户签字。

5.5.7　隐喻缔结法

做隐喻缔结法就是说个故事、打个比方,这都叫做隐喻,隐喻缔结法的意思就是每当客户提出一个抗拒的时候,你用一个故事来回答他,说一个故事来解除他的抗拒。

一个做保险营销的超级实务员准备了很多故事,针对他的客户最容易提出的那六个抗拒,每一个抗拒他都准备了好几个故事,他的客户一提出抗拒的时候,他就讲一个故事给他听,有时候一讲完,客户就没有抗拒了。比如:他去拜访一个客户,客户是个大老板,非常有钱,客户有抗拒说:"我为什么要买保险?我现在的资产已经好几亿了,我还需要买保险吗?不买。"那个实务员听了以后就说,"董事长,你让我想到我有一位朋友,这位朋友他也是非常有钱,他也是有很多的动产、不动产,所以当初跟他谈保险的时候,他也跟我说,他已经有很多钱了,他不需要买保险。而之后在有一次的意外事件当中,他过世了。在他过世之后,他总共交了有七八百万的遗产税,所以董事长我想问您,是花两千元钱买一个保障比较划得来,还是平白无故损失几百万比较划得来?"他用这样的方式来解除客户不买保险的抗拒。

5.5.8 门把缔结法

成功者决不放弃,放弃者决不成功。这种方法通常适用于当你尽了所有的努力后,发现客户仍然不配合,你完全不能够说服他,同时客户也不愿意告诉你他背后真正的拒绝原因是什么时。换句话说,你已经觉得自己无能为力了,这时候,这种方式能够达到起死回生的效果,使用门把缔结法找出他的抗拒,解决他的抗拒。

你可以告诉客户:"好了,××,很感谢您刚才给我这些时间,让我向您解说这些产品,希望我下次还能有机会为您服务。"你一面说,一面开始收拾你的手提箱,让客户感觉到你终于要离开了,这时候客户也会开始松一口气而推动了他的戒心。你开始站起来,走向客户的大门,而当你正走到客户的大门,把手放在门把上,打开门正要离去的时候,你突然转过头来问这位客户:"××,在我最后离开之前,可不可以再请您帮我最后一个小忙呢?"这时候客户大多会答应你的请求。你可以接着说:"××,因我从事这个行业的时间并不是很久,可能我的经验也并不是非常丰富,我想在我走之前,有一个小忙请您帮助我,我非常想知道,在今天我拜访您的过程中到底是什么原因让您觉得不愿意购买我们的产品,您可不可以告诉我,让我能够得到一些经验,有一些改进呢?"在这个时候,几乎十之八九的客户都会开始告诉你他不购买的主要原因。因为这时候他们觉得没有任何的压力,而此时他们所告诉你的原因,通常也就是他最终的那个抗拒点。这时你可以告诉客户:"哎呀,原来是这个原因让你不愿意买我们的产品,这是我的错误,我想我刚才一定是疏忽了向您解释这件事。"这时,你带着你的公事包再走回客户的办公室,坐下来,然后告诉客户:"我只要再占用您一两分钟的时间,来向您解释这件事,如果当我解释完后,您仍然觉得不合适,那我再也不会打扰您了。"你重新走回来,解除掉他最后的这个抗拒点,然后直接缔结成交。

5.5.9 对比缔结法

对比原理是一种人类的知觉原理,它影响着人们看待依次出现在面前的两种事物的区别上。简单地说,对比原理被使用时,我们往往会以为两种事物之间的区别比它们之间的实际区别还要大。例如,当我们先举起一个较轻的甲物体再举起一个较重的乙物体时,我们对乙物体的感受重量会大于直接举起乙物体的感受重量。再如,如果我们先与一位漂亮的女士交谈,然后有一个相貌平平的女士加入我们的谈话,那么,相比之下,第二位女士给我们的印象会比她的实际长相差。

【实务指南 5-6】 诱饵房

有这样的房地产销售公司,每当他们开始向客户介绍要脱手的房子时,他们总是先介绍一些不受人欢迎的房子。那些房子称为"诱饵房"。公司保留一两栋年久失修的房子,要价昂贵。这些房子并不打算销售给客户,而是每当客户看房时,他们总先给客户展示这幢"诱饵房"。当客户看完破房子后再领他们去看真正想卖的房子时,比较之下,自然第二幢房子显得更有价值,也更值得购买。

聪明的服装商教他们的售货员先卖昂贵的商品。或许有人会认为如果一个人花了很多钱买一套西装,他可能不情愿再花很多钱买一件毛衣。可是,聪明的服装商会使用对比原理:先卖较贵的西服,因为当客户已经习惯了西服的价格,当他买毛衣时,尽管毛衣的价格昂贵,但与西服的价格相比就显得不那么昂贵了。

若你先将手放入一桶冰水中,然后你马上将手放入温水中,此时你对温水的感受会比实际的温度高,反之亦然。同样道理,使同一件商品的价格显得高一些或低一些也是可能的,这取决于前一件商品的价格。

【实务指南5-7】 高价推荐

有一家运动器材商店想促销一种运动器材,这种器材的价位为329~2 000元。在第一周,店员先向客户介绍低价位的产品,然后再慢慢鼓励他们选购一些价位较高的产品,那一周的运动器材的平均销售额为550元。然而,第二周,店员首先向客户介绍的是价值2 000元的器材,然后店员再慢慢地领他们参观一些价格较低的器材,结果,那一周的平均销售额为1 000元。

5.5.10 问题讨论缔结法

所谓的问题讨论缔结法就是你设计一系列的问题讨论,而每一个问题讨论都必须让客户回答"是"等肯定的答案,让顾客回答是提升好奇心,当然你所问的每一个问题讨论之间必须是有所关联的。

在国外,有些销售百科全书的推销员,就经常使用这一方法。公司请了一些心理学家设计了一连串的问题讨论,而每一个问题讨论都会让客户回答"是"。

比如:推销员会去沿街敲门,当有人开门后他们首先问的第一个问题讨论是:"请问您住在这里吗?"大多数的回答是肯定的。接下来他们会问:"先生/小姐,我们在你们的社区附近做一些有关于教育的调研,请问我可以问几个关于您对教育的看法吗?"接下来会问:"请问您相信教育和知识的价值吗?"这时候任何人都会回答"是"的。接下来他们问:"如果我们放一套百科全书在您家里,而且是免费的,只是用来做展示,请问您能接受吗?"当然很多人会回答:"好的。"接下去推销员会继续问道:"请问我可以进来向您展示一下我们的这套百科全书吗?"然后他马上会告诉客户:"我不是想把这套百科全书卖给您(预先框示法),我所想要做的只是希望把这套百科全书放在您的家里,当您的朋友来到您的家里看到这套百科全书时,如果他们有兴趣,您只要告诉他们我们的联系电话,他们就可以和我们联系。"在这样的情况下,几乎95%以上的客户都会愿意让这个推销员进到他的家里来进行他的下一步动作。接下来这个推销员会问这个客户一大堆的经过专家设计过的问题讨论。而最终只是让客户一直持续地点头、一直持续地说"是"。说到最后,其所得到的结果是这个客户付了几千元钱买了一套百科全书摆在自己家里。①

---

① 资料来源:尚致胜.超级影响力——NLP制胜行销学.北京:企业管理出版社,2002

理念总结

- 产品演示是指推销人员通过演示产品来劝说顾客购买推销产品的洽谈方法。推销人员通过对产品的实际操作,向顾客说明他所提供的产品的产品及服务能带给顾客何种利益,让他们留下深刻的印象并刺激他们的购买欲望,这就是演示的目的。

- 成功产品演示的特征是说出所推销产品可以为顾客解决问题,而且让顾客认同你的产品和感受到你的热诚,相信你能做到你所说的,觉得你是真正愿意站在客户的立场上。

- 产品演示的两个原则:"功能→优点→特殊利益"的陈述原则;"指出问题或指出改善现状→提供解决问题的对策或改善现状的对策→描绘客户购买服务后的利益"的陈述顺序。

- 产品演示应遵循一定的步骤:开场白→指出客户目前期望解决的问题→针对客户需求重点介绍产品的功能优点→处理好客户的异议→促进交易。

- 产品演示中还要注意一些事项,维持良好的介绍气氛;选择恰好的时机介绍;不要逞能与客户辩论;预先想好推荐重点;运用销售辅助物等。

- 产品演示有预先框示法、假设问句法、下降式介绍法、找到客户的"樱桃树"、倾听法、互动式介绍法、视觉销售法、假设成交法八种方法。

- 异议有的是因客户而产生,有的是因销售人员而产生。而客户可能因为拒绝改变现状、情绪处于低潮、还没有意愿、预算不足等原因。也可能来自销售人员无法赢得好感、夸大不实、用太多术语、沟通不当、演示失败和姿态过高等原因。

- 异议处理有事前做好准备、选择适当时机、避免争辩和给客户留"面子"四大原则。处理的方法有:忽视法、补偿法、太极法、询问法、转移法和直接反驳法。需要注意的是,处理异议时要保持情绪轻松,认真倾听客户的异议,尊重顾客的意见,保持和善的态度。

- 演示产品的最终目的是促进交易,取得订单。有效的缔结方法有:假设成交法、不确定缔结法、总结缔结法、试用缔结法、富兰克林缔结法、订单缔结法、隐喻缔结法、门把缔结法、对比缔结法和问题缔结法共十种方法。

■ 实务观念 ■

产品演示　客户异议　产品演示的特征　产品演示的目的　产品演示的原则　演示的注意事项

■ 职业技能 ■

产品演示

理念应用

□ **单项选择题**

1. 推销人员在处理客户关系时,正确的做法是(　　)。
   A. 在没有预约的情况下到客户工作单位拜访客户
   B. 在第一次拜访客户时一定要达到销售产品的目的
   C. 在拜访客户之前收集并分析客户资料
   D. 在客户拒绝自己提供的方案之后就应当放弃该客户
2. 在产品演示中的第一步是(　　)。
   A. 和客户建立良好的关系和亲和力
   B. 指出客户期望解决的问题
   C. 展开演示
   D. 处理异议
3. 应用倾听法时,正确做法是(　　)。
   A. 保持微笑,耐心倾听客户
   B. 对于客户观点给予直接反驳
   C. 趁客户讲述时,整理资料以更好处理
   D. 打断客户的讲话

□ **多项选择题**

1. 对异议或抗拒的真实含义的理解中,正确的有(　　)。
   A. 抗拒是客户习惯性的反射动作
   B. 客户提出异议,可能表示有些顾虑
   C. 从异议中可以了解到客户的真正想法
   D. 抗拒有真拒绝也有假拒绝
2. 下列各项中的(　　)是处理异议的方法。
   A. 转移法　　　B. 太极法　　　C. 倾听法　　　D. 询问法
3. 产品演示的技巧包括下列各项中的(　　)。
   A. 预先框示法　B. 下降式介绍法　C. 互动式介绍法　D. 门把缔结法

□ **判断题**

1. 在推销工作中,演示不是目的,而达成交易才是最终的目的。(　　)
2. 假设成交法能将会谈间接带入实质性阶段。(　　)
3. 只有积极认识异议,才可能从异议中发现客户的需求。(　　)
4. 在推销过程中,客户的异议是可以杜绝的,只要有技巧。(　　)

□ **理念辨析**

1. 简述产品演示的步骤。
2. 简述产品演示的技巧。
3. 简述处理异议的方法。

□ **实务运用**

1. 在某服装店里,一位客户拿起一条裙子,销售人员见状走上前,说:"这条裙子是刚上的新货,也是本店重点推出的商品之一,是今年最为流行的款式,喜欢不如试一试。而且这几天有优惠活动,原价980元,只卖790元,而且是最后一条。"你认为这位销售员用的方法好吗?为什么?

2. 某刷子公司的推销员到一单位去,虽一再说明刷子的质量,但人家还是表示不要。这位推销员就想自己帮人家刷洗厕所,以此演示刷子的质量且可以感动他。你觉得这位推销员的想法好吗?为什么?

□ **案例题**

在日本长岛,一位汽车商人带着一个苏格兰人看过了很多二手汽车,但苏格兰人总是觉得不合适、不好用或者价格太高,迟迟不做购买决定,为此商人感到非常苦恼,于是向他的同学求助。他同学建议他暂时停止向那位客户推销汽车,让客户自己告诉他该怎么做。

几天后,一位客户想要把自己的旧车换成新车,汽车商人看到那辆旧汽车,知道那位苏格兰人肯定喜欢。于是他想到了一个很好的推销方法,他打电话邀请苏格兰人,说是有事情要请教。苏格兰人听到商人要向他请教,心里很高兴,于是来到商人的汽车商店。汽车商人礼貌地问道:"我觉得您是一个非常精明的买主,能够准确地把握汽车的价值,您能帮我试试这辆车的性能吗?然后告诉我,要花多少钱买这辆车才划算。"

苏格兰人感到非常得意,觉得自己很有实力,居然连汽车商人都会请教他关于汽车的问题。他把汽车开了出去,等开回来时,他语气坚定地告诉商人:"这辆车值10万元,如果这样,你就买对了。""那如果以这个价钱卖给您,您愿意吗?"

果然,苏格兰人最终买下那辆车。

(资料来源:温爽. 客户问不倒. 北京:北京出版社,2009)

问题(选择题):

1. 案例中商人用了( )方法来演示他的汽车。
   A. 视觉销售法   B. 互动式介绍法
   C. 找到客户的"樱桃树"   D. 下降式介绍法
   E. 预先框示法

2. 商人通过( )来建立与苏格兰人的关系。
   A. 以诚相待,尊重客户意见   B. 提高自身的品质
   C. 满足客户所有要求来讨好   D. 服装仪容整洁
   E. 严格遵守时间

3. 商人对待苏格兰人的异议时,( )。
   A. 认为苏格兰人总是不满意,是因为他毫无诚意
   B. 认为可能是自己能力不够

C. 还有其他生意,不理这个客户

D. 认为客户因有顾虑才有异议,所以应从异议中找客户真正的想法

E. 依然继续用原来的方法

4. 商人是依据(　　)方法来处理苏格兰人的异议。

A. 转移法　　　B. 询问法　　　C. 太极法

D. 补偿法　　　E. 忽视法

5. 苏格兰人买下汽车是因为商人的(　　)。

A. 订单缔结法　　　　　　　B. 富兰克林缔结法

C. 试用缔结法　　　　　　　D. 不确定缔结法

E. 门把缔结法

□ **实务分析(60分)**

实务情境：

日本一家铸砂厂的推销员为了重新打进已多年未曾来往的一家铸铁厂,多次前往拜访该厂的采购科长。但采购科长却始终避而不见,推销员则紧追不放,于是那位科长迫不得已给他5分钟时间见面,希望这位推销员能知难而退。不过,这位推销员胸有成竹,在科长面前摊开一张报纸,然后从皮包里取出一袋砂,突然倾倒在报纸上,顿然沙尘飞扬,几乎令人窒息。科长咳了几声,大吼起来:"你在干什么?"这时推销员不慌不忙地开口说话:"这就是贵公司目前用的砂,是上星期我从你们的生产现场向领班取来的样品。"说着又在地上铺一张报纸,从包中取出另一包他的厂所生产的铸砂倒在纸上,这时却不见沙尘飞扬,使科长十分惊异。紧接着推销员讲述两者之间性能不同之处。就这样,那位推销员成功地取得了订单。

问题讨论：

1. 推销员在向采购科长推销铸砂时用了哪些技巧?
2. 这些技巧有什么样的好处?
3. 如果你是那个推销员,请用其他你熟练的方法来演示你的铸砂。

"产品演示"职业技能和素养训练

【实训目的】

通过切实体验"产品演示"各实训任务和要求的完成、《产品演示实训报告》的准备与撰写等系列技能操作的实施,培养"产品演示"的职业技能,并通过践行职业规范,促进职业人格的塑造。

【实训技能规范】

职业技能——产品演示

技能Ⅰ:演示产品技巧

职业规范：

(1) 能够直观的、实地的演示向顾客传达了感性的体验,满足顾客的视觉、听觉、嗅觉、触觉的感受。

(2) 能够有力地引发顾客的购买动机,直接刺激顾客的购买欲望。

技能Ⅱ：处理异议的技巧

职业规范：

(1) 能够从客户的异议中判断客户是否真的有需求。

(2) 能够从客户提出的异议中可以获得更多的信息。

(3) 能够让客户接受你的观点。

技能Ⅲ：促进交易的技巧

职业规范：

(1) 能够让气氛总处在高潮中,让客户感到兴奋。

(2) 能够拿到订单或使客户愿意买下产品。

【实训任务和要求】

以角色划分小组,组织学生按照介绍演示产品、处理异议、促进交易的顺序进行实践,并共同制作一份标准的产品说明范本。

【实训时间】

一周。

【实训步骤】

(1) 将班级每6位同学分成一组,每组确定1~2人负责,根据市场角色,确定各个实训组内成员充当销售人员和客户。

(2) 按照介绍演示产品、处理异议、促进交易的顺序进行实训。

(3) 各组整理材料,运用所学知识总结成功之处和不足之处,在此基础上提出建议,撰写《××产品说明书范本》。

(4) 在班级交流、讨论和修订《××产品说明书范本》。

【实训报告范本】

见附录5。

第 6 章

公关活动

■ 学习目标

了解并掌握公关活动的基本运作,在公关活动方面熟练运用各种公关礼仪,能用所学理念和技能来规范产品演示相关实务操作,并依照行业规范或标准,强化学生的职业素养。

实务引例　壳牌(中国)公司环保活动

荷兰皇家/壳牌公司是全球最大的企业,也是世界上最大的能源公司,在130多个国家从事经营。公司的核心实务包括石油和天然气的勘探和开采、油品、天然气和发电、化工以及可再生能源。壳牌以负责任的企业公民为目标,在其有实务活动的各个国家广泛发起并参与各种类型的社会公益活动,称为社会投资。1998年壳牌集团的社会投资总额达9 200万美元,主题也涉及多个方面,其中环保在总支出中占9%。壳牌(中国)公司也秉承集团宗旨,积极从事社会投资,并选择了环保、道路安全与教育作为其三大主题。自1995年起,随着壳牌在中国实务的迅速发展,社会投资也逐步增加,1998—1999年度总额达200万元人民币。以1994年成立的"自然之友"和1996年成立的"地球村"为代表的民间环保团体十分活跃,并已有了相当的影响。以媒体为代表的公众对环保关心程度与日俱增,环保专栏越来越多地出现在报纸、杂志和电视、电台上。环保更多地与教育结合在一起,呈现"从娃娃做起"的势头。环保内容不但出现在中小学生的自然、生物等课程中,而且教委、团委、青少年科技馆等组成一个立体的教育网,提供了一个良好的企业接入口。结合环保与教育,他们选择京、沪、穗三地,与教委合作开展了"壳牌美境行动"活动,鼓励学生动脑与动手,由学生自己设计环保方案,经评选获奖的方案可以获得壳牌3 000元的资金支持,由设计方案的学生自己动用实施。京、沪、穗三地共有2万余名中小学生参与此项活动,提交环保方案1 000余个,共有234个方案获奖,其中北京101中学、清华附中、上海市东中学、复旦中学、广州第四中学、第十三中学等学校学生提出的41个方案获一等奖,他们都获得了壳牌公司的资金支持,使方案得以实施。

(资料来源:佚名. 经典公共关系案例三则. 大学生成长训练营. http://blog.sina.com.cn/s/blog_5b1596950100chw2.html,2009-4-28)

环境保护是21世纪的主题,而环保公关作为企业公关的一种手段已越来越受到人们的重视。壳牌(中国)公司以"环境保护"为主题,开展全方位企业形象公关,受到社会各界的广泛好评。该活动提高了企业的知名度。"美境行动"得到了众多媒体的关注,有效地吸引了公众的注意,等于为壳牌公司作了广告宣传,可以说"美境行动"影响了几十万甚至更多的人。企业的公关活动不仅关系着企业的知名度,更重要的是通过这个活动塑造企业的美誉度,在公众中建立良好的企业形象,本章就将围绕公关活动展开探讨。

6.1 公关活动概述

6.1.1 公共关系和公关活动的含义

公共关系是指"公共关系状态",即一个组织所处的社会关系状态和社会舆论状态。具体表现为社会公众对某个组织联系、了解、信赖和支持的程度。

公共关系是一种"活动",是一种"事业"。"公共关系活动"是指一个组织为创造良好的社会关系环境、争取公众舆论支持的一种协调、沟通、传播活动,也就是以创造良好的公共关系状态为目的的一种信息沟通活动。凡是有组织、有计划、系统地、经常地开展公关活动,并形成一定规模的,就变成了公共关系事业。

【实务思考6-1】

1998年2月,春节的喜庆气氛还没消失,四川长虹彩电却在济南商场栽了跟斗——被七家商场联合"拒售"。这意味着长虹将在济南失去市场。在家电竞争日益激烈的今天,企业还有什么比失去市场更大的风险?再者,今天有济南"拒售",明天再有别家效仿又该如何?为什么"拒售"?商家一方的理由是"售后服务"不好;而长虹方面说每天有四辆流动服务车在市内流动维修,而济南消费者协会也证实没有关于长虹的投诉。这究竟是怎么一回事?一时间公众议论纷纷,多家媒体也作了追踪报道。据报载,长虹老总在事发后立即率领一班人马前往济南与七大商家进行斡旋,双方均表示"有话好好说",争取及早平息风波,取得圆满解决。

问题讨论:

(1) 在激烈的市场竞争中,有知名度的企业应注意哪些问题讨论?

(2) 面对突发事件,公关主体应遵循怎样的思路,运用怎样的办法来解决矛盾?

思路引导: 这个问题讨论应该从突发事件的角度分析。

理解要点:

(1) 在市场经济条件下,知名企业仍处于复杂多变的环境中,其中既有可控因素也有不可控因素。企业要实现自身的目标,必须主动去适应多变的环境,寻找与环境的平衡点,尽力减少、消除运行中的摩擦,达到与环境的平衡。

> （2）任何企业都不可能一劳永逸地躺在已经取得的成绩上。它需要进行密切的环境监测，对环境的任何变化保持高度的敏感性。要做好收集环境信息的工作，定期、经常地了解各类公众对企业的评价和反映，利用信息反馈去调整组织的行为，去适应变化的环境，预防事故、风险的发生。
>
> （3）遵循"和为贵"的公关原则，运用"重在协调矛盾、淡化矛盾、化敌为友"的策略。事发后，长虹老总亲自率领工作班子，及时飞抵济南，与七大商场进行公关协调，双方各抒己见，坦诚协商，通过信息与感情的沟通，求得矛盾的化解。正确引导了公众舆论，防止了公众因误导而诱发的不利于长虹的联想。
>
> （4）经销商作为企业产品通向消费者的中介，是一种非常重要的公众关系。因此，长虹要实现自身的利益必须将协调的目标放在获取对方的合作关系上。合作才能导致长虹和商场更为密切的互动关系，才最有利于双方获得更大利益。

6.1.2 公关活动的原则

1. 真实性原则

真实性原则是指组织在开展公共关系活动时，必须建立在组织良好行为和掌握事实的基础之上，向公众如实传递有关组织的信息，同时向组织决策者如实传递有关公众的信息。隐瞒、歪曲、推诿是公共关系的大敌，坦诚、亲切、负责的态度是公共关系成功的要诀。

2. 平等互惠原则

平等互惠原则是指公关活动要兼顾组织与公众的双方利益，在平等的地位上使双方互利互惠。公共关系活动必须遵守平等互惠的原则，不能单纯追求组织单方面的利益。只有在公众也同样受惠的前提下，才可能得到公众的支持和合作。平等互惠原则不能片面地理解为简单对等的原则；平等互惠原则的基点，就是要把公众利益作为首要因素来考虑，把能否满足公众利益作为衡量公关效果的重要尺度。

3. 整体一致原则

整体一致原则是指社会组织在开展公共关系活动时，要站在"社会"的高度，对活动可能产生的对社会经济效益、社会生态效益及社会精神文明建设等几方面的影响综合起来统一考虑，使诸方面均符合公众的长期利益和根本利益。这种力求使诸因素效益一致的思想和做法称为整体一致原则。

4. 全员公关原则

全员公关原则是指一个组织公关工作的开展，不仅要依靠专职公关机构和公关人员的不懈努力，而且有赖于组织内各部门和全体员工的配合，要求组织的全体成员都注意树立公共关系观念，都要关注并参与公共关系工作，都要为公共关系工作作出贡献。

5. 开拓创新原则

公共关系就本质来说是一种创造性的活动。所谓开拓创新的原则是指在公共关系工作中不能教条地去依照固定模式、现成的经验去处理公共关系事务，而是要随着社会的发展、环境的变化、工作的需要去不断地发展和创新。

6.1.3 公关活动的职能

公共关系的职能是公共关系在组织中所应发挥的作用和应承担的职责。从广义上讲，公共关系的职能就是调动一切可以调动的力量，运用各种手段，塑造良好的组织形象，赢得良好的生存环境，促进组织的生存与发展，使组织在激烈的竞争中取胜。

1. 采集信息，监测环境

采集信息是公关工作的必要前提，在信息社会中，信息已成为公认的巨大资源。公共关系是信息产业。不采集信息，公共关系就成了无米之炊。因此，无论是内部公关还是外部公关，任何策划都应从采集信息开始，这样才能做到知彼知己，百战不殆。采集信息的职能要求公关人员具备信息意识，注意随时采集有关组织的信息。

所谓监测环境，是指观察和预测影响组织目标实现的公众情况和各种社会环境的情况，使组织对环境的发展变化保持清醒的头脑和敏锐的感觉以及灵敏的反应，从而保证科学地塑造组织形象，实现组织目标。

2. 咨询建议，参与决策

这是公共关系最有价值的职能，因此公共关系也称"咨询业"、"智业"。1978 年在墨西哥召开的世界公共关系大会上提出的公共关系定义，着重强调了公共关系咨询建议、参与决策的职能。

3. 传播推广，塑造形象

公共关系的传播沟通职能主要体现在两个方面：一是组织运用传播沟通的手段同公众进行双向交流，与公众交心，赢得公众的信任和支持；二是顺时造势，实现舆论导向，通过策划新闻、公关广告、专题活动等手段，制造声势，提高组织的知名度与美誉度，为组织创造良好的舆论环境。从某种意义上说，丧失了传播沟通的职能，公共关系就将一事无成。

4. 协调沟通，平衡利益

公共关系中的协调是在沟通的基础上，经过调整，达到组织与公众互惠互利的和谐发展。协调的重要作用在于保持组织管理系统的整体平衡，使各个局部能步调一致，以利于发挥总体优势，确保计划的落实和目标的实现。

5. 教育引导，培育市场

组织公共关系的教育引导职能主要表现在对内、对外两个方面。对内，公共关系的主要职能是传播公关意识，传播公共关系的思想和技巧，进行知识更新，不仅要对每个员工进行教育引导，也要说服组织领导接受公共关系思想。对外，组织公共关系主要是对公众进行教育引导。

6. 科学预警，危机管理

组织危机是组织生存发展的大敌，处理不好往往给组织造成重大损失，甚至断送组织的"生命"，因而组织公共关系将危机处理作为公共关系的主要职能和工作重点之一。

6.1.4 公关活动的要素

公关活动由社会组织、公众、媒介三个要素构成，其中公共关系的主体要素是社会组织，客体要素是社会公众,联结主体与客体之间的媒介是信息传播。这三个要素构成了公共关系的基本范畴。公共关系主体是指在公共关系活动中处在主导地位的各类社会组织机构,是公共关系活动的策划者和组织实施者。公共关系的客体即工作对象是社会公众。公共关系实际上就是公众关系。联结公共关系主体与客体之间的媒介是信息传播。

6.2 公关活动中的危机管理

6.2.1 危机管理的含义

1. 危机、危机管理的含义

(1) 什么是危机

J. R. Caponigro 指出:"危机是指可能对企业信誉造成负面影响的事件,对公司而言通常是已经或即将失控的局面。"一般来说,危机是指危机组织利益、形象、生存的突发性或灾难性的事故与事件,危机通常具有意外性、聚焦性、破坏性、紧迫性的特点。

(2) 什么是危机管理

危机管理是组织面对危机状态的公共关系处理过程,即处理危机事件过程的公共关系。具体说就是社会组织为了摆脱所遭遇的危险情境,挽回不良事件给组织造成的负面影响,最大限度地减少危机可能带来的损失,而采取的一系列具有预防、扭转、挽救作用的策略和措施。

2. 危机管理的原则

(1) 实效原则

危机最明显的特征是突发性与急迫性,危机一旦爆发,往往会引起公众和新闻媒体关注,此时组织如果不能迅速查明真相,或是正常的传播渠道不畅,就会造成危机传播中的信息真空,这样信息真空很容易被流言所占据。

(2) 真诚原则

危机发生后,公众与媒体不仅关注事实真相,同时更关注当事人对事件所采取的态度。通常情况下,任何危机的发生都会使公众产生种种猜疑和怀疑,因此,危机单位想要取得公众和新闻媒体的信任,必须采取真诚、坦率的态度。

(3) 负责原则

组织必须为自己犯错导致其他人受到波折这一行为负责,并承担起应负的责任。组织必须从大众利益的角度出发。

(4) 信息一致性原则

组织面对危机所做的任何反应,必须保证前后所提供的信息是一致的。如果组织发布的信息前后矛盾,媒体和社会大众就会对组织的发言或提供的信息产生怀疑,甚至不相信。

6.2.2 危机公关的策略

危机公关可采取以下策略。

(1) 危机的调查与遏止。危机调查旨在发现危机,包括人、事、时、物等,其中以人为主,并将人与各种事、物、时、地做各种不同的组合。已发现潜在危机,应立即予以处理或防范,进而完成各项应变计划,以备不时之需。

(2) 危机发现。危机的发生均有其征兆,因为任何事物均有其潜在危机,甚至彼此的互动亦可产生相对的危机。因此,找出真正危机因素加以处理预防,实为危机处理的要旨。

(3) 隔离危机。危机可视为社会一股会传染的"疾病",只有隔离危机的病源,才能动手术切除病灶。因此,隔离危机潜在因素,是危机管理的必要手段。

(4) 处理危机。处理危机为危机管理最重要的一环。要先知先觉及早处理危机,非一般人所能及,必须在诸多条件与时空因素配合下,才能有效进行;在危机爆发后,必须做出有效迅速的处理,才能将危机化为转机。

【情境案例 6-1】 江西消费者状告 SK-Ⅱ

实务情境:2005 年 3 月初,江西消费者将宝洁告上法庭,原因是使用 SK-Ⅱ 产品后,非但没有出现宣传的神奇功效,反而导致皮肤灼伤;并在该产品掩藏在中文下的日文产品成分说明中发现俗称"烧碱"的氢氧化钠。3 月 7 日,宝洁发表紧急声明,称 SK-Ⅱ 产品是安全的,宣传效果也有测试数据为证。3 月 9 日,代言 SK-Ⅱ 紧肤抗皱精华乳的中国香港明星刘嘉玲发电子邮件表示声援,称"我很高兴继续支持 SK-Ⅱ"。随后宝洁公司草草地发布声明,称"产品有双重保险保证其安全性",并强调"产品手册中对产品的宣传有实验数据支持"。同时,宝洁公司指责"此事后面有利益集团在操纵"。紧接着,宝洁公司在全球范围内推出公益品牌——"生活、学习和成长",向中国公益事业第一品牌"希望工程"捐献 400 万元。3 月 21 日,河南《今日安报》披露,郑州消费者由于担心 SK-Ⅱ 质量有问题,要求退货被拒绝,决定起诉宝洁公司。众媒体转载了这条新闻,并对 SK-Ⅱ 的安全再次质疑,但宝洁仍然对外界闪烁其词。4 月 1 日,宝洁公司到南昌市工商局签字接受 20 万元处罚。4 月 7 日,王海向国家工商总局举报宝洁 SK-Ⅱ 广告欺诈消费者。8 月 24 日下午,北京,宝洁公司临时召开 SK-Ⅱ 媒体沟通会。

问题讨论:SK-Ⅱ 的信任危机是怎么造成的?

思路引导:

(1) 在危机处理态度上,欠缺成熟的做法。对于宝洁来说,一个宗旨任何时候均不能丢,即企业对消费者的态度始终要真诚,正所谓"态度决定一切"。宝洁在事情发生后只是发了两份声明,强调自己的产品没有问题,而忽略了消费者的感受,无论是对媒体还是消费者,态度上都缺乏对生命的关爱和个体的尊重,这样的态度很难得到舆论的同情。

(2) 在危机的处理细节上，欠缺技巧。请刘嘉玲来证明企业的"清白"，是一个败笔。在一个技术问题讨论和广告虚假宣传文体而引发的信任危机中，明星是完全缺乏公信力的，消费者也会自然的认为广告明星是因为利益关系支持该品牌，而明星卷入事件只能让事件增加传播价值，为本来可能逐渐平淡的舆论增加传播热点。

(3) 宝洁公司缺乏与公众，特别是媒体进行及时的沟通。由于对事件后果的严重性估计不足，在危机爆发的24小时内，宝洁并没有太多反应。对众多媒体的关心也只是回复几页传真声明了事，缺乏有效的媒体沟通。而起诉方却一直与各媒体保持联系，并随时提供详细动态，宝洁先是做了回应，但又在回应不到位的情况下停止了回应，在舆论的议题方向控制上完全处于被动地位。在对事件性质的判断、内部机构的协调、权威技术支持等诸多方面都显得非常迟钝。

(4) 缺乏对消费者的关爱，对社会的责任感。危机发生后，企业对于受害者和消费者的关爱非常重要。公众会关心两方面的问题：一方面是关心利益问题。利益是公众关注的焦点，因此无论谁是谁非，企业应该承担责任。另一方面是感情问题，企业应该站在受害者的立场上表示同情和安慰，并采取切实的措施，赢得公众的理解和信任。

(资料来源：佚名. 宝洁"SK-Ⅱ安全危机"事件. 无忧考网，http://www.51test.net/show/515124.html，2009-1-26)

6.2.3 企业危机公关的技巧[①]

任何一个企业在发展道路上都不会一帆风顺，危机公关乃是企业生存必须学会的一课，否则，千里之堤，溃于蚁穴。那么，企业如何掌握好危机公关的技巧呢？

1. 建立专职防范机构

最好的公关是提前化解危机——建立预警机制，将危机公关意识及危机防范提升到企业战略的高度，消灭其于无形。在日常工作中，核心任务有三点：一是搜集情报；二是联络媒体；三是检查培训。

2. 冷静面对危机

危机总是防不胜防的，发生了危机，隐瞒、躲藏都不行。有些本来明知自己有问题的企业采取了"防火、防盗、防记者"的办法，岂料欲盖弥彰、弄巧成拙——与其消极让别人来揭露，还不如积极地把情况说明白。越是对新闻界不合作，越是坏事，因为这样就会逼迫媒体通过其他非正式途径寻找信息，产生一些虚假的信息甚至是错误的信息，使得事情越来越复杂甚至会恶化。而且在时间上，晚公布不如早公布，越拖越被动。最后大家会认为你是因为"纸里包不住火"才被迫认错的。

3. 消灭源头

斩草要除根，如果不能从源头上遏制，危机暂时可能平息，但以后还有爆发的可能。危

[①] 资料来源：马跃. 危机公关与媒体沟通. 载今传媒，2005(5)

机的源头很好找,但要消灭可能并不容易,如果源头易于控制,就采取压制政策,如果难以根除,则可采取怀柔措施。

4. 化对抗为合作

一般在危机爆发初期,社会公众会强烈关注,而且非常情绪化,对于媒体的信任度远高于对企业的信任度。人们有"宁可信其有,不可信其无"的习惯思维方式,这对企业的压力确实很大,企业在这个时候会本能地站出来为自己大声辩驳。辩驳是非肯定是需要的,但一定要掌握"度"——要考虑到消费者的承受能力,考虑到消费者的信任度,考虑到消费者的满意度,以免出现越抹越黑的恶性循环。

5. 让正面声音出来

由于媒体具有放大效应,往往会将一件小事夸大,而不明真相的消费者则可能盲目跟风,所以在危机处理中,一定要让自己正面的声音传出去,使原来不利于企业的负面消息变为正面消息。此时公关部要准备比平时多两倍的新闻稿,告诉公众发生了什么。并要积极应对记者的采访。一旦媒体认为企业是合作的,一般都会消除敌对情绪,同时会把企业作为重要的信息来源。这样就使企业容易赢得主动。进一步还可以召开发布会或记者招待会。

【情境案例6-2】 罗氏:"达菲"风波

实务情境:2003年2月8日,一条令人惊惧的消息在广东以各种形式迅速蔓延——广州出现流行疾病,几家医院有数位患者死亡,而且受感染者多是医生。"死亡"让不明真相的人们大为恐慌,谣言四起。9日,罗氏制药公司召开媒体见面会,声称广东发生的流行疾病可能是禽流感,并告之其产品"达菲"治疗该病疗效明显。罗氏公司的医药代表也以"达菲"能治疗该病而敦促各大医院和分销商进货。媒体见面会的直接后果是为谣言推波助澜,广东、福建、海南等周边省份的食醋、板蓝根及其他抗毒药品脱销,价格上涨几倍至及至十几倍,投机商大发"国难财","达菲"在广东省内的销量伴随谣言的传播也扶摇直上。8日前广东省内仅1 000盒,9日后飙升到10万盒。曾有顾客以5 900元买下100盒"达菲"!

15日,《南方都市报》发表《质疑"达菲":"禽流感"恐慌与销量剧增有何关系?》的署名文章,指责罗氏制药蓄意制造谣言以促进其药品的销售,并向广东省公安厅举报。罗氏公司的商业诚信和社会良知受到公众质疑,其形象一落千丈。直接的后果是"达菲"销量的直线下跌。《南方都市报》的消息发出后第二天,广州某医院"达菲"的销量就下降到不到10粒(以前每天要售出100多粒)。更有消费者提出退货和索赔要求。

问题讨论:如果按照10分制,你会给罗氏这次的危机公关打几分?为什么?
思路引导:

(1)"非典"是对国家、社会、组织和个人的一次严峻考验,对于跨国公司更不例外。跨国公司的中国公司同样是中国的"企业公民",在获利的同时必须承担起所应该承担的社会责任和义务。

(2) 当"非典"危机来临的时候,企业扮演两种角色,一种是借机公关型,承担公司在中国的社会责任,扮演赋有诚信、爱心、有责任感的企业;另一种则是利欲熏心,无奸不商型,最终陷入了社会的诚信危机中。罗氏扮演的是后者。"达菲"事件对罗氏(中国)公司是一次沉重的打击。

试想,如果罗氏不是开媒体见面会,而是向广大市民赠药呢?危难之中见真情。如果罗氏宣称的是"现在病因尚未查明的情况下,请广大市民不用惊慌,'达菲'对抗病毒有很好的效果,罗氏将免费向广大市民赠药。"而10万盒药的成本不过几十万元而已。

(3) 诚信是企业的根本,是企业长久发展的基础,必须谨守。危机发生后,罗氏更应该充分依靠政府的力量,制定一系列改进措施;应加强社会公益性的公关活动,比如为病人提供一些免费服务,开展一些针对性的医药研究、赞助活动,免费向社会提供此类疫情的治疗方案,并得到专家的认可等措施都可以积极改善自身的形象等。总之,要让公众相信罗氏在以实际行动证明其为公众健康服务的宗旨没有变。

(资料来源:佚名. 十大危机公关案例. 新浪博客. http://blog.sina.com.cn/s/blog_486e9e870100e5x2.html,2009-8-5)

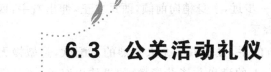

6.3 公关活动礼仪

6.3.1 公关活动的日常礼仪

礼仪是指人们在社会交往活动中形成的行为规范与准则。具体表现为礼貌、礼节、仪表、仪式等。公关礼仪是指公关人员在公关活动中应遵循的礼仪要求,并不包括其他场合的礼仪。人们日常生活的涉及面非常广泛。如果不懂怎样和人交往,必将是孤立的。所以,我们必须注重日常礼仪,随时随地都给别人留下良好印象:说话有尺度,交往讲分寸,办事重策略,行为有节制。这样,别人就很容易接纳你,帮助你,尊重你,满足你的愿望。

1. 称呼礼仪

(1) 正确、适当的称呼

正确、适当的称呼不仅反映着自身的教养、对对方尊重的程度,甚至还体现着双方关系达到的程度和社会风尚。务必注意:一是要合乎常规;二是要入乡随俗。

在工作岗位上,要求庄重、正式、规范。以交往对象的职务、职称相称,这是一种最常见的称呼方法。比如张经理、李局长。

在国际交往中,因为国情、民族、宗教、文化背景的不同,称呼就显得千差万别。一是要掌握一般性规律;二是要注意国别差异。

在政务交往中,常见的称呼除"先生"、"小姐"、"女士"外,还有两种方法,一是称呼职务

(对军界人士,可以以军衔相称);二是对地位较高的称呼"阁下"、教授、法官、律师、医生、博士,因为他们在社会中很受尊重,可以直接作为称呼。

(2) 称呼的五个禁忌

我们在使用称呼时,一定要避免下面几种失敬的做法。

① 错误的称呼。常见的错误称呼无非就是误读或是误会。误读,也就是念错姓名。误会,主要是对被称呼的年纪、辈分、婚否以及与其他人的关系作出了错误判断。比如,将未婚妇女称为"夫人",就属于误会。

② 使用不通行的称呼。有些称呼,具有一定的地域性,比如山东人喜欢称呼"伙计",但南方人听来"伙计"肯定是"打工仔"。中国人把配偶经常称为"爱人",在外国人的意识里,"爱人"是"情人"的意思。

③ 使用不当的称呼。工人可以称呼为"师傅",道士、和尚、尼姑可以称为"出家人"。但如果用这些来称呼其他人,可能会让对方产生自己被贬低的感觉。

④ 使用庸俗的称呼。有些称呼在正式场合不适合使用。例如,"兄弟"、"哥们儿"一类的称呼,虽然听起来亲切,但显得档次不高。

⑤ 称呼外号。对于关系一般的,不要自作主张给对方起外号,更不能用道听途说来的外号去称呼对方。也不能随便拿别人的姓名乱开玩笑。

2. 握手礼仪

① 握手时,距对方约一步远,上身稍向前倾,两足立正,伸出右手,四指并拢,虎口相交,拇指张开下滑,向受礼者握手。

② 掌心向下握住对方的手,显示着一个人强烈的支配欲,是傲慢无礼的握手方式。相反,掌心向里握手显示一个人的谦卑与毕恭毕敬,如果伸出双手,更是谦恭备至了。平等而自然的握手姿态是两手的手掌都处于垂直状态。这是一种最普通也最稳妥的握手方式。

③ 戴着手套握手是失礼行为,女士可以例外。

④ 握手的时间,一般握两三下就行。不要太用力,但漫不经心地用手指尖"蜻蜓点水"式去点一下也是无礼的。一般要将时间控制在三五秒钟以内。如果要表示自己的真诚和热烈,也可较长时间握手,并上下摇晃几下。

⑤ 握手的顺序。长辈和晚辈之间,长辈伸手后,晚辈才能伸手相握;上下级之间,上级伸手后,下级才能接握;男女之间,女方伸手后,男方才能伸手相握;当然,如果男方为长者,遵照前面说的方法。如果需要和多人握手,握手时要讲究先后次序,由尊而卑,即先年长者后年幼者,先长辈再晚辈,先老师后学生,先女士后男士,先已婚者后未婚者,先上级后下级。

3. 介绍礼仪

"第一印象是黄金。"介绍礼仪是礼仪中的基本、也是很重要的内容。

在为他人做介绍时,可以遵循这样的顺序:把年轻的介绍给年长的;把职务低的介绍给职务高的。如果介绍对象双方的年龄、职务相当,异性就要遵从"女士优先"的原则,即把男士介绍给女士;对于同性,可以根据实际情况灵活掌握,比如把和你熟悉的介绍给和你不熟悉的;介绍双方职务有高有低的时候,就把职务低的介绍给职务高的;也可以从左到右或从右到左的介绍等。为别人介绍之前不仅要征求一下被介绍双方的意见,在开始介绍时再打一下招呼,不要上去开口即讲,让被介绍者措手不及。当介绍者询问是不是要有意认识某人时,不要拒绝或扭扭捏捏,而应欣然表示接受。实在不愿意时,要委婉说明原因。当介绍者走上前来,开始为你进行介绍时,被介绍者双方都应该起身站立,面含微笑,大大方方地目视介绍者或对方。当介绍者介绍完毕后,被介绍者双方应依照合乎礼仪的顺序进行握手,彼此问候一下对方,也可以互递名片,作为联络方式。

不论是给别人做介绍还是自我介绍,被介绍双方态度都应谦和、友好、不卑不亢,切忌傲慢无礼或畏畏缩缩。

【情境案例6-3】 被拒绝的生日蛋糕

实务情境:有一位先生为外国朋友订做生日蛋糕。他来到一家酒店的餐厅,对服务员小姐说:"小姐,您好,我要为一位外国朋友订一份生日蛋糕,同时打一份贺卡,你看可以吗?"小姐接过订单一看,忙说:"请问先生您的朋友是小姐还是太太?"这位先生也不清楚这位外国朋友结婚没有,从来没有打听过,他为难地抓了抓后脑勺想想,说:"小姐?太太?一大把岁数了,太太。"生日蛋糕做好后,服务员小姐按地址到酒店客房送生日蛋糕。敲门后,一女子开门,服务员有礼貌地说:"请问,您是怀特太太吗?"女子愣了愣,不高兴地说:"错了!"服务员小姐丈二和尚摸不着头脑,抬头看看门牌号,再回头打个电话问那位先生,没错,房间号码没错。再敲一遍,开门,"没错,怀特太太,这是您的蛋糕"。那女子大声说:"告诉你错了,这里只有怀特小姐,没有怀特太太!"啪一声,门被大力关上了。

问题讨论:怀特小姐告诉我们在人际交往过程中,应该如何恰当称呼?

思路引导:在这个案例中,服务员在没有搞清客人是否结婚的前提下,不能凭推测去称呼客人"太太"。在西方,"女士"是对成年女性的通称,一般冠以她自己而非丈夫的姓名;"夫人"、"太太"是称呼已婚女性,冠以丈夫的姓名或丈夫的姓以及她自己的名;已离婚的妇女可冠以她自己的姓名或前夫的姓以及她自己的名,而不能仅用前夫的姓;成年而未婚的女子称"小姐",冠以她的姓名;而对于不了解其婚姻状况的女子可泛称"小姐"或"女士",已婚的女性被别人称作"小姐"时,会愉快地接受这一"误称"。这些称呼之前也可以冠以职称、头衔。

6.3.2 公关活动的仪表礼仪

仪表,即人的外表,包括容貌、举止、姿态、风度等。在政务、商务、事务及社交场合,一个人的仪表不但可以体现他的文化修养,也可以反映他的审美趣味。穿着得体,不仅能赢得他人的信赖,给人留下良好的印象,而且还能够提高与人交往的能力。相反,穿着不当,举止不雅,往往会降低了你的身份,损害你的形象。由此可见,仪表是一门艺术,它既要讲究协调、色彩,也要注意场合、身份。同时它又是一种文化的体现。仪表主要包括服饰、仪容和仪态三个方面。

1. 服饰礼仪

(1) 着装的基本要求

① 整洁合体。保持干净整洁,熨烫平整,穿着合体,纽扣齐全。

② 搭配协调。款式、色彩、佩饰相互协调。不同款式、风格的服装,不应搭配在一起。

③ 体现个性。与个人性格、职业、身份、体形和肤色等特质相适应。

④ 随境而变。着装应该随着环境的不同而有所变化。同一个人在不同时间、不同场合,其着装款式和风格也应有所不同。

⑤ 遵守常规。遵循约定俗成的着装规矩。例如,西装应在拆除袖口上的商标之后才可以穿着;西装外袋不应存放随身物件。

⑥ 不可在公众场合光膀子、卷裤腿、穿睡衣。女性在办公场所不宜穿着吊带装、露脐装、超短裙、短裤等。

⑦ 脖子比较短的人不适合穿着高领衫,体形较胖的人应尽量避免穿着横格子的上衣。

⑧ 佩戴饰物要尊重文化和习俗。

(2) 职场着装六忌

① 忌过于杂乱:指不按照正式场合的规范化要求着装,给人留下不良的印象,使人对企业的规范化程度产生疑虑。

② 忌过于鲜艳:指在正式场合的着装色彩较为繁杂,过分耀眼。

③ 忌过于暴露:在正式的商务场合通常要求不暴露胸部,不暴露肩部,不暴露大腿。

④ 忌过于透视:在正式的商务交往中着装过分透视就有失于对别人的尊重。

⑤ 忌过于短小:在正式场合,不可以穿短裤、超短裙、非常重要的场合不允许穿露脐装、短袖衬衫等。

⑥ 忌过于紧身:在较为正式的场合不可以穿着过分紧身的服装。

【实务指南 6-1】 西服穿着的"三个三"

西服穿着讲究"三个三",即三色原则、三一定律、三大禁忌。

三色原则:男士在正式场合穿着西服套装时,全身颜色必须限制在三种之内,否则就会显得失之于庄重和保守。

三一定律:男士穿着西服、套装时,身上三个部位——鞋子、腰带、公文包的色彩必须协调统一起来。最理想的选择是鞋子、腰带、公文包皆为黑色,其色彩统一,有助于提升穿着者的品位。

三大禁忌:指在正式场合穿着西服、套装时,不能出现以下三个洋相。

(1) 袖口上的商标没有拆。

(2) 在非常正式的场合穿着夹克打领带:在正式场合,尤其是对外商务交往中,穿夹克打领带是绝对不能接受的。

(3) 男士在正式场合穿着西服套装时袜子出现了问题:两只袜子颜色不统一。并且不穿尼龙袜和白色袜子。

【情境案例6-4】 维护好个人形象

实务情境：郑伟是一家大型国有企业的总经理。有一次,他获悉有一家著名的德国企业的董事长正在本市进行访问,并有寻求合作伙伴的意向。他于是想尽办法,请有关部门为双方牵线搭桥。

让郑总经理欣喜若狂的是,对方也有兴趣同他的企业进行合作,而且希望尽快与他见面。到了双方会面的那一天,郑总经理对自己的形象刻意地进行一番修饰,他根据自己对时尚的理解,上穿茄克衫,下穿牛仔裤,头戴棒球帽,足蹬旅游鞋。无疑,他希望自己能给对方留下精明强干、时尚新潮的印象。然而事与愿违,郑总经理自我感觉良好的这一身时髦的"行头",却偏偏坏了他的大事。

问题讨论：郑总经理的错误在哪里?他的德国同行将对此有何评价?

思路引导：根据惯例,在涉外交往中,每个人都必须时时刻刻注意维护自己形象,特别是要注意自己正式场合留给初次见面的外国友人的第一形象。郑总经理与德方同行的第一次见面属国际交往中的正式场合,应穿西服或传统中山服,以示对德方的尊敬。但他没有这样做,则会给对方留下这样的印象:此人着装随意,个人形象不合常规,给人的感觉是过于前卫,尚欠沉稳,与之合作之事当再作他议。

2. 仪容礼仪

(1) 头发：要勤于梳洗、长短适中、发型得体、美化自然。男性头发不宜太长或过短(光头),发式要协调,不可怪异。

(2) 面容：要勤于洗脸,使之干净清爽,无汗渍、无油污、无泪痕、无其他任何不洁之物。

① 眼睛。要随时注意、及时清除眼部分泌物。若眼睛患有传染病,应自觉回避公务、社交活动。

② 鼻子。应注意保持鼻腔清洁,不要随处吸鼻子、擤鼻涕,不要在人前挖鼻孔、捉"鼻牛"。

③ 嘴巴。饭后要刷牙,去除口腔异物、异味。重要公务之前忌食烟、酒、葱、蒜、韭菜等气味刺鼻的食品。

(3) 手臂：手臂被视为交往中的"第二名片"。

① 指甲。应定期修剪,不要留长指甲,不要使其看上去脏兮兮、黑乎乎。修剪手指甲,应令其不超过手指尖为宜。

② 腋毛。属于"个人隐私",不要为他人所见。在正式场合,一定不要穿可能会令其外现的服装。

(4) 腿部：上班期间或正式场合,不允许穿短裤,女同志不要穿超短裙,也不要光着腿不穿袜子。

(5) 脚部：不允许光着脚穿鞋子。不要在正式场合穿拖鞋、凉鞋。

(6) 化妆：原则是美化、自然、得体、协调。

(7) 礼规：勿当众化妆,勿在异性面前化妆,勿使化妆妨碍于人,勿使妆面残缺,勿借用他人的化妆品,勿评论别人的化妆。女性员工化妆应给人清洁健康的印象,不能浓妆艳抹,不宜用香味浓烈的香水。

(8) 异响:咳嗽、哈欠、喷嚏、吐痰、清嗓、吸鼻、打嗝等声响,都是不雅之声,统称为异响,在正式场合不要出现。

3. 仪态礼仪

(1) 立姿

基本的立姿要求是头端、肩平、胸挺、腹收、身正、腿直、手垂。男同志要稳健,女同志要优美。

(2) 坐姿

① 基本要求:要注意顺序,优先尊长,落座无声,不慌不忙,离座谨慎,不扰他人。

② 坐定的姿势:在较为正式的场合,或有尊者在座时,通常不要坐满座位,不要身靠座位的背部。极正规的场合,上身与大腿、大腿与小腿,应当均为直角,即"正襟危坐"。当面对尊长而无屏障时,双腿要并拢。双脚自然下垂,置于地面上。正坐时,双手应掌心向下,放于大腿上,或放在身前的桌面上,也可以扶住座位两侧的扶手。

(3) 行姿

行姿总的要求是:轻松、矫健、优美、匀速,稳重大方,不慌不忙。

【情境案例6-5】 小李的形象

实务情境:小李的口头表达能力不错,对公司产品的介绍也得体,人既朴实又勤快,在实务人员中学历又最高,老总对他抱有很大期望。可做销售代表半年多了,业绩总上不去。问题出在哪儿呢?原来,发现他是个不修边幅的人,双手拇指和食指喜欢留着长指甲,里面经常藏着很多"东西"。脖子上的白衣领经常是酱黑色的,有时候手上还记着电话号码。他喜欢吃大饼卷大葱,吃完后,不知道去除异味的必要性。在大多情况下,他根本没有机会见到想见的客户。

有客户反映小李说话太快,经常没听懂或没听完客户的意见就急着发表看法,有时说话急促,风风火火,好像每天都忙忙碌碌的,很少有停下来的时候。

问题讨论:为什么热情的小李销售业绩一直上不去?

思路引导:"礼仪"的真正内涵是什么呢?简单地说,应该就是让对方觉得舒服,让对方觉得你尊重他。我们来看看案例中,小李犯了那些错误。

(1) 小李应该把手指甲里的东西弄干净,经常洗澡,勤换衣服;还应该备一本电话本,不要把电话号码记在手上。

(2) 吃完东西后要及时清理口中的异味,小李可以买一些口香糖带在身边。

(3) 小李说话的语速应该因人而异,要听懂听完客户的意见再发表自己的看法。

(4) 不要总是碌碌无为,让人感觉自己虽然很忙碌但没做出多大成绩。要向那些工作做得好的员工请教一下经验、方法。

- 公关活动是一个组织为创造良好的社会关系环境、争取公众舆论支持的一种协调、沟通、传播活动，也就是以创造良好的公共关系状态为目的的一种信息沟通活动。凡是有组织、有计划、系统地、经常地开展公关活动，并形成一定规模的，就变成了公共关系事业。
- 公关活动包括公关调查、公关咨询、公关宣传、公关交际、公关服务以及各种公关专题活动等。
- 公关活动由社会组织、公众、媒介三个要素构成，其中公共关系的主体要素是社会组织，客体要素是社会公众，联结主体与客体之间的媒介是信息传播。这三个要素构成了公共关系的基本范畴。
- 危机管理是组织面对危机状态的公共关系处理过程，即处理危机事件过程的公共关系。具体说就是社会组织为了摆脱所遭遇的危险情境，挽回不良事件给组织造成的负面影响，最大限度地减少危机可能带来的损失，而采取的一系列具有预防、扭转、挽救作用的策略和措施。
- 危机公关的策略包括危机的调查与遏止、危机发现、隔离危机、处理危机。
- 礼仪是指人们在社会交往活动中形成的行为规范与准则。具体表现为礼貌、礼节、仪表、仪式等。公关礼仪是指公关人员在公关活动中应遵循的礼仪要求，并不包括其他场合的礼仪。

■ 实务观念 ■

公关活动　公关活动的要素　危机管理　危机管理的策略　媒体应对　公关礼仪

■ 职业技能 ■

危机公关策略　媒体应对　沟通协调　组织宴会　运用日常礼仪　形象设计

□ 单项选择题

1. 公共关系可直接称为（　　）。
   A. 公众关系　　　　B. 人际关系　　　　C. 人群关系　　　　D. 社区关系
2. 参加宴请时符合礼仪的是（　　）。

A. 中途退宴 B. 汤太热，用嘴吹
C. 嘴内的鱼刺、肉骨不直接外吐 D. 抓整块面包直接吃

3. 在公共关系礼仪中，一定要用右手握手，要紧握对方的手，时间一般为（　　）。
A. 1～3秒　　　B. 5～10秒　　　C. 10秒左右　　　D. 30秒左右

□ 多项选择题

1. 公共关系涉及的有（　　）。
A. 组织　　　B. 传播　　　C. 环境
D. 资金　　　E. 公众

2. 根据公共与组织发生关系的时序特征，可把公众分为（　　）。
A. 首要公众　　　B. 内部公众　　　C. 潜在公众
D. 知晓公众　　　E. 行动公众

3. 在服饰与仪表上的服饰要求有（　　）。
A. 与环境协调　　　B. 整洁大方　　　C. 整体和谐
D. 展示个性　　　E. 吸引异性

□ 判断题

1. 在商务活动中，男同志在任何情况下均不应穿短裤，女同志夏天可光脚穿凉鞋。（　　）
2. 在国际交往中，在位置的排列上与中国的传统相同，都是"以左为上"。（　　）
3. 在星级饭店里发现桌上餐具不干净，要立即自行擦拭，以免影响进餐。（　　）

□ 理念辨析

1. 简述公共关系信息传播过程。
2. 根据公关工作的实务特点，公关活动划分为几种类型？

□ 实务运用

1. 某电视机厂出现次品。有人认为应全部销毁；有人建议向消费者说明情况，降价处理；有人建议加强售后服务维修措施和力量；有人提议低价出售给本厂员工；还有人提出采取瞒天过海方式，销售给穷、边、远地区。试用公共关系原则来分析应该怎样做。

2. 中央电视台2001年4月18日的《早间新闻》节目报道：北京一家宾馆的一位服务员在一天早晨接连三次遇到同一位顾客，而每次遇到这位顾客时，服务员都以相同的表情和语调说："您好！"因此，这位服务员受到了顾客的投诉。请应用言随境迁的原则和寒暄语言的相关知识，分析这位服务员受到投诉的原因。

□ 案例题

某航空公司要面向社会招一批空姐，前来报名的人络绎不绝，其中有几个女孩，心想空姐是多么时髦的职业，找的都是那些漂亮的女孩，于是，几个姑娘就到美容院将自己浓妆艳抹地打扮一番，高高兴兴地来到报名地点，谁知工作人员连报名的机会都不给她们，就让她们走，看着别的姑娘一个个都报上了名，她们几个很纳闷："这是为什么呢？"

问题（选择题）：

1. 你认为工作人员不让这几位姑娘报名的原因是（　　）。
A. 太漂亮了　　　B. 语言不得体　　　C. 过于张扬　　　D. 妆容不符合职业要求

2. 一名合格的空中小姐,应具备的基本素养应该包括(　　)。
   A. 良好的职业素养　　　　　　B. 专业的职业技能和素养
   C. 过硬的心理素质　　　　　　D. 得体的衣着和言语
3. 空乘人员的礼仪要求是(　　)。
   A. 亲切的微笑　　B. 舒心的问候　　C. 洁雅的仪表
   D. 得体的语言　　E. 诚恳的态度
4. 化妆的基本原则是美化、自然、得体、协调,所以(　　)。
   A. 勿使妆面残缺,勿借用他人的化妆品
   B. 勿评论别人的化妆
   C. 女性员工化妆应给人清洁健康的印象,不能浓妆
   D. 不宜用香味浓烈的香水
5. 不论是给别人做介绍还是自我介绍,被介绍双方态度都应谦和、友好、不卑不亢,切忌傲慢无礼或畏畏缩缩。在为他人做介绍时,要遵循这样的顺序:(　　)。
   A. 把年长的介绍给年轻的
   B. 把职务低的介绍给职务高的
   C. 遵从"女士优先"的原则,即把男士介绍给女士
   D. 把职务低的介绍给职务高的

□ **实务分析**

实务情境:

1988年7月20日,南京发生了一起电冰箱爆炸事件。当晚10点半,城市住宅楼上,突然响起了震耳欲聋的爆炸声,一台"沙松牌"电冰箱瞬间开了花。强大的爆炸气浪产生了难以想象的冲击力,使拇指粗的钢筋被扭弯,冰箱门飞出两米远,砸到对面墙上,后坐力使冰箱背后的墙面留下几个大窟窿。主人一家四口人都是侥幸捡了条命。

7月22日,南京《扬子晚报》刊出《一台沙松冰箱爆炸的消息和一张现场照片》。这条新闻立即在几十万"沙松"用户中掀起了轩然大波。"沙松"被有的用户视为"定时炸弹"。沙松厂驻南京办事处门前人流穿梭,各新闻单位也纷纷上门……

总厂厂长意识到,这一危机事件关系到企业的生死存亡。在十万火急中立即作出决策,组成了由总工、法律顾问、日方技术专家、省市、中央产品检验、公安等方面人员组成的事故处理小组,包租南京玄武门饭店,专门用一个会场接待记者,稳住"无冕之王"。

随后,各界人士参加的论证会在现场举行。日本制冷专家经检查发现虽经爆炸破坏,压缩机仍在制冷。足以证明爆炸与冰箱质量无关。这一结果,南京电视台对事故进行了录像报道。走访用户家庭,在录像机前是展示企业形象的好时机。当场答应用户要求,赔偿一台180升冰箱,公众反映企业仁至义尽。事件真相大白:爆炸是放入冰箱中的丁烷气瓶所致。

事故处理小组将各种情况通报新闻单位,并表示一是讲明爆炸原因;二是感谢新闻界支持;三是感谢当地公众对企业的支持。从而树立了良好的企业形象。获得的宣传效果,10倍于此事处理的费用。消费者纷纷反映,冰箱门都炸坏了,冰箱还继续制冷呢,产品好,企业责任心强,真是不错。

问题讨论:

1. 处理事故为什么要特别注意新闻界的对策?

2. 提高事故处理透明度的意义何在?
3. 处理事故时,对被害者的态度应该如何?

提示:

(1) 新闻界是代表公众,是站在公众的立场上来说话的,对他们的态度就是对公众的态度;媒体是危机处理的关键要素,如果处理好了,就会使危机处理得更快;反之,会加重危机的演变。

(2) 可以避免人们对整个事件的猜疑,避免谣言和信息混乱的出现。

(3) 应该将对受害者的处理当作整个危机处理的轴心,因为他们是公众关心的关键之处,表明组织处理问题讨论的决心和对公众的负责任的态度。

实 务 训 练

"公关活动运作"职业技能和素养训练

【实训目的】

通过切实体验"公关活动"各实训任务和要求的完成、系列技能操作的实施、《××企业某产品(或项目)公关活动运作实训报告》的准备与撰写等活动,培养其"公关活动"的职业技能,并通过践行职业规范,促进职业人格的塑造。

【实训技能规范】

职业技能——公关活动运作

技能Ⅰ:公关活动的危机处理

职业规范:能够按标准应对各项突发事件。

技能Ⅱ:公关礼仪

职业规范:

(1) 能初步掌握公关礼仪各项的相关要求。

(2) 能将公关礼仪的技能运用在日常公关活动中。

【实训任务和要求】

各实训组通过对所选企业项目售后服务(包括危机公关策略、媒体应对、沟通协调、组织宴会、日常礼仪运用、形象设计等)运作情况的调查、参与和体验,运用所学知识总结该企业相应业务运作的成功之处和不足之处,在此基础上提出建议,撰写《××企业某产品(或项目)的公关活动运作实训报告》。

【实训时间】

一周。

【实训步骤】

(1) 将学生组成若干个实训组,每5~6人分成一组,每组确定1人负责。

(2) 确定每个组的实训企业产品(或项目),根据各自企业公关活动情况,对其危机公关策略、媒体应对、沟通协调、组织宴会、日常礼仪运用、形象设计等进行调查,参与并体验。将工作情况进行详细记录。

(3) 撰写《××企业某产品(或项目)公关活动运作实训报告》。

(4) 在班级交流、讨论和修订《××企业某产品(或项目)公关活动运作实训报告》。

【实训报告范本】

见附录6。

第 7 章

投 标

■ **学习目标**

了解并掌握招投标的步骤、投标过程中的基本策略、投标过程中的风险管理策略,能用所学理念和技能来规范招投标相关实务操作,并依照行业规范或标准,强化学生的职业素养。

实务引例　大胆改革积极推进招投标制度

1998年国家投资数十亿元,被誉为北京新大门的北京西客站,虽然只使用了几年,但已经满目疮痍。据报载,在1995年以后竣工和1996年在建的50万元以上的25.14万个工程项目中,约40%的项目处于失控状态,或未经批准开工,或未报建,或不进行公开的招投标。除北京西客站外,云南昆禄公路、浙江宁波大桥、九江大堤防洪墙等,几年来发生了一连串重大工程质量事故,令人闻之心颤。

时任联合国秘书长安南在1997年9月秘鲁首都利马召开的第八届反腐败大会上指出:世界上没有任何国家能够幸免腐败,在发展中国家腐败严重阻碍了经济的发展。他敦促各国引入公平竞争机制,如招标投标、反垄断等反腐败措施。

经验表明,公开招标只要操作适当,必定使招标方获益匪浅。与可供选择的方式,如直接分配合同或举行谈判相比,采用公开招标的方式能降低15%~30%的合同价格。而项目建设腐败使得项目建设支出平均超出20%~25%。招投标制度的推行,使江苏工程建设项目平均工期缩短17.48%,造价降低率达3.92%。另外,三峡、二滩、小浪底工程等大项目以法人为主进行招标,在降低工程造价,控制项目预算,防止出现不正之风方面效果显著。三峡工程通过招标的项目有237项,金额为174.45亿元,占合同金额的75.86%,为保证三峡工程顺利建设打下了基础。

(资料来源:刘立昱. 大胆改革积极推进招标投标制度. 载甘肃水利水电技术.1999(3))

招标投标制度不仅仅只是节省了金钱,它同时促进了市场机制的发育,创造了平等的竞争环境,客观上抑制与消除了交易过程"钱权交易"、"行贿受贿"现象的滋生条件。招标投标制是完善我国建筑市场的一种有效措施,积极推行招标投标制是发展社会主义市场经济的需要。

7.1 招投标概述

7.1.1 招投标的概念

1. 什么是招投标

招标、投标最早起源于英国。1782年,英国首先设立文具公用局(Statione Office),作为特别负责政府部门所需办公用品采购机构。以后发展为物资供应部,专门采购政府各部门所需物资。该部门建立后,为公开招标这种购买形式的发展奠定了基础。继英国之后,很多国家都成立了专门的机构可通过专门的法律,以确定招标采购的重要地位。

招标和投标是一种交易方式的两个方面。在市场经济条件下,这种贸易方式既适用于大宗货物买卖,也适用于工程项目发包与承包,以及服务项目的采购与提供。招标投标活动过程就其形式和内容来说,是指招标投标交易双方围绕招标项目来编制招标文件和投标文件,然后再根据招标文件中相关规则和程序进行开标、评标、定标、签订合同以及履行合同等系统经济活动,最终实现资源优化配。

招标投标的范围大体上分为三方面:物资采购招标投标、工程项目招标投标、服务项目招标投标。

招标主体就是招标人,指有条件进行招标活动的法人或其他组织。按招标人性质不同划分,可以分为:政府主体(即采用招标方式进行政府采购的机构)、企业主体(即利用自有资金采用招标方式进行货物、工程、服务项目采购,以营利为目的的具有法人资格的经济组织)、其他主体(指利用自有资金对货物采购、工程建设、服务购买进行招标活动的法人以外的经济实体)和个人主体(指依靠个人投资采用招标方式进行采购的自然人)。

投标主体是指符合投标资格条件,响应招标的号召参加投标竞争的具有法人资格的经济组织,或者其他依法设立的组织。投标主体分为三类:法人、法人以外的其他组织、个人。

2. 招投标的原则

招投标作为市场经济的产物,必须遵循市场活动的一般原则。

(1) 公开性原则。一是指招标项目的信息公开;二是指有关合格投标人的标准以及投标文件评估的优劣标准公开;三是指有关评标的方法应公开,避免"暗箱"操作。

(2) 公平性原则。一是指与招投标有关的信息对所有潜在投标人应来源一致并同时共同享有;二是指潜在投标人在资格符合国家规定的条件时,只要资格评估符合项目要求,那么评标标准和方法应该相同,不应制定针对部分潜在投标人的标准和方法。

(3) 公正性原则。一是指招标人应当正直,没有偏私;二是指评标的方法应符合国家的法律、法规,并与已公布的方法一致;三是指评标的结果符合社会公平准则,符合法律与社会道德标准;四是指招标人组织的评标委员会专家应合乎相应的职业标准及职业道德。

(4) 诚实信用原则。一是指招标人应向所有潜在投标人告知与项目招标投标有关的信息；二是指在任何情况下，招标人与投标人之间是处于平等的民事法律地位；三是招标人在招标过程中不应当违背招标文件的有关承诺；四是招标人与投标人均不应在评标过程或投标文件中有不利于其他投标人的行为。诚实信用是招标投标制生存的基础。

3. 招投标的作用

招标投标的作用主要体现在以下四个方面。

（1）优化社会资源配置和项目实施方案。提高招标项目的质量、经济效益和社会效益；推动投融资管理体制和各行业管理体制的改革。

（2）促进投标企业转变经营机制，提高企业的创新活力。积极引进先进技术和管理，提高企业生产、服务的质量和效率，不断提升企业市场信誉和竞争能力。

（3）维护和规范市场竞争秩序。保护当事人的合法权益，提高市场交易的公平、满意和可信度，促进社会和企业的法治、信用建设，提高行政效率，建立、健全现代市场经济体系。

（4）有利于保护国家和社会公共利益。保障合理、有效使用国有资金和其他公共资金，防止其浪费和流失，构建从源头预防腐败交易的社会监督制约体系。

7.1.2 招投标的特点与方式

1. 招投标的特点

招投标作为一种有效的选择交易对象的市场行为，贯穿了公开性、公平性、公正性和诚实信用的原则，具有以下特点。

（1）竞争性。有序竞争，优胜劣汰，优化资源配置，提高社会和经济效益。

（2）程序规范。按照目前各国做法及国际惯例，招投标的程序和条件由招标机构事先设定并公开颁布，对招标投标双方具有法定约束效力，一般不能随便改变。

（3）全方位开放，透明度高。招标的目的是在尽可能大的范围内寻找合乎要求的中标者，一般情况下，邀请供应商或承包商的参与是无限制的。

（4）公正客观。招标全过程自始至终按照事先规定的程序和条件。招标方不得有任何歧视某一个投标方的行为。评标委员会在评标时公平客观地对待每一个投标者。

（5）交易双方一次成交。招标采购禁止双方面对面地讨价还价。采购的主动权掌握在招标方，投标者只能应邀一次性递价，招标方也只能以合理的价格定标。

2. 招标方式

目前世界各国和有关国际组织的有关采购法律、规则规定，招标方式主要分为公开招标、邀请招标、议标三种方式。

（1）公开招标

公开招标又叫竞争性招标，即由招标人在报刊、电子网络或其他媒体上刊登招标公告，吸引不特定的法人或者其他组织参加投标竞争。由于公开招标能够更好地体现公开、公平、公正、诚实信用、经济效益最大化等原则，因此是采购市场中最为鼓励的招标方式。

公开招标的优点：①可以保证所有合格的投标人都有参加投标竞标的机会；②由于投标者众多竞争激烈，招标者能够择优选出性价比最高和设备、工程或服务；③可以引进先进的设备、技术及管理经验；④保证招标采购工作根据预先指定并为大家所共知的程序和标准公开而客观地进行，因而更大限度减少了在采购环节中作弊的可能。

(2) 邀请招标

邀请招标即由招标单位选择一定数目的法人或者其他组织,向其发出投标邀请书,邀请它们参加招标竞争。邀请招标一般选择 3 个以上投标者参加,省略了发布媒体公告等时间,提高了招标效率和节约费用。但是,由于邀请招标限制了充分的竞争,因此招标投标法规一般都规定,招标人应尽量采用公开招标。

使用邀请招标的情形是:①项目技术复杂或有特殊要求,只有少量几家潜在投标人可供选择的;②受自然地域环境限制的;③涉及国家安全、国家秘密或者抢险救灾,适宜招标但不宜公开招标的;④拟公开招标的费用与项目的价值相比,是不值得的;⑤法律、法规规定不宜公开招标的。

邀请招标特点是:①不使用公开的公告形式;②接受邀请的单位才是合格投标人;③投标人的数量有限。

(3) 议标

《中华人民共和国招标投标法》中没有议标。但考虑议标在国内及国际市场中客观存在,这里也予以略述。

议标也称谈判招标或限制性招标,即通过谈判来确定中标者。主要有以下几种方式:①直接邀请议标方式。由招标人或其代理人直接邀请某一企业进行单独协商,达成协议后签订采购合同。②比价议标方式。通常的做法是由招标人将采购的有关要求送交选定的几家企业,就工期、造价、质量、付款条件等细节进行协商,从而达成协议签订合同。③方案竞争议标方式。它是选择工程规划设计任务的常用方式。

实践中除了传统常用的招标方法、手段外,已经摸索和总结了一些适应不同招标项目特点需要的有效招标操作方法和手段,例如:

(1) 两阶段招标。第一阶段,采购机构就拟采购货物或工程的技术、质量或其他特点以及就合同条款和供货条件等广泛地征求建议(合同价款除外),并同投标商进行谈判以确定拟采购货物或工程的技术规范。第二阶段,采购机构依据第一阶段所确定的技术规范进行正常的公开招标程序,邀请合格的投标商就包括合同价款在内的所有条件进行投标。

(2) 框架协议招标。主要适合于重复使用规格、型号、技术标准与要求相同的货物或服务,特别适合于一个招标人下属多个实施主体采用集中统一招标的项目。招标人通过招标对货物或服务形成统一采购框架协议,一般只约定采购单价,而不约定标的数量和总价格,各采购使用单位按照采购框架协议,分别、分批与中标人签订和履行采购合同协议。

(3) 电子招标。电子招标是以计算机网络技术为载体的现代化、无纸化招标手段。

7.1.3 招投标的程序

尽管在每一个特定的招投标项目下,详细的程序将会规定在当地的法律和相关的多边机构的限制条件中,但总的来说,大多数的招投标程序包含以下步骤。

1. 招标

公开招标应当通过互联网、报刊或者其他公众媒介发布招标公告。招标公告就当载明下列事项:①招标人的地址;②招标项目的性质、品类、数量;③招标项目地点和时间要求;④获取招标文件的办法、地点、时间;⑤对招标文件收取的费用;⑥需要公告的其他事项。

招标人或招标中介机构可以对有兴趣的投标人进行资格审查,资格审查的定义是指招标人对潜在的投标人经营资格、专业资质、财务状况、技术能力、管理能力、业绩、信誉等多方面评估审查,以判定其是否具有投标、订立和履行合同的资格及能力。

资格审查分为资格预审和资格后审。

资格预审是招标人通过发布招标资格预审公告,向不特定的潜在投标人发出投标邀请,并组织招标资格审查委员会按照招标资格预审公告和资格预审文件确定的资格预审条件、标准和方法对投标申请人进行评审,确定合格的潜在投标人。

资格预审的优点是可以减少评标阶段的工作量、缩短评标时间、减少评审费用、降低社会成本(提高评标质量)。缺点是延长招标投标过程,增加招标投标双方资格预审的费用。

资格后审是在开标后的初步评审阶段,评标委员会根据招标文件规定的投标资格条件对投标人资格进行评审,投标资格评审合格的投标文件进入详细评审。

资格后审的优点是可以避免招标与投标双方资格预审的工作环节和费用、缩短招标投标过程,有利于增强投标的竞争性。缺点是在投标人过多时会增加社会成本和评标工作量。

2. 投标

投标人应当按照招标文件的规定编制投标文件。投标文件应当载明下列事项:①投标函;②投标人资格、资信证明文件;③投标项目方案及说明;④投标价格;⑤投标保证金或者其他形式的担保;⑥招标文件要求具备的其他内容。

投标文件就在规定的截止日期前密封送达到投标地点。招标人应当对收到的投标文件签收备案。投标人有权要求招标人提供签收证明。投标人在提交投标文件截止日这前有权撤回、补充或者修改已提交的投标文件,但应当以书面形式通知招标人。

3. 开标

招标人(含其招标代理机构)应按招标文件规定的时间、地点主持开标。邀请所有投标人派代表参加,并通知监督部门。开标一般有以下步骤。

(1) 宣布开标人、唱标人、记录人、监标人等有关人员,并宣布开标纪律。

(2) 招标人根据招标文件的约定可以在开标前依次验证投标人代表的授权身份。

(3) 投标人代表检查确认投标文件的密封情况,也可以由招标人委托的公证机构检查确认并公证。

(4) 公布投标截止时间前递交投标文件的投标人、投标标段、递交时间,并按招标文件规定,宣布开标次序,公布标底。

(5) 开标人依开标次序,当众拆封投标文件,并由唱标人公布投标人、投标标段、投标保证金的递交情况、投标总报价等主要内容。投标人代表确认开标结果。

(6) 投标人代表、招标人代表、唱标、监标和记录等有关人员在开标记录上签字确认。

4. 评标

评标由招标人依法组建的评标委员会负责。评标委员会应当在充分熟悉、掌握招标项目的主要特点和需求,认真阅读研究招标文件及其评标方法、评标因素和标准、主要合同条款、技术规范等,并按照以下步骤进行评标。

(1) 初步评审。对投标文件的形式、投标资格和投标响应性进行初步评审。

(2) 详细评审。按照招标文件约定的评标方法、因素和标准对初步评审合格的投标文件进行技术、经济、商务的进一步分析对比和评价。

（3）澄清、说明。评标委员会可在评标过程中以书面方式要求投标人对投标文件的疑问进行必要的澄清、说明。

（4）编写评标报告。向招标人推荐中标候选人，或经招标人授权直接确定中标人。

5. 中标

（1）公示。对中标候选人进行公示。

（2）定标。招标人或授权评标委员会依法确定中标人。

（3）提交招标投标情况书面报告。

（4）发中标通知书。

6. 签订合同

（1）招标人与中标人应当自发出中标通知书之日起三十日内，依据中标通知书、招标、投标文件中的合同构成文件签订合同协议书。

（2）特许经营项目融资招标签订合同一般需要四个步骤：①合同谈判、草签项目协议；②组建项目公司，签订融资合同，编制《项目申请报告》；③核准《项目申请报告》，正式签订项目协议；④退还投标保证金。

招标投标是一种竞争交易方式，是规范选择招标项目交易主体，订立交易合同的法律程序，招标人发出的招标公告和招标文件属于要约邀请，投标人向招标人递交的投标文件属于订立合同的要约，招标人向中标人发出的中标通知书属于订立合同的承诺。招标人与中标人签订的合同是招标投标的结果，也是招标项目组织实施的控制依据。

【情境案例7-1】 招投标过程中合同成立的时间探讨

实务情境：

原告：广东省汕头市某建筑安装工程公司（施工单位）。

被告：上海市某房地产开发公司（建设单位）。

被告于2003年11月22日经批准进行招标，原告参加了投标。经评议，原告中标。发出中标通知书后，被告指令原告先做开工准备，再签工程合同。原告按被告的要求平整了施工场地，进了打桩架等开工设备，并如期于28日打了两根桩，完成了开工仪式。工程开工后，被告借故迟迟不同意签订工程承包合同，至2004年3月1日，书面函告原告"将另行落实施工队伍"。双方经多次协商未果，原告遂委托律师起诉至上海市中级人民法院。

庭审过程中，双方在法院主持下进行了调解并获得成功，由被告赔偿原告包括律师费在内的各项损失共计196万元人民币，诉讼费由被告承担，原告遂撤诉。

问题讨论： 合同是中标通知书发出之时生效，还是书面合同订立之时生效？

思路引导： 招标人收到投标文件后，经过法定的开标、评标、定标程序，向中标投标人发出中标通知书的行为，其法律性质为《合同法》上的承诺。作为承诺的中标通知书一旦发生，即具有法律效力。

（资料来源：于晓路. 招投标过程中合同成立时间探讨. 载能源技术与管理. 2005(6)）

7.2 投标项目的研究与选择

随着国际、国内一系列的招投标法律、法规的出台,招标采购模式得以不断完善和推广。与此同时,招投标活动由于其具有的公开、公平、经济、高效、避免腐败等优点越来越受到采购单位的青睐,以至于在法律、法规要求的须采取招投标方式采购的项目以外的中小型项目又或者许多私营企业自有资金的采购,都从主观上选择招标方式进行采购。在激烈的市场竞争中,企业如果对复杂的投标程序和投标规律缺乏研究和了解,就可能失去投标的有利机遇,达不到中标取胜的目的,从而丧失市场。因此,了解招投标市场、捕捉招标信息积极参与投标活动、熟练掌握招投标规定、方法和技巧,对企业在市场中立于不败之地尤为重要。

7.2.1 全面收集招标信息

信息是投标实务的重要一环,只有掌握了信息才能参与到投标竞标活动中。招标人发布招标信息的载体主要是互联网、报刊等媒介。对国内投标单位来说,收集招标信息的主要渠道还包括:

(1) 根据我国国民经济建设的五年规划和投资发展规模,以及中央和各地区年度具体经济建设投资发展项目,企业技术改造项目,收集综合整理出适合本单位投标对象的项目;

(2) 根据国家经济政策和已批准的投资项目,可以从主管建设部门、建设银行和建设单位方面得到项目具体投资规模、项目建设进度和工程建设要求;

(3) 在扩大企业自主权的情况下,可以充分了解生产企业扩建,改造项目的建设目标和具体内容;

(4) 收集同行业承包单位对某些工程建设项目的意向、力量和投标方向、策略。

总之,投标单位应通过各种渠道,向各级政府计划部门、建设主管部门和建设单位、同行业承包单位等,收集各种有关建设投资、招标和投标等信息,并要摸透政府、建设单位和建设银行(或有关银行)的规定、意向和策略,以及它们对待投标者的态度等。同时还要分析每个可能的竞争者的力量和策略,以选择合适的投标项目进行跟踪。有条件的企业应当组织专人或专职部门对上述招标信息进行电脑的建档跟踪管理。与时同时,通过注册一些大型权威的招投标网站成为会员后,享受网站针对企业经营范围提供的招投标信息预知的便利。

7.2.2 选择投标的项目

当拟投标人通过信息工作获得一些招标项目,并认为可能从这些项目的投标中受益,也就是说产生了一定的兴趣时,那么所面临的问题是如何在这些招标项目中进行选择。一般来讲,在选择投标项目中要对以下几个问题做出正确判断。

(1) 招标人的时间约束条件。包括投标的时间、制定投标文件所需时间以及开标日期限制等。拟投标人能否在投标的这些时间约束条件内,来完成投标的全部工作程序,这是能否选择投标项目的先决条件。

(2) 拟投标人本身的生产约束条件。招标人对一些重大建设工程,都有一定的交工进度限制,投标人在限定的工程进度内,从计划投入到产出交工要多长时间,现有的生产负荷能否承担得了;在生产过程中要投入多少资金,是否已经有了着落;技术质量和成本水平的信誉如何,有否达到招标要求的保证措施。

(3) 外部环境的各种约束。约束诸如原材料、配套件等的订货、到货有无保证;需要补充的加工设备、工装等能否如期安装投产;建设工程项目的土木工程进度能否适应工程设备安装进度要求,工程设备的出厂运输、安装、调试的环境会遇到的困难条件,在工程设备的制造过程中价格、税收、利息、汇率会有什么变化,对承包工程价格将产生的影响等,都要认真考虑。

总之,投标人只有对这些内外约束条件进行充分估计,认为对某一招标项目确有投标承包的能力与把握时,才可以把投标对象确定下来。

7.2.3 研究确定投标的对象

拟投标人根据工程设备投标信息,经过初步调查研究和定性分析,选择出某一适宜项目准备参加投标时,是否能够确定为投标对象,还应当用科学的方法进行分析,并从本单位经营目标出发,最后做出判断。

1. 对各种约束条件进行科学分析

为了在众多的约束条件下合理地选择投标工程,需要通过建立数学模型进行科学分析,为正确地确定投标对象提供决策依据。

2. 纳入企业经营目标进行权衡选择

在一般情况下,投标单位参加工程设备投标的目的,是为了获得经济效益。但经营目标不能仅限于增加盈利,其实盈利水平的提高也是多个经营目标实施结果的综合反映。在选择工程设备投标对象时,通常是与实现各个经营目标结合在一起的。例如,承揽某一工程设备项目是为了在提高技术和质量水平上练兵;是打算在国内或国际上增强企业的知名度与信誉;是争取在一个新的领域内打开产品的销路;是充分发挥企业的多余生产能力,或使企业有活干、转亏为盈等。有的工程设备投标项目可以既给本单位带来一定的盈利,又与本单位各个经营目标相一致,从长远看能给本单位和社会带来更大的经济效益,这也是可取的;还有另外一种情形,就是本单位无利可获甚至亏损,但是重点建设需要,可以替代进口,社会效益更大,如果能争取国家在有关经济条件上,如指令性原材料供应、进口原材料、零部件关税、工程设备制造贷款利息等,给予必要的优惠和扶持,也是可以选取的,否则投标人在承包经营的条件下,对这样的项目是难以承接的。

3. 依据承包伙伴的落实与否做最终决断

一个大型项目,不但生产和技术相当复杂,而且需要众多的配套设备,特别是"交钥匙"工程,要从研究设计,加工制造,到安装调试,投产运行等方面系统全面负责,仅靠某一个或少数几个企业承包是不大可能的,必须要有一定的承包组织形式,以一龙头企业为主结成有力的承包伙伴。承包伙伴的具体成员,要视招标的工程设备项目的复杂程度和要求条件来定,简单的项目只需挑选一批主机和配套生产企业,复杂的项目不但要有国内生产企业,还要组织有了着落时,才可以对投标对象进行最终决断。当前,国内横向经济联合有了发展,各类工程设备制造集团公司相继成立,有条件的集团公司也可以单独进行投标承包,至于集团公司内部的合作关系,可以在中标后采取内部招标承包的形式,实际分承包或转承包的方法解决,但要符合法律、法规和招标人的要求。

【实务指南 7-1】 竞争投标项目选择分析

在竞争投标过程中,除了重视信息外,更重要的是要掌握一些投标要点。下面以工程投标为例说明。

1. 决策参入投标的目标

一般可将工程分为以下三类。

第一类:保本薄利或保本无利。这类工程需要承担风险。

第二类:获取5%左右的利润。对这类工程要考虑一些风险因素,争取有所效益。

第三类:获取5%左右及以上的利润。这类工程只盈不亏。

在决策时,根据所掌握的信息,如果该工程有很大潜力,今后有广阔的发展前途,就可把目标定在第一类,采取"先亏后盈"的策略占据市场,在以后的工程中把钱赚回来。

如果考虑企业自身实力不足,无法承担风险,但还有与竞争者抗衡的潜力,就可把目标定在第二类,运用一切手段和力量争取得标。

如果认为把握性不大或对其"兴趣"不高,就定第三类,投不中标无关紧要,有幸中标就可受益。

2. 分析参入投标的程度

一般可根据下列10项指标,按其轻重程度给予一定分数。

(1) 管理条件:能否抽出足够的、水平相应的工程管理人员(包括工地项目经理和组织施工的工程师等)参加该工程。假如给定10分。

(2) 工人条件:工人的技术水平和工人的工种、人数能否满足该工程需要。给定10分。

(3) 设计人员条件视该工程对设计及出图的要求而定。给定5分。

(4) 机械设备条件:该工程需要的施工机械设备的品种、数量能否满足要求。给定10分。

(5) 工程项目条件:对该项目有关情况的熟悉程度,包括对项目本身、业主和监理情况、当地市场情况、工期要求、交工条件等。给定15分。

(6) 以往实施同类工程的经验,给定5分。

(7) 业主的资金条件是否落实。给定15分。

(8) 合同条件是否苛刻等。给定10分。

(9) 竞争能力:相对于竞争对手的实力情况比较,包括对竞争对手的多少、实力等因素的综合考虑。给定10分。

(10) 对公司今后在该地区带来的影响和机会。给定10分。

将上述10项指标作为能否满足的条件,对每个条件的满足程度划分为优、良、中、差、劣五个等级,分别赋予定量值1.0、0.8、0.6、0.4、0.2五个分数档。然后将每个条件所评得的等级值(即分数档)乘以给定分,即得该条件的评分,将10项评分相加得出总分,若总分在60分以上就可参加投标。

(资料来源:高丽荣.竞争投标项目选择分析.载青海交通科技.2001(3))

7.3 投标的技巧

投标人要想赢得中标,就必须掌握投标的技巧,投标技巧集中到一点,关键就是投标人要完全响应招标文件的基础上,在价格和服务上更最有利于招标人。要做到这一点,需要注重下述三方面问题。

7.3.1 做好与招标用户的沟通交流工作

1. 投标之前的准备工作

拟投标人在获得某项目需进行招标采购后,在招标前,应主动联系用户或用户主管部门,进行技术交流。通过技术交流,一方面能够及早了解用户和用户主管部门对招标采购的总体设想或具体计划、安排以及详细要求(包括供货范围或工作范围、技术规格及性能要求),尽可能掌握用户和用户主管部门意向性或倾向性想法或意见(如是否希望购买哪个国家或哪家厂商的产品)。了解上述情况后,可比其他投标者更早地进行投标准备工作。另一方面,通过技术交流,投标者可介绍和宣传所制造或代理的产品、制造厂家情况,使用户或用户主管部门更多的了解所提供的或代理的产品和制造厂。

2. 开标之前的必要沟通

投标人购买招标文件准备制作投标书前,经过认真研究、推敲招标文件的规定,在不违反招标文件有关规定的前提下,可有针对性地就招标文件中的主要技术问题讨论与用户或用户主管部门联系并进行必要地沟通,交换意见,详细地了解用户的要求和招标文件的规定。

3. 评标过程的澄清

按照通常的规定,在开标后,投标人不得就其投标主动与招标人联系,任何谋求为中标而影响招标人的努力,都可能会导致废标。但是,招标人在开评标过程中,如有问题讨论需要投标人答疑或澄清的,有权通知投标人当面澄清。投标人应充分利用这一机会进行与招标人进行友好交流。在澄清投标时,投标人应给出认真的令人满意的解答,并争取进一步向招标人介绍投标标的物的技术规格及性能和价格构成。此外,投标人还可以通过澄清投标方式在投标价格上做文章。按照公开开标的原则,在投标后修改投标价格是不允许的。因此,在保持投标价格不变的情况下,可考虑下述办法提升竞争力。

（1）提高参投标的物的规格和性能，而不增加费用。提高标的物规格和性能是需要增加费用的，若增加费用没有在投标价格中体现，实际上等于降低了投标价格。提高标的物技术规格和性能而不调高投标价格，不仅使招标人在合同价格上实际少支付了费用，而且从长远工作运行角度而言，由于标的物性能好，可以大大节约运行费用，获得更好的经济效益。

（2）免费增加供货范围和服务项目。一是对在评标中考虑的设备、备件、工具和服务，免费增加提供。二是对在评标中不考虑的任选设备、备件、工具和服务，免费提供。任选设备、工具、备件和服务是由招标人在签订合同时根据情况选定，其价格应另列入合同价格中。

（3）延长参投标的物保证期而不增加费用。在参投标的物保证期内投标人对属于其责任的产品损坏、缺陷，承担免费修理、更换的义务。保证期延长，投标人的责任可能增大，费用会增多，但对招标人会产生利益，具有更大的吸引力，从而增大中标概率。

投标人可以考虑在开标后采用上述办法，既保持其投标价格不变，又可在评标中改善自己的地位。当然，是否采取上述办法，或究竟采用哪个办法或哪几种办法，要在符合招标人有关规定的前提下，根据具体的投标项目和当时的情况并经过周密计算和慎重考虑后确定。以免被招标人以不响应或违反招标有关规定作废标处理。

7.3.2 供货范围和工作内容

招标文件规定的供货范围和工作内容是招标文件中极重要的部分，是投标人提供货物和服务的根据。可以说，投标价格主要取决于具体供货范围和工作内容。鉴此，投标人要提出最具竞争性的投标，就必须处理好有关供货范围和工作内容的几个问题讨论。

1. 正确处理评标和非评标因素的报价

这里的关键是要将评标中考虑和评标中不考虑的产品和服务严格区分开。

首先，要全面正确理解招标文件的规定，弄清评标中考虑和不考虑的产品和服务的具体范围和内容。

其次，对评标中考虑的产品和服务，要按招标文件规定的要求报价，报价的产品和服务的内容、数量要与招标文件规定的完全一致，切不能多报产品和服务的内容及数量，造成投标报价增加削弱价格竞争力，或因未响应招标文件要求而导致废标。

2. 正确处理指定和非指定供货范围的关系

对于招标文件明确规定提供的产品和服务，应注意对具体产品和服务的、内容和数量方面不要多报。对招标文件明确规定不提供的产品和服务，应注意不要将规定范围以外的产品和服务列入明确规定提供的产品和服务报价中。处理好二者关系，目的是要使投标报价仅限于招标文件明确规定提供的指定范围和内容。

3. 如何对不明确的供货范围报价

这里强调的是，对于是否属于招标文件规定范围内尚含糊不清的产品和服务要慎重报价。如经认真全面研究招标文件的规定（包括招标文件的澄清），仍不明确某些产品和服务是否属于规定应提供的范围，则可在明确规定提供的产品和服务报价外，另单独提出这部分产品和服务的价格（包括单价和总价）。如招标人确定这部分货物和服务不属于应提供的范围，则自然在评标中不考虑这部分货物和服务的报价。反之，如招标人确定这部分产品和服务属于应提供的范围，则由于投标中对这部分产品和服务另有报价而不致被判定不符合要求。

7.3.3 技术规格和性能

1. 基本达标，不出偏离

在招标文件有关评标的规定中，对一些技术指标往往给出一个下限值，只要投标人在投标中表明能满足该值，即认为合格；若投标的技术指标优于该值，在评标中并不给予任何评标奖励，如加分或减去一定比例的评标价格等。但达不到该值，则被认为是出现偏离。

针对这种规定，投标人在制作投标文件时，应尽可能使投标产品的技术指标恰好达到基本要求，既不出现偏离而影响评标结果，又不致因指标过优而抬高了报价，在另一方面影响评标成绩。

2. 争取加分，避免评标惩罚

有时招标文件规定，对某些技术规格指标的评标，投标人提供优于规定指标值的产品时，给予适当的评标奖励，如评标加分或减去一定百分比的评标价格；反之，投标人提供的产品达不到规定指标，则给予一定的评标惩罚，如减分或加上一定百分比的评标价。

【情境案例 7-2】 投标过程中应注意的细节问题讨论

实务情境：在一次评标中，招标文件对工期要求十分严格，规定投标单位工期每延误一天应承诺支付合同总价的万分之五以上作为违约金，否则无法通过符合性评审。有一投标单位标书做得很好，报价 942 万元也最接近评标价，可是在投标函中，给出的承诺是工期每延误一天支付 4 700 元的违约金。评委经过计算，能判其符合性评审不合格，即作废标处理。

问题讨论：投标方的标书在什么地方不符合招标方的要求？

思路引导：招标方对工期、质量、安全一般都有较高的要求，并规定投标单位在承诺达不到要求时应承担一定的违约责任。如有的单位规定，承诺不符合招标单位要求时，作废标处理；有的单位规定只要投标文件中有承诺并有违约责任的就可以加分，这种加分项，有时可能使投标单位的名次提前。所以，只要要求不过于苛刻，投标单位一般应在投标函中按要求将承诺和违约责任写清楚。

（资料来源：王秀浩. 投标过程中应注意的细节问题讨论. 载水利水电工程，2008(1)）

7.4 投标报价策略及技巧

投标价格是决定能否中标的关键因素之一，通常情况下，其他条件相同，报价最低的往往中标。但是，这并不是绝对的，在实际操作中，有的报价并不高，但仍然得不到招标单位的青睐，其原因在于投标人提不出有利于招标人的合理建议，不懂得运用投标报价的技巧和策略。因此,招投标活动中必须研究和掌握投标报价的策略和技巧。

所谓投标报价策略,是指投标人在合法竞争条件下,依据自身的实力和条件,确定的投标目标、竞争对策和报价技巧。即决定投标报价行为的决策思维和行动,包含投标报价目标、对策、技巧三要素。

7.4.1 投标报价的选择目标

投标报价目标是投标人以特定的投标经营方式,利用自身的经营条件和优势,通过竞争的手段所力求达到的利益和目标。

由于投标人的经营能力和条件不同,出于不同目的需要,对同一招标项目,可以有不同投标报价目标的选择。

(1)生存型。投标报价是以克服企业生存危机为目标,争取中标不考虑种种利益原则。

(2)补偿型。投标报价是以补偿企业任务不足,以追求边际效益为目标。对工程设备投标表现较大热情,以亏损为代价的低报价,具有很强的竞争力。但受生产能力的限制,只宜在较小的招标项目考虑。

(3)开发型。投标报价是以开拓市场,积累经验,向后续投标项目发展为目标。投标带有开发性,以资金、技术投入手段,进行技术经验储备,树立新的市场形象,以便争得后续投标的效益。其特点是不着眼一次投标效益,用低报价吸引投标人。

(4)竞争型。投标报价是以竞争为手段,以低盈利为目标,报价是在精确计算报价成本基础上,充分估计各个竞争对手的报价目标,以有竞争力的报价达到中标的目的。对工程设备投标报价表现出积极的参与意识。

(5)盈利型。投标报价充分发挥自身优势,以实现最佳盈利为目标,投标单位对效益无吸引力的项目热情不高,对盈利大的项目充满自信,也不太注重对竞争对手的动机分析和对策研究。

不同投标报价目标的选择是依据一定的条件进行分析决定的。竞争性投标报价目标是投标人追求的普遍形式。

7.4.2 投标报价策略选择

投标目标确定以后,对投标人来说,运用正确的策略和方法就是十分重要的工作。从生产经营的基本目的出发,一般来说,投标人离不开以实现最大经济效益为最终目的。投标报价策略和方法,重点就是阐述在激烈的竞争条件下,实现最理想效益的报价策略。

1. 具体对手法

当某投标人已经知道哪些单位是他的投标竞争对手,并用了解他们过去投标的情况,就可用这种方法判断自己应如何报价。

2. 平均对手法

平均对手法主要有两种情况:一是竞争者数目已知,但不知哪些厂商,这时不能直接用对手过去投标资料作为估算依据。二是参加投标单位数目都不能确知。在这种情况下,投标人可假设这些竞争者中有一个代表者,称为"平均对手"。例如用所收集到的某一有代表性的厂商的资料(也许并不确知此厂商是否参加这次投标)。投标人可召集算标人和决策人、高级顾问人员共同研究,就标价计算结果的标价的静态、动态风险分析进行讨论,做出调整计算标价的最后决定。在报价决策中应当注意以下问题讨论。

(1) 报价决策的依据。决策的主要资料依据应当是自己的算标人员的计算书和分析指标。至于其他途径获得的所谓"标底价格"或竞争对手的"标价情报"等,只能作为参考。

(2) 在可接受的最小预期利润和可接受的最大风险内作出决策。报价时决策人应与算标人员一起,对各种影响报价的因素进行分析,作出决策。不仅对算标时提出的各种方案、基价、费用摊入系数等予以审定和进行必要的修正,更要从全面考虑期望的利润和承担风险的能力,尽可能避免较大的风险,采取措施转移、防范风险并获得一定利润。

(3) 低报价不是得标的唯一因素。招标文件中一般明确声明"本标不一定授给最低报价者或其他任何投标者"。所以决策者可以在其他方面战胜对手。例如,可以提出某些合理的建议,使业主能够降低成本、缩短工期。低报价是得标的重要因素,但不是唯一因素。

7.4.3 投标报价技巧

技巧是操作的技术和窍门,是实现中标目标不可缺少的艺术。投标人有了投标取胜的实力和决心还不行,还必须有将这种实力变为投标实现的技巧。它的作用在于:一是使实力较强的投标单位取得满意的投标成果;二是使实力一般的投标单位争得投标报价的主动地位;三是当报价出现某些失误时,可以得到某些弥补。具体报价方法技能有以下几种。

1. 不平衡报价法

所谓不平衡报价是相对常规的报价而言,它是指在总的标价固定不变的前提下,相对于正常水平,提高某些分项工程的单价,同时降低另外一些分项工程的单价。即在报价时经过分析,有意识地预先对时间参数与验工计价的收入款项作出对承包人有利的不平衡分配。从而使承包人尽早收回款项并减少流动资金,同时获得可观的额外收入。其最终目的只有两个,一个是早收钱,一个是多收钱。早收钱是通过参照工期时间去调整单价得以实现,而多收钱是通过参照分项工程数量去调整单价得以实现的。

一般可以在以下几个方面考虑采用不平衡报价法。

(1) 能够早日结账收款的分项工程如清表、基础工程、土石方开挖等,单价可以报得较高,开工后可尽早验工计价,以利资金周转,减少流动资金贷款利息,甚至可获得存款利息,而对后期的项目可适当降低单价。

(2) 经过工程量核算,预计今后工程量会增加的项目,单价适当提高,这样在最终结算时可多赚钱,而将工程量可能减少项目单价降低,工程结算时损失不大。

(3) 设计图纸不明确,估计修改后工程量要增加的,可以提高单价,而工程内容说不清的,则可降低一些单价。

(4) 没有工程量,只填单价的项目,其单价宜高。

(5) 对于暂定数量(或工程),分析今后会做的可能性大的,价格可高;估计不一定会施工的,价格可低。

(6) 零星用工(如计日工)一般可稍高于正常价格水平。

不平衡报价一定要建立在对工程量仔细核对分析的基础上,同时一定要控制在合理幅度内,以免引起招标人反对,甚至导致废标。

2. 计日工的报价

如果是单纯报计日工的报价,可以报高一些。以便在日后业主用工或使用机械时可以多盈利。但如果招标文件中有一个假定的"名义工程量"时,则需要具体分析是否报高价。

3. 多方案报价法

对一些招标文件,如果发现工程范围不很明确,条款不清或很不公正,或技术规范要求过于苛刻时,只要在充分估计投标风险的基础上,按多方案报价法处理。即是按原招标文件报一个价,然后再提出"如某条款作某些变动,报价可降低多少……",报一个较低的价。这样可以降低总价,吸引招标人。或是对某些部分工程提出按"成本补偿合同"方式处理。其余部分报一个总价。

4. 增加建议方案

有时招标文件中规定,可以提出建议方案,即是可以修改原设计方案,提出投标人的方案。投标人这时应组织一批有经验的设计和施工人员,对原招标文件的设计施工方案仔细研究,提出更合理的方案以吸引业主,促成自己方案中标。

5. 突然降价法

报价是一件保密性很强的工作,但是对手往往通过各种渠道、手段来刺探情况,因此报价时可以采取迷惑对方的手法。即选按一般情况报价或表现出自己对该工程兴趣不大、到快投标截止时,再突然降价。采用这种方法时,一定要在准备投标报价的过程中考虑好降价的幅度,在临近投标截止日期前,根据情报信息与分析判断,再作最后决策。

6. 先亏后盈法

有的投标人,为了打进某一领域,依靠国家、某财团和自身的雄厚资本实力,而采取一种不惜代价,只求中标的低价报价方案。

7. 联合保标法

在竞争对手众多的情况下,可以采取几家实力雄厚的投标人联合起来控制标价,一家出面争取中标,再将其中部分项目转让给其他承包商分包,或轮流相互保标。在国际上这种做法很常见,但是在国内,很多会被列为串标,如被招标人发现,则有可能被取消投标资格。

【实务指南 7-2】 不平衡报价法的设计步骤

承包人在投标时能否中标单纯依靠低标价是不够的,必须讲究一定的投标策略。不平衡报价法就是投标者经常使用的一种有效的报价策略。

1. 不平衡报价法的设计步骤

不平衡报价法的使用条件如下。

(1)能够早日收款的分项工程如清表、基础工程、土石方开挖等,单价可以报得较高。

(2)经过工程量核算,预计今后工程量会增加的项目,单价适当提高。

(3) 设计图纸不明确,估计修改后工程量要增加的,可以提高单价,而工程内容说不清的,则可降低一些单价。

(4) 没有工程量,只填单价的项目,其单价宜高。

(5) 暂定数量或工程,会做的可能性大的,价格可高;估计不会施工的,价格可低。

(6) 零星用工(如计日工)一般可稍高于正常价格水平。

2. 收益比较

某承包人对渝某高速公路进行投标,通过现场考察和详细阅读设计图纸后,准确地判断由于地质资料不详,施工时下列两项工程量肯定会发生较大变化。

(1) 土石比例取值明显不合实际,对开挖土方数量估计过多,而石方则过少;

(2) 大部分涵洞基底设计了厚2~3m片石垫基,施工时肯定要取消(见表7-1)。

表7-1 工程量变化表

工程项目名称	清单工程量/立方米	预计工程量/立方米	实际工程量/立方米	平衡报价单价/(元/立方米)
开挖石方	52 350	75 000	78 560	17.82
干砌片石垫基	35 540	30 000	26 458	33.78

承包人抓住土木工程合同是单价结算这一特点,找出标书中存在的疏漏,在认真核算分析的基础上,预计开挖石方工程数量将增加为75 000立方米,干砌片石垫基的工程数量将减少为30 000立方米,决定采用不平衡报价策略,将开挖石方单价提高15%。

调整后的开挖石方单价为:

$$17.82 \times (1+15\%) = 20.49 (元/立方米)$$

为了保持总报价水平不变,干砌片石垫基的单调整为:

$$52\,350 \times 20.49 \div 35\,540 = 30.18 (元/立方米)$$

采用常规报价收益为:

$$52\,350 \times 17.82 + 35\,540 \times 33.78 = 2\,133\,418.2 (元)$$

若采用不平衡报价收益为:

$$75\,000 \times 20.49 + 30\,000 \times 30.18 = 2\,442\,150 (元)$$

承包人实际收益为:

$$78\,560 \times 20.49 + 26\,485 \times 30.18 = 2\,409\,011.7 (元)$$

承包人实际多得收益为:

$$2\,409\,011.7 - 2\,133\,418.2 = 275\,593.5 (元)$$

不平衡报价虽然是当今承包人进行投标报价常用的方法,但这种报价方法对总价合同、成本加酬金合同(也称成本补偿合同)不适用。只有对单价合同,因为工程付款是根据所完成工程量按工程量清单中的单价进行结算,才有采用不平衡报价的必要。

(资料来源:董祥云.投标过程中的不平衡报价.载重庆交通学院学报.2003(6))

■ 理念总结

- 招标和投标是一种交易方式的两个方面。在市场经济条件下,这种贸易方式既适用于大宗货物买卖,也适用于工程项目发包与承包,以及服务项目的采购与提供。招标投标活动过程就其形式和内容来说,是指招标投标交易双方围绕招标项目来编制招标文件和投标文件,然后再根据招标文件中相关规则和程序进行开标、评标、定标、签订合同以及履行合同等系统经济活动,最终实现资源优化配。

- 招投标作为一种有效的选择交易对象的市场行为,贯穿了公开性、公平性、公正性和诚实信用的原则。

- 随着国际国内一系列的招投标法律、法规的出台,使得招标采购模式得以不断完善和推广。与时同时,招投标活动由于其具有的公开、公平、经济、高效、避免腐败等优点越来越受到采购单位的青睐,以至于在法律、法规要求的须采取招投标方式采购的项目以外的中小型项目又或者许多私营企业自有资金的采购,都从主观上选择招标方式进行采购。

- 投标人要想赢得中标,就必须掌握投标的技巧,投标技巧集中到一点,关键就是投标人要在完全响应招标文件的基础上,同时在价格和服务上最有利于招标人。

- 所谓投标报价策略,是指投标人在合法竞争条件下,依据自身的实力和条件,确定的投标目标、竞争对策和报价技巧。即决定投标报价行为的决策思维和行动,包含投标报价目标、对策、技巧三要素。

■ 实务观念 ■

招投标　招投标主体　招投标的特点　招投标的方式　投标报价技巧　招投标的作用　招投标的内容　招投标的原则

■ 职业技能 ■

招标投标基本程序和工作要求

□ 单项选择题

1. 对一个邀请招标的工程,必须向(　　)以上的潜在投标人发出邀请。
   A. 2家　　　　B. 3家　　　　C. 5家　　　　D. 7家

2. 招标信息公开是相对的,对于一些需要保密的事项是不可以公开的。如( )在确定中标结果之前就不可以公开。

  A. 评标委员会成员名单   B. 投标邀请书
  C. 资格预审公告   D. 招标活动的信息

3. 下列关于资格后审说法错误的是( )。

  A. 资格后审适合于潜在投标人数量少的招标项目
  B. 资格后审缩短了招标投标过程
  C. 资格后审增强了投标的竞争性
  D. 资格后审避免招标与投标双方资格预审的工作环节和费用

□ 多项选择题

1. 采用公开招标方式,( )等都应当公开。

  A. 评标的程序   B. 评标人的名单
  C. 开标的程序   D. 评标的标准
  E. 中标的结果

2. 招标投标活动的公平原则体现在( )等方面。

  A. 要求招标人或评标委员会严格按照规定的条件和程序办事
  B. 平等地对待每一个投标竞争者
  C. 不得对不同的投标竞争者采用不同的标准
  D. 投标人不得假借别的企业的资质,弄虚作假来投标

3. 招标人出现( )行为的,责令限期改正,可以处项目合同金额5‰以上10‰以下的罚款。

  A. 必须进行招标的项目而不招标的
  B. 将必须进行招标的项目化整为零
  C. 对已发出的招标文件随意进行修改
  D. 没有取得招标资格的
  E. 以其他任何方式规避招标

□ 判断题

1. 重要澄清的答复可以是书面的或口头的,并作为投标文件的一部分,但不得对投标内容进行实质性修改。( )

2. 有关投标文件的审查、澄清、评估和比较以及有关授予合同的意向的一切情况都不得透露给任一投标方或与上述评标工作无关的人员。( )

3. 公开招标和邀请招标都应该在国家或者地方指定媒介上发布招标信息。( )

□ 理念辨析

1. 投标的技巧有哪些?
2. 请说明资格预审与资格后审的区别。
3. 请总结投标报价的策略及技巧。

□ 实务运用

1. 一家国有企业在办公楼项目招标时,在招标开始前就内定了一个关系比较好的单位

作为中标单位,但通过公开招标竞争的方式并不能保证其中标。于是,作为该项目评标委员会主任委员的该国有企业的一位副总在评标过程中介绍各家投标单位情况时,介绍其他投标单位时这位副总只是简单介绍一下,而在介绍那家内定的中标单位时说,这家投标单位曾经跟我们合作过,在工程管理和人员配备上比较合适,各方面跟我们都配合得很好,对这方面招标人是非常看重的,请评委充分考虑。最后评标结果出来时,这位副总所重点提到的那家单位是中标单位。

面对以上倾向性招标时,你有什么对策?

2. 某学校对学生宿舍楼进行招标。由于该学校与一家建筑公司有长期的实务往来,故此次仍然希望这家建筑公司中标。于是双方达成默契,在招标时,该学校要求该建筑公司在投标报价时尽量压低投标报价,以确保中标,在签合同时,再将工程款提高,果然在开标时,该公司的报价为最低价,经评委审议,最终推荐此公司为中标候选人。学校向该公司发中标通知书。在签合同前,该公司以材料涨价为由,将原投标报价提高了10%,结果提高后的工程造价高于开标时所有投标人的报价,与招标学校签订了施工合同。

你有何对策可以避免以上串通中标的情况出现?

□ 案例题

一波三折的招标过程

某医院决定投资一亿余元,兴建一幢现代化的住院综合楼。其中土建工程采用公开招标的方式选定施工单位,但招标文件对省内的投标人与省外的投标人提出了不同的要求,也明确了投标保证金的数额。该院委托某建筑事务所为该项工程编制标底。2000年10月6日招标公告发出后,共有A、B、C、D、E、F 6家省内的建筑单位参加了投标。投标文件规定2000年10月30日为提交投标文件的截止时间,2000年11月13日举行开标会。其中,E单位在2000年10月30日提交了投标文件,但2000年11月1日才提交投标保证金。开标会由该省建委主持。结果,其所编制的标底高达6 200多万元,与其中的A、B、C、D 4个投标人的投标报价均在5 200万元以下,与标底相差1 000万余元,引起了投标人的异议。这4家投标单位向该省建委投诉,称某建筑事务所擅自更改招标文件中的有关规定,多计漏算多项材料价格。为此,该院请求省建委对原标底进行复核。2001年1月28日,被指定进行标底复核的省建设工程造价总站(以下简称总站)拿出了复核报告,证明某建筑事务所在编制标底的过程中确实存在这4家投标单位所提出的问题讨论,复核标底额与原标底额相差近1 000万元。

由于上述问题讨论久拖不决,导致中标书在开标三个月后一直未能发出。为了能早日开工,该院在获得了省建委的同意后,更改了中标金额和工程结算方式,确定某省公司为中标单位。

问题讨论:

1. 上述招标程序中,有哪些不妥之处?请说明理由。
2. E单位的投标文件应当如何处理?为什么?
3. 对D单位撤回投标文件的要求应当如何处理?为什么?
4. 问题讨论久拖不决后,某医院能否要求重新招标?为什么?
5. 如果重新招标,给投标人造成的损失能否要求该医院赔偿?为什么?

▣ 实务分析

资格审查案例分析

实务情境：

某新建商品住宅小区需采购 8 台电梯设备,按照规格与技术参数分为Ⅰ、Ⅱ、Ⅲ、Ⅳ共计 4 个规格型号,按一个标包招标。招标人按照相关规定先行组织资格预审,并在指定媒体上发布了资格预审公告。在规定的资格预审申请截止时间前,共收到申请人 A～H 递交的共计 8 份资格预审申请文件,其中 A、B、C、D、E 为代理商,F、G、H 为生产厂商。经过审查,发现：

(1) A、B 代理的产品为同一电梯厂 X 生产；

(2) D 代理的Ⅰ型电梯为某电梯厂 Y 生产；

(3) E 代理的Ⅱ型电梯为某电梯厂 Y 生产；

(4) F 为 G 的全资子公司；

(5) C、E 两个代理商的法定代表人为同一个自然人。

针对上述情况,审查委员会据此作出了 A、B、D、E、F、G 不能通过资格审查的结论,理由是 A、B 和 D、E 分别代理的同一个生产厂商的产品,F 和 G 的全资子公司,违反了《工程建设项目货物采购招标投标办法》(27 号令)第三十二条对投标人的资格规定。虽然 C、E 两个代理商的法定代表人为同一个自然人,但由于代理商 E 没有通过资格审查,这样,仅留下代理商 C 参加投标不违反上述规定。

问题讨论：

1. 资格审查委员会的评审结果和理由是否正确,为什么？
2. 经过上述评审,是否可以直接确定哪些申请人通过资格审查？

"招投标概念和基本理论运用"职业技能和素养训练

【实训目的】

通过切实体验"招投标"各实训任务和要求的完成、系列技能操作的实施、《××项目投标实训报告》的准备与撰写等活动,培养其招投标职业能力,并通过践行职业规范,促进职业人格的塑造。

【实训技能规范】

职业技能——招投标基本概念及基本程序运用

技能Ⅰ:招投标特性与方式方法认知技能

职业规范：

(1) 能正确认知招投标特性。

(2) 能正确辨别各种招标方式方法。

(3) 能比较好地认识招标程序。

技能Ⅱ：投标基本技巧、策略运用技能

职业规范：

(1) 能够正确理解完全响应招标文件的投标技巧。

(2) 能比较好地理解与运用投标策略。

【实训任务和要求】

各实训组成员通过对所选企业招标项目情况的调查、参与和体验，制定合适的投标策略，运用所学知识总结该企业相应业务运作的成功之处和不足之处，在此基础上提出建议，并撰写《××项目投标实训报告》。

【实训时间】

一周。

【实训步骤】

(1) 将学生组成若干个实训组，每5~6位同学分成一组，每组确定1人负责。

(2) 确定每个组实训的项目，然后根据项目情况，就该项目情况(包括成功经验和存在问题讨论)进行调查分析，并在此基础上提出改进方案或建议。

(3) 分配每个学生的工作任务，指导学生研究相关问题讨论，分别制定《投标策略选择方案》。

(4) 实施《投标策略选择方案》，每个学生根据分配的工作任务开展工作，并将工作情况进行详细记录。

(5) 各组对收集到的资料进行整理分析，撰写《××项目投标实训报告》。

(6) 在班级交流、讨论和修订《××项目投标实训报告》。

【实训报告范本】

见附录7。

配 送

■ 学习目标

　　了解并掌握配送、配送网络和配送模式的观念,能用所学理念和技能来规范产品演示相关实务操作,并依照行业规范或标准,强化学生的职业素养。

实务引例　沃尔玛成功的利器

　　沃尔玛公司作为世界上最大的商业零售企业之一,1999 年全球销售额达到 1 650 亿美元,2000 年销售额达到 1 913 亿美元,超过了通用汽车公司。一家属于传统产业的零售企业,在销售收入上超过"制造之王"的汽车工业,超过世界所有的银行、保险公司等金融机构,超过引领"新经济"的信息企业,其配送设施为成功关键。

　　沃尔玛公司 1962 年建立第一个连锁商店。随着连锁店铺数量的增加和销售额的增长,物流配送成为企业发展的瓶颈。于是,1970 年沃尔玛在公司总部所在地建立起第一家配送中心,集中处理公司 40%的销售商品。随着公司的发展壮大,配送中心的数量也不断增加。到现在该公司已经建立 62 个配送中心,为全球 4 000 多家店铺提供配送服务。整个公司85%的销售商品由这些配送中心供应,而其竞争对手只有约 50%～65%的商品集中配送。

　　如今,沃尔玛在美国拥有 100%的物流系统,配送中心已是其中一小部分,沃尔玛完整的物流系统不仅包括配送中心,还有更为复杂的资料输入采购系统、自动补货系统等。

　　为了满足美国国内 3 000 多个连锁店的配送需要,沃尔玛公司在国内共有近 3 万个大型集装箱挂车,5 500 辆大型货运卡车,24 小时日夜不停地工作。每年的运输总量达到 77.5 亿标准箱,总行程 6.5 亿公里。合理调度如此规模的商品采购、库存、物流和销售管理,离不开高科技的手段。为此,沃尔玛公司建立了专门的电脑管理系统、卫星定位系统和电视高度系统,公司的计算机系统规模在美国仅次于五角大楼(美国国防部),甚至超过了联邦航天局。全球 4 000 多个店铺的销售、订货库存情况可以随时调出查问。公司同体斯公司合作,发射了专用卫星,用于全球店铺的信息传送与运输车辆的定位及联络。公司 5 500 辆运输卡车,全部装备了卫星定位系统,每辆车在什么位置,装载什么货物,目的地是什么地方,总部一目了然。可以合理安排运量和路程,最大限度地发挥运输潜力,避免浪费,降低成本,提高效率。

　　(资料来源:阳光.物流配送,沃尔玛成功的利器.载国际经贸消息,2002(6))

沃尔玛正是通过对货流、信息流有效控制,使公司从采购原材料开始到制成最终产品,最后由销售网络把产品送到消费者手中的过程变得高效有序,实现了商业活动的标准化、专业化、统一化、单纯化从而达到实现规模效益的目的,使其在零售业所向披靡。

8.1 配送概述

8.1.1 配送的概念

"配送"一词来源于英文的"delivery",其意译为运送、输送和交货。日本工业标准(JIS)中,将配送定义为"将货物从物流结点送交收货人的活动"。中国国家标准《物流术语》中对配送下的定义是:"在经济合理区域范围内,根据用户要求对物品进行拣选、加工、包装、分割、组配等作业,并按时送达指定地点的物流活动。"

配送与运输的概念有时难以准确划分。从以上的概念和定义中可以把配送归纳为:配送是商流与物流的结合体;是拣选、包装、加工、组配、送货等各种物流活动的有机组合,不是一般性的企业之间的供货和向用户的送货;配送处于"二次运输"、"末端输送"的地位,与运输相比,更直接面向并靠近用户。配送与运输的比较见表8-1。

表8-1 配送与运输的比较

内　容	运　输	配　送
运输性质	干线运输	支线运输、区域内运输、末端运输
货物性质	少品种大批量	小批量多品种
运输工具	大型货车、火车、船舶、飞机、管道等	小型货车或简单工具
管理重点	效率优先	服务优先
附属功能	装卸、捆包	装卸、保管、包装、分拣、流通加工、订单处理等

8.1.2 配送功能

配送本质上是运输,有人将配送比喻为"最后一公里的运输",创造空间效用自然是它的主要功能。但配送不同于运输,它是运输在功能上的延伸。相对运输而言,配送除创造空间效用这一主要功能之外,其延伸功能可归纳为以下几个方面。

1. 完善运输系统

现代大载重量的运输工具,固然可以提高效率,降低运输成本,但只适于干线运输。支线运输一般是小批量,如果使用载重量大的运输工具则是一种浪费。支线小批量运输频次高、服务性强,而配送通过其他的物流环节的配合,可实现定制化服务。因此,只有配送与运输的密切结合,使干线运输与支线运输有机统一起来,才能实现运输系统的合理化。

2. 消除交叉输送

交叉输送模式如图8-1所示。在没有配送中心的情况下,由生产企业直接运送货物到用户,交叉运输输送路线长,规模效益差,运输成本高。如果在生产企业与客户之间设置配送中心,采取配送中心模式,如图 8-2 所示,则可消除交叉运输。因为设置配送中心以后,将原来直接由各生产企业送至各客户的零散货物通过配送中心进行整合再实施配送,缓解了交叉输送,输送距离缩短,成本降低。

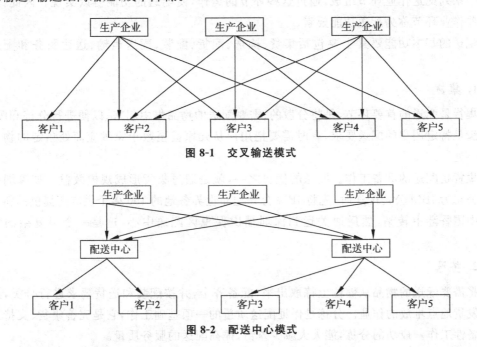

图 8-1　交叉输送模式

图 8-2　配送中心模式

3. 提高末端物流的经济效益

采取配送方式,通过配货和集中送货,或者与其他企业协商实施共同配送,可以提高物流系统的经济效益。

4. 实现低库存或零库存

配送通过集中库存,在同样的服务水平上,可使系统总库存水平降低,既降低了存储成本,也节约了运力和其他物流费用。尤其是采用准时制(JIT)配送方式后,生产企业可以依靠配送中心准时送货而无须保持自己的库存,或者只需要保持少量的安全库存,这就可以实现生产企业的"零库存"或低库存,减少资金占用,改善企业的财务状况。

5. 简化手续,方便用户

由于配送可提供全方位的物流服务,采用配送方式后,用户只需要向配送供应商进行一次委托,就可以得到全过程、多功能的物流服务,从而简化了委托手续和工作量,也节省了开支。

6. 提高供应保证程度

采用配送方式,配送中心比任何单独供货企业有更强的物流能力,可使用户减少缺货风险。如巴塞罗那大众物流中心承担着为大众、奥迪、斯柯达、菲亚特等四个品牌的汽车零部件的配送任务。四个品牌的汽车在整车下线前两个星期,有关这些车辆 88 000 种零配件在这里可以全部采购到。假如用户新买的车坏了,只要在欧洲范围内,24 小时内就会由专门的配送公司把用户所需要的零部件送到用户手中。

8.1.3 配送功能要素

配送实际上是一个物品集散过程,这一过程包括集中、分类和散发三个步骤。这三个步骤由一系列配送作业环节组成,通过这些环节的运作,使配送的功能得以实现。因此,通常将这些作业环节称为配送功能要素。

配送的基本功能要素主要包括集货、拣选、配货、配装、配送运输、送达服务和配送加工等。

1. 集货

集货是配送的首要环节,是将分散的、需要配送的物品集中起来,以便进行分拣和配货。为了满足特定用户的配送要求,有时需要把用户从几家甚至数十家供应商处预定的物品集中到一处。

集货是配送的准备工作。配送的优势之一,就是通过集货形成规模效益。如深圳中海物流公司为IBM公司配送时,先将IBM公司遍布世界各地的160多个供应商提供的料件集中到中国香港中转站,然后通关运到深圳福田保税区配送中心,这是一个很复杂的集货过程。

2. 拣选

将需要配送的物品从储位上拣取出来,配备齐全,并按配装和送货要求进行分类,送入指定发货地点堆放的作业。分拣是保证配送质量的一项基础工作,它是完善集货、支持送货的准备性工作。成功的分拣,能大大减少差错,提高配送的服务质量。

3. 配货

配货是将拣取分类完成的货品经过配货检查,装入容器和做好标记,再送到发货准备区,待装车后发送。

4. 配装

配装也称为配载,指充分利用运输工具(如货车、轮船等)的载重量和容积,采用先进的装载方法,合理安排货物的装载。在配送中心的作业流程中安排配载,把多个用户的货物或同一个用户的多种货物合理地装载于同一辆车上,不但能降低送货成本,提高企业的经济效益,还可以减少交通流量,改善交通拥挤状况。

5. 配送运输

配送运输属于末端运输、支线运输。它和一般的运输形态的主要区别在于:配送运输是较短距离、较小规模、较高频度的运输形式,一般使用汽车作为运输工具。另一个区别是配送运输的路线选择问题讨论是一般干线运输所没有的。配送运输由于配送客户多、地点分散,一般集中在城市内或城郊且交通路线又较为复杂,存在空间和时间上的峰谷交替,如何组合最佳路线,如何使配装和路线选择有效搭配成为配送运输的工作难点,也是配送运输的特点。对于较为复杂的配送运输,需要数学模型规划整合来取得较好的运输效果。

6. 送达服务

将配送好的货物运输到客户处还不算配送工作的结束,这是因为送达货物和客户接受货物往往还会出现不协调,使配送前功尽弃。因此,要圆满地实现送到之货的移交,并且有效、方便地处理相关手续并完成结算,还应当讲究卸货地点、卸货方式等。送达服务也是配送独具的特色。

7. 配送加工

配送加工是流通加工的一种,是按照客户的要求所进行的流通加工。在配送活动中,有时需要根据用户的要求或配送对象,为便于流通和消费,改进商品质量,促进商品销售,需要对商品进行套裁、简单组装、分装、贴标、包装等加工活动。

8.1.4 配送实务的组织

配送实务的组织一般是按照功能要素展开的,其基本流程如图 8-3 所示。

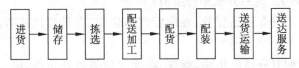

图 8-3 配送基本实务流程

不同类型,不同功能的配送中心或物流结点,其配送流程不完全一致,而且,不同商品由于其特性、用途及需求状况的不同,其配送的流程也会有所不同。例如,食品由于其种类繁多,形状特性各异,保质保鲜要求也不一样,通常有不同的流程,如图 8-4 所示。

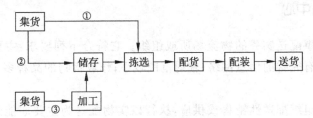

图 8-4 食品的三种配送流程

对于第①类货物,保质期较短和保鲜要求较高,如海鲜、鱼、肉类制品等,集货后不经过储存立即分拣配货、配装后送达客户。

对于第②类货物,保质期较长,如矿泉水、方便食品等,可以在集货后经过储存保管后,再按客户的要求组织配送。

对于第③类货物,需按客户的要求及商品特性经过配送加工后再组织配送,如速冻食品、大包装进货的食品。

8.2 配送网络

配送系统是一个网络结构的系统,由物流节点和线路构成,物流节点包括物流中心、配送中心、物品的供方和需方;线路是运输工具在运输路线上的运动形成的,它反映了节点之间物品的传递关系。所以配送网络通常用节点和节点之间物品的传递关系来表示。配送网络是配送作业的基本条件,不同类型的节点和不同的网络结构决定了配送模式和配送方法,从而产生不同的配送效果。因此,我们在讨论配送模式和配送策略之前,先了解一下物流中心、配送中心和配送网络结构是非常必要的。

8.2.1 物流中心

物流中心是从事物流活动的场所或组织。它主要面向社会提供物流服务,具有很强的集散功能,一般靠近车站、港口兴建。物流中心的物流功能健全,有完善的信息网络,辐射范围广,存储、吞吐能力强,作业货物的批量大、品种少,是综合性、地域性、大批量货物的集散地。

物流中心可以根据功能划分成多种类型。

(1) 流转中心。不具有商品保管、在库管理等功能,而是单纯从事商品周转、分拣作用的物流中心。

(2) 配送中心。拥有商品的集中、保管、在库管理等管理功能,同时又进行商品的分拣和送货,即为配送中心。

(3) 储存中心。单一从事商品保管功能的物流中心。

(4) 流通加工中心。从事流通加工功能的物流中心。

8.2.2 配送中心

配送中心是从事配送实务的物流场所或组织。它符合下列要求:主要为特定的客户服务;配送功能健全;有完善的信息网络;辐射范围较小;作业货物的品种多、批量小;以配送为主,储存为辅。

配送中心是以组织配送性销售或供应,执行以实物配送为主要职能的流通性节点。在配送中心,为了能做好送货的编组准备,需要采取零星集货、批量进货等多种资源搜集和对货物的分组、组配等工作,因此配送中心也具有集货和分货的功能。为了更有效地、更高水平地配送,配送中心往往还有比较强的流通加工能力。此外,配送中心还必须将配好的货物送达到客户手中。由此可见,配送中心实际上是集集货、分货、加工及送货于一体的综合性的物流结点。这样,配送中心作为物流结点的一种形式,有时便和物流中心等同起来了。

8.2.3 配送网络结构

1. 集中型配送网络

集中型配送网络是指在配送系统中只设一个配送中心,所有用户需要的物品均由这个配送中心完成配送任务,如图 8-5 所示。

集中配送的库存集中,有利于规模经济的实现,也有利于库存量的降低,但也存在外向运输成本(从配送中心到顾客的运输成本)增大的趋势,其特点如下。

(1) 管理费用少。由于规模大,管理的固定费用下降,所以管理费用低。

(2) 安全库存降低。在相同服务水平下集中比分散需要的安全库存小,所以总平均库存降低。

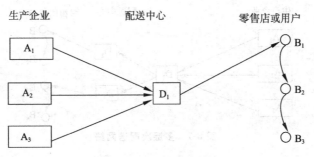

图 8-5　集中型配送网络

（3）用户提前期长。配送中心离用户远了一些，所以使用户的提前期变长。

（4）运输成本中外向运输成本相对高一些，因为配送中心离用户的距离与分散型系统相比要远一些，但内向运输成本（从生产厂到配送中心的运输成本）相对会低一些。

2. 分散型配送网络

分散型配送网络是指在一个配送系统中（通常指在一个层次上）设有多个配送中心，而将用户按一定的原则分区，归属某一个配送中心，如图 8-6 所示。大城市中的大型连锁公司自己设置的为所属连锁店配送商品的配送系统通常要设置多个配送中心才能满足需要，就属于这种配送网络类型。

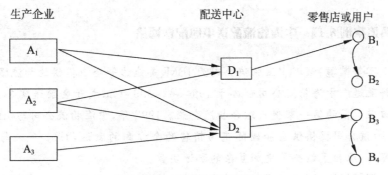

图 8-6　单层次配送网络

这种结构的配送系统的特点如下。

（1）由于配送中心离用户近，外向运输成本低。

（2）从供应商向配送中心送货时，由于要向多个配送中心送货，规模经济自然没有集中型好，故内向运输成本大。

（3）由于库存分散，安全库存增大，总平均库存增大。

（4）由于配送中心离用户相对近一些，因此用户的提前期会相应缩短。

3. 多层次配送网络

多层次配送网络是在系统中设有两层或更多层次的物流中心和配送中心，其中至少有一层是配送中心，而且是靠近用户。大型第三方物流企业、大型零售企业或从供应链来看的物流系统，它们的配送网络通常是这种结构。图 8-7 为含有广域物流中心的两层次配送网络。由于与供应商和与用户的距离都较近，所以内向运输成本和外向运输成本相对都会有所降低。

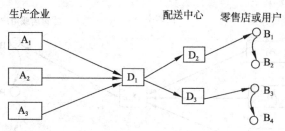

图 8-7 多层次配送网络

4. 几种典型的配送网络

(1) 工业生产资料配送网络

工业生产资料是工业企业生产过程中所消耗的生产资料,包括原料、材料、燃料、设备和工具等。工业生产资料的配送也称供应物流,它是为生产企业提供原材料、零部件等物品而进行的配送。工业生产资料配送服务的对象都是企业,供方是提供原材料的零部件的企业,需方是消耗原材料和零部件的企业。生产企业消耗生产资料一般用量比较大,计划性强,可替换性小,进入消耗可能要经过初加工。为了降低物流成本,保证生产的顺利进行,需方企业对配送系统在品种、数量到达时间、到达地点的精度要求会比较高,特别是采用准时制生产的企业,要求物流配送系统能严格按生产计划和进度将所需生产资料直接配送到生产线。

【情境案例8-1】 中海物流配送中心配送网络

实务情境:深圳中海物流公司为 IBM、美能达等企业提供的物流服务属生产资料配送。中海物流公司创办于1994年,1995年正式开展配送实务,是深圳市福田保税区的第一家现代综合物流企业。1998年,中海物流公司与 IBM 成功签约,为该公司提供供应和国际市场销售两个方向的配送,1999年又与美能达公司签约,承担了该公司更加复杂的配送实务。

问题讨论:IBM 公司的生产企业地处我国广东,它需要的零部件来自世界上160多个供应商。中海物流是如何完成配送任务的?

思路引导:IBM 的生产企业实行准时制生产方式,其零部件供应物流的中国香港至企业段,由中海物流公司承担。零部件从供应商到达生产企业的物流运作程序是:IBM 采购中心根据需要向供应商发出订单、各供应商发货并通知中海物流配送中心,中海物流配送中心在中国香港接货,必要时在香港的中海物流中转站进行拣选、配装,再根据交货指令完成运输、报关、检疫、验货后进入深圳福田保税区的配送中心仓库;IBM 生产企业根据生产线上的需要,向中海物流配送中心发出提货信息,配送中心经过拣选、配货装车、运输和报关,即时送货到工厂。产成品在国际市场销售物流的程序是:将生产企业生产的成品和不合格零部件反向送回到配送中心,对产成品,根据 IBM 的客户订单进行分拣、配货装车、报关,运送到香港,通过海运、航空发送到 IBM 的客户;对不合格零部件,按产成品同样的程序反向配送到原供应商。图8-8为深圳中海物流配送中心的配送网络图。

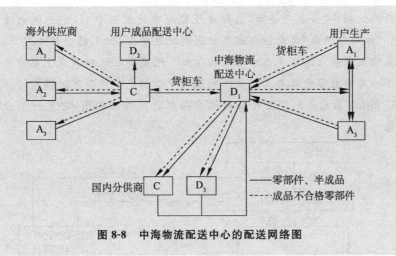

图 8-8　中海物流配送中心的配送网络图

(2) 生活消费品配送网络

生活消费品是由工、农业企业提供的个人消费品，包括五金、家电、家具、餐具、纺织品、化妆品、工艺品、食品、饮料、果蔬、药品等。

生活消费品的配送网络结构和流程与工业生产资料的配送没有本质区别，只是配送的用户是零售店而不是生产企业，零售店只能根据对市场的预测来确定需求计划，因而计划的精度没有生产企业根据生产进度来确定原材料和零配件需求计划那样高；另外，零售店一般会保留一定数量的库存，也与生产资料配送中生产企业期望做到"零库存"配送的要求是不一样的。因此，工业生产资料的配送与生活消费资料的配送，在配送作业与用户需求衔接的严密程度，前者比后者的要求要高一些。

【情境案例 8-2】　意大利巴里勒公司的分散型配送系统

实务情境：巴里勒是意大利的一家通心粉制造商，1989 年巴里勒已有 25 家生产企业，1990 年巴里勒公司已成为世界上最大的通心粉制造商，其通心粉占意大利市场份额的 35% 和欧洲市场份额的 22%。

巴里勒的产品分为两大类，一类是"新鲜"产品，包括新鲜通心粉（具有 21 天的货架寿命）和新鲜面包（只有一天的货架寿命）；另一类是"干货"产品，包括干通心粉和长期货架面包产品，如甜饼、饼干、面粉、面包条和烤面包等；其货架寿命为 4~18 个月（干通心粉和烤面包）或 10~12 周（甜饼）。巴里勒的干货产品有 800 种不同包装。

问题讨论：针对生活消费品配送的产品应该如何进行配送？

思路引导：巴里勒的 65% 的干货产品以整车运输方式送到两个中央配送中心，35% 的干货产品由生产厂以整车运输方式直接运送到 18 家巴里勒自己经营的仓库，这 18 家仓库比中央配送中心低一个层次，它直接对连锁超市、独立超市和杂货商店以零担运输方式配送，而且中央配送中心还向这 18 家仓库中转调运产品。图中"最高分销商"实际是连锁超市的配送中心,它们仅向连锁超市配送。"组织分销商"是向独立超市配送的配送中心,但不属于独立超市,而且它还对其他大量独立超市充当中心采购组织。巴里勒配送模式在上层中央物流中心和下一层的自营仓库与其他主体的配送中心都是分散型系统模式。

图 8-9 为意大利巴里勒公司的食品配送网络结构图,它是一个分散型配送系统。

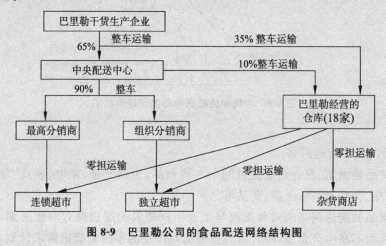

图 8-9　巴里勒公司的食品配送网络结构图

(3) 包裹快递配送网络

包裹快递或称住宅配送,日本称宅急便。它是在全国或全球范围内构筑一个多层次配送网络的基础上,各网点以小货车为工具收取用户需要寄送的物品,并集中到发送地中转站,在中转站进行分拣、配货、配载,然后经区间运输送到接收地中转站,再通过接收地网点用小货车送到收货人手中。包裹快递原是为住宅区居民提供快捷、便利的包裹运输服务的一种物流方式,后来发展成一种专门的快递实务。如图 8-10 所示。

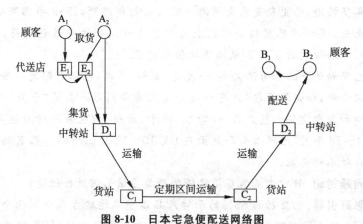

图 8-10　日本宅急便配送网络图

包裹快递是一种特殊的配送实务,与供应配送和销售配送的主要区别在于:

① 配送的使命不同,客体不同。包裹快递不同于供应配送和销售配送,不是直接为生产经营服务。包裹快递配送的客体主要是小包裹和信函之类,如机械小配件、录像带、贸易

小样品、礼品、私人小行李、信函、票据、合同、资料等。

② 功能差异。供应配送和销售配送,为了保证生产和市场需求,配送过程通常具有存储和加工功能,但包裹快递用户要求的是尽可能快地实现物品空间位置转移,因而主观上不希望出现停滞,即包裹快递配送是不需有存储功能和加工功能的。

③ 服务对象广泛,网络覆盖面宽。供应配送和销售配送的服务对象主要是工商企业,包裹快递的服务对象不仅包括工商企业,还包括政府机关、事业单位、社会团体,更多的还有广大居民,凡有人群的地方都需要这类实务,因而包裹快递的配送网络的覆盖范围应尽可能地广。

④ 包裹输送速度快。"快"是包裹快递的最本质特征,也是用户最基本要求。美国联邦快递向用户承诺的服务时间是在 24 小时和 48 小时以内把用户的包裹送到收件人手中。

美国的包裹快递实务发展最为迅速,实力最强大,全球快递业四大巨头——联邦快递(FedEx)、联合包裹(UPS)、敦豪(DHL)和天地快运(TNT),前两家均属美国。联邦快递公司成立于 1971 年,世界 500 强企业,现服务网络已遍布世界 210 多个国家和地区,1999 年已拥有 610 架飞机的包裹运输机队,15.7 万辆运输车辆,年包裹投资量 47 000 万件,营业额 270 亿美元;敦豪公司成立于 1969 年,现在全世界设有 2 100 多个服务站。

世界快递四大巨头从 1986 年开始进军中国市场,都在我国设立了分公司,20 世纪 90 年代以来,它们的国际速递实务都以 20%以上的速度增长。但我国自己的包裹快递实务发展迟缓,中国邮政 EMS 2001 年 8 月 1 日才在国内开办包裹快递实务。

8.3 配 送 模 式

配送网络确定以后,配送模式与服务方式就成为降低配送成本、提高服务水平的关键。配送模式与服务方式还会对物流系统的库存和其他物流环节产生影响,因此,正确地选择配送模式和服务方式对于改善配送效果、提高物流系统的效率和效益有着重要意义。

8.3.1 配送模式分类

按配送的方式及按配送机构的经营权限和服务范围不同有不同的分类方法,如表 8-2 所示。

表 8-2 配送模式分类

分类标准	按配送的方式分类	按配送机构的经营权限和服务范围分类
种类	直接配送模式	配销模式
	储存配送模式	
	直通配送模式	物流模式
	流通加工型配送模式	

1. 按配送的方式分类

(1) 直接配送模式

直接配送模式实际是不设配送中心的配送模式。这种模式的优势在于:减少了中间环节,避免了在配送中心发生费用。但这种模式同时也带来两个方面的问题:一是由于库存分散在用户或零售商的仓库里,不能集中调度,会使存储成本增高;二是不设配送中心,用户离供应厂商的距离远,用户也必须保持较大的库存量;三是不利于组织共同配送,运输的规模效益难以形成。这种模式比较适合鲜活商品的配送。

(2) 储存配送模式

储存配送模式是指在配送中心储存货物,然后根据用户需要对储存货物进行配送。这种模式的重点是确定系统中的合理库存、优化配送线路和通过配货配载以提高运输工具的利用率。这种模式又根据仓库的分散或集中,分为集中库存模式和分散库存模式。储存配送模式有利于组织共同配送,规模效益好;同时有利于物品的综合调度,降低系统库存。设置配送中心以后,用户到供货点的距离缩短,使用户的提前期缩短,库存降低,甚至可以为零。

(3) 直通配送模式

直通配送模式中,配送中心不具有专门的存储功能,是一个转运站。商品从供应商到达配送中心后,迅速分拣、转移到用户或零售点上,商品在配送中心停留的时间一般不超过12小时。采用这种模式,必须有先进的信息系统和快速反应的运输系统来保证,及时地采用转运策略进行终端销售点上的货物转运。沃尔玛公司是运用这种配送模式的典型。

(4) 流通加工型配送模式

流通加工型配送,是为了促进销售、方便用户,或是为了提高物流效率,在配送中心对物品进行生产辅助性加工后再进行配送的配送模式。流通加工的内容包括分割、包装、计量、检验、贴标等。流通加工的具体内容是多种多样的,如金属剪切、原木开木下料、配煤、水泥搅拌、食品冷冻保鲜、蔬菜洗切等。流通加工一般在配送环节之前进行。从提高物流效率的角度看,流通加工是进行合理化配送的重要条件,因此,流通加工与配送的关系十分密切。

2. 按配送机构的经营权限和服务范围分类

按这种分类标准可以分为配销模式和物流模式两种,其运作特点如图 8-11 所示。

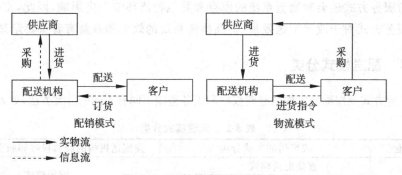

图 8-11 配销模式和物流模式

(1) 配销模式

配销模式又称为商流、物流一体化的配送模式,其基本含义是配送的组织者既从事商品的进货、储存、分拣、送货等物流活动,又负责商品的采购与销售等商流活动。这类配送模式的组织者通常是商品经销企业,也有些是生产企业附属的物流机构。这些经营实体不仅独立地从事商品流通的物流过程,而且将配送活动作为一种"营销手段"和"营销策略",既参与商品交易实现商品所有权的让渡与转移,又向客户提供高效优质的物流服务。

(2) 物流模式

物流模式是指商流、物流相分离的模式。配送组织者不直接参与商品的交易活动,不经销商品,只负责专门为客户提供验收入库、保管、加工、分拣送货等物流服务。其实务实质上属于"物流代理",从组织形式上看,其商流和物流活动是分离的,分别由不同的主体承担。

在我国的物流实践中,这类模式多存在于在传统储运企业基础上发展起来的物流企业,其实务是在传统仓储与运输实务基础上增强配送服务功能,以更及时的速度,更高的服务水平为社会提供全面的物流服务。在国外,这种配送模式也普遍存在于运输业配送中心、仓储业配送中心。例如,德国的"DEXTRA"(急配中心),其职能就是负责将收到的货物进行分拣,然后送到用户指定的货位。

8.3.2 配送策略

配送策略是在采用上述配送模式和服务方式的基础上,为了既能满足用户需求,又不致增加太多成本而采取的具体措施。可供选择的主要策略有转运策略、延迟策略和集运策略。

1. 转运策略

转运是指为了满足应急需要,在同一层次的物流中心之间进行货物调度的运输。这种情况常常是由于预测不准确而进行配送以后,各需求点上的商品不符合实际,需要进行调整而发生的商品运输。转运是零售层次上最常采用的补救办法。如前面讨论的直接配送和直通配送模式中,由于没有中间库存,末端点上的库存量一般比较大,库存分布与实际常常发生矛盾,这时就需要用转运方式予以弥补。

2. 延迟策略

在传统的物流系统中,常通过对未来需求的预估来决定库存量的多少,以库存来保证需求,并达到一定的服务水平。在现代信息技术支持下的物流系统中,人们借助信息技术快速获得需求信息,可使产品的最后制造和配送延期到收到了客户的订单后再进行,从而使不合适的生产和库存被减少或被消除。这种推迟生产或配送进行的行为就是延迟,前者称为生产延迟,后者称为物流延迟。显然,物流延迟对配送系统的结构、配送系统的功能和目标都会产生积极的影响。延迟改变了配送系统的预估特性,如对生产企业零部件的"零库存"配送就是应用延迟技术的结果。

3. 集运策略

由于"二律背反"原理,一种物流技术的应用会产生一些有利的优势,同时也会带来不足,延迟技术也是如此。延迟克服了预估造成的库存量大的不足,但它同时会影响运输规模效益的实现。集运则是为了在延迟技术下继续维持运输规模效益而采用的一种技术。

所谓集运,为了增大运输规模,采取相应措施使一次装运数量达到足够大的运输策略。集运通常采用的措施有:在一定区域内集中小批量用户的货物进行配送、在有选择的日期对特定的市场送货、联营送货或利用第三方物流公司提供的物流服务,使运输批量增大。

8.4 配送增值服务

8.4.1 配送基本服务及能力要求

1. 配送基本服务

物流本身是一种服务性活动,而运输、配送是物流功能的核心,特别是配送,它是多种物流功能的整合,所以物流的服务性特点在配送活动上体现得最为充分。

配送服务分为基本服务和增值服务,其中基本服务是配送主体据以建立基本实务关系的客户服务方案,所有的客户在一定的层次上予以同等对待;增值服务则是针对特定客户提供的特定服务,它是超出基本服务范围的附加服务。

服务是一类活动,是一种活动过程,它以必要的成本为顾客提供一定的效用价值。服务是有成本的,而且服务成本与服务水准成正相关关系。服务水平不是越高越好,而是以用户满意为目标,但是,不同用户对服务水平的要求是不一样的。我们把支持大多数顾客从事正常生产经营和正常生活的服务称为基本服务,而把针对具体用户进行的独特的、超出基本服务范围的服务称作增值服务。

2. 对基本服务的能力要求

配送基本服务要求配送系统具备一定的基本能力,这种能力是配送主体向用户承诺的基础,也是用户选择配送主体的依据。配送需要一定的物质条件,包括配送中心、配送网络、运输车辆、装卸搬运设备、流通加工能力、信息系统以及组织管理能力等。配送基本能力是这些设施、设备、网点及管理能力的综合表现,是形成物流企业竞争优势的基础。每个承担配送实务的物流企业,都应该创造条件,形成这种能力。

衡量一个物流企业或者一个配送主体的配送能力,应该从两个方面进行考虑,一是规模能力,包括配送中心的存储能力、吞吐能力、运输周转能力、流通加工能力等;二是服务水准能力,包括配送物品的可得性、作业绩效、可靠性等。以下仅从服务水准能力方面进行讨论。

(1) 可得性

配送物品的可得性是从用户对物品的需求能否得到满足的角度提出来的服务水平,即满足率。在配送系统中,满足率可通过多种途径实现,传统的做法是通过对用户需求的预测来设定库存,用一定的库存量保证用户需求的满足,库存量增大,满足率增高,否则就低。现代配送系统可通过生产延迟、物流延迟等方式,在不增加库存量的情况下也可达到提高满足率的效果。

对用户来说,可得性常常用缺货频率和缺货率两个指标来衡量,因为满足率并不能完全说明服务水平的状态。缺货频率是指用户在一段时期内的多次订货中缺货的次数,缺货频率越高,说明配送系统对用户生产经营或生活影响越频繁,给用户造成的损失越大。缺货率是用缺货数量所占用户需求量的比重来衡量的,它反映了缺货的程度,有时虽然缺货次数不多,但每次缺货的量可能比较大,缺货率高,对用户生产经营或生产的影响也大。

(2) 作业表现

作业表现体现在作业完成的速度、一致性、灵活性、故障与恢复的状况等方面。

① 作业速度。作业速度指标要求配送各环节具有快速响应的能力,作业速度越快,越有利于降低用户库存,有利于缩短用户提前期。

② 一致性。所谓一致性,是指必须随时按照配送承诺加以履行的处理能力。

③ 灵活性。作业的灵活性反映配送系统应付用户异常需求变化的能力,如增减数量、改变到货地点等。一般来说,灵活性增强相对会增大一些成本,在较低的成本下获得更大的灵活性才能说明配送系统的灵活性强。

④ 故障与恢复的状况。再好的配送系统,也不可能完全不发生故障,问题是在一段时期内,故障的次数应该很少,应该没有大的故障,而且故障发生后也有应急措施进行补救,还应能尽快排除故障,恢复正常配送活动。

⑤ 提供精确信息。能否向用户提供精确的配送信息也是衡量服务水准的一个重要方面。用户非常讨厌意外事件的发生,如果他们能在事件发生前或发生中能收到有关事件的准确信息,那么他们就会对缺货或延迟采取相应调整措施,避免造成大的损失。2001年"9·11"事件发生时,美国的机场全部关闭了,联邦快递公司没有办法将用户的物品送到用户手中,于是他们每隔几小时向用户通报一下情况,然后告诉用户应该做些什么准备。

⑥ 持续改善。配送提供商为了保持或提高服务能力,应该从过去的故障中吸取教训,改善作业系统,防止再次发生事故。因此,配送提供商应该具有持续改善系统、使服务质量不断提高的能力。

8.4.2 配送增值服务

1. 配送增值服务的内容

增值服务是在基本服务基础上延伸的服务项目。增值服务涉及的范围很广,一般可归纳为以顾客为核心的增值服务、以促销为核心的增值服务、以制造为核心的增值服务和以时间为核心的增值服务。

(1) 顾客为核心的增值服务:指围绕顾客的特殊需求而开展的增值服务。

(2) 以促销为核心的增值服务:配送增值服务是在为客户提供配送服务的同时,增加更多有利于促销的物流支持。

(3) 以制造为核心的增值服务:这种增值服务实际是生产过程的后向或前向延伸,例如,玻璃套裁、金属剪切、木材初加工等均属这类增值服务。

(4) 以时间为核心的增值服务:以时间为核心的增值服务是以对顾客的反应为基础,运用延迟技术,使配送作业延迟到收到客户订单时才开始启动,并将物品直接配送到生产线上或零售店的货架上,目的是尽可能降低预估库存和生产现场的搬运、检验等作业,使生产效率达到最高程度。

2. 增值服务的功能

(1) 增加便利性：一切能够简化手续、简化操作的服务都是增值性服务。

(2) 加快反应速度：现代物流的做法是优化配送系统结构和重组实务流程，重新设计适合客户的流通渠道，以此来减少物流环节、简化物流过程，提高物流系统的快速反应能力。

(3) 降低物流成本：通过配送增值物流服务，可以寻找能够降低物流成本的物流解决方案。考虑的方案包括：采取共同配送；提高规模效益；实施准时制配送；进行原材料、零部件与产成品的双向配送；提高运输工具的利用率等。

(4) 实务延伸：实务延伸是向配送或物流以外的功能延伸。向上可以延伸到市场调查与预测、采购及订单处理；向下可以延伸到物流咨询、物流系统设计、物流方案的规划与选择、库存控制决策建议、货款回收与结算、教育与培训等。

理念总结

- 配送与运输的概念有时难以准确划分。从以上的概念和定义中可以把配送归纳为：配送是商流与物流的结合体；是拣选、包装、加工、组配、送货等各种物流活动的有机组合，不是一般性的企业之间的供货和向用户的送货；配送处于"二次运输"、"末端输送"的地位，与运输相比，更直接面向并靠近用户。

- 配送本质上是运输，有人将配送比喻为"最后一公里的运输"，创造空间效用自然是它的主要功能。但配送不同于运输，它是运输在功能上的延伸。

- 配送系统是一个网络结构的系统，由物流节点和线路构成，物流节点包括物流中心、配送中心、物品的供方和需方；线路是运输工具在运输路线上的运动形成的，它反映了节点之间物品的传递关系。所以配送网络通常用节点和节点之间物品的传递关系来表示。

- 配送网络确定以后，配送模式与服务方式就成为降低配送成本、提高服务水平的关键。配送模式与服务方式还会对物流系统的库存和其他物流环节产生影响，因此，正确地选择配送模式和服务方式对于改善配送效果、提高物流系统的效率和效益有着重要意义。

▪ 实务观念 ▪

配送　配送功能　招投标的特点　配送系统的结构　配送增值服务　交叉输送

配送功能要素　配送实务的组织　物流中心　配送网络结构

▪ 职业技能 ▪

配送管理

理念应用

□ **单项选择题**

1. 不属于分散型配送网络特点的是（　　）。
   A. 由于配送中心离用户近，外向运输成本低
   B. 内向运输成本大
   C. 由于库存分散，安全库存增大，总平均库存增大
   D. 用户的提前期会相应增加

2. 配送不同于运输，它是运输在功能上的延伸。下列不属于其延伸功能的是（　　）。
   A. 消除交叉输送　　　　　　　　B. 实现低库存或零库存
   C. 简化手续，方便用户　　　　　D. 增加了供应保证难度

3. 配送作业计划的核心是（　　）。
   A. 最大配送效益　　B. 最高配送收入　　C. 最大配送货量　　D. 最低配送成本

□ **多项选择题**

1. 集运通常采用的措施有（　　）。
   A. 在一定区域内集中小批量客户的货物进行配送
   B. 在有选择的日期对特定的市场送货
   C. 联营送货
   D. 利用第三方物流公司提供的物流服务

2. 包裹快递是一种特殊的配送实务，与供应配送和销售配送的主要区别在于（　　）。
   A. 配送的使命不同　　　　　　　B. 功能差异
   C. 服务对象广泛，网络覆盖面宽　　D. 输送速度快

3. 配送计划执行的步骤是（　　）。
   A. 按配送计划组织进货　　　　　B. 配货发运
   C. 设计配送车辆运行路线　　　　D. 送达服务

□ **判断题**

1. 物流中心可以根据功能划分成多种类型，如流转中心、配送中心、储存中心、流通加工中心等。（　　）

2. 分散型配送网络是指在配送系统中只设一个配送中心，所有客户需要的物品均由这个配送中心完成配送任务。（　　）

3. 集中型配送网络是指在一个配送系统中（通常指在一个层次上）设有多个配送中心，而将客户按一定的原则分区，归属某一个配送中心。（　　）

□ **理念辨析**

1. 配送与运输有哪些区别？

2. 配送功能要素主要有哪些？

3. 常见的配送网络结构有哪几种？

□ **实务运用**

1. 甲公司要从位于S市的工厂直接装运500台电视机送往位于T市的一个批发中心。这票货物价值为150万元。T市的批发中心确定这批货物的标准运输时间为2.5天，如果超出标准时间，每台电视机的每天的机会成本是30元。甲公司的物流经理设计了下述三个物流方案，请从成本角度评价这些运输方案的优劣。

A公司是一家长途货物运输企业，可以按照优惠费率每公里0.05元/台来运送这批电视机，装卸费用为每台0.1元。已知S市到T市的公路运输里程为1 100公里，估计需要3天的时间才可以运到（因为货物装卸也需要时间）。

B公司是一家水运企业，可以提供水陆联运服务，即先用汽车从甲公司的代仓库将货物运至S市的码头(20公里)，再用船运至T市的码头(1 200公里)，然后再用汽车从码头至批发中心(17公里)。由于中转的过程中需要多次装卸，因此整个运输时间大约为5天。询价后得知，陆运运费为每公里0.05元/台，装卸费为每台0.1元，水运运费为每台0.6元。

C公司是一家物流企业，可以提供全方位的物流服务，报价为22 800元。它承诺在标准时间内运到，但是准点的百分率为80%。

2. 某新成立的第三方物流企业拥有3吨普通卡车50辆，10吨普通卡车30辆，高级无梁仓库20 000平方米，层高14米，企业地处上海市闵行地区，闵行地区是上海最早的经济技术开发区，外商投资企业多，邻近有沪闵路和莘松公路，交通便利。请比较以下四种市场定位中哪一种最适合于该企业，为什么？

(1) 上海西部地区的国际货运代理；

(2) 企业的第三方物流企业；

(3) 车辆外包，仓库出租；

(4) 省际运输仓储企业。

□ **案例题**

用物流配送降低仓库管理成本

美国机械公司是一家以机械制造为主的企业，该企业长期以来一直以满足顾客需求为宗旨。为了保证供货，该公司在美国本土建立了500多个仓库。但是仓库管理成本一直居高不下，每年大约有2 000万美元。所以该公司聘请一调查公司做了一项细致调查，结果为：以目前情况，如果减少202个仓库，则会使总仓库管理成本下降200万～300万美元，但是由于可能会造成供货，销售收入会下降18%。

问题讨论：

1. 如果你是企业总裁，你是否会依据调查公司的结果减少仓库？为什么？

2. 如果不这样做，你又如何决策？

□ **实务分析**

可否利用配送系统降低成本

实务情境：

"大众包餐"是一家提供全方位包餐服务的公司，由上海某大饭店的下岗工人李杨夫妇于1994年创办,如今已经发展成为苏锡常和杭嘉糊地区小有名气的餐饮服务企业之一。"大众包餐"的服务分成两类:递送盒饭和套餐服务。盒饭主要由荤菜、素菜、卤菜、大众汤和普通水果组成。可供顾客选择的菜单:荤菜6种、素菜10种、卤菜4种、大众汤3种和普通水果3种,还可以定做饮料佐餐。尽管菜单的变化不大,但从年度报表上来看,这项服务的总体需求水平相当稳定,老顾客通常每天会打电话来订购。但由于设施设备的缘故,"大众包餐"会要求顾客们在上午10点前电话预订,以便确保当天递送到位。

在套餐服务方面,该公司的核心能力是为企事业单位提供冷餐会、大型聚会,以及一般家庭的家宴和庆宴会上。客户所需的各种菜肴和服务可以事先预约,但由于这项服务的季节性很强,又与各种社会节日和法定假日相关,需求量忽高忽低,有旺季和淡季之分,因此要求顾客提前几周甚至1个月前来预定。

大众包餐公司内的设施布局类似于一个加工车间。主要有五个工作区域:热制食品工作区、冷菜工作区、卤菜准备区、汤类与水果准备区以及一个配餐工作区,专为装盒饭和预订的套菜装盆共享。此外,还有三间小冷库供储存冷冻食品,一间大型干货间供储藏不易变质的物料。由于设施设备的限制以及食品变质的风险制约着大众包餐公司的发展规模,虽然饮料和水果可以外购,有些店家愿意送货上门,但总体上限制了大众包餐公司提供柔性化服务。李杨夫妇聘用了10名员工:两名厨师和8名食品准备工,旺季时另外雇用一些兼职服务员。

包餐行业的竞争是十分激烈的,高质量的食品、可靠的递送、灵活的服务以及低成本的运营等都是这一行求生存谋发展的根本。近来,大众包餐公司已经开始感觉到来自愈来愈挑剔的顾客和几位新来的专业包餐商的竞争压力。顾客们愈来愈需要菜单的多样化、服务的柔性化以及响应的及时化。

李杨夫妇最近参加现代物流知识培训班,对准时化运作和第三方物流服务的印象很深,思考着这些理念正是大众包餐公司要保持其竞争能力所需要的东西。但是他们感到疑惑:大众包餐公司可否借助第三方的物流服务?

问题讨论:

1. 大众包餐公司的经营活动可否引入第三方物流服务?请说明理由。
2. 大众包餐公司实施准时化服务有无困难?请加以解释。
3. 在引入第三方物流服务中你会向大众包餐公司提出什么建议?

实务训练

"配送基本理论运用"职业技能和素养训练

【实训目的】

在对物流的定义、基本功能、各个作业流程有了一定的理论基础上,通过实习将这些理论与实际的操作相结合,在实践中提高运用知识的能力。

【实训技能规范】

职业技能——配送基本理论运用

技能Ⅰ:配送网络与模式

职业规范:

(1) 了解以配送为主的物流企业的配送网络结构。

(2) 了解以配送为主的物流企业的配送模式。

技能Ⅱ:网上购物的配送解决方案

职业规范:

(1) 通过网上调研,归纳整理出目前我国网上购物的配送解决方案。

(2) 能比较好地了解电子商务活动的基本要求。

【实训任务和要求】

各实训组成员通过对所选企业的配送网络结构及其配送模式和理论运用情况的调查、参与和体验,运用所学知识总结该企业相应业务运作的成功之处和不足之处,在此基础上提出建议,并撰写《配送基本理论运用》。

【实训时间】

一周。

【实训步骤】

(1) 将学生组成若干个实训组,每5~6位同学分成一组,每组确定1人负责。

(2) 确定每个组实训的企业,然后根据企业情况,就该企业配送基本理论运用情况(包括成功经验和存在问题)进行调查分析,每个学生根据分配的工作任务开展工作,并将工作情况进行详细记录。

(3) 各组对收集到的资料进行整理分析,撰写《配送基本理论运用实训报告》。

(4) 在班级交流、讨论和修订《配送基本理论运用实训报告》。

【实训报告范本】

见附录8。

第 9 章

售后服务

■ 学习目标

了解并掌握售后服务的质量标准与策略、处理投诉的方法与步骤,能用所学理念和技能来规范售后服务相关实务操作,并依照行业规范或标准,强化学生的职业素养。

实务引例　两个推销员

A 家电公司推销员小胡,主要销售大件家电产品,每次客户要货,他都亲自将货送到客户家里,并按客户的要求放到指定的位置。只要有客户告知需要维修,小胡都会及时赶到,迅速修理好。B 家电公司的推销员小蔡,同样也送货上门,但每次都是把货送到门口甚至楼下就不管了,让客户自己搬上去,客户要求上门维修,他也迟迟不愿照面,三催四请后才去,还修理不到位,修好的电器没两天就又开始出现毛病了。凑巧他们两人的客户互相认识,有一次聊天时,话题就扯到家电上,小蔡的客户一听小胡客户的介绍,感叹万分。从此以后,小蔡的客户每次有亲戚朋友需要购买电器时,都会把他们介绍给小胡。

(资料来源:杨智斌.怎样和客户交朋友.北京,电子工业出版社,2009)

完成交易并不是结束,反而是另一种开始,是与客户建立长期关系的开始。售后服务是产品生产单位对消费者负责的一项重要措施,也是增强产品竞争能力的一个办法。如果希望客户选择你的产品,就必须展示你的产品优势,比如上面例子中小胡的优质服务,就是获得更多客户的强大法宝。本章系统阐述售后服务。

9.1　售后服务概述

9.1.1　售后服务的含义

售后服务是企业对客户在购买产品后提供多种形式的服务的总称,其目的在于提高客户满意度,建立客户忠诚。在类似或相同的商品销售竞争条件下,售后服务常常成了客户决定取舍的重要因素。因此,商品的售后服务也就代表了商品的信誉。

现代理念下的售后服务不仅包括产品运送、安装调试、维修保养、提供零配件、实务咨询、客户投诉处理、问题讨论产品召回制、人员培训以及调换退赔等内容,还包括对现有客户的关系营销,传播企业文化,例如建立客户资料库、宣传企业服务理念、加强客户接触、对客户满意度进行调查、信息反馈等。

【实务思考 9-1】

对企业来说是否实施了售后服务即可以吸引客户?为什么?

分析说明: 售后服务不是摆设品,这个问题讨论应该从售后服务的目的来分析。

理解要点:

(1) 售后服务是保持顾客满意度、忠诚度的有效举措。一项调查表明,如果顾客的投诉没有得到企业的重视,2/3 的顾客会转向该企业的竞争对手处去发生购买行为;如果投诉最终得到了解决,大约 70% 的顾客会继续光顾该企业;如果投诉得到了妥善、及时的解决,继续光顾的顾客比例会上升到 95%。

(2) 售后服务做的好与坏,直接影响品牌美誉度。良好的售后服务是树立企业品牌和传播企业形象的重要途径,也是企业的竞争力之一。

(3) 售后服务是把双刃剑,赢得消费者的心才能赢得市场。

9.1.2 中国企业售后服务现状

从国内企业的目前情况来看,由于生存和竞争的压力,企业内普遍存在着"重售出、轻售后"的服务经营观念,在这种观念的主导下,能更快、更多的将产品推向市场是企业一切工作重点。这是企业经营诚信的重大缺失,是商业道德的重大缺失。与之相对应的是随着社会的发展,竞争的加剧,国家对消费者权益保护的加强和消费者对自身权益的觉醒和重视,消费者对企业产品和服务的不满意不再采取"隐忍—自我消化"的消极方式,而采取"不平则鸣"的主动方式。消费者不仅要求企业对问题讨论产品和服务失误进行维修和弥补,有些还要求企业对以此给其造成的显性和隐性的损失提供补偿。客户中对"在保修期内的问题讨论产品提出退货与换新"、对"在超过免费维修服务期后仍要求免费维修"的这些看似"无理要求"的比例正逐渐上升。矛盾的加剧,使我们越来越认识到售后服务的特殊使命,它为我国的商品走入市场化、与世界经济融为一体,起着积极的过渡与推动作用。总之,构建现代商品售后服务体系,是建设市场经济的核心价值体系,也是现代商业道德标准建设工程。同时,实施和建立商品售后服务体系与制度,这从根本上堵死假冒伪劣产品的产生源,是防伪打假的一条切实途径。

从行业重视程度来看,汽车、家电、电子行业以及大中型商场十分重视,其他服务型行业认识较差,有的根本不承认企业有售后服务这项内容和职责。这是与现代市场经济、商业理念与道德所不相容的,也是流失客源,导致企业走向困境甚至衰败破产的危险道路。

9.2 售后服务的实施

9.2.1 商品售后服务的内容

1. 送货服务

送货服务是指企业根据客户要求,将客户所购买的商品运送到指定地方的售后服务。一般对于体积较大的商品、或一次性购买数量较多的商品,或对于自行携带不便的客户,企业均有必要提供送货服务。

【实务指南 9-1】 送货服务流程

1. 准备阶段

首先送货部门接收送货任务指令,由专人负责送货任务的调度和分配。然后,运货员领到任务后确认送货时间和送货路线,并检查准备运输车辆。装运货物前要检查货物与运货单是否相符,确认无误后再装运货物,最后准备好有关单据。

2. 运送阶段

商品在运输途中主要考虑的是交通安全、货物防雨、防震等问题,一定要加强对商品运输的保护措施,防止商品在运输途中损坏、丢失、短少和被盗。

3. 抵达阶段

首先应由客户检查确认货物,包括商品型号和数量,以及商品外观的检查确认。确认无误后,客户在送货单上签字。如果存在需要收付的商品尾款的情况,应向客户收取,并开具相应收款凭证,然后向客户交代商品售后服务事项,同时也听取客户的意见和反馈。最后向客户表示谢意并辞行。

2. 安装服务

安装服务是指企业为保证客户购买的商品能按技术要求顺利安装、正确调试、可靠运行,派技术人员到现场负责指导或直接进行安装调试的一种售后服务工作。这是一种典型的技术性售后服务工作,这种服务适用于有一定技术性能要求的耐用消费品、工业机器设备、大型机具等。

安装服务的内容包括两方面,一是商品的位置固定安装,如家用热水器的安装;二是商品本身的安装,例如空调安装、家具的组装等。无论是家用消费品还是工业产品都有可能存在安装服务,这取决于商品本身的体积、技术复杂度等因素。

【实务指南 9-2】 安装服务基本要求

（1）企业要派出技术水平高、责任心强的技术人员。

（2）安装服务人员最好能统一着装或佩戴统一标记，出门前检查所需要的工具，按与客户约定的时间准时到达目的地。

（3）到达现场后应出示证明自己身份和技术资格的条块等级证件，得到客户允许后方可进入安装场所。

另外，在安装过程中应该注意爱护客户家居或办公环境，不得损坏其他物品，保持清洁。

3. 维修服务

维修服务是指企业对售出的商品在客户使用过程中发生故障或造成损坏而负责进行修理，使之恢复正常功能的一种售后服务工作。企业为客户提供优质的维修服务既可以解除客户的精神忧虑，减轻客户的经济负担，使售出的商品在客户手中充分发挥效用，又可以借此在客户心中建立良好的企业信誉，起到召唤潜在客户和回头客户，扩大市场销量的作用。同时，企业还可以获得宝贵的产品使用信息，分析查找出稳定和提高产品质量的途径。

【实务指南 9-3】 切勿将服务当弥补手段

在制造企业的提供的售后服务中，经常存在这样的现象，提供了免费服务顾客还是怨声载道，原因就是这些免费服务不是顾客真正要的服务，企业的售后服务只是把它当成了弥补产品质量的一个手段，却没有从售后服务增值的角度来考虑问题，顾客关心的不是价格而是价值。对于制造企业来说，最好的售后服务是没有服务。

"我们的维修人员一周 7 天、每天 24 小时为你免费服务"的口号并不动听，瑞士手表有这样一句广告语："瑞士手表世界各地维修站的人员正闲着无聊。"只有这样才能显示出产品质量的优异性，谁也不愿意因为产品质量问题而获得更多的额外服务。如果一部手机半年内修了 4 次，尽管每次维修中心的人态度都极好，派人上门取手机，维修期间给代用机，修好后派人专门送回，而且全部是免费，但是顾客会喜欢这样的服务吗？

（资料来源：於军．服务问题讨论管理．上海：上海人民出版社，2008）

4. 退货服务

退货服务是指售出商品在一定期限内按一定条件给予客户退换的一种售后服务方式。企业对销售出去的商品实行有条件的包退包换，不仅是一个销售服务问题，也是一个对客户负责的问题，如果客户购买的商品存在某种质量问题或性能达不到产说明书上规定的指标等，客户就有权提出退换要求。这样能解除客户的后顾之忧，增强其对本企业产品的信任，促进客户放心地购买，推动本企业产品的市场销售。

【实务思考9-2】 一双跑鞋引发的对退换货制度的思考

去年,我有一双买了4个月的跑鞋鞋带眼突然开裂,鞋带系不上了。那双鞋我是花了85美元买的。

我当然知道接下来应该做什么。我会带着鞋子到店里换一双新的。这是零售业现在的惯例,对不对?

但结果发现,我想错了。那家鞋店的人告诉我,他们只能换买了一个月左右的鞋子。他们说,对于一双跑鞋来说,4个月的时间实在是太长了。有些顾客每个月都会购买新鞋。

我以前从来没碰到过这样的事。我平常穿跑鞋做步行或跑步锻炼,通常一双鞋会穿上一两年时间。而且我的跑鞋从来、从来没遇到过鞋带眼出问题的,即使鞋子已经磨得不成样子了也没有。

鞋店让我联系生产厂家——耐克(Nike)。这可是全世界最大的运动鞋生产商之一哪。他们告诉我它对顾客的服务非常周到。于是我给耐克打了电话。然而,至少在我看来,它的答复还有不尽如人意的地方。

按照宾夕法尼亚大学沃顿商学院零售业专家霍奇(Stephen Hoch)的说法,我假设的"顾客就是上帝"的观念已经过时了。他说,大多数零售商已经不再抱有这种理念。至于慷慨的退货制度,"许多零售商认为,他们即使这么做也不会得到叫好,而且,还会让一些喜欢钻空子的顾客给他们带来损失"。

仍有一些坚持退货制度的公司如仓储式折扣店Costco Wholesale等对顾客不想要或发现有瑕疵的商品提供方便的退换服务。但即使是Costco一年前也开始被迫对无条件退货制度作出修改,因为有太多顾客将电视机、电脑和其他大额电器退回商店,而这些商品的价格在下降。一年前卖出的电视机一年后只值当初售价的一个零头。

Costco首席财务长格兰蒂(Richard Galanti)说,公司以前每年因为大额电器退换货造成的损失高达1.8亿~2.0亿美元,这些退回的商品回收或销毁后的价值只有当初售价的百分之几。因此,公司在2007年年初对退换货制度作出修改,规定只有售后90天内的电器可以退换。(作为补偿,它延长了生产商的保修期,增加了帮助顾客设置电脑和大屏幕电视机的服务。)

同时,Costco保留了其他类别商品的无条件退货制度。格兰蒂说,现在公司每年在退换货上的开支是5亿美元。该公司目前并不打算修改退换货制度,这一制度是它还处于试图向顾客证明其经营理念的时期制定的。

Nordstrom对待顾客退货采取具体情况具体处理的方式。但该公司一位发言人说,为让顾客高兴,他们有时会回收顾客几年前购买的货品。发言人说,我们确实认为,顾客之所以愿意到我们这里来购物的一个原因是,店里所销售的商品有我们做后盾。

但耐克的态度可不是这样。当我给他们的客户服务人员打电话时,他们告诉我,把鞋子寄给生产商,好让他们检查一下哪里有毛病。难道鞋带眼裂了还不叫有问题吗?于是,我花了7美元把鞋子寄走了。

几个星期过去了。没有一点回音。我又打电话给厂家。他们已经检查过了,认为没有制作上的毛病。那么我的鞋子呢?他们已经把它寄回来了。

我简直气坏了。我之前已经为一双质量很糟的鞋子扔了85美元,然后又被迫花了7美元邮寄费用,结果却好像被告知是我自己运气不好。

我在电话里对耐克的客户代表叫嚷了将近半个小时。然后还跟她的上司通了话,但还是不解决问题。耐克公司也没有回复有关此事的电话询问。

在我看来,耐克的退货制度实在让人遗憾,它简直像是有意要激怒顾客。如果你不打算接受退货,你就不应该让顾客把商品寄去。唯一的例外应该是对那些你认为打算钻空子占便宜的顾客。这事到现在我还会想起来。

对了,那双鞋结局如何呢?我还不打算把它们扔掉。我又研究了一下,然后采取了临时措施,让鞋带从同一个带眼穿两次。那模样看上去有点怪怪的,但至少鞋子不会松开来。我会一直穿下去,直到有一天它被磨破。

问题讨论:应该怎样设定退换货条款?

分析:

(1) 退换货应该有一定的条件尺度。对售出商品的退与换必须做出明确具体的规定。

(2) 企业对客户的退换货要求应该热情相待,不能显示出冷淡或不耐烦的情绪。

(资料来源:一双跑鞋引发的对换货制度的思考. MBA智库. 资讯. http://news.mbalib.com/story/7636,2008-11-21)

5. 技术培训服务

技术培训服务是指企业根据客户的要求,为保证客户能够有效操作使用和维修保养所购买的商品,而帮客户培训有关技术人员的一种售后服务工作。技术培训服务主要包括技术操作人员培训、维修保养人员培训、机器设备产品管理人员培训等,内容涉及商品的原理和技术特征、操作与运行维护方法、问题解决方法等。

6. 备件供应

备件供应是指生产企业为保证客户购买的设备产品能够正常运转和发挥效用而提供维修所用的备件的一种售后服务工作。这一服务可以给客户带来更多便利,保证客户所购买的产品及时更换损坏的零部件。通常向客户提供备件是有偿服务,能够带动备件的生产和销售,增加企业收益,属于一举两得的服务内容。

【实务思考9-3】 赵教授的烦恼

2002年年初,赵教授买了一台康柏Presario1700型笔记本电脑,用了一段时间后发现稳压电源坏了,赵教授急忙与销售计算机的公司联系,公司让他和专门的售后服务公司联系,售后服务人员告知,如果在保修期内可以更换一个,如果过了保修期则属于保外维修,要找维修点。售后人员查了该计算机的保修期(一年时间),发现已经过保修期一个多月了,属于保外维修。赵教授想维修就维修吧,尽快把电源修好,别太耽误工作就行。可是被告知的维修条件让赵教授很迷惑,他们不做任何维修,只是让赵教授新买一个适配器（稳压电源），价格为 580 元，而且还要等 30 个工作日，考虑到周六、周日要休息，赵教授要等一个半月左右。他央求对方：你知道，使用笔记本电脑的人哪个时间不宝贵？有没有买现货的地方？对方很爽快地告诉他一个可以买到现货的公司电话，打过去电话，人家告知价格为 650 元，绝不还价。赵教授别无选择，只好买了一个。

一个稳压电源绝不是什么高科技产品，也绝不可能构成技术垄断。在中国有很多生产稳压电源的企业，一个产品的成本 20 元不到，为何卖 650 元的高价？买别的厂商不行吗？不行。因为康柏公司为自己的计算机设计了特定的电压和电流，使其他计算机适配器与康柏的计算机不能混用。所以，只要买了它的计算机，配件坏了，再高的价也得买。

问题讨论：康柏公司的备件供应方式可取吗？

思路引导：康柏公司似乎可以在其备件销售上获得高额利润，但却会伤害消费者的利益和感情，最终失去消费者对其的信任。

（资料来源：牛国良. 微观经济原理. 北京：清华大学出版社. 北京交通大学出版社，2009）

9.2.2 现代服务业的售后服务

现代服务业初步发展于工业革命到第二次世界大战期间，确立于 20 世纪 80 年代。关于现代服务业，使用较多的一种定义是："现代服务业是伴随着信息技术和知识经济的发展而产生，用现代化的新技术、新业态和新服务方式改造传统服务业，创造需求，引导消费，向社会提供高附加值、高层次、知识型的生产服务和生活服务的服务业。"

世贸组织的服务业分类标准界定了现代服务业的九大分类，即商业服务，电信服务，建筑及有关工程服务，教育服务，环境服务，金融服务，健康与社会服务，与旅游有关的服务，娱乐、文化与体育服务。[①]

对于服务业来说，售后服务就是在主要服务活动之外的，并与之相关的一类服务活动，例如客户实务咨询服务等。由于服务行业种类繁多，特征差异非常之大，主要服务内容也五花八门，所以很难统一说明其售后服务内容有哪些。下面分行业介绍售后服务的内容。

1. 商业银行的售后服务

商业银行的售后服务，是指商业银行售出商品之后所提供的服务。传统银行实务几乎没有售后服务（所谓传统银行实务，是指以存款、贷款和结算为主体的一般银行实务），在电子化高度发达的今天，以电子银行为主要特征的现代银行正逐渐步入人们的生活之中，从最初的 ATM，到现在手机银行、网上银行、电话银行等，电子银行无所不包。与传统银行实务相比，电子银行实务有许多优势：一是由于电子银行实务主要利用公共网络资源，不需设置物理的分支机构或营业网点，大大降低银行经营成本，有效提高银行赢利能力。二是电子银行实务打破了传统银行实务的地域、时间限制，具有 3A 特点，即能在任何时候（Anytime）、任何地方（Anywhere）、以任何方式（Anyhow）为客户提供金融服务，这既有利于吸引和保留

[①] 根据百度百科资料整理 http://baike.baidu.com

优质客户,又能主动扩大客户群,开辟新的利润来源。三是电子银行有利于服务创新,向客户提供多种类、个性化服务。电子银行的出现与发展使银行的售后服务工作也得到了发展。

【实务指南 9-4】 银行商品的种类

典型的银行商品有存款、借记卡、各种信用卡、抵押卡、公司卡、快速贷款、小型企业抵押贷款、私人银行、汽车贷款、个人信用贷款、房屋按揭、大学生教育贷款、企业贷款、进出口实务、房地产建筑贷款等。

【情境案例 9-1】 银行挂失服务

实务情境:李女士不慎丢失其钱包,里面除了现金、身份证外,还有 8 张各家银行的银行卡包括信用卡。由于平时喜欢炒股、买基金,因此,李女士曾开通了这 8 家银行的网上银行,并绑定了相应的股票、基金等实务,以方便网上理财。如今钱包丢失,去银行挂失银行卡时,她才发现这是一件无比头疼的事。

补卡后,大部分银行的卡号与原卡号不同,而且仅有一小部分实务可以平移,大部分实务,如基金实务,需要李女士亲自到基金公司等机构去转换。此外,某银行由于网银升级换代,需要李女士自己登录网站后手动平移。最为气人的是,她在某国有银行办的那张还房贷的银行卡,一旦挂失,连房贷都要受影响。房贷扣款竟然要客户亲自打当时贷款银行的电话做变更。

不过,也有少部分银行提供的服务让李女士颇为满意,如招商银行、民生银行、兴业银行。这三家银行不仅所补的新卡与原卡号完全相同,而且网上银行和代销、直销基金等全部实务都可以自动平移,省去了客户不少时间和精力。

问题讨论:银行挂失实务能够折射银行竞争力吗?为什么?

思路引导:

(1) 普通的银行卡挂失实务并不会暴露银行服务的差距。

(2) 真正考验银行竞争力的"试金石",是多实务整合背景下的挂失服务。

(3) "以客户为中心"的理念要落到实处,必须从客户真正的需求出发,深入分析银行服务的每个细节,使各项实务无缝衔接、平滑过渡。

(资料来源:一周. 挂失服务折射银行竞争力. 载上海金融报,http://www.shfinancial-news.com/xww/2009jrb/node5019/node5036/node5048/userobject1ai54624.html,2010-02-12)

另外,理财实务是银行近年来发展最快、创新力度最大的实务之一,银行对理财产品的售后服务不可或缺,其内容包括定期披露一些理财产品的净值和预期收益情况,让客户能够及时、主动地了解他所购买的理财产品情况,采取各种方式与客户保持沟通和联系,努力加强双方的进一步理解和信任等。

2. 航空业的售后服务

航空业的售后服务包括了回访、投诉理赔及纠纷处理等,对于航空业来说,做好售后服务是改良售时服务质量、促进售前服务效率的最中肯最直观的手段,更是向企业提供决策数据和监督其各项规章制度执行效果的良好途径。①

【实务指南9-5】 旅客投诉量同比上升 民航应对延误任重道远

2010年2月20日,中国消费者协会在网站上公布了《2009年全国消协组织受理投诉情况分析》。其中,在投诉热点分析中提到,2009年,航空运输服务投诉量同比上升44.4%,居投诉增幅第二位。2007年投诉量为254件,2008年为284件,2009年为410件,投诉量呈显著增大趋势。

分析表明,在航空运输服务投诉中的主要问题是:航班延误理由不能服人,跟进服务主动性差,行李小票疏于查验,退票不易索赔难等。应该引起重视的是,一些境外航空公司缺乏保护我国消费者合法权益的服务机构和制度措施,对于消费者的投诉在总部和办事机构之间相互推诿,不能迅速妥善解决问题。

中消协秘书长助理王前虎认为,服务意识的相对缺乏是旅客投诉率上升的关键因素之一。面对航班延误这一在民航投诉中占主体的问题,王前虎建议,航空公司应站在消费者的立场上处理问题,摆正自身与消费者之间的关系,使航班延误信息透明、及时,同时提高服务质量,做好延误后旅客的安抚工作。

民航局消费者事务中心主任刘玉梅介绍说,目前中国民航处于快速增长期,面对不断增长的消费者,投诉率自然会有所上升,这与消费者对航空运输业的相对陌生以及较高的期望值有关。于是,在遇到一些特殊的情况时,旅客也会出现一些过激的反应。

(资料来源:佚名.旅客投诉量同比上升,民航应对延误任重道远.中国民航信息网.http://www.airnews.cn/consultation/84836.shtml,2010-3-3)

3. 旅行社业售后服务

旅行社业的售后服务,是指在旅游者结束旅游活动后,旅行社为稳定和巩固老客户所做的一系列诸如征询意见、解决投诉、加强联系、积分奖励等工作。售后服务对于保障旅行社经济效益,提高旅行社服务信誉以及树立良好的旅行社企业形象都有着直接关系。在当前旅游市场日益激烈的竞争条件下,如何保持住旅行社的"忠诚客户",除了在创新旅游产品、提高服务质量上下工夫外,重视和完善售后服务工作是十分必要的。在美国,游客通常会选择同一家旅行社为他和家人安排几次、十几次甚至几十次出游,忠诚度非常高。为什么美国游客的忠诚度这么高,其关键就在于售后服务的管理。美国旅行社业具有较强的售后服务意识,注重与客户建立长期联系,通过为老顾客提供个性化的售后服务和多种有吸引力的销售组合,让他们感受到特别对待,以此来获得长期忠诚的客户。

---

① 薛佳.售后服务——提高航空服务品质的"催化剂".民航资源网,http://news.carnoc.com/list/137/137118.html,2009-06-27

【实务指南 9-6】 美国快乐界旅游公司（简称 GCT）的售后服务

1. 注重服务质量的追踪监督

旅行社完善的服务质量追踪监督可以及时处理客人提出的投诉，争取主动，化解顾客的抱怨与不满，尽量减少负面影响；能尽早发现旅游活动过程中各方面服务的不足之处，及时改进，进一步提高服务质量。

每一位参加 GCT 旅游的客人，在结束旅游活动回家之后必定会收到 GCT 公司寄来的对整个旅程进行服务质量评判的表格。表格设计详尽，评价项目全面，主要包括两大部分，第一部分是对旅游总体质量的评价，主要包括对领队、旅程总体探索和发现、旅程总体游览步调的评价。其中对领队的评价又分为讲解能力、沟通能力、解决问题的能力、性格等方面。第二部分是对各地服务质量的评价，包括对游览全程各地地陪、酒店、用餐、用车、景点、购物等方面的评价。每一项评价均分为优秀、良好、一般、较差四项，游客根据自己的亲身经历和感受来选择。

GCT 领队奖励薪酬的获得和日后排团量的保证都取决于团队客人在服务质量反馈表上所打"优秀"的项目数量，因此领队在带团过程中会恳请客人填写服务质量反馈表，再加上美国游客注重保护自己的权利，愿意表达自己的想法，通常都会非常认真地填写表格并寄回 GCT 公司，这些都保证了服务质量反馈表的回收率。

所有 GCT 客人的服务质量反馈表都会回收至 GCT 精密的质量评价计算机管理系统。在 GCT 公司美国波士顿总部，有 100 多名员工为其质量监督体系工作，当发现游客对旅程有不满意之处，他们会与游客及时取得联系，安抚客人，采取一系列积极的补救措施，努力消除客人的不满情绪。同时将发生的问题及时反馈至相关服务部门，避免影响服务质量的事件再次产生。

2. 运用多样的售后联络手段

GCT 公司为每一位客人设立了完整的客户档案，包括旅游者的基本信息、曾经出游的目的地、兴趣爱好、对游览活动的特殊需求等。每个月和一些特定的假期，公司会根据客人的兴趣和可能的需求给曾经参加过 GCT 旅游的客人寄发世界各国或地区精美的旅游宣传册。在宣传册上，不仅有各地漂亮的图片、详尽的线路设计和丰富的游览介绍，还附有游览或消费的优惠券，以吸引游客再次出游。

客人生日时，会收到 GCT 公司发来的生日贺卡，让客人感到被重视和尊重，觉得旅行社和他很亲近。每隔一段时间 GCT 公司还会分区域举办开放日活动，与客人直接接触。届时，公司会有针对性的邀请一些客人到俱乐部、酒吧或其他一些公共场所，开展旅游讲座，宣传公司新推的旅游产品，发放广告资料，观赏风光片并推出优惠活动，让客人对旅行社的旅游产品加深印象并愿意再次购买。公司所采取的一系列售后服务联络手段让客人感受到 GCT 无处不在，只要去旅游，就一定会选择 GCT。

3. 完善的会员制度体系

设立会员制是当今世界一流企业通行的管理方法，稳定一部分老顾客、使企业拥有相对固定的客源市场的同时，还可显著降低企业的广告和营销费用。对于顾客来说，成为会员可享受企业的"特殊待遇"，获得额外的利益。

第三次选择 GCT 出游的客人即可成为 GCT 的核心集团成员（简称 ICMember）。ICMember 是公司的生命线，是 GCT 重点服务的对象。GCT 公司对 ICMember 的服务可谓是无微不至。除了前面所谈到的常规的售后服务手段，ICMember 的客户档案会更加具体，每年的生日、圣诞节、感恩节等节日，ICMember 的客户会收到公司寄来的纪念品，如旅行包、雨衣、手杖、帽子等。ICMember 还可在网上 ICMember 俱乐部里兑换实用精美的出游前礼物。

为保证 ICMember 的成员能享受到优先服务，公司特为 ICMember 设立了超长服务时间的免费服务电话，通过电话，游客可以直接与专业的旅游顾问沟通，旅游顾问可以根据客人的旅游需求精心安排下一次出游，并帮助解决客人在出游前后的任何问题。ICMember 还可通过 E-mail 与旅游顾问进行联系，公司保证在收到邮件 24 小时内给予回复。ICMember 可以得到特别的航程安排和住宿安排，公司根据 ICMember 的需求可以安排客人提前抵达和推迟离开目的地，某些城市的住宿安排也可根据客人的需要进行调整。

在整个旅程中，ICMember 可享受到更高级别的待遇。每到一地旅游，GCT 地区经理都会给他们发出欢迎信。他们享有优先就座、优先办理登机和入住登记手续的待遇，他们可以参加专为 ICMember 举行的鸡尾酒招待会，并在某些商店购物时享受 10% 的优惠。

ICMember 的成员如果能够招揽 5 名以上的游客参加 GCT 的团队旅游，还可获得免费旅游的机会。

GCT 公司也更加重视 ICMember 所填写的服务质量反馈表。若团队中有超过 15% 的 ICMember，对领队工作的评价则着重取决于 ICMember 在服务质量反馈表上所打"优秀"的数量，即使非 ICMember 对领队的评价不是很高，但只要 ICMember 认可了领队的服务，他的工作同样能得到公司的肯定。反之，即使团队中所有其他客人都对领队的工作评价较高，但只要有一位 ICMember 没有评价"优秀"，领队的辛苦工作可能就会白费。这也意味着领队在带团过程中做好 ICMember 的服务工作是多么的重要。

GCT 公司为 ICMember 所做的一切会让老顾客感到自己是企业的主人，和企业非常亲密，自然而然就会再次消费企业的产品。有数据显示，GCT 公司 80% 以上的生意都是由 ICMember 和与 ICMember 有关的人带来的，ICMember 为 GCT 公司带来了稳定并不断增加的客源市场。

（资料来源：佚名. 旅行社业售后服务管理研究. 海南旅游超市网. http://www.tohainan.net/Article/Experts/lxs/200901/4809.shtml，2009-1-21）

4. 电子商务的售后服务

上网购物已成为网络经济时代人们生活的流行时尚。只需轻轻点击一下鼠标，人们就可以坐在家中随心所欲地选购自己喜爱的各种商品，越来越多的商家已经开始意识到利用因特网这一神奇通道开展电子商务所展现出的非凡魅力。尽管电子商务将一些程序放到网上去完成，但它的实质仍旧是销售产品，因此售后服务依旧异常重要。

电子商务在售后服务内容上大体包括：有条件退货、建立客户咨询系统、成立客户投诉中心、无条件退货等。

9.2.3 售后服务策略

1. 全面售后服务策略

全面售后服务,是指企业为消费者提供所需要的产品售后全过程的所有服务,这种策略几乎适用于所有经济价值高、寿命周期长、结构复杂和技术性强的产品,同时,能够最大范围地获得消费者的满意,增强企业的竞争能力,扩大市场占有率,给企业带来良好的经济效益和社会效益。

【实务指南9-7】 日本汽车

20世纪70年代初,日本的汽车厂商急于打开广大的欧洲市场,为了提高日本汽车的知名度,赢得欧洲顾客的青睐,采取了积极的广告宣传攻势,质优价廉的营销组合策略等一系列营销手段,却忽视了售后服务,因此始终达不到意想的效果,市场占有率仅为12%。过了一段时间,聪明的日本商家调整了产品策略,在欧洲各地建立了数万个汽车服务和维修网点,采取全面售后服务策略,消除顾客的不满情绪,提高日本汽车的知名度和美誉度,使市场占有率一下达到43%,收到了预想的效果。

2. 特殊售后服务策略

特殊售后服务是指企业向消费者提供大多数其他企业所没有的售后服务,最大限度地满足消费者的需要。这种策略适用于经济价值比较高,寿命周期不太长的产品,特别是季节性和专利性产品。这种策略往往具有这样两个特点。

(1) 反映企业优良的产品特色和独特的服务项目,在满足顾客物质需要的同时,在心理上也获得充分的享受。

(2) 满足特殊消费的特殊需要,由于生理、心理和文化背景的不同,一部分消费者具有特殊服务的要求,企业应通过特殊服务来予以满足,产品售后服务的竞争,是经营者智慧和创新的竞争,精于思考,独出心裁,必然使产品销路不断拓宽,赢得消费者的欢迎。

【实务指南9-8】 空调的销售

我国南方的一个空调器生产厂家,曾在春节期间别出心裁也搞了个"我心中的最佳产品"大奖赛,在报纸上刊登,印发几万张宣传单,同时,派销售人员挨户上门讲解,并免费进行空调器的维修服务活动,这样,生产厂家的形象不仅深深扎根在消费者的心目中,还扩大了影响,消费者众多,在当年的夏季,给企业带来颇好的经济效益和社会效益。

3. 适当售后服务策略

适当售后服务,是指企业根据经营目标、市场环境,产品特点和消费者需求,仅仅对购买者的某些服务项目提供特定的服务,这种策略普遍适合中小型企业采用。这些企业由于受到人力、物力、财力的限制,为了控制生产成本和服务成本,只能为大多数消费者提供适当的最好的售后服务项目。否则产品的服务成本和价格将会大幅度提高,产品的销售量和企业的经济效益趋于下降。由于这种售后服务策略只提供消费者所提出的、适当的售后服务项目,将其他服务项目舍弃,这样使消费者得不到希望的全面服务,产生不满情绪,甚至不满情绪比较强烈时会转而购买竞争者的产品,导致企业产品销售量、市场份额和经济效益的下降。因此,这种策略仅在消费者十分看重产品的质量和价格方面,不十分重视产品的售后服务,且服务的项目和内容不多时才可以采用。有些制衣厂、制鞋厂等都是采用这种服务策略。

【情境案例 9-2】 "嫁女儿理论"说

实务情境:松下幸之助有一"嫁女儿理论"说:销售产品要像嫁女儿一样,我们每天经手的商品,就像自己费尽心血养育的女儿。顾客买走了我们的商品,就等于娶走了自己的女儿。所以我们一定要将自己的产品呵护负责到底。

问题讨论:企业如何才能做到"将自己的产品呵护负责到底"?

思路引导:

(1) 企业一定要有服务意识。不论是商业企业、生产企业还是服务企业,只要经营产品就要保证产品使用价值的实现,周到、及时、热情地组织售后服务。

(2) 不同行业、不同产品、不同客户应该选择不同的售后服务策略和项目。

9.2.4 售后服务人员素质要求

售后服务工作是靠售后服务人员与消费者的交流和沟通来完成的。实际生活中,只有实务专业、心态平和、态度良好的服务人员,才可能提供高质量的令顾客满意的服务。

1. 实务

售后服务人员懂得越多越能为客户提供优质的服务。售后服务人员应该掌握行业和公司的知识,产品的知识,顾客的知识,甚至竞争对手的知识。

2. 心态

每个人在生活和工作中,都会有喜怒哀乐、都会遇到快乐或者烦心的事情。所以要提供给顾客满意的服务,作为售后服务的从业人员,一定要具备强烈的服务意识。心态一定要平稳,保持不急不躁,不卑不亢。服务人员服务意识的好坏是决定能否给顾客提供优质、令顾客满意的服务的基础。

3. 态度

做好售后服务,关键是要超常做好自己分内的工作,提供超出消费者预期的超值服务。比如承诺接到维修电话 24 小时内上门服务,而实际上基本做到不超 6 小时就有人上门,这就是超过预期。每次都是如此,并且提供非常专业技术的服务,这时顾客表现出的心理就会是满意。另外对于售后服务人员做的其他一些额外服务(如顺手把垃圾带下楼,修理其他家电的小毛病等),则就会给顾客一个惊喜。在这个时候,顾客表现出来的满意是发自内心的,他认为你没有任何功利。售后服务人员一旦"把让顾客满意"作为自己的追求来对待,就会从内心里热爱服务工作,把整个服务过程做得更好,更有效果,提供更加人性化的服务。

9.3 处理客户投诉

9.3.1 正确处理客户投诉的重要性

顾客对企业直接的投诉,是企业了解顾客对产品和服务期望的最有效和花费成本最少的一种方式。由于企业需要对飞速变化的市场环境作出响应,倾听和快速回应顾客的投诉,就可以帮助企业与顾客的期望保持紧密的联系。

客户投诉处理可以减少客户"剧变"并挽救那些濒临破裂的客户关系,是一项集心理学、法律知识、社会文化知识、公关技巧于一体的工作。

【实务指南 9-9】 顾客的投诉是一面镜子

"你们必须立刻将物品从这间房搬出去。"酒店服务员对我们吼道。在旧金山 TMI 公司主办的一个研讨会结束后,我们准备跟学员们说再见,并处理完最后的问题。但是,酒店的服务员并不这么想,他们当晚在这个房间安排了另一个会议,因此让我们必须在下午 5:30 准时离开。

没有征求我们的意见,服务员将我们的用品堆放到走廊里。这给大家留下了很坏的印象,虽然前几天旅店的服务还算不错。我们开始抱怨,结果被酒店的服务员看做是"麻烦"的顾客。

第二天,TMI 公司的后勤主管给这家酒店总经理写了一封充满气愤字眼的投诉信,并且说再也不会到这家酒店来举办研究会了。两天后,一束巨大的玫瑰出现在 TMI 公司后勤主管的办公室里,据说那是目前为止她收到的最大的一束花。不一会儿,酒店总经理打电话来诚恳地向我们道歉,并明确表示不愿意失去我们公司的生意;他承诺下一次 TMI 公司在酒店举行研讨会,所有的房间都将免费,又写了一封信确认他先前口头的协议,并保证不会再犯令活动时间冲突的差错。

之后,很多 TMI 公司的员工都建议过我们试试到其他酒店举办研讨会,但是我们的后勤主管坚决要求在这家特别的酒店举办,这家酒店曾经如此差劲地对待我们,但又奇迹般地改正了,她成了这家酒店的支持者。

(资料来源:佚名. 顾客的投诉是一面镜子. 中国服务营销网. http://www.surprising.cn/n1661c17.aspx,2009-8-7)

9.3.2 处理投诉的步骤和方法

做好投诉受理,是一个准确识别客户和准确识别需求的过程。企业首先是要有一个平台,建立客户联络中心;二是要有顺畅的渠道,如投诉电话、电子邮箱、客户回访、服务渠道等;三是要有规范处理流程,从记录、受理、处理、分析、反馈都流程化;所有核心工作就是如何将客户的信息完整地收集进来,然后通过标准化的,人性化的管理将不同的客户不同的需求进行分流、处理。这个分流并非没有监控和跟进,而是有系统和流程保障,使客户的问题在最有资源和最有能力处理好的部门去快速地处理好,以提高客户满意度,降低客户流失率。

1. 接受投诉

客户投诉处理方法第一步叫做"接受投诉",要求迅速受理,绝不拖延,这是第一个要素。坚决避免对客户说"请您等一下",否则你就是在冒险,因为你并不了解这位客户的性格,这个投诉对他生活工作带来多少影响,以及其后客户会有的反应。

投诉处理的目的不仅仅是避免给企业带来的麻烦,更重要的是希望通过有效处理投诉,能够挽回客户对企业的信任,使企业的口碑得到良好的维护,有更多的"回头客",从而化"危机"为"契机"。

2. 平息怨气

客户在投诉时,多带有强烈的感情色彩,具有发泄性质,因此要平息他们的怨气。在客户盛怒的情况下当客户的出气筒,需要安抚客户,采取低姿态,承认错误,平息怨气,以让客户在理智的情况下,分析解决问题。

3. 澄清问题

需要给客户一个宣泄不满和委屈的机会,来分散心里积压的不满情绪,如果放弃这个机会,就不利于投诉最终的处理。用提问题讨论的方法,把投诉由情绪带入事件。

通过提问题讨论,用开放式的问题讨论引导客户讲述事实,提供资料。当客户讲完整个事情的过程以后,客户服务人员要用封闭式的问题总结问题讨论的关键。例如,"您刚才所说的情况是您在石家庄的用户中有一户向您反映,鸡用料后产蛋率下降了两个百分点并有少数软壳蛋和破损蛋出现,是这样的吗?"

4. 探讨解决,采取行动

探讨解决是指投诉怎么处理,是退,还是换,还是赔偿。很多客户服务人员往往是直接提出解决方案,而未考虑到当客户失去了选择的余地时,他会没有做上帝的感觉。真正优秀的客户服务人员是通过两步来做:第一步是先了解客户想要的解决方案,客户服务人员主动提出"您觉得这件事情怎么处理比较好"? 第二步是提出你的解决方案,迅速对客户投诉的问题进行有效解决。这样一来,不管客户是否已有解决方案的腹案,企业在解决问题时都会居于主动地位。

5. 感谢客户

感谢客户是最关键的一步,这一步是维护客户的一个重要手段和技巧。客户服务人员需要说四句话来表达四种不同的意思:

第一句话是再次为给客户带来的不便表示歉意；
第二句话是感谢客户对于企业的信任和惠顾；
第三句话也是向客户表谢意，让我们发现问题知道自己不足；
第四句话是向客户表决心，让客户知道我们会努力改进工作。

理念总结

- 售后服务是企业对客户在购买产品后提供多种形式的服务的总称，其目的在于提高客户满意度，建立客户忠诚。在类似或相同的商品销售竞争条件下，售后服务常常成了客户决定取舍的重要因素。因此，商品的售后服务也就代表了商品的信誉。
- 产品的售后服务的内容包括送货服务、安装服务、维修服务、退货服务、技术培训服务和备件供应。
- 服务行业种类繁多，特征差异非常之大，主要服务内容五花八门，其售后服务内容也各有不同。
- 售后服务策略的选择因行业特点、企业特点、产品特点等不同而不同。
- 让顾客满意是售后服务的最高标准和最高境界。而服务质量的好坏也是以客户是否满意为标准来衡量的。
- 投诉是客户将其在接受服务过程中所感受到的不满意向有关部门申诉的行为。客户服务人员应该具备的一个重要的技巧就是有效处理客户投诉，如果投诉处理不好，不仅仅给企业的形象、品牌带来影响，甚至会给企业的利润带来很大的影响。

■ 实务观念 ■

售后服务　送货服务　安装服务　维修服务　退货服务　技术培训服务
备件供应　售后服务的内容　售后服务策略　售后服务人员素质要求

■ 职业技能 ■

售后服务

理念应用

□ 单项选择题

1. 下面说法中错误的是(　　)。

A. 提供低劣服务的饭店是失败的饭店
B. 提供优质服务的饭店是成功的饭店
C. 饭店从根本上说,只销售一样东西,那就是服务
D. 餐饮服务只能使宾客受到生理上的享受

2. 现在越来越多的企业开始找回已经售出的有缺陷的产品,加强售后服务,提高企业信誉。这是因为他们已经认识到企业信誉是企业的一种（　　）。
   A. 价值符号　　B. 有形资产　　C. 无形资产　　D. 投资回报

3. 餐饮服务质量的好坏取决于（　　）。
   A. 客人需求的满足程度　　　　　　B. 服务员的服务态度
   C. 服务程序　　　　　　　　　　　D. 服务方式

□ 多项选择题

1. 我国汽车售后服务主要的经营模式有（　　）。
   A. 四位一体　　B. 汽车市场　　C. 连锁经营
   D. 汽车专卖　　E. 品牌经营

2. 关于选择会计软件时应考虑的因素中,下列说法中正确的是（　　）。
   A. 应考察所选软件的功能是否能满足本企业会计实务处理在现阶段以及未来一定时间范围内的要求
   B. 充分考虑厂商的技术实力、产品本身的性能情况、售后服务水平、经验以及成功的案例、价格等因素
   C. 要充分考察软件供应商的具体售后服务内容及水平
   D. 要根据企业核算的方法决定目标会计软件所应具备的应用框架结构

3. 美国快乐界旅游公司（简称GCT）通过（　　）为客户提供售后服务。
   A. 注重服务质量的追踪监督　　　　B. 运用多样的售后联络手段
   C. 完善的会员制度体系　　　　　　D. 多样化的产品

□ 判断题

1. 提供售后服务是企业对顾客的责任。　　　　　　　　　　　　　　（　　）
2. 处理客户投诉时不要轻易说对不起,因为道歉代表你承认了错误。　　（　　）
3. 当顾客投诉时,客户如果很生气当众咆哮,此时处理的方法是先别前往,等客户较平静时再行处理。　　　　　　　　　　　　　　　　　　　　　　　　（　　）

□ 理念辨析

1. 售后服务策略有哪些?
2. 请说明汽车售后服务主要的服务流程。
3. 请总结处理客户投诉的技巧。

□ 实务运用

1. 美国白官全国消费者调查统计:即便不满意,但还会在你那儿购买商品的客户有多少? 结果如下:
   不投诉的客户 9%　　　　　　　　（91%不会再回来）
   投诉没有得到解决的客户 19%　　　（81%不会再回来）

投诉过但得到解决的客户 54%　　　（46%不会再回来）

投诉被迅速得到解决的客户 82%　　　（18%不会再回来）

4%的不满意客户会向你投诉,96%的不满意客户不会向你投诉,但是会将他的不满意告诉 16~20 人。

从上述数据可以看出,那些向企业提出中肯意见的人,都是对企业依然寄有期望的人,他是期望企业的服务能够加以改善,他们会无偿地向你提供很多信息。因此,投诉的客户对于企业而言是非常重要的。

请回想一次你的投诉经历,并对企业的客户投诉工作提出建议。

2. 服务是商品整体不可分割的一部分,在当今市场竞争中已成为市场竞争的焦点。为顾客提供优质、完善的服务是企业接近消费者,打动消费者的最便捷途径,也是企业品牌树立的途径。世界上知名企业在创名牌时,无不把为用户尽善尽美的服务作为他们成功的标志,正如美国著名的管理学家托马斯·彼得斯和罗伯特·沃特曼调查研究了全美最杰出的43家企业后指出的:这些公司不管是属于机械制造业,或是高科技工业,或是卖汉堡的食品业,他们都以服务业自居。服务可以减少或避免顾客的购买风险,为顾客提供超值的满足,服务是创品牌的利器,也是品牌组成不可缺少的重要部分。我们在了解品牌、树立品牌时,一定要看到品牌背后的企业服务,这些服务包括售前调研、收集资料、征询意见、售中咨询、提供样品、试用、售后维修、安装、培训,等等。这些服务作为品牌的强力后盾,推动着品牌的成长。

你能举出利用售后服务锻造品牌的例子吗?

□ 案例题

某电器公司在售后服务中,要求员工做到"一、二、三、四、五",即上门维修带一双鞋套,进门说二句话(道歉与问候),带好三块布(一块修机布、一块垫机布、一块擦机布),做到四不准(不准抽一根烟、不准喝用户一口水、不准乱收费、不准拿用户礼品),五年保修。企业严守承诺,郑重声明,如有违背甘愿受罚,并为用户办理了责任保险。

问题(选择题):

1. 此案例说明,这家电器公司具有很强的(　　　)。

　　A. 服务意识　　　B. 诚信意识　　　C. 安全意识　　　D. 卫生意识

2. 在售后服务中,电器公司严守承诺,郑重声明如有违背甘愿受罚,并为用户办理了责任保险。这一做法的目的是(　　　)。

　　A. 电器公司转移风险,以减轻自己的损失

　　B. 树立客户第一的意识,进而树立企业形象

　　C. 通过制定严格的标准和接受社会监督,提高服务水平

　　D. 为了赢得客户信赖,敢于承担责任

3. 如果你是该公司的员工,你的认识或做法是(　　　)。

　　A. 抽一支烟、喝一口水没什么大不了的,公司规定不近人情

　　B. 既然是公司的规定,员工就应该无条件执行

　　C. 偶尔违反规定没关系,只要客户不向公司反映,谁也不知道

　　D. 制作一个客户意见卡,上门服务时把客户需求记录在卡上

4. 企业赢得顾客的方法不包括(　　　)。

　　A. 质优的产品　　　　　　　　　　B. 良好的售后服务

  C. 以次充好   D. 良好的信誉

5. 该电器公司的售后服务内容属于以下类型中的（ ）。

  A. 维修服务 B. 备件供应 C. 技术培训 D. 不可确定

▢ 实务分析

实务情境：

  有一个客户购买了一部手机。大概过了7个月，客户找来，说坏了，没有显示。拿到维修部门，维修部发现是电池漏液导致电路板腐蚀，只能更换电路板。但是更换电路板需要返回厂家，可是恰恰这款产品厂家已经停产了。于是客户要求索赔，要求退货。这个企业说："我们给你调换一个，你可以选另外一款同等价格的手机。"客户说："不行，一定要退钱。"后来发现，电池漏液造成电路板腐蚀不完全是这个客户的原因，和产品有一定的关系。经理没有答应，没想到这个客户特别难缠，天天闲着没事，就每天跑到企业闹，影响企业的正常工作，企业没办法了，就跟客户签了一个保密协议。你可以退货，但你不能把处理结果告诉其他客户。

问题讨论：

1. 该企业这种做法可取吗？
2. 该企业的做法有什么问题讨论？
3. 请就该企业的做法提出改进建议。

实 务 训 练

"售后服务运作"职业技能和素养训练

【实训目的】

  通过切实体验"售后服务"各实训任务和要求的完成、系列技能操作的实施、《××企业某产品（或项目）售后服务运作实训报告》的准备与撰写等活动，培养其"售后服务"的职业技能，并通过践行职业规范，促进职业人格的塑造。

【实训技能规范】

职业技能——售后服务运作

技能Ⅰ：送货服务

职业规范：能够按标准和程序提供送货服务。

技能Ⅱ：安装服务

职业规范：能够按标准和程序提供安装服务。

技能Ⅲ：退货服务

职业规范：能够按标准和程序提供退货服务。

技能Ⅳ：维修服务

职业规范：能够按标准和程序提供维修服务。

技能Ⅴ:培训服务

职业规范:能够按标准和程序提供技术培训服务。

技能Ⅵ:备件供应

职业规范:能够按标准和程序提供备件供应服务。

技能Ⅶ:处理客户投诉

职业规范:

(1) 能初步掌握处理客户投诉的步骤和方法。

(2) 能正确处理客户投诉。

【实训任务和要求】

对"售后服务运作"职业技能领域的各"技能点"实施阶段性基本训练。

各实训组通过对所选企业项目售后服务(包括送货服务、安装服务、退货服务、维修服务、培训服务、备件供应、处理客户投诉等)运作情况的调查、参与和体验,运用所学知识总结该企业相应业务运作的成功之处和不足之处,在此基础上提出建议,并撰写《××企业某产品(或项目)售后服务运作实训报告》。

【实训时间】

一周。

【实训步骤】

(1) 将学生组成若干个实训组,每5~6人分成一组,每组确定1人负责。

(2) 确定每个组的实训企业产品(或项目),根据各自企业售后服务运作情况,对其送货服务、安装服务、退货服务、维修服务、培训服务、备件供应和处理客户投诉等进行调查,参与并体验所选企业项目的售后服务(送货服务、安装服务、退货服务、维修服务、培训服务、备件供应、处理客户投诉等)具体运作。将工作情况进行详细记录。

(3) 撰写《××企业某产品(或项目)售后服务运作实训报告》。

(4) 在班级交流、讨论和修订《××企业某产品(或项目)售后服务运作实训报告》。

【实训报告范本】

见附录9。

新客户开发

■ 学习目标

了解并掌握产品定位的方法、市场定位的策略、制订新客户开发计划,能用所学理念和技能来规范新客户开发相关实务操作,并依照行业规范或标准,强化学生的职业素养。

实务引例　销售的困难

(1) 每次打销售电话拜访客户之前,无论是否必要,一定要去卫生间磨蹭好长时间。

(2) 要找的客户不在,很快就放下电话,长出一口气,如释重负。

(3) 拜访客户的路上,设想n个不好的假设,还没到客户那里,心情就紧张到极点。

很熟悉吧,很多顶尖销售员一开始也有过这些经历。同所有人一样,销售员也会有诸如恐惧、疑惑、犹豫不决等心理的现象。销售不是仅仅依靠努力拼搏就可以取得成就的,销售还要依靠你的智慧、脑筋、思考和行动。在进行客户开发工作时更需要销售员的智慧和行动。

(资料来源:佚名.客户开发的11个步骤(上):销售员如何克服客户开拓时的恐惧心理.中国销售培训网.http://www.esalestraining.com.cn. 2008-2-27)

客户开发工作是否有效关系到很多人能否在销售这条路上坚持下去。掌握客户开发的理念、客户开发的策略和新客户开发的步骤,能为提高销售业绩打好基础。新客户开发是企业销售增长的重要保证,本章系统介绍新客户开发的理念与操作。

10.1 新客户的理念

10.1.1 理念辨析

"客户"这个词在英文中有两种表达,一个是 customer,意思是顾客,即购买你产品或服务的人,多用在零售行业,通常指一些不稳定,一次性交易的人。另一个是 account,英文直译意思是"账户",即"客户"="账户"。一个个客户就像一个个银行账户,只要你用心经营,他就会不断给你带来更大的财富。

一个销售员是把客户当做 cutomer,还是把客户当做 account,不同的观念将直接导致销售的行为及销售结果。如果只是把开发客户只当做一次性买卖,那么,结果当然是只会向客户卖一件产品,而不能深入挖掘客户的其他需求。①

因此,在外资企业,一般做销售有两拨人。一拨人做新客户开发,其目标对象主要是不稳定的新客户,即 customer。职位叫做 BDM(Business Development Manager)。还有一拨人是专门做客户维护的,对象即 account,职位叫做 AM(Account Manager),其目的是不断挖掘客户的潜力,保持联系,并进行有效的扩展销售,包括向上或交叉销售。

【实务指南10-1】 促销的目标不仅仅是销售

促销目标中可以有销售目标,但销售目标并不是促销指标的全部。

麦当劳的促销目标一直未变,沿用至今,其中对每次活动有如下规定:①把握客户,增进新客户及老客户到店率。②争取顾客的每次消费额有所增加。③把握商圈,增进社会关系。由此我们可以看出,企业促销的目标其实具有多样性,销售量只是其中之一。

因此,从本质上说,促销是一种面向顾客、公众或渠道的说服和沟通,是一种消费引导。所以,促销目标不应仅局限于销售目标,而是一个更大范围的沟通与传播目标,信息传递的到达率、新产品认知率、品牌的知名度和美誉度的提升、品牌形象与核心价值的强化、老顾客的回头率等指标一样可以成为促销目标。

(资料来源:孙长胜. 促销的目标不仅仅是销售. 中国营销传播网. http://www.emkt.com.cn/article/454/45486.html,2010-2-21)

10.1.2 客户类型

最常见的客户类型分为:①消费者市场(customer markets);②产业市场(business markets)。消费者为自身使用或消费而购买产品和服务,受同伴行为、审美观和个人品位影响很大。产业市场包括公司、机构和政府机关。产业市场的客户购买产品和服务,并将其投入到生产过程中(如原材料、零部件和固定设备),或用于日常运作(如办公设备、专业服务和保险),或转售给他们的客户。产业市场客户倾向于根据总价值做出购买决策。

销售人员会遇到不同类型的客户。客户类型范围包括从重工业生产制造商到购买产品自用的消费者。客户所处的独特购买情境决定其类型。不同类型客户的需求、动机和购买行为截然不同。对比下列三种客户不同的购买动机和需求——Foot Locker 鞋店的采购员、大学运动设备采购员和乔·史密斯(Joe Smith)。史密斯是律师,周末又是当地 YMCA 篮

---

① 陈宁华. 你理解"客户"的真正含义吗? 中国营销传播网,2009-4-28

球队的队员。如表 10-1 所示，上述每个客户都需要购买运动鞋，但购买需求又不同。为提高销售效率，销售人员必须了解客户类型，并根据客户的特殊需求、需要和期望做出反应。

表 10-1　不同运动鞋客户的不同需求

客户需求	Foot Locker 鞋店采购员	大学运动设备采购员	史密斯——YMCA 篮球队队员
功能需求	• 具有鞋店客户需要的特征 • 质量很好——退货很少 • 店内提供销售现场展示 • 有竞争力的定价	• 结构独特，能满足不同运动员对功能的需求 • 每个队员所需鞋码不同，要求适合每个球员 • 定制球鞋，以便与大学的代表色匹配 • 如果采购球鞋，供应商会给教练和学校回扣	• 运动鞋的设计处于最前沿 • 显眼的品牌标识 • 店内定价最高的鞋
情境需求	• 能为北美地区各家商店供货 • 准时制生产，能送货到每个店面 • 提供 90 天的商业信用	• 能够准时送货 • 在团队试穿时，供应商能提供人员协助 • 每季度初都会制定付款合同	• 库存的鞋码正合适，刚好可以带走 • 可以刷威士和万事达信用卡
社交需求	鞋子优于竞争对手产品的独到之处	• 鞋子优于竞争对手产品的独到之处 • 提供信息和保证，使学校和教练相信他们得到的报酬比竞争对手所提出的报酬还要丰厚	• 鞋子优于竞争对手产品的独到之处 • 确保在运动场上不会所有人穿上同样的鞋子
心理需求	• 保证鞋子将在零售店销售 • 品牌具有很强的市场吸引力 • 可退还未出售的商品，抵消信贷	• 品牌与运动员的自我形象相符 • 整个团队接受产品，并对其充满热情 • 相信整个合同对学校、团队和教练而言都是最优选择	• 强化客户的新潮形象 • 产品能达到所承诺的性能水平 • 很少人购买此类风格的鞋子
知识需求	• 质量水平——鞋子如何才会损坏 • 新的产品特征如何影响产品性能 • 为销售人员提供产品培训及资料 • 邀请购买团队参加贸易展及供应商赞助的招待会	• 赞助每年的团队球鞋之夜，并分发球鞋，以培养购买兴趣 • 让团队和运动员参与供应商的品牌促销活动	• 为高端客户提供时尚信息 • 定期邮寄信件，宣传新品，刺激购买

【实务思考10-1】 客户需求类型

将需求归类的主要根据是，客户所处的购买情形及客户所选产品和服务能带来的利益。

（1）功能需求。指完成某项具体任务或实现某个具体功能的需求。如控制某种流动物质的开关阀要精密可靠。

（2）情境需求。指偶然产生的特殊需求，通常是在特殊的环境、时间及地点情境下产生的。如开车出城后需要紧急汽车站维修服务。

（3）社交需求。包含被他人接受及与他人交往的需求——能被视为归属于某个参照群体。如某种产品或服务可能与某些特殊的和想要加入的团体或阶层相联系（Polo套装总是与高收入的成功人士相联系；ISO 9000认证与高品质厂家联系）。

（4）心理需求。反映了人们渴望获得安全感、风险降低感及积极的情绪和感觉，如成就感、愉悦、兴奋和刺激等。如选择和使用高质量的知名品牌能使客户及客户所在的组织感觉有保障。

（5）知识需求。表现为对个人发展、信息及知识的渴望，增进对事情如何及为何发生的了解。如产品信息、时尚信息、小册子等。

消费者购买行为和产业市场客户购买行为有很多相似点，但产业市场更为复杂，那么产业市场有哪些与消费者市场形成鲜明对比的特征呢？

分析说明：客户的类型将决定销售人员的销售方法，应从多方面展开分析。

理解要点：

（1）需求集中。产业市场集中度较高，少数几个大客户的采购量就占整个市场的大部分份额。

（2）多为衍生需求。意味着产业市场的需求与消费品的需求紧密相关。

（3）需求波动幅度大。由于是衍生需求，所以产业市场对产品和服务的需求比消费者市场需求更不稳定。这在经济学中称为加速理论。消费者市场需求增加（或减少），产业市场就相应地加速提高库存水平并增加产能（或降低库存水平并限制产能）。

（4）专业化采购。产业市场中的客户都经过培训，成为采购代理。他们的职责是确定供应商，获得产品和服务。这需要他们更专业更理性地实施购买行为。因此销售人员必须提高专业知识和技能水平，为客户提供更详尽的与产品使用、性能和技术参数相关的信息。

（5）多重因素影响购买。产业用户的购买行为比较复杂。通常，公司中的一群人组成一个购买团队或采购中心。因此，在一次销售访问中，销售人员可能会同时与多人打交道。有时，在接下去的几次销售访问中，销售人员还会与采购团队的不同人员打交道。购买团队由来自不同领域的专家组成，他们在购买过程中扮演不同角色。为提高效率，销售人员必须首先识别并了解其中每个成员的角色和主要购买动机，然后作出反应。

（6）买卖双方紧密相关。随着客户群变小及供应链管理得到更广泛地运用，客户越来越多地参与到物流的组织和控制过程中,并积极管理数量更少的供应商,因此,买卖双方的关系变得更加紧密。

(资料来源:托马斯·N.英格拉姆等.专业化销售——基于信任的方法.北京:中国人民大学出版社,2009)

10.1.3 客户购买过程

作出购买决策之前,消费者市场和产业用户市场的客户都得经历一个有意识的、合乎逻辑的过程。产业客户购买过程由相互联系的 8 个连续阶段构成,如图 10-1 所示。图 10-1 阐明了客户决策过程的每个阶段与销售人员的销售行为是如何相对应的。销售人员了解并利用购买过程各个阶段与销售活动间的对应关系非常重要。销售人员可以通过有效利用这种对应关系创造与客户互动的大量机会。在销售人员推进购买决策的过程时,它帮助销售人员设计产品规格说明和选择产品来源。

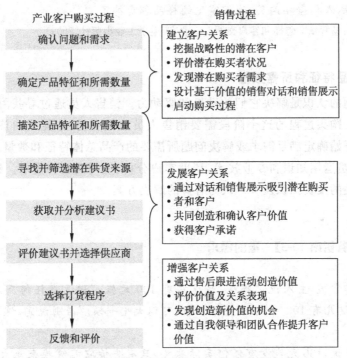

图 10-1 购买过程与销售过程比较

1. 确认问题讨论和需求

需求指客户理想状态与现实状态之间存在差距的状况。一般来说,人们从认知和情感方面对比现实状态与理想状态,从而产生需求。但如果客户没有需求缺口,就不会产生需求,也就没有购买动机。

销售人员经常发现客户由于种种原因没有意识到需求缺口的存在:这可能因为他们没有获得准确信息,或没有全面认识到所处境况,没有发现存在能改善现状的方案。当然,这有可能是他们意识到的现状不完整或有偏差。

成功的销售人员将自身定位于运用广泛的专业技术及与产品相关的知识,协助客户识别并了解其需求。销售人员也可以利用销售会谈为客户提供信息和机会,有效唤醒客户的理想状态,使之产生需求,从而触发购买决策进程。

【实务指南10-2】 绝妙的展示

某天,美国迈阿密海边浴场人如潮涌。有一位妙龄女郎款款走入水中,其优美的泳姿吸引了许多游客。突然,女郎在水中挣扎起来,很可能抽筋了。一个男子跃入水中将女郎救起。人们围上来表示慰问,这时一个摄影师挤进人群,将一些照片拿给人们观赏。这些照片再现了刚才惊心动魄的一幕,众人暗暗称奇,摄影师高举相机得意地说:"这是一款新型相机,拍摄一分钟后即可取得照片。"游人们争先恐后地观看这种新型的一次性成像相机。

原来,这是一场普拉公司为推出"拍立得"相机精心策划的一场戏。不久,新产品就推向全国各地,人们争相购买,连橱窗里的样品都卖掉了。

(资料来源:杨智斌.怎样和客户交朋友.北京:电子工业出版社,2009)

2. 确定产品特征和所需数量

对需求问题的认识是解决它们的动机和驱动力。销售人员通过寻找附加信息,制定可行的解决方案。购买过程的这个阶段需要销售人员总揽全局,才能找到首选的解决方案。客户在该阶段开始确定满足需求或解决问题所需要的产品总体特征和数量。通过有效的销售对话,销售人员运用知识和专业技术,帮助客户分析、说明问题和需求。销售人员为客户提供与问题相关的宝贵知识及客户认为有益的解决方案。

【实务指南10-3】 猫的需求

一只猫非常饿,主人说:"猫咪,我这儿有100元钱。"猫没有任何反应。主人接着说:"猫咪,我这儿有100元钱,能买很多鱼,可以大吃一顿。"话刚说完,这只猫就扑向了那100元钱。

对于猫来说,100元钱没有任何实际意义,只有告诉它能够换来鱼大吃一顿,才能让它产生兴趣。

3. 描述产品特征和所需数量

根据上一阶段确定的产品特征和数量,客户将粗略的信息变为具体的规格说明书,详细描述期望和要求。详细的规格说明书能帮助客户达到以下几个目的。

(1)能指导供应商拟定建议书。

(2)为客户提供一个框架,以评价对比和选择供应商所提出的解决方案。

购买产品后,客户可以将规格说明书作为一个评价标准,以保证所收到的产品特征和数量符合要求。基于信任的买卖双方关系使销售人员与客户紧密合作，协助他们确定与最佳方案相对应的详细规格说明书。

4. 寻找并筛选潜在供货来源

接着，客户必须寻找并挑选能提供最佳方案的合格潜在供应商。尽管客户可以利用其销售人员提供的信息确认合格供应商，但他们仍可以通过其他途径获得大量有用信息，如贸易协会、产品目录、贸易展、网络、广告和口碑。一旦供应商被确认合格，就表明他们有能力提供符合质量和数量要求的产品。由于在寻找潜在供应商时，客户拥有大量可用的信息来源，因此，销售人员最重要的任务之一就是使自己成为客户的信息来源之一，并使客户了解销售人员所在的公司、产品及其解决的能力。

5. 获取并分析建议书

客户根据详细的规格说明书提出招标书，发给合格的潜在供应商。根据招标书，合格的供应商拟定并递交建议书，并根据建议上的详细说明提供产品。在购买过程的这个阶段，销售人员通过向客户展示解决方案，扮演了很重要的角色。在这个角色中，销售人员负责介绍产品特征和利益，阐明其解决方案能比其他竞争对手的解决方案为客户带来更多的利益和价值。因此，销售人员有必要了解，客户在评价可供选择的、相互竞争的建议书时采用的基本评价程序，这样，他们在展示其解决方案优于竞争对手时心中会更有数。

6. 评价建议书并选择供应商

客户评价潜在供应商提出的建议书，并最终作出购买决策。客户通常会与他们选择性的供应商进一步谈判，以确定产品特征、价格及运输方面的最终条款。销售人员在获得客户的购买承诺及与客户商谈最终条款中都扮演着重要角色。

7. 选择订货程序

客户选定供应商后，还须解决与购买决策相关的细节问题，包括送货数量、地点、时间表和退货政策，及再订购程序。当客户需要供应商在某段时间内频繁送货时，供应商必须了解情况，安排好后续订货及交货程序。订货程序是否根据预先安排好的时间进度推进，或销售人员是否需要监控产品使用和存货情况以安排客户订货并确定送货时间，通过电子数据交换功能，互联网就能实现自动订货吗？无论订货程序如何，销售人员在沟通、完成订货程序、解决最终的细节等方面都扮演了和平友好角色。

8. 反馈和评价

购买过程的最后阶段是各方一起评价绩效并反馈信息，目的是改进未来绩效、巩固买卖双方的关系。研究表明，在此阶段，销售人员与客户之间的互动成为客户满意及客户忠诚的首要决定因素。因此，销售人员在完成交易后与客户的继续合作非常重要。销售人员的跟进活动为买卖双方之间的接触创造了很多机会。销售人员通过售前与售后表现一致，积极发现和解决问题，使客户满意度最大化，从而创造新的交易机会，进一步巩固双方的关系。

10.2 新客户开发

10.2.1 知识基础

1. 客户价值管理[①]

(1) 客户价值管理的概念

客户价值管理(Customer Value Management,CVM)是客户关系管理成功应用的基础和核心。客户价值管理就是企业根据客户交易的历史数据,对客户生命周期价值进行比较和分析,发现最有价值的当前和潜在客户,通过满足其对服务的个性化需求,提高客户忠诚度和保持率。

客户价值管理将客户价值分为既成价值、潜在价值和影响价值,满足不同价值客户的个性化需求,提高客户忠诚度和保有率,实现客户价值持续贡献,从而全面提升企业赢利能力。

① 既成价值

在研究企业客户的既成价值时,由于客户与企业的这种关系会保持一段时间,在该过程中,客户对企业的价值的体现除了利润的增加、成本的节约,还有另外一个重要贡献,就是客户的既成影响价值。

② 潜在价值

潜在价值是指如果客户得到保持,客户将在未来进行的增量购买将给企业带来的价值。潜在价值主要考虑两个因素:企业与客户可能的持续交易时间和客户在交易期内未来每年可能为企业提供的利润。

③ 影响价值

当客户高度满意时,带来的效应不仅仅是自己会持续购买公司产品,而且通过他们的指引或者参考影响其他客户前来进行购买所产生的价值称为影响价值。

(2) 客户价值管理的步骤

完整的客户价值管理包括三个步骤。

① 所需数据采集。

② 客户价值分析。判断客户的不同价值和等级。

③ 决策。根据不同客户价值来决定各个方面应该采取的措施。

a. 掌握不同客户价值,将有限的资源定位于正确的客户。对于高价值客户应预先采取留住客户的行动,将资源集中于最有价值客户而不仅仅是目前实务最繁忙的客户,持续关心具有未来潜在实务和影响价值的客户,避免仅仅给一次性购买最大量服务的客户以最好的服务。

[①] 根据智库百科词条整理,http://wiki.mbalib.com/wiki/%E5%AE%A2%E6%88%B7%E4%BB%B7%E5%80%BC%E7%AE%A1%E7%90%86

b. 关注客户价值的变化。根据客户价值的变动可以及时发现客户行为的改变,从而能够提前给高价值客户进行奖励或者减少其不满意度,以维持和提高价值。

c. 恰当的市场活动决策。比如决定吸引高价值客户的最好方法和途径。

(3) 客户价值管理的五项修炼

① 对客户摈弃"普惠制"管理和服务。企业必须坚决摈弃"普惠制管理和服务",应当选择和锁定自己特定的细分市场,然后基于细分市场客户的喜好和需求有针对性地研发产品或服务组合;同时,针对产品或服务组合不断进行市场反映测试,直到取得稳定、高利润的回报。

【实务指南10-4】 信用卡公司的成功

Capital One 在这方面堪为楷模,这是一家创立于20世纪80年代中期的信用卡公司。由于信用卡在美国早已成为严重同质化的商品,Capital One 另辟蹊径,围绕"能够真正理解自己的目标消费者"展开公司运作和销售。一方面,充分借助信息技术为不同的细分消费群体开发大量新产品;另一方面,基于获得的海量客户信息,对公司各种新类型的信用卡进行智能化的分析和测试。仅2002年,Capital One 就进行了65 000次新产品组合的测试。目前,该公司总共提供6 000种信用卡,每一种的期限、条件和利率都各有差别,这也正是 Capital One 在合适的时间、以合适的价格、向合适的客户销售合适产品的完美体现。也正因为如此,该公司从1995年起就一直保持着强劲的增长势头,交叉销售能力令人羡慕——50%以上的客户均选购了 Capital One 的多种金融产品,销售额以年均41%的速度增长,投资回报率的年增长率也达到了25%。更令人拍案叫绝的是,Capital One 的发展规模也不断壮大,从2001年到2002年,其在《财富》500强名单上的排名竟然跃升了67位。

② 按照客户生命周期实施管理。一般而言,客户生命周期包括5个阶段:获取期、提升期、成熟期、衰退期以及离开期。所以,企业必须在客户的各个生命周期阶段考虑实施不同的营销策略。通过了解客户不同生命周期的不同需求,在相当程度上有助于公司实现营销和销售的精确化制导。例如,在提升期,企业需要聚焦于如何将现有客户培养成高价值客户;当客户进入成熟期后,企业则要加大交叉销售的力量并着手培养客户对企业的忠诚度等。

【实务指南10-5】 USAA 公司

USAA 公司是世界上最出色的综合性金融服务公司之一,一直奉行"一朝是客户,终生为您服务"的服务信条。一方面,USAA 定期组织处于不同生命周期阶段的客户,共同开发新型或衍生产品与服务,以确保公司对不同生命周期客户真实需求的把握。另一方面,USAA 还与许多其他行业的服务提供商结成战略联盟,以尽量满足客户的不同需求。正是由于 USAA 在秉承客户生命周期管理方面的坚定执著,创造了在以军人和老兵为主的目标市场上"客户回头率96%、市场占有率95%"的惊人业绩。

③ 建设差异化的销售渠道。虽然在消费者购买决策过程中,渠道所具有的影响力日益上升,但很少有企业从成本效率、消费者偏好以及客户关系建立能力等角度出发,进行渠道差异化的建设,从而经常导致渠道资源配置不当、企业成本结构受损、客户感受削弱。

【实务指南 10-6】 差异化的销售渠道

通信企业在这方面堪为先行者,他们根据客户行为与实际需求建立差异化的销售渠道,然后针对不同的渠道提供不同等级的资源配置支持。例如,一家美国本地电话公司通过实施"渠道转换计划",将自己 5% 的实务量委托给较低成本的渠道,一举为公司节省了 1 500 万美元成本支出,同时带来了 4 000 万美元的营收增长。AT&&T 公司曾在门户网站上增加了一项"点击聊天"(click-to-chat)功能,据统计,这项新功能仅在 6 个月内就使 AT&&T 公司的在线交易额暴涨了 3 倍。ADC 电信公司推出的"网上自助客户服务",也不但为公司带来了巨大的成本节约、提升了客户满意度,同时还为呼叫中心减轻了 25% 的实务负担。

④ 内部作业流程与客户的价值取向(即购买力与消费习惯)相匹配。只有使企业的内部作业流程与客户的价值取向(即购买力与消费习惯)高度契合,才能使企业获得更高的客户满意度,进而使自己在营销和客户服务上的投资"物超所值"。否则必然导致企业销售成本增加,客户满意度下降。

【实务指南 10-7】 个性化

Rederic Fekkai 在创办贵族式美发沙龙的过程中对这一点深有感触。该企业最引以为荣的就是其为客户提供的人性化服务和在打造高端品牌过程中的大量投入,然而其糟糕的预约流程却使上述的种种努力差点付诸东流。公司接听预约电话的话务员说起话来冒冒失失,且经常错误百出,这种"纽约快餐式"的客户服务吓跑了众多本想得到"巴黎式情调"服务的客户。

所幸,美发沙龙的管理层及时意识到了这一点,大刀阔斧地对现有的预约流程进行了根本性的调整,重新设计了呼叫中心的作业流程,并设定了更高的客户服务标准——负责客户预约的话务员必须在铃响两声内接通 100% 的客户来电,且 90% 的预约要求必须在 45 秒之内处理完毕。同时,管理层还对每季、每月以及每天的客户来电数量变化情况进行了统计与分析,最终发现客户来电高峰期呼叫中心话务员数量必须是平常人数的 5 倍,才能确保达到上述客户服务标准。因此,美发沙龙不仅对呼叫中心话务员的配置进行了相应的调整,而且还特意从法国航空公司雇用了一些不当班的、有法国南部口音的乘务员作为呼叫中心的兼职话务员。她们的法国口音与美发沙龙所要营造的整体形象保持一致,其高标准的客户服务亦满足了客户的期望。正是上述不懈努力,最终铸就了美发沙龙在业界的闪闪金字招牌!

⑤ 将呼叫中心视为营销和销售中心。如果能够在适当的时间为呼叫中心的实务人员提供适当的信息，企业完全可以在与客户的互动中达成"双赢"——在提升客户满意度的同时为企业创造丰厚的收益。

【实务指南 10-8】 客户代码的作用

某零售企业通过让客服代表在与客户的服务互动中适当地运用客户分析工具，为企业带来了滚滚厚利。该公司在每份客户信息档案中都增加了一项"客户代码"，其中"A"代表企业的最佳客户，"B"表示销售潜力大的高价值客户，"C"代表一般客户。这样，当客服人员在向客户进行外呼营销或处理服务投诉时，通过客服软件平台上的"客户代码"提示，他们能够有效提升自身交叉销售的成功率。

2. 产品定位①

产品定位，是指企业用什么样的产品来满足目标消费者或目标消费市场的需求。从理论上讲，应该先进行市场定位，然后才进行产品定位。产品定位是对目标市场的选择与企业产品结合的过程，也即是将市场定位企业化、产品化的工作。

3. 市场定位

市场定位是在 20 世纪 70 年代由美国营销学家艾·里斯和杰克特劳特提出的，其含义是指企业根据竞争者现有产品在市场上所处的位置，针对顾客对该类产品某些特征或属性的重视程度，为本企业产品塑造与众不同的、给人印象鲜明的形象，并将这种形象生动地传递给顾客，从而使该产品在市场上确定适当的位置。

市场定位并不是你对一件产品本身做些什么，而是你在潜在消费者的心目中做些什么。市场定位的实质是使本企业与其他企业严格区分开来，使顾客明显感觉和认识到这种差别，从而在顾客心目中占有特殊的位置。

市场定位可分为对现有产品的再定位和对潜在产品的预定位。对现有产品的再定位可能导致产品、价格和包装的改变，但是这些外表变化的目的是为了保证产品在潜在消费者的心目中留下值得购买的形象。对潜在产品的预定位，要求营销者必须从零开始，使产品特色确实符合所选择的目标市场。公司在进行市场定位时，一方面要了解竞争对手的产品具有何种特色；另一方面要研究消费者对该产品的各种属性的重视程度，然后根据这两方面进行分析，再选定本公司产品的特色和独特形象。

10.2.2 新客户开发实务——战略性潜在客户挖掘

战略性潜在客户挖掘是识别、鉴定销售机会并对销售机会排序的过程，不管这些销售机会是能给企业带来新客户，还是能使企业从现有客户那里获得新实务。战略性潜在客户挖掘的基本目标是帮助销售人员用最有效的方法，确定最佳销售机会。有效地战略性潜在客

---

① MBA 智库．http://wiki.mbalib.com/wiki/%E4%BA%A7%E5%93%81%E5%AE%9A%E4%BD%8D

户挖掘帮助销售人员用最富有成效的方式利用宝贵的销售时间。

战略性潜在客户挖掘过程又称销售漏斗或销售管道,因为基于信任的销售过程被形象地描述成垂直的漏斗形状,而非水平形状(如图10-2所示)。由于销售人员通常拥有大量的潜在销售机会,所以漏斗的顶部很宽。随着销售人员将战略性潜在客户挖掘过程推进到基于信任的销售过程的其他阶段,漏斗越来越窄,销售人员只需抓住最佳的销售机会,因为并非所有销售机会都能带来新实务或新客户。对最有效率的销售人员而言,销售漏斗的底部通常会比效率较低的销售人员的更宽。最有效率的销售人员追求最佳的销售机会,与效率低的销售人员相比,他们将更多的销售机会转变为实际销售。

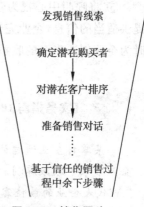

图10-2 销售漏斗

1. 发现销售线索

销售线索或潜在客户指可能购买销售人员所推销的产品或服务的组织或个人。这就是销售机会。所以,若销售人员在产业市场上推销复印机,那么需要复印机的任何一个组织都可能成为销售线索。尽管销售线索越多越好,但不同销售线索代表的销售机会不同。例如,大企业可能代表更好的销售机会,因为他们可能比小企业需要更多的复印机。一些组织可能刚刚购买复印机或对现有复印机感到满意,这意味着他们并非好的销售机会。如果销售人员只为找到销售线索并不加甄别地争取这些客户,那么他们可能会将大量时间花在不可能购买产品的组织身上。

【实务指南10-9】 潜在客户挖掘方法(见表10-2)

表10-2 潜在客户挖掘方法

直接兜售	网 络	公司资源	出版物来源
·陌生拜访 ·推荐 ·介绍	·影响力中心 ·无竞争关系的销售人员	·公司档案 ·广告调查 ·电话查询 ·贸易展览 ·销售研讨会	·名单和目录 ·商业销售线索名单 ·网站

销售人员加入公共团体或专业组织、乡村俱乐部或兄弟会组织,使他们获得机会与其他成员建立关系。销售人员有时能通过这些关系找到潜在购买者。有些成员可能是某个团体或组织中具有影响力的人物。影响力中心将帮助销售人员找到潜在购买者。会计师、银行家、律师、教师、企业主、政治家、政府工作人员通常都是能为销售人员提供帮助的影响力中心。

【情境案例 10-1】 获取新客户的切入点

实务情境：在美国金融服务公司嘉信理财(Charles Schwab)，在线论坛正在帮助产品开发团队更加深刻地了解现有客户的需求，更为重要的是找到并赢得潜在的客户。

嘉信理财的高级副总裁克雷格(Craig)认为，三四十岁的人是投资行业应该关注的焦点——他们一方面要想办法攒钱为将来退休以后的生活作打算；另一方面又要应付眼前的很多花费：买房、返还学生贷款、为子女上大学攒钱……

但是，怎么去赢得这个客户群呢？嘉信理财开始试图通过网络来了解这一代人在经济方面主要考虑哪些因素。嘉信理财在他们的交流空间建立了包括"钱程无限"(Money and More)在内的网址，并邀请 1 000 个三四十岁的人来参与调查和讨论——他们当中没有一个是嘉信理财现有的客户。这其中，有 400 多人接受了邀请，并受到交流空间的影响。之后 5 个月中，嘉信理财通过这个网址来调查参与者的投资、存款和其他财务习惯和态度。但是对嘉信理财来说，最大的收获还是来自客户自建的在线论坛的信息。比如说，尽管嘉信理财没有在该网址上涉及债务问题，但是网友们的交流揭示他们非常担心债务问题，并渴望消除债务。

"我们通过询问的方式获取了很多信息，"克雷格说，"但是通过浏览他们本身的交流能够获取更多的信息。"克雷格指出，这样的交流催生了嘉实理财新的营销产品。

其中一个新产品就是针对三四十岁年龄人群的。在这个新产品中，一个经常性账户能得到 4% 的利息收益，并提供免费账单和免费 AMT 服务。自从 2007 年 4 月这个服务开通以来，嘉信理财已经获得 6 万个新开立的账户，这使得其年龄在三四十岁的客户比例比往年增加了 40%。其中部分客户正在成为嘉信理财的理财经纪客户。

今后，嘉信理财计划建立更多类似网址。

问题讨论：嘉信理财开发潜在客户的做法带给你什么启示？

思路引导：

(1) 企业可以通过互联网来连接客户，并赢得客户。

(2) 但企业在利用网上信息时还必须考虑网民在发表自己的观点时可能会夸大其词或观点极端，甚至有些观点还可能来自竞争对手。

(资料来源：王磊. 如何通过 Web 2.0 赢取客户. 新浪网. http://tech.sina.com.cn/i/2008-02-25/16112040500.shtml. 2008-2-25)

2. 确定潜在购买者

最富有成效的销售人员会评价销售线索，以确定哪些才是产品或服务的真正潜在购买者。该评价过程通常被称为确认合格的销售线索。销售人员寻找、收集、分析并使用各种筛选程序，以确定潜在客户是否合格。尽管不同公司定义潜在客户的方式不同，但潜在客户一般指具有以下特征的组织和个人。

(1) 需要产品或服务；

(2) 有预算或财务资源购买产品或服务；

(3) 有权做出购买决策。

符合这些标准的人或组织成为潜在客户，进入销售漏斗的下一轮筛选，而不符合标准的人或组织将被淘汰。销售人员投入时间和精力确认合格的销售线索，避免浪费时间访问购买几率较低的客户，集中精力争取具有光明销售前景的客户。

3. 对潜在客户排序

尽管潜在客户挖掘过程已经剔除了最不具销售前景的潜在客户，但余下的潜在购买者并非代表同等的销售机会。最有效率的销售人员头脑中会出现理想客户简要描述。他们将潜在客户与理想客户对比，分析潜在客户。最符合理想客户描述的潜在购买者被销售人员视为最佳潜在客户。还有一种方法是销售人员确定一条或多条标准，根据标准评价潜在客户，然后根据评价结果，要么将潜在客户排序，要么将潜在客户分别归入 A、B、C 三类，其中 A 类潜在客户代表最佳销售机会。当销售人员努力把握住最有销售前景的销售机会，同时放弃最不具销售前景的销售机会时，销售漏斗就变得更窄。

4. 准备销售对话

战略性潜在客户挖掘过程的最后一步是销售人员通过设计销售对话，为与潜在客户初步接触做好准备。销售人员积累的信息很有用，但他们通常还需额外信息以提高初步销售对话成功的几率。

【实务思考 10-2】

你刚从学校毕业，正在推销某品牌复印机的新产品，你还没有一个客户，你将如何寻找潜在客户？

分析说明：你需要向客户销售新产品，故需要依据产品定位、市场定位及战略性潜在客户挖掘的相关理论进行分析。

理解要点：

(1) 仔细了解、研究产品的相关知识，根据产品特征进行产品及市场定位。

(2) 通过网络、公司资料、同事等途径收集有价值的信息，寻找潜在客户，制成潜在客户名单，包含客户姓名、地址、电话号码和其他重要信息。

理念总结

● 要成功做好客户开发工作，企业需要从企业自身资源情况出发，了解客户的相关信息，制定适合企业的客户开发战略，再落实到销售一线人员客户开发执行。新客户开发是一个系统工程。
- 常见的客户类型是消费者市场和产业市场,不同类型客户的需求、动机和购买行为截然不同。
- 产业客户购买过程由相互联系的8个连续阶段构成。
- 从事新客户开发工作的销售人员应该掌握并熟练运用客户价值管理、产品定位、市场定位等知识,从而能够在新客户开发工作中游刃有余。
- 战略性潜在客户挖掘是识别、鉴定销售机会并对销售机会排序的过程,亦是新客户开发实务操作的过程。

■ 实务观念 ■

客户 客户价值管理 产品定位 市场定位 客户的类型 客户购买过程

■ 职业核心能力 ■

产品定位 市场定位 客户价值管理

■ 理念应用

□ 单项选择题

1. 科特勒认为可以用四种途径获得客户的价值,其中以低价取胜是其策略之一,下列各企业中运用这一战略的典型是(　　)。
   A. 沃尔玛　　　B. 摩托罗拉　　　C. 惠普　　　D. 沃尔沃

2. 汽车产品用户按用户购买的目的和动机不同可分为产业用户和(　　)。
   A. 单位用户　　B. 消费者用户　　C. 集团用户　　D. 个人用户

3. 美国阿维斯出租车公司将自己定位于出租汽车行业的第二位,强调"我们是老二,我们将更加努力",暗示要比居市场第一位的企业提供更好的服务。这是(　　)。
   A. 根据产品特色定位　　　　　B. 根据产品利益和功能定位
   C. 根据使用者类型定位　　　　D. 根据竞争需要定位

□ 多项选择题

1. 完整的客户价值管理包括(　　)三个步骤。
   A. 所需数据采集　　　　　　　B. 客户价值分析
   C. 数据处理　　　　　　　　　D. 决策

2. 影响目标市场选择的因素有(　　)。
   A. 企业实力　　　　　　　　　B. 产品和市场差异性
   C. 产品生命周期　　　　　　　D. 竞争对手战略

3. 企业为产品扩大市场份额,可采用(　　)等营销策略。
   A. 价格不变,提高产量　　　　B. 价格不变,提高质量
   C. 质量不变,降低价格　　　　D. 价格提高,质量提高

□ **判断题**

1. 市场营销战略包括了两个不同而又相互关联的部分,指的是目标市场和市场营销组合。（　　）
2. 美国宝洁公司开发了多种功能的多个产品,如去头屑的海飞丝、让头发飘逸的飘柔、营养发质的潘婷等,体现了目标市场策略。（　　）
3. 按照收入水平来细分市场和选择目标市场,是属于人口细分。（　　）

□ **理念辨析**

1. 市场定位的策略有哪些?
2. 请介绍如何发现销售线索。

□ **实务运用**

1. 分别列出大型金融投资机构和大学生欲购买一台新打印机时所具有的功能需求、情境需求、心理需求、社交需求和知识需求。

2. 有一个推销员,他以能够卖出任何东西而出名。他已经卖给过牙医一支牙刷,卖给过面包师一个面包,卖给过瞎子一台电视机。但他的朋友对他说:"只有卖给驼鹿一个防毒面具,你才算是一个优秀的推销员。"于是,这位推销员不远千里来到北方,那里是一片只有驼鹿居住的森林。"您好!"他对遇到的第一只驼鹿说,"您一定需要一个防毒面具。""这里的空气这样清新,我要它干什么!"驼鹿说。"现在每个人都有一个防毒面具。""真遗憾,可我并不需要。""您稍候,"推销员说,"您已经需要一个了。"说着他便开始在驼鹿居住的林地中央建造一座工厂。"你真是发疯了!"他的朋友说。"不然,我只是想卖给驼鹿一个防毒面具。"当工厂建成后,许多有毒的废气从大烟囱中滚滚而出。不久,驼鹿就来到推销员处对他说:"现在我需要一个防毒面具了。""这正是我想的。"推销员说着便卖给了驼鹿一个。"真是个好东西啊!"推销员兴奋地说。驼鹿说:"别的驼鹿现在也需要防毒面具,你还有吗?""你真走运,我还有成千上万个。""可是你的工厂里生产什么呢?"驼鹿好奇地问。"防毒面具。"推销员兴奋而又简洁地回答。

阅读上面的材料,结合本章内容,谈谈你对新客户开发的理解。

□ **案例题**

两百年前,杜邦主要是一家生产火药的公司。一百年前,其实务重心转向全球的化学制品、材料和能源。今天,在杜邦进入第三个百年时,杜邦提供的是能真正改善人们生活、以科学为基础的解决方法。只要仔细地看一看您家中周围的一切,您就会发现杜邦的印迹。

例如,杜邦公司发明尼龙后,不断发现这种产品的新用途,从最初的制作降落伞绳、到妇女丝袜、再到用于制作汽车轮胎、地毯等,使其产品用途不断增加。

问题(选择题):

1. 本案例中杜邦公司作为市场领先者采取的是(　　)策略。

A. 扩大市场需求总量　　　　　B. 保护原有市场份额
C. 提高市场占有率　　　　　　D. 专业化

2. 杜邦公司是一家以科研为基础的全球性企业,主要提供能提高(　　)领域的品质的科学解决之道。

A. 生活　　　B. 生产　　　C. 战争　　　D. 航天

3. 杜邦公司发明新产品的类型主要依据是(　　)。

A. 产品新的程度　　　　　　　B. 产品对企业创新的程度
C. 产品对顾客采用的新的程度　D. 产品改进的程度
E. 产品采用新技术的程度

4. 杜邦之所以能够为顾客及股东带来莫大的价值,全赖(　　),创造出很多科技上的"飞跃",全面改变了人类的生活。

A. 多项重大的科学发现　　　　B. 不断改良技术
C. 客户服务　　　　　　　　　D. 产品质量

5. 杜邦是一家以人为业务对象的公司,深信公司的存在,就是要(　　)。

A. 创造科学奇迹　　　　　　　B. 实现可持续增长
C. 满足人类基本的需求　　　　D. 科技创新

□ 实务分析

左 右 为 难

实务情境:

某公司在河南某县城原有两家客户,随着市场发展和竞争加剧,该公司在当地的市场份额不断下滑。为了扭转不利局面,重塑公司在当地的形象和影响力,2009年,公司决定再开发一家新客户A,该客户是当地最大的家电商场。客户A打了20万元货款,公司替他新做了大气、高档的展台,并且将卖场内氛围进行了很好的营造。公司原本计划,通过进驻客户A,实现公司在当地市场份额的大幅提升。

3个月过去了,公司在当地的市场份额不升反降,原有的两家客户强烈反对公司未同他们进行有效沟通就擅自开店,从而以停止进货、主推竞品等方式来进行抗议;新开发的客户A打了货款,但是以畅销货源少、价格高、销量低等为借口拒绝大量进货,加上客户A属于多品牌经营,对公司也不是那么重视,所以公司在客户A那里的销售占比一直很低。在该县城的三家客户同时对公司的产品"冷漠处理",使得公司在当地销量一路下滑。开发了新客户,不但未能实现预期目标;反倒使得公司陷入一个左右为难的境地,得不偿失。

(资料来源:如何开发新客户. 载世界工厂,2010-4-6. http://edu.ch.gongchang.com/payoff/mode/2010-04-06/15606.html)

问题讨论:

1. 该公司的市场份额为什么会极大减少?
2. 企业在进行新客户开发前应该做些什么工作?
3. 结合该县城的具体情况为该公司的市场份额扩大提出建议。

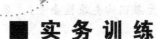

"新客户开发"职业技能和素养训练

【实训目的】

通过切实体验新客户开发各实训任务和要求的完成,系列技能操作的实施,《新客户开发实训报告》的准备与撰写等活动,培养其"新客户开发"的职业技能,并通过践行职业规范,促进职业人格的塑造。

【实训技能规范】

职业技能——产品定位

技能Ⅰ:产品定位技能

职业规范:

(1)能够准确分析产品特点,选择合适的产品定位方法。

(2)能根据分析与结论,按照规范格式写出产品定位报告,并掌握一定写作技巧。

技能Ⅱ:市场定位技能

职业规范:

(1)能初步分析目标市场的现状,确认本企业潜在的竞争优势。

(2)能正确地选择市场定位策略。

技能Ⅲ:制订战略性潜在客户挖掘计划技能

职业规范:

(1)能根据产品定位和市场定位的结果确定潜在客户。

(2)能制定潜在客户信息表。

(3)能制订合理的战略性潜在客户挖掘计划,设定目标,为挖掘潜在客户制订工作计划,使战略性潜在客户挖掘工作有序进行。

【实训任务和要求】

以客户类别和产品类别划分调研组,组织学生分别就所选企业产品(或项目)的市场进行调查,参与和体验,运用所学知识总结该企业相应业务运作的成功之处和不足之处,在此基础上提出建议,并撰写所选企业产品(或项目)的《战略性潜在客户挖掘计划》。

【实训时间】

一周。

【实训步骤】

(1)将班级每10名同学分成一组,每组确定1人负责。

(2)对学生进行客户与商品类别划分培训,确定选择哪几类企业产品(或项目)作为新客户开发的范围,学生按组进入市场进行调查,并将调查情况详细记录。

(3)各组对调查的资料进行整理分析,撰写《××产品(或项目)消费市场调研报告》。

(4)各组编制《××产品(项目)的潜在客户信息表》。

(5)各组汇总所选企业产品(或项目)的《市场调研报告》、《产品分析表》、《客户信息表》,撰写《××商品的战略性潜在客户挖掘计划》。

(6)在班级交流、讨论和修订《××产品(或项目)的战略性潜在客户挖掘计划》。

【实训报告范本】

见附录10。

第 11 章

优质客户拓展

■ **学习目标**

了解并掌握按价值细分顾客、优质客户拓展的方法与技巧,能用所学理念和技能来规范优质客户拓展相关实务操作,并依照行业规范或标准,强化学生的职业素养。

实务引例　出租车司机慧眼挑选有价值的顾客

近年来一直流传这样一个故事:曾经有位微软的员工乘坐出租车,一位大众出租司机给他上了一堂生动的 MBA 课,内容是如何判断、挑选有价值的乘客,如何节约成本,增加收入,从而增加盈利。下面节选了其中的对话:

"给你举个例子,医院门口,一个拿着药的,一个拿着脸盆的,你带哪一个?"

我想了想,说:"不知道。"

"你要带那个拿脸盆的。一般人小病小痛到医院看一看,拿点药,不一定会去很远的医院。拿着脸盆打车的,那是出院的。住院哪有不死人的? 今天二楼的谁死了,明天三楼又死了一个。从医院出来的人通常会有一种重获新生的感觉,重新认识生命的意义,健康才最重要。那天这个说:走,去青浦。眼睛都不眨一下。你说他会打车到人民广场,再去坐青浦线吗? 绝对不会!"

"再给你举个例子。那天去人民广场,三个人在前面招手。一个年轻女子,拿着小包,刚买完东西。还有一对青年男女,一看就是逛街的。第三个是一个里面穿绒衬衫外面穿羽绒服的男子,拿着笔记本包,我看一个人只要 3 秒钟。我毫不犹豫地停在这个男子面前。这个男的上车后说:延安高架、南北高架……还没说后面就忍不住问,为什么你毫不犹豫地开到我面前? 前面还有两个人,他们要是想上车,我也不好意思和他们抢。我回答说,中午的时候,还有十几分钟就 1 点了。那个女孩子是中午溜出来买东西的,估计公司很近;那对男女是游客,没拿什么东西,不会去很远;你是出去办事的,拿着笔记本包,一看就是公务。而且这个时候出去,估计应该不会近。那个男的就说,你说对了,去宝山。"

"那些在超市门口,地铁口打车,穿着睡衣的人可能去很远吗? 可能去机场吗? 机场也不会让他进啊!"

凭这样的鉴别价值客户的理念与开源节流的做法,该司机每月能挣 8 000 元。而在大众公司,一般一个司机一个月挣三四千元,好的大概 5 000 元左右,顶级的司机大概每月能有 7 000 元。全大众 2 万个司机,大概只有 2~3 个司机,万里挑一,每月能拿到 8 000 元以上。

(资料来源:周洁如,庄晖. 现代客户关系管理. 上海交通大学出版社,2008)

客户关系管理的真正内涵就是要找到并获得优质客户,培养客户的满意度和提高客户的价值,从而使企业从顾客处获得价值,达到自己的目标。本章系统地阐述优质客户的内涵及优质客户拓展技巧。

11.1 顾 客 价 值

有些企业对其目标客户群不分高低良莠,一律采用一种服务模式、一种服务政策来维系。其实,不同的客户在价值贡献上有很大差异,企业绝对不能对每个客户不加区分、一视同仁地对待,这会使企业因有限的资源被低价值客户占用,而使高价值客户无法得到应有的服务和支持,这是一种资源浪费,也会引起高价值客户的不满而出现危局。所以,并不是所有的客户都是公司需要关注和满足的客户,公司的产品不可能、也不应该满足所有客户的需求,公司应该将客户进行细分,甄选出对公司有价值的客户,按照不同的价值等级,有的放矢地提供相应的产品,实施相符的服务政策、价格政策和信用政策,实行价值分级管理。

11.1.1 顾客价值的含义

早在 1954 年,德鲁克就指出,顾客购买和消费的决不是产品,而是价值。菲利普·科特勒说:营销并不只是向客户兜售产品或者服务,而是一门真正为顾客创造价值的艺术。载瑟摩尔(Zaithaml)在 1988 年首先从顾客角度提出了顾客感知价值理论。她将顾客估计价值定义为:顾客所能感知到的利得与其在获取产品或服务中所付出的成本进行权衡后对产品或服务效用的整体评价。

在此后的顾客价值研究中,不同的学者从不同的角度对顾客价值进行了定义:①从单个情景的角度,Anderson、Jain、Chintagunta、Monroe 都认为,顾客价值是基于感知利得与感知利失的权衡或对产品效用的综合评价;②从关系角度出发,Ravald、Gronroos 重点强调关系对顾客价值的影响,将顾客价值定义为:整个过程的价值=(单个情景的利得+关系的利得)/(单个情景的利失+关系的利失),认为利得和利失之间的权衡不能仅仅局限在单个情景(episode)上,而应该扩展到对整个关系持续过程的价值(total episode value)衡量;③Butz、Good2stein 也强调顾客价值的产生来源于购买和使用产品后发现产品的额外价值,从而与供应商之间建立起感情纽带。

在众多的顾客价值定义中,大多数学者都比较认同 Woodruff 对顾客价值的定义,并在其定义基础上进行了很多相关研究。Woodruff 通过对顾客如何看待价值的实证研究,提出顾客价值是顾客对特定使用情景下有助于(有碍于)实现自己目标和目的的产品属性、这些属性的实效以及使用的结果所感知的偏好与评价。该定义强调顾客价值来源于顾客通过学习得到的感知、偏好和评价,并将产品、使用情景和目标导向的顾客所经历的相关结果相联系。

笔者认为,顾客价值是由于供应商以一定的方式参与到顾客的生产经营活动过程中而能够为其顾客带来的利益,即顾客通过购买商品所得到的收益和顾客花费的代价(购买成本和购后成本)的差额。

11.1.2 顾客价值评价

顾客价值评价,就是根据客户利润、客户份额、客户自身发展潜力等指标对客户的价值进行评估。

一般来讲,评价顾客价值利润因素的方法主要有从上至下法(包括按比例分配法、ABC法)和从下至上法(包括历史数据分析法、预测客户生命周期利润)。而评估顾客价值的非利润因素,则包括顾客的经济价值(资金真实成本和风险)和关系利益(包括由顾客推动创新、为企业树立好的口碑和带来新客户)。需要注意的是,顾客价值评估应该是评估顾客的终生价值,即其在整个生命周期内的价值。顾客价值评估所用的顾客资料不仅是顾客的近期购买行为,而且包括其基本的信息,如收入情况、教育背景等。顾客价值评价体系如图 11-1 所示。

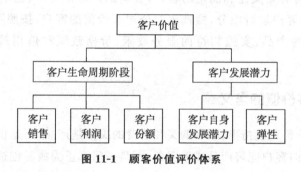

图 11-1 顾客价值评价体系

11.1.3 按价值细分顾客

传统的细分变量包括地理变量、人文变量、心理变量和行为变量。但客户对企业的实质付出和价值不尽相同,而企业的资源有限,所以企业对于各项投资与支出都应该花在"刀刃"上,即"80/20 法则"中的 20％部分。因此,顾客价值变量是细分顾客的另一变量。按照顾客价值细分顾客,形成一个金字塔式的客户结构,即"客户金字塔"。

客户金字塔是以销售收入或利润等重要客户行为指数为基准来划分客户,帮助企业清楚区分与界定客户价值。它有两种常用的分类方法:

1. 将客户分为 VIP 客户、主要客户、普通客户与小客户

(1) VIP 客户。VIP 客户是指金字塔中最上层的客户,也就是在过去特定的期间内,依购买金额所占最多的前百分之一客户。若所有客户数为 1 000 位,则 VIP 客户所指的是花最多钱的 10 位客户,占企业客户比例的 1％。企业对这类客户要采取特殊的服务政策,把他们视为贵宾,使其享有企业最尊贵和优质的服务。

(2)主要客户。主要客户是指客户金字塔中,除了VIP客户外,在此特定期间内,消费金额占最多的前5%的客户。若所有客户数为1 000位,则主要客户是扣除VIP客户外,花最多钱的40位客户,占企业客户比例的4%。主要客户数目比较多,对企业的价值贡献率较高。企业要把重点放在他们身上,倾听他们的意见,研究他们的需求,以便紧紧地抓住他们。

(3)普通客户。普通客户是指除了VIP客户与主要客户外,购买金额最多的前20%的客户。若所有客户数为1 000位,则普通客户是扣除VIP客户与主要客户之外,花最多钱的150位客户,占企业客户比例的15%。对于普通客户,企业也不能懈怠,要精心研究和培养。

(4)小客户。小客户是指除了上述三种客户外,消费金额为其他80%的客户。若所有客户数为1 000人,则小客户是扣除VIP客户、主要客户以及普通客户之外,其余的800位客户,占企业客户比例的80%。对于这类客户,企业没有必要花费过多的精力,只需要进行简单的维护。

2. 将客户分为铂金层级、黄金层级、钢铁层级与重铅层级

铂金层级。铂金层级顾客代表那些盈利能力最强的顾客,是典型的重要用户。他们对价格并不十分敏感,愿意花钱购买,愿意试用新产品,对企业比较忠诚。

黄金层级。黄金层级与铂金层级不同,这个层级的顾客希望价格折扣,没有铂金层级顾客那么忠诚,所以他们的盈利能力没有铂金层级顾客那么高。他们也可能是重要用户,他们往往与多家企业而不是一家企业做生意,以降低他们自身的风险。

钢铁层级。钢铁层级包含的顾客数量很大,能消化企业的产能,但他们的消费支出水平、忠诚度、盈利能力不值得企业去特殊对待。

重铅层级。重铅层级顾客不能给企业带来盈利。他们的要求很多,超过了他们的消费支出水平和盈利能力对应的要求,有时他们是问题讨论顾客,向他人抱怨,消耗企业的资源。

了解客户金字塔分析,能够很清楚地看出客户层级分布。如果经由营销部门妥善规划项目,依据客户价值设计出配套的客户服务项目,而后佐以实务部门的辅助,依照客户价值,对VIP客户定期拜访与问候,确保客户满意度与忠诚度,借以刺激潜力客户升级至上层,这样不但对企业的获利产生极大的效益,并且在营销、实务与其他经常性开销等成本维持不变的情况下,客户的升级还能为企业带来可观的利润增长。

11.2 优质客户的内涵

11.2.1 什么是优质客户?

所谓优质客户,又称核心客户、关键客户、大客户等,是指那些能够为企业带来巨额收入或利润,又具有高社会影响力的重要客户。企业经营收入的80%是由20%的客户带来的,这20%的客户就是企业的优质客户。优质客户是企业的伙伴型客户,是企业忠实的客户,他们与企业建立的是长期的可赢利关系,为企业节省了开发新顾客的成本,为企业带来了长期利润,并且帮助企业诱发潜在顾客。

尽管不同企业对优质客户的定义不同,但作为优质客户至少包含以下元素之一。

(1) 与本企业事实上存在大订单并至少有 1~2 年或更长期连续合约的,能带来相当大的销售额或具有较大的销售潜力;

(2) 有大订单且是具有战略性意义的项目客户;

(3) 对于企业的生意或公司形象,在目前或将来有着重要影响的客户;

(4) 有较强的技术吸收和创新能力;

(5) 有较强的市场发展实力;

(6) 有优良的信誉。

11.2.2 优质客户的特征

1. 优质客户购买频繁或单次购买数量多

优质客户由于自身规模的需要,经常会需要很大的采购量。因而优质客户会经常召开行业内的供应商会议,进行集中采购,与供应商签订长期供应合同,这都使优质客户的总购买量在企业全部销售量中占有很大比重。

2. 优质客户管理工作复杂

首先,优质客户熟悉市场环境行情,具有批量购买能力,因而拥有更多的讨价还价能力。其次,优质客户复杂的组织结构可能使购买程序中的更多人员参与决策。此外,优质客户的服务要求很高,涉及面很广。除了生产流程要求严格,品质要求较高,关心售后服务之外,在财务支付、供货周期及运输要求上都有很高的要求。这都给企业的优质客户管理工作带来了很多困难和复杂性。

3. 优质客户与企业建立长期关系的意愿较强

由于采购工作频繁,采购管理制度化,生产供给保障严格,所以优质客户都希望供应渠道相对稳定,一般愿意从长远角度考虑供应商,因而与企业建立长期关系的意愿较强。

【实务思考 11-1】

VIP 客户是优质客户吗?为什么?

分析说明:很多企业都有自己的 VIP 客户,是否属于优质客户,应对照优质客户的内涵来回答。

理解要点:

(1) 将 VIP 客户的特点一一列出,看是否符合优质客户的内涵。

(2) VIP 客户有较大的购买量或较大的购买潜力,有较强的市场发展实力,有较好的信誉。

(3) VIP 客户属于优质客户。

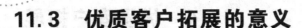

11.3 优质客户拓展的意义

1. 保证优质客户能够成为销售订单的稳定来源

20%的客户带来公司80%的业务。从企业的角度来看,80%的项目和收益来自于只占其客户总数20%的优质客户,而数量众多的中小客户所带来的零散项目却只占其营业收益的20%。当然,这数字随企业的具体经营范围和特点,在具体的比例上有所差异,但优质客户对企业而言具有重要意义则是毋庸置疑的。

2. 使成功的优质客户经验在行业客户中产生最大辐射效应

从行业客户角度看,每个行业中都有一些领军企业,这些企业的需求却占了该行业整体需求的绝大部分,而这些企业就是被大多数企业所竞争的优质客户。如果这些优质客户在需求上发生大的变化,很可能将直接影响到其所在的行业市场的整体走势。而企业对这些客户的成功应用经验将起到标杆作用,进而辐射到整个行业客户中。

3. 通过发展优质客户提高市场占有率

大多数优质客户的自身组织体系复杂,覆盖地理区域广,实务种类丰富,这使得行业优质客户的需求必然是一个整体性、稳定性和持续性的规划,而不像中小客户那样,需求具有零散性和相对独立性。同时,优质客户对需求的投入数额可观,因此发展优质客户不仅仅是整体提升销售业绩的最佳选择,更是提高市场占有率的有效途径。

4. 促使优质客户需求成为企业创新的推动力

传统企业在特定的经济环境和管理背景下,企业管理的着眼点在于内部资源管理,往往忽略对于直接面对以客户为主的外部资源的整合,缺乏相应管理。

在优质客户经营战略中,更加重视外部资源的整合与运用,要求企业将市场营销、生产研发、技术支持、财务金融、内部管理这五个经营要素全部围绕着以客户资源为主的企业外部资源来展开,实现内部资源管理和外部资源管理的有机结合,保持不断的创新。

5. 使优质客户成为公司的重要资产

优质客户成为企业发展的动脉,当客户这种独特的资产与其他资产发生利益冲突时,企业应当首先留住客户资产。因为只要不断给予客户足够的满意度,客户资产就能够为企业带来长期效应。

企业通过实施优质客户导向的经营战略,强化优质客户的口碑效应,充分利用其社会网络,来进一步优化企业客户资源的管理,从而实现客户价值最大化。

11.4 优质客户拓展

11.4.1 优质客户识别

企业在选择优质客户时,会按照单次交易收益和重复交易次数,同时考虑成本利润率和客户生命周期以及未来潜力,并进行综合分析,可以依据企业的实际情况制定不同的识别标准。下面我们介绍的是依据客户的当前价值和潜在价值识别优质客户。

(1) 根据企业需要和管理情境选择合适的指标。

(2) 将各个指标量化,确定打分规则。对于有数据可寻的指标进行打分要以数据为依据,例如对购买量进行打分时,应参照样本客户的购买量设定规则。

(3) 按照打分规则,对每个样本客户的各个指标分别打分,得到所有样本客户在该指标体系下的评价分值。

(4) 对所得数据进行聚类分析,得到四个客户细分群,分别为最有价值客户群、价值客户群、潜在客户群、低价值客户群,按照当前价值和潜在价值,分别对应着(高,高)、(高,低)、(低,高)、(低,低)四个象限。针对各象限客户群的特点进行分析筛选,识别出优质客户,如图 11-2 所示。

图 11-2 按价值确定优质客户

Ⅰ是低价值客户群。此类客户的当前价值和潜在价值都很低,这样的客户不可能成为企业的优质客户,不应该浪费企业过多的时间。

Ⅱ是价值客户群。此类客户是当前价值较高但潜在价值较低,需要区别对待。如果潜在价值低是由于忠诚度和客户关系状况较差的原因,可以通过建立良好的客户关系加以解决,使其转化为最有价值客户,这类客户属于开发型优质客户。但是,如果潜在价值低是由于客户诚信度较差,则不能归入开发型优质客户,否则企业承担风险过大,极可能得不偿失。开发型优质客户对于企业而言极具增长力。由于客户关系的不成熟和不稳定,此类客户常常在不同企业之间摇摆不定,因此,企业必须重点投入更多营销资源以便改善客户关系,从而化潜在价值为现实价值。从长远的眼光看他们极有可能发展成为企业的维持型优质客户。

Ⅲ是最有价值客户群。此类客户的当前价值和潜在价值都很高,企业与此类客户的关系非常稳定,他们是企业收益和利润的主要来源,是企业的维持型优质客户,企业必须尽一切努力维持现有的良好关系。但正因为客户关系成熟稳固,拓展空间不大,故在营销市场中,他们不是企业重点开发的对象,针对这类客户的特点,应重在维持而不是进一步发展客户关系。

Ⅳ是潜在客户群。此类客户的当前价值低,但是潜在价值高,很有可能成为优质客户。由于当前价值较低,不能盲目归于优质客户,应当观察一段时间,如果当前价值有持续大的增幅,再将其列入优质客户。由于优质客户是动态变化的,如果当前价值有较大增幅,自然会落入最有价值客户群象限,不会因此错失了优质客户。

所以优质客户为最有价值客户群的全部和价值客户群的一部分,最有价值客户群为维持型优质客户,价值客户群的优质客户为开发型优质客户。

11.4.2 优质客户信息收集

中国有句古话:"知彼知己,百战不殆。"做客户服务工作也是同样的道理。当销售人员接近一个客户的时候,要做的第一件事情就是搜集相关信息。因为拥有完整的优质客户信息资料,是保证营销策略成功的前提。这些资料包括以下内容。

1. 客户背景资料

客户背景资料包括客户类型、客户规模、员工数量、组织结构、行业状况、消费数量和模式、实务情况、详细联络方式、客户各部门情况、具体使用维护人员、管理层和高层客户情况等。

2. 竞争对手资料

竞争对手资料包括产品使用情况、客户对其产品的满意度、竞争对手销售代表的名字、销售特点、该销售代表与客户的关系等。

3. 项目资料

项目资料包括客户最近的采购计划、通过这个项目要解决什么问题、决策人和影响者、采购时间表、采购预算、采购流程等。

4. 客户个人资料

客户个人资料包括家庭状况和家乡、毕业的大学、喜欢的运动、喜爱的餐厅和食物、宠物、喜欢阅读的书籍、上次度假的时间和地点与下次休假的计划、行程、在机构中的作用、同事之间的关系、今年的工作目标、个人发展计划和志向等。

【情境案例 11-1】 密密麻麻的小本子

实务情境:几年前,山东省有一个电信计费的项目,A 公司志在必得,系统集成商、代理商组织了一个有十几个人的小组,住在当地的宾馆里,天天跟客户在一起,还帮客户做标书,做测试,关系处得非常好,大家都认为拿下这个订单是十拿九稳的,但是一投标,却输得干干净净。

中标方的代表是一个其貌不扬的女子,姓刘。事后,A公司的代表问她:"你们是靠什么赢了那么大的订单呢?要知道,我们的代理商很努力呀!"刘女士反问道:"你猜我在签这个合同前见了几次客户?"A公司的代表就说:"我们的代理商在那边呆了整整一个月,你少说也去了20多次吧。"刘女士说:"我只去了3次。"只去了3次就拿下2 000万元的订单?肯定有特别好的关系吧,但刘女士说在做这个项目之前一个客户都不认识。那到底是怎么回事儿呢?

她第一次来山东,谁也不认识,就分别拜访局里的每一个部门,拜访到局长的时候,发现局长不在。到办公室一问,办公室的人告诉她局长出差了。她就又问局长去哪儿了,住在哪个宾馆。她马上就给那个宾馆打了个电话说:我有一个非常重要的客户住在你们宾馆里,能不能帮我订一个果篮,再订一个花盆,写上我的名字,送到房间里去。然后又打一个电话给她的老总,说这个局长非常重要,已经去北京出差了,无论如何你要在北京把他的工作做通。她马上订了机票,中断拜访行程,赶了最早的一班飞机飞回北京,下了飞机直接就去这个宾馆找局长。等她到宾馆的时候,发现她的老总已经在跟局长喝咖啡了。在聊天中得知局长会有两天的休息时间,老总就请局长到公司参观,局长对公司的印象非常好。参观完之后大家一起吃晚饭,吃完晚饭她请局长看话剧,当时北京在演《茶馆》。为什么请局长看《茶馆》呢?因为她在济南的时候问过办公室的工作人员,得知局长很喜欢看话剧。局长当然很高兴,第二天她又找一辆车把局长送到飞机场,然后对局长说:我们谈得非常愉快,一周之后我们能不能到您那儿做技术交流?局长很痛快就答应了这个要求。一周之后,她的公司老总带队到山东做了个技术交流,她当时因为有事没去。

老总后来对她说,局长很给面子,亲自将所有相关部门的有关人员都请来,一起参加了技术交流,在交流的过程中,大家都感到了局长的倾向性,所以这个订单很顺利地拿了下来。当然后来又去了两次,第三次就签下来了。

A公司的代表听后说:"你可真幸运,刚好局长到北京开会。"

刘女士掏出了一个小本子,说:"不是什么幸运,我所有的客户的行程都记在上面。"打开一看,密密麻麻地记了很多名字、时间和航班,还包括他的爱好是什么,他的家乡是哪里,这一周在哪里,下一周去哪儿出差。

问题讨论:刘女士获得成功的秘诀是什么?

思路引导:客户个人资料能让销售人员在竞争过程中取得优势,压倒竞争对手。刘女士取得成功的关键在于她掌握了客户的个人资料,才有机会挖掘到了客户的实际内在需求,才能做出切实有效的解决方案。当掌握了这些资料时,销售策略和销售行为往往也到了一个新的转折点,必须设计新的思路、新的方法来进行销售。

(资料来源:铭万网.大客户资料收集的技巧.http://management.mainone.com/ceo/2007-09/115968_1.htm.2007-9-24)

11.4.3 挖掘优质客户的需求

所有的市场销售都始于需求,同时,需求是需要被引导和激发的。了解客户真正需要什么是理解客户价值的前提。影响优质客户购买决策的因素很多,要全面考虑客户的处境,通过观察客户的特征和企业文化,耐心倾听和沟通后分析可能影响其购买的关键因素。可以通过以下办法了解"需求背后的需求"。

1. 运用各种提问来了解客户的信息

要了解客户的需求,提问题讨论是最好的方式。通过提问可以准确而有效地了解到客户的真正需求,为客户提供他们所需要的服务,一般有以下几种提问方式。

(1) 开放式问题。单刀直入、观点明确地提问能使客户详诉您所不知道的情况。例如,您可以问:"老板,当电话订货延误或出现错误时,您会怎么办?";"老板,当客人要买的香烟品牌没有时,您会怎么办?"。这常常是为客户服务时最先问的问题,提这种问题可以获得更多的细节。

(2) 封闭式问题。封闭式问题即让客户只能用"是"或"否"、"对"或"错"、"买"或"不买"等来回答的问题,目的是确认某种事实、客户的观点、希望、反映的情况。问这种问题可以更快地发现问题,找出问题的症结所在。例如,"老板,如果香烟送来,您在收货时,是否清点?";"老板,电话订货时,订货员是否与您核对?"。这些问题讨论是让客户回答"有"还是"没有"。如果没有得到回答,还应该继续问一些其他的问题,从而确认问题的所在。

(3) 常规式问题。一般在与客户开始谈话时,可以问一些了解客户身份的问题。例如:"老板,您尊姓大名?"、"7654321 是你店里的电话号码吗?",客户的姓名、电话号码、客户代码等都应该掌握,其目的是要获得解决问题所需要的有关信息,以便于问题处理时联系、查询。

(4) 征询式问题。让客户描述情况,谈谈客户的想法、意见、观点,有利于了解客户的兴趣和问题所在。对于有结果的问题,问问客户对提供的服务是否满意,是否有需要改进的地方,如何改进等,这有助于提示客户,表达我们的诚意,提高客户忠诚度。

(5) 澄清式问题。对于客户所说的问题,有些是必须要给予澄清的。在适当的时候,以委婉的询问,澄清一些诸如规定、政策、信息等。例如,国家对卷烟计划的限产规定、卷烟计划的调拨期限。这有助于解疑释惑,澄清事实,减少不必要的麻烦和争论。

【情境案例 11-2】 用提问达成交易

实务情境:约翰·柯威尔曾经在惠普公司担任销售代表,当他为惠普服务时,惠普公司才刚刚涉足于信息领域,当时几乎信息领域的所有客户都只知道 IBM。

有一次,约翰·柯威尔准备到一家公司推销惠普电子设备。可是在他刚刚表明身份时,那家公司的经理就告诉约翰·柯威尔:"你不需要在这里浪费时间,我们一直以来都与 IBM 保持着良好的合作,而且我们还将继续合作下去。因为除了 IBM,我们不相信任何公司的产品。"

约翰·柯威尔仍然微笑着注视那位公司经理,他的声音中没有半点沮丧:"史密斯先生,我想知道,您觉得IBM公司的产品确实值得您信赖,是吗?"

公司经理回答:"那当然了,这还用说吗?"

约翰·柯威尔继续问道:"那么,您能否说一说,您认为IBM公司的产品最令您感到满意的特点有哪些?"

公司经理饶有兴趣地答道:"那要说起来可就太多了,IBM的产品质量一直都是一流的,这一点大家有目共睹。而且这些产品的研究技术在全球也没有几家公司可比。更重要的是,IBM有着多年的良好信誉,它几乎就是权威的标志。我想仅仅是这些特点,就很值得我继续与其保持合作了。"

约翰·柯威尔又问:"我想,您理想中的产品不应该仅仅包含这些特征吧?如果IBM能够做得更好,您希望他们有哪些改进?"

公司经理想了想回答说:"我希望某些技术上的细节更加完善,因为我们公司的员工有时会埋怨某些操作不够简便,可是我不知道现在有没有办法解决这些问题。当然了,如果IBM愿意的话,我还希望产品的价格能够再降低一些,因为我们公司的需求量很大,每年花在这上面的费用一直居高不下。"

约翰·柯威尔此时胸有成竹地告诉公司经理:"史密斯先生,我要告诉您一个好消息,您的这两个愿望我们都可以满足。我们公司的技术人才同样是世界一流的,因此对于产品的技术和质量水平您都不用担心。同时,正因为我们公司的这项业务刚刚起步,所以操作起来就更加灵活,我们的技术部门完全可以按照您的要求对贵公司订购的产品进行量身定做。而我们的价格更低,因为我们公司的目的就是先以低价策略打开市场,赢得一些像您这样的大客户的支持。"

看到自己提出的几项条件惠普基本都能满足,公司经理当即表示先购进一小批产品试用。

问题讨论:约翰·柯威尔用了哪几种提问方式?

思路引导:案例中采用了封闭式问题,如"史密斯先生,我想知道,您觉得IBM公司的产品确实值得您信赖,是吗?";开放式问题,如"那么,您能否说一说,您认为IBM公司的产品最令您感到满意的特点有哪些?"

(资料来源:李先国,曹献存. 客户服务实务. 北京:清华大学出版社,2006)

2. 通过倾听客户的谈话来了解需求

在与客户进行沟通时,必须集中精力,认真倾听客户的回答,站在客户的角度、立场尽力去理解对方所说的内容,了解对方在想些什么,对方的需要是什么,要尽可能多地了解对方的情况,以便为客户提供满意的服务。

(1) 鼓励对方先开口

首先,倾听别人说话本来就是一种礼貌,愿意听表示我们愿意客观地考虑别人的看法,这会让说话的人觉得我们很尊重他的意见,有助于我们建立融洽的关系。其次,鼓励对方先开口可以降低谈话中的竞争意味。我们的倾听可以培养开放的气氛,可以彼此交换意见。

说话的人由于不必担心竞争的压力,也可以专心掌握重点,不必忙着为自己的矛盾之处寻找遁词。最后,对方先提出他的看法,你就有机会在表达自己的意见之前,掌握与对方意见一致之处。倾听可以使对方更加愿意接纳你的意见,让你再说话时更容易说服对方。

(2) 使用并观察肢体语言

当我们和人谈话的时候,即使我们还没有开口,我们内心的感觉就已经透过肢体语言清清楚楚地表现出来了。听话者如果态度封闭或者冷淡,说话者很自然就会特别在意自己的一举一动,比较不愿意敞开心扉。从另一方面来说,如果听话的人态度开放、很感兴趣,那就表示他愿意接纳对方,很想了解对方的想法,说话的人就会受到鼓舞。而这些肢体语言包括自然的微笑,不要交叉双臂,手不要放在脸上,身体稍微前倾,常常看对方的眼睛,点头。

(3) 非必要时,避免打断他人的谈话

善于听别人说话的人不会因为自己想强调一些细枝末节、想修正对方话中一些无关紧要的部分、想突然转变话题,或者想说完一句刚刚没说完的话,就随便打断对方的话,如"等一下,我们公司的产品绝对不会出现这样的问题"。经常打断别人说话就表示我们不善于听人说话,个性激进、礼貌不周,很难和人沟通。虽然打断别人说话是一种不礼貌的行为,但是如果是"乒乓效应",则是例外,所谓的"乒乓效应"是指听人说话的一方要适时的提出许多切中要点的问题讨论或发表些意见感想,来响应对方的说法。还有一旦听漏了一些地方,或者不是很懂的时候,要在对方的话暂时结束时,迅速地提出疑问之处。因此,客服人员要学会什么时候应该说话,什么时候应该保持沉默。

(4) 听取关键词

所谓的关键词,指的是描绘具体事实的字眼,这些字眼透露出某些信息,同时也表示出对方的兴趣和情绪。透过关键词,可以看出对方喜欢的话题以及说话者对人的信任。另外,找出对方话中的关键词,也可以帮助我们决定如何响应对方的说法。我们只要在自己提出来的问题讨论或感想中,加入对方所说的关键内容,对方就可以感觉到你对他所说的话很感兴趣或者关心。

(5) 反应式倾听

反应式倾听,指的是重述刚刚听到的话,这是一种很重要的沟通技巧。我们的反应可以让对方知道我们一直在听他说话,而且也听懂了他所说的话。但是反应式倾听不是像鹦鹉一样,对方说什么你就说什么,而是应该用自己的话,简要地述说对方的重点。比如,"你说你住的房子在海边?我想那里的夕阳一定很美。"反应式倾听的好处主要是让对方觉得自己很重要,并感到你在认真倾听。

(6) 提出问题讨论

如果你对对方的发言感到有疑问,直接提出来。你可以这样问:"您的意思是……?"或"我可否将您的意思理解为……?"你也可以用自己的话把你的理解复述给对方听,以确认是否正确理解了说话人的意图。

(7) 改变不良的倾听习惯

你在倾听时,会做出如下反应吗? 如果有的话,就赶快改掉吧。例如,目光没有正视对方;听别人说话时面无表情,人们不禁猜测你是否理解了;询问刚才谈话的内容,表明你刚才没有仔细听;上下打量谈话对象等。

【实务指南 11-1】 "听他把话讲完"

　　一个公司要想有效扩展自己的客户资源，必须学会倾听和赞美，而这只能靠公司的一线员工来完成。

　　乔·吉拉德向一位客户销售汽车，交易过程十分顺利。当客户正要掏钱付款时，另一位销售人员跟吉拉德谈起昨天的篮球赛，吉拉德一边跟同伴津津有味地说笑，一边伸手去接车款，不料客户却突然掉头而走，连车也不买了。吉拉德苦思冥想了一天，不明白客户为什么对已经挑选好的汽车突然放弃了。夜里 11 点，他终于忍不住给客户打了一个电话，询问客户突然改变主意的理由。客户不高兴地在电话中告诉他："今天下午付款时，我同您谈到了我的小儿子，他刚考入密西根大学，是我们家的骄傲，可是您一点也没有听见，只顾跟您的同伴谈篮球赛。"吉拉德明白了，这次生意失败的根本原因是因为自己没在认真倾听客户谈论自己最得意的儿子。

　　尽管我们常常以为自己听别人讲话听得很认真，但实际上，许多情况下，我们在谈话之前，在思想上总带有一定的期望、目的和预计结果。我们选择性地听我们听到的话，也就是说，我们只是听那些符合我们自己预先构想的话。

　　如果从事销售工作的话，我们往往花很多时间想，怎么结束这次谈话，同时又做成买卖呢？不是去注意别人说什么，只是在对方言辞中搜寻那些肯定自己想法的话语；不是为了听到别人公正的说法，而是太多时候掺进自己的感情偏向；我们听到的是我们愿意听到的而不是别人真正讲的。

　　"听他把话讲完"是倾听的重要含义。它要求听者抛开自己的偏见、观念的束缚，最大化地融入说话人的世界以及他们的观点中去。

　　（资料来源：李先国，曹献存．客户服务实务．北京：清华大学出版社，2006）

3. 观察客户的非语言行为

　　在与客户沟通的过程当中，可以通过观察客户的非语言行为了解他的需要、欲望、观点和想法。

　　（1）眼神

　　俗话说，"眼睛是心灵的窗户"，销售人员应该首先从客户的眼神中观察其透露出的相关信息。比如，如果客户的眼睛一直关注手头正做的事情而不理会推销人员的介绍，那么这样的客户常常有一种拒人于千里之外的冷淡态度；如果客户的眼睛盯着包装精美的产品，那么销售人员不妨通过产品展示等方式引起客户的关注。客户的眼神会随着沟通情境的不同发生一定的变化，有经验的销售人员会从这些变化中捕捉到十分重要的信息。比如，当你正滔滔不绝地介绍产品性能时，却发现客户已经闭起双眼或者开始东张西望，那就表明他（她）已经对你的介绍感到厌烦，或者对你的话题没有兴趣了。此时，你就要换一个话题，或者停下来，引导客户参与谈话，以了解客户真正关心的问题讨论。

　　（2）手势

　　客户常常会通过快速摆手臂或者其他手势表示拒绝，如果销售人员对这些手势动作视而不见，那么接下来就可能是毫不客气的驱逐，事情一旦到了这一步就很难有回转的可能。

所以,当发现客户用手用力敲桌子、摆弄手指或摆动手臂时,销售人员就应该反思自己此前的言行是否令客户感到不满或厌烦了,然后再采取相应的措施。

(3) 坐姿

对方的坐姿也是一个很重要的信息来源,前倾的坐姿往往表示对方对谈话内容很感兴趣,而懒洋洋地靠在椅背上可能表示其对你的谈话内容没有兴趣,对此也应予以注意。

【实务指南11-2】 形体语言(见图11-3)

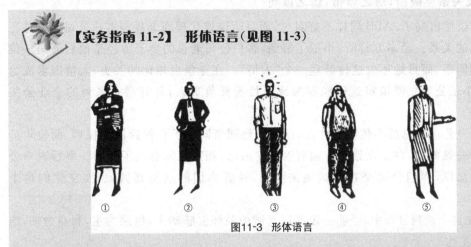

图11-3 形体语言

如果你保持一个开放的姿态,并且稍微向后靠以示放松或稍微向前靠以示对交流感兴趣(图④或图⑤),对方会认为你十分友好、自信、对他很感兴趣;如果你采取封闭的姿态,双手抱在胸前(图①),对方会认为你是防御型的。通常保持正面的、硬邦邦的姿态(图②和图③),会让人感到你十分生气或沮丧。

(资料来源:杨勇. 市场营销:理论、案例与实训. 北京:中国人民大学出版社,2006)

11.4.4 与优质客户正面沟通

以下以小王作为国内某知名工业自动化设备商的营销代表为例,简单介绍与优质客户谈判的技巧。

1. 拨雾见月,去伪存真,发现客户的真实需求

小王的首要任务是找到成交可能性最大的潜在客户,从而开展重点公关。有的企业在进行招标时,往往抛出一些"障眼法"式的项目需求,从而转移部分厂商的注意力。小王通过多种信息渠道,了解到他们争取的一家大客户对外公布的三大项目中,有两项都是不切实际的,从而及时抓住营销重点,锁定目标。在这个过程中,广泛的信息渠道是关键,正式场合与非正式场合的沟通都非常重要。事实上,一条非常重要的信息来自于与小王与该企业老板司机的一次闲聊。这次闲聊让小王了解到,哪些需求是该公司已经内定的,哪些需求是该公司根本不需要或者暂时没有能力执行的。

2. 利用相对优势,打击竞争对手

首次竞标有三家企业入围,除了小王的公司,另有两家省内企业,分别代理的是西门子和ABB公司的产品。它们兼有本土公司的人脉优势与跨国公司的技术优势,非常难以对付。但小王公司的优势也非常明显,就是系统的整合优势。当时恰逢西门子公司的产品出现了一点软件故障,导致客户公司生产线不能正常运行,而等国外的工程师到达现场,至少都要在 20 天以后。这时小王公司立即出动了北京总部的专家团队,无偿为该客户解决了这个问题。这件事不仅为公司赢得非常珍贵的信任票,也使西门子公司夺标无望。

3. 寻找关系突破口,动之以情,诱之以利

西门子虽然出局了,ABB 同样不好对付,而且听说该代理商老板与客户公司的老总还有远房亲戚的关系。经多方打听,小王了解到,客户公司老总的妻子曾经是他们公司一位营销经理的同事,而且她还欠这位经理一个"人情"。在竞争白热化的关头,人情因素成为重中之重,小王公司立即指定这位经理为该项目投标负责人,并开展一系列的企业公关活动。

刚好客户公司老总的小孩生病住院,该项目经理偕同妻子专程到医院探望,两位年龄相仿的母亲一见如故,在子女教育方面有聊不完的话,相互之间都成了知己。事后客户公司的老总回忆说,你们公司是在真诚地关心人,冲着你们的这份真诚,也要交你们这个朋友。

可见,在这个谈判过程中,企业一定要以真诚的关怀去感动人,情感为主,利益为辅,绝不可颠倒了主次。

4. 拒绝小利,坚持立场,保持方向的正确

几个回合之后,所有的竞争对手都已经淘汰出局,小王公司公司即将成为当仁不让的夺标者。但好事多磨,一家已经出局的公司是客户公司的长期生意伙伴,与客户公司的高层有着千丝万缕的关系,即使出局也在对小王公司产生影响。

有一天,客户公司一位副总通知说,鉴于小王所在的公司在几轮竞标中表现出色,要把一百多万元的仪表订单交给他们,而对他们盼望已久的工业自动化项目,却表示要缓一缓。经研究,小王的公司当即表示放弃仪表项目,专注做自己最擅长的自动化项目,同时加紧敦促对方确认订单。当时有些经理表示不解,仪表项目也是一块肥肉,为什么要放弃呢?小王公司的态度是:首先,仪表不是我们的强项,会分散我们的精力,失败的风险也较大;其次,仪表项目的推动可能给竞争对手制造口实,从而让他们卷土重来,甚至抢走本次投标的重点项目。在这个过程中,不为小利而迷惑,坚持既定的路线方针,是项目成败的关键。

5. 自查自纠,弥补漏洞,一举夺标

经过小王公司的坚持,客户方面终于同意将自动化项目交给他们。在审查报价单时,却发现他们将一些非关键的配套材料的价格报得过高,对方发话,要求砍下总价的 30%。小王公司马上进行调查,发现部分配套材料价格过高是由于前线营销人员感觉项目费用太高,希望抬高部分不起眼的非关键品价格进行弥补。公司立即调低全线配套品价格,并承诺对方可以对配套品进行监审,最终在仅调价 20 余万元的基础上,拿下了这笔总值超过 300 万元的订单。因此,在最后的冲关阶段,企业一定要关注细节,及时自我调整,发现问题立即解决,最终保证圆满签单。

● 顾客价值是由于供应商以一定的方式参与到顾客的生产经营活动过程中而能够为其顾客带来的利益,即指顾客通过购买商品所得到的收益和顾客花费的代价(购买成本和购后成本)的差额。可以根据客户利润、客户份额、客户自身发展潜力等指标对客户的价值进行评估。

● 根据顾客价值变量,客户分类方法有两种:第一种,VIP客户、主要客户、普通客户与小客户;第二种,铂金层级、黄金层级、钢铁层级与重铅层级。

● 优质客户,又称核心客户、关键客户、大客户等,是指那些能够为企业带来巨额收入或利润,又具有高社会影响力的重要客户。其基本特征包括:优质客户购买频繁或单次购买数量多;优质客户管理工作复杂;优质客户与企业建立长期关系的意愿较强。

● 优质客户拓展的意义包括:保证优质客户能够成为销售订单的稳定来源;使成功的优质客户经验在行业客户中产生最大辐射效应;通过发展优质客户提高市场占有率;促使优质客户需求成为企业创新的推动力;使优质客户成为公司的重要资产;实现与优质客户的双赢。

● 优质客户拓展的步骤包括:优质客户识别;优质客户信息收集;挖掘优质客户需求;与优质客户正面沟通;提高客户满意度。

■ 实务观念 ■

顾客价值　顾客价值评价　优质客户　最有价值客户群　客户满意度　顾客价值理论
优质客户拓展的意义　优质客户特征　优质客户拓展策略

■ 职业技能 ■

优质客户拓展

□ 单项选择题

1. 以下不属于顾客价值评价体系指标的是(　　)。
　　A. 客户利润　　　　　　　　B. 客户规模
　　C. 客户份额　　　　　　　　D. 客户自身发展潜力
2. "有什么我能够帮助您的吗?"这属于(　　)问题讨论。
　　A. 开放式　　　　　　　　　B. 封闭式

C. 常规式   D. 征询式

3. 优质客户拓展程序的第三步是（　　）。
   A. 优质客户识别   B. 优质客户信息收集
   C. 挖掘优质客户需求   D. 与优质客户正面沟通

□ 多项选择题

1. 属于顾客价值评价体系指标的是（　　）。
   A. 客户利润   B. 客户规模
   C. 客户份额   D. 客户自身发展潜力

2. 根据客户金字塔结构，客户可分为（　　）。
   A. VIP 客户   B. 主要客户
   C. 普通客户   D. 小客户

3. 优质客户分布在（　　）客户细分群中。
   A. 最有价值客户群   B. 价值客户群
   C. 潜在客户群   D. 低价值客户群

□ 判断题

1. 与客户沟通的过程是一个双向的、互动的过程。（　　）
2. 在沟通过程中，客户是被动地接受劝说、解释和聆听介绍。（　　）
3. 谈话必须有来有往，所以可以打断对方谈话，适时地表达自己的意见，这才是正确的谈话方式。（　　）

□ 理念辨析

1. 简述按价值细分顾客的方法。
2. 简述如何识别优质客户。
3. 简述优质客户拓展的策略。

□ 实务运用

1. 保险推销员小王正准备去拜访一位新客户，出发前，他详细地了解了该客户的兴趣爱好、家庭情况及学历背景等。你认为客户的这些个人资料需要掌握吗？为什么？

2. 某洗衣机厂对其销售的洗衣机需求情况进行跟踪调查，大多数人，尤其是城市购买者认为非常适用和耐用，但一些农村购买者却认为不适用也不耐用。农民反馈意见：洗衣机洗衣服还好使，但洗地瓜、土豆以及其他蔬菜就不好用，不是转不动就是下水道堵……对此意见，公司技术人员说，我们这是洗衣机不是洗菜机，农民就不应该这样使用，他们的意见应否定。如果你是该公司的客服人员，你将如何处理此事？

□ 案例题

一位老太太每天去菜市场买菜、买水果。一天早晨，她提着篮子，来到菜市场。第一个小贩，卖水果的，问："你要不要买一些水果？"老太太说："你有什么水果？"小贩说："我这里有李子、桃子、苹果、香蕉，你要买哪种呢？"老太太说："我正要买李子。"小贩赶忙介绍："我这个李子，又红又甜又大，特好吃。"老太太仔细一看，果然如此。但老太太却摇摇头，没有买，走了。

老太太继续在菜市场转。遇到第二个小贩。这个小贩也像第一个一样，问老太太买什么水果?老太太说:"买李子。"小贩接着问:"我这里有很多李子,有大的,有小的,有酸的,有甜的,你要什么样的呢?"老太太说:"要买酸李子。"小贩说:"我这堆李子特别酸,你尝尝?"老太太一咬,果然很酸,满口的酸水。老太太受不了了,但越酸越高兴,马上买了一斤李子。

但老太太没有回家,继续在市场转。遇到第三个小贩,同样,问老太太买什么。老太太说买李子。小贩接着问:"你买什么李子?"老太太说要买酸李子。但他很好奇,又接着问:"别人都买又甜又大的李子,你为什么要买酸李子?"老太太说:"我儿媳妇怀孕了,想吃酸的。"小贩马上说:"老太太,你对儿媳妇真好!儿媳妇想吃酸的,就说明她想给你生个孙子,所以你要天天给她买酸李子吃,说不定真给你生个大胖小子!"老太太听了很高兴。小贩又问:"那你知道不知道这个孕妇最需要什么样的营养?"老太太不懂科学,说不知道。小贩说:"其实孕妇最需要的是维生素,因为她需要供给这个胎儿维生素。所以光吃酸的还不够,还要多补充维生素。"他接着问:"那你知不知道什么水果含维生素最丰富?"老太太还是不知道。小贩说:"水果之中,猕猴桃含维生素最丰富,所以你要经常给儿媳妇买猕猴桃才行!这样的话,确保你儿媳妇生出一个漂亮健康的宝宝。"老太太一听很高兴,马上买了一斤猕猴桃。

当老太太要离开的时候,小贩说:"我天天在这里摆摊,每天进的水果都是最新鲜的,下次来,就到我这里来买,还能给你优惠。"从此以后,这个老太太每天都在他这买水果。

问题(选择题):

1. 此案例说明,要想成功开拓客户,首先要( )。
   A. 识别客户 B. 挖掘客户需求
   C. 与客户面对面沟通 D. 提高客户满意度

2. 第一个小贩失败的原因是( )。
   A. 没有找到正确的顾客 B. 没有运用正确的沟通技巧
   C. 没有探寻顾客的需求 D. 没有提高客户满意度

3. 第三个小贩的成功销售的步骤包括( )。
   A. 探寻客户基本需求;激发客户需求;引导客户解决问题讨论
   B. 探寻客户基本需求;通过纵深提问挖掘需求背后的原因;抛出解决方案
   C. 激发客户需求;引导客户解决问题讨论;抛出解决方案
   D. 探寻客户基本需求;通过纵深提问挖掘需求背后的原因;激发客户需求;引导客户解决问题讨论;抛出解决方案;成交之后与客户建立长期关系

4. 本案例中使用的销售理论是( )。
   A. 供给理论 B. 需求层次理论
   C. 激励理论 D. 顾客价值理论

5. 从本案例中可以看出,营销员在销售过程中,重点要关注( )。
   A. 产品 B. 服务
   C. 客户 D. 客户需求

实务分析

实务情境:

某顾客致电某服务中心,因无人接听处在计算机服务当中,等得不耐烦的时候,终于等到服务员接听。

服务员:您好!我是77号,竭诚为您服务,我有什么可以帮助您的?

顾客:你能不能让我少等一会儿?

服务员:哦,今天电话特别多,一下忙不过来,您有什么事?

顾客:你们为什么不配多点人?

服务员:那是我们领导的事,我也想人多点呀!

顾客:那你们领导真蠢,总是让我们花大把的时间等,难道顾客的时间就不值钱吗?

问题讨论:

1. 服务人员在服务过程中,有哪些不妥之处?
2. 服务人员如此礼貌与客气,顾客为什么还是不满意?
3. 如果你是服务人员,你觉得怎么服务才是最合适的呢?

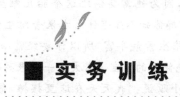

实务训练

"优质客户拓展"职业技能和素养训练

【实训目的】

通过切实体验"优质客户拓展"各实训任务和要求的完成,系列技能操作的实施、《××企业优质客户开发实训报告》的准备与撰写等活动,培养其"拓展优质客户"的职业技能,并通过践行职业规范,促进职业人格的塑造。

【实训技能规范】

职业技能——优质客户拓展

技能Ⅰ:识别优质客户

职业规范:能够按价值标准对企业客户进行分类,识别企业的优质客户。

技能Ⅱ:与优质客户正面沟通

职业规范:

(1) 能挖掘客户需求。

(2) 能初步掌握与客户进行正面沟通的方法和技巧。

技能Ⅲ:优质客户拓展

职业规范:

(1) 能设计优质客户拓展方案。

(2) 能就优质客户拓展提出相关对策。

【实训任务和要求】

各实训组通过对所选企业优质客户拓展运作情况的调查、参与和体验,运用所学知识总结该企业相应业务运作的成功之处和不足之处,在此基础上提出建议,并撰写《××企业优质客户开发实训报告》。

【实训时间】

一周。

【实训步骤】

(1) 将学生组成若干个实训组,每5~6人分成一组,每组确定1人负责。

(2) 确定每个组的实训企业,根据各自企业优质客户拓展情况,对其优质客户开发进行调查,参与并体验所选企业的优质客户拓展具体运作。将工作情况进行详细记录。

(3) 撰写《××企业优质客户开发实训报告》。

(4) 在班级交流、讨论和修订《××企业优质客户开发实训报告》。

【实训报告范本】

见附录11。

第 12 章

提升客户满意度

■ 学习目标

了解并掌握客户满意度测评的指标、内容、方法及策略、客户忠诚度的衡量、客户体验管理的步骤及一对一营销的实施过程,能用所学理念和技能来规范客户满意度提升相关实务操作,并依照行业规范或标准,强化学生的职业素养。

实务引例　美国西南航空"讨好"顾客的故事

在美国航空业流传着这样一个故事:西南航空公司遇到了一位误了班机的乘客,而该乘客要去参加本年度最重要的商务会议。于是,他们专门调拨了一架轻型飞机,将该乘客送往目的地。正是这样竭尽全力"讨好"乘客的法宝,使这家不起眼的小航空公司跻身于美国前四大航空公司之列。

航空业是一个资本密集型的行业,用在飞机上的费用数量是十分巨大的。另外,航空公司还必须提供超级的顾客服务。航班延迟、行李丢失、超额订票、航班取消以及不能为乘客提供优质服务的员工等情况都会使乘客迅速疏远某个航空公司。对有些企业来讲,"以顾客为中心"只不过是一句口号而已。然而在西南航空公司,这却是一个每天都在追求的目标。比如,西南航空公司的员工对顾客的投诉所做出的反应是非常迅速的:有五名每周需要通过飞机通勤到外州医学院上学的学生告诉西南航空公司说,对他们来说最方便的那个航班却总是使他们每次要迟到 15 分钟。于是,为了适应这些学生的需要,西南航空公司就把航班的起飞时间提前了整整一刻钟。

(资料来源:周洁如,庄晖.现代客户关系管理.上海:上海交通大学出版社,2008)

在客户关系管理的逻辑中,企业通过利用实施 CRM 战略和策略,为客户提供价值,增加客户满意度,保留客户,以至于提高其忠诚度,从而实现客户为企业提供价值、企业达到利润最大化的目的。

12.1 客户满意度管理

12.1.1 客户满意的含义

客户满意,就是客户通过对一种产品的可感知的效果或结果与他的期望值相比较后所形成的一种愉悦的感觉状态。依据这个说法,客户满意度是可感知效益和期望值之间的差异函数。如果效果低于期望,客户就会不满意;如果可感知效果与期望相匹配,客户就满意;如果感知效果超过期望,客户就会高度满意或欣喜。

用公式可以表示为:

$$满意 = \frac{可感知效果}{期望值}$$

【情境案例12-1】 来自公交车的启示

实务情境:在烈日炎炎的夏日,当你经过一路狂奔,气喘吁吁地在车门关上的最后一刹那,登上一辆早已拥挤不堪的公交车时,洋溢在你心里的是何等的庆幸和满足!而在秋高气爽的秋日,你悠闲地等了10分钟,却没有在起点站"争先恐后"的战斗中抢到一个意想之中的座位时,又是何等的失落和沮丧。

(资料来源:张永红.客户关系管理.北京:北京理工大学出版社,2009)

问题讨论:同样的结果——都是搭上没有座位的公交车,却因为过程不同,在你心里的满意度也会大不一样,这到底是为什么?

思路引导:答案在于你的期望不一样,炎热的夏天里,你的期望仅在于能"搭"上车,如果有座位那是意外之喜,而在凉爽的秋天里,你的期望却是要"坐"上车,而且最好是比较好的座位。同样的结果,不同的期望值,满意度自然不同。

12.1.2 影响客户满意度的相关因素

我们根据马斯洛的需求层次理论构造客户满意度影响因素模型,将企业提供给客户的东西分为五个层次。

第一层次:核心产品或服务。这一层次代表着企业所提供的基本的产品和服务,是提供给客户的最基本的东西。在当前激烈竞争的市场上,企业必须把核心产品或者服务做好,这一点是毋庸置疑的。

第二层次:支持性服务。这个层次包括了外围的和支持性的服务,这些服务有助于核心产品的提供。这就意味着即使客户对核心产品比较满意,也可能对企业的其他方面表示不满。这些方面如价格、服务、沟通和分销等。在以较好的核心产品或者服务为基础取得竞争上的优势是很困难的甚至是不可能的情况下,企业可以提供与分销和信息相关的支持性和辅助服务,并通过这些服务逐步将他们同竞争对手区别开来并为客户增加价值。

第三层次:所承诺服务的表现。这一层次主要与企业能否将核心产品和支持服务做好有关,重点在于我们向客户承诺的服务表现上。客户任何时候都期望交易进展顺利并且企业遵守承诺,如果企业做不到这一点,客户就会产生不满情绪。信守承诺是关系中一个非常重要的因素。

第四层次:客户互动的要素。在这个层次上,强调的是企业与客户之间面对面的服务过程或者以技术为基础的接触方式进行的互动。在互动的过程中,客户更看重企业所提供的服务的水平,对他们关注的程度以及服务的速度和质量,也就是说客户很看重他们是如何被服务和接待的。如果企业在这些方面做得不好,即使它提供了高质量的核心产品,客户仍然会感到失望,甚至会去购买竞争对手企业的产品或服务。

第五层次:情感因素——服务的感性方面。企业不仅要考虑到与客户互动中的基本因素,还要考虑企业有时候传递给客户的微妙信息,这些信息是他们对企业产生了正面或者是负面的感情。从根本上来说,这意味着企业使得他们在与企业进行交往的过程中的感受如何。实际上,客户可能对他们与企业和它的员工的互动中的大多数方面感到满意。但因为一位员工的某些话或者因为其他的一些小事情没有做好使企业失去了这个客户,而那些事情员工们甚至并没有注意到。

12.1.3 提高客户满意度的方法

从客户满意的概念可以看出,客户满意是一种感觉状态的水平,它来源于客户对产品或服务可感知的绩效与客户的期望值所进行的比较。因此,提高客户满意度的逻辑就变成降低客户期望,或增加其对产品或服务可感知的绩效。

1. 降低客户期望值

前面说过,客户满意是建立在客户期望之上的,即满意度=可感知效果/期望值。在这个公式中,期望值是指人们根据以往的经历、经验或从别处获取的信息而建立的对某一事物目标状态的评估。可感知效果即感受值是指实现后的实际状态。期望值是主观建立的,所以同一事物不同的人,或同一事物同一人不同时期,期望值都可能不同;感受值是客观存在的,不以人的意志为转移。这也就是说,期望值的大小决定了满意度的高低,而且它们之间是呈反比例关系的。感受值固定不变的情况下,期望值越大,满意度则越低,相应的,期望值越小则满意度越高。由此可知,降低期望值是提高满意度的一个重要途径。

一般而言,客户是通过如下过程建立他的期望值的:检视产品→以往经验、朋友信息、其他信息反馈→以自我思维描述期望值。根据这个过程的描述,期望值的建立是在第二、第三步中完成的。那么,经营者就可以在第二、第三步中对客户施以影响,从而达到降低客户期望值的目的。主要方法如下。

(1) 以说明的方式改变客户的经验、信息

客户的期望值是一种既定认识,并由经验和可靠的(客户自身的认识)信息构成,但同样

是可以改变的。例如,"上个月我朋友在另外一家只花60元就买了!""噢,先生,您说得很对,我相信,但是那时候这个产品刚上市,还没有人知道,所以是按成本销售,当时我们也是卖60元的。"从以上对话中,我们可以看到客户虽然用自己现有的信息去描绘期望值,但是可以善意地去修正它,以改变客户的期望值。

(2) 改变客户的逻辑思维方式以降低期望值

服务人员可以通过改变客户对某一事物的逻辑思维方式来达到降低客户期望值的目的,这也是一种比较有效的方法。例如,"我上次给弟弟买的一条裤子比这条好多了,布料、做工都一样,但是只要100元。怎么这条童装裤这么小也要这么多钱?""噢,先生,因为服装都是批量生产的,童装虽然用料少,但做工要求高,所以价格更贵。"

(3) 利用客户期望值的脆弱性

一般而言,客户据以往的经验或已知信息建立起来的期望值往往是不稳定的,呈现出相当大的脆弱性。当然这种情况主要出现在客户期望值的建立初期,这个时候客户对自己的期望值本身就不自信。因此,这时如果抓住时机,给客户描绘出另外一个期望值,也可以降低客户的期望值,这就是通常所说的"喊价要高"。小张走进一家服装店。被一条裤子吸引住了,他摸了摸面料认为120元比较合适。店员:"要不要试试?"小张:"多少钱一条?"店员:"680元。"小张此时心想:"680元,怎么这么高的价,是不是有什么特别之处,或是名牌?"这时,小张起初的120元期望值价位已经被打破,他甚至有意识地寻找这条裤子的与众不同。

这一技巧我们经常用到。比如你的下属做完一件工作时,他希望能得到你的表扬,这时他的这一愿望最强烈,所以即使重点表扬激励的效果也不大。你可以先挑一些不尽如人意的地方先讲一下,让他觉得不被批评就是好事。然后,你再抓住时机表扬他,就会起到更大的激励效果。

2. 增加客户的感受值

依据客户满意度公式可以得出降低客户期望值能够提高客户满意度,同样,我们也可以依据这一公式得出增加客户的感受值也是提高客户满意度的一条途径。

(1) "悬念"原则

何谓"悬念"原则?就是我们通常所说的"吊胃口"。这一原则在增加客户感受值方面大体就是要突出"不要让他得不到,也不要让他太容易得到"这一技巧。可以肯定地说,企业在增加客户感受时,并不是一次提供的价值越大越好。因为当你一次提供了许多客户实惠利益之后,很容易让客户下次的期望值建立在这次之上,那时企业的负担就太重了。曾经有一个销售化妆品的企业,推出了上门送货服务,但后来客户增多,却不能做到每一个客户都送,结果引来许多客户的异议。

(2) 激励、保健因素有机结合

激励、保健因素是最早由美国心理学家弗雷德里克提出的管理学上的概念。保健因素指的是不满意因素,即造成客户异议的因素,而激励因素是造成客户满意的因素,是企业单独提供给客户的具体特色服务,少了它,客户也许不会不满意,但有了它,客户会产生更满意的感觉。通常情况下,企业提供给客户的保健因素是指各竞争企业同时都在提供的服务。比如,各大空调厂家都提供上门安装,书店都提供购物袋等。

企业的资源是有限的。所以,企业必须让有限的资源发挥最大的效用,以达让客户满意的效果。做到这一点,企业必须认清自己提供给客户的服务哪些是保健因素,哪些是激励因素。对于保健因素,投入过大的资源只会是事倍功半。即使是激励因素,也应注意特色和创新。一个没有创新的服务,比如让利,也许起初会起到一定效果,但如果做过了头,就会受到经济上"收益递减规律"的制约,仍然是花大钱办小事,所以企业应该将精力用在自己有特色的激励因素服务上来,才有可能保持核心客户长期的满意度。

3. 主动为客户服务

要提高核心客户的满意度,商家的服务行为应当尽量采取主动。日本推销之神原一平就说过:"主动询问客户的想法和需要,是赢得信赖,取得意见的方法。"一般来说,生意兴隆的企业在销售上用尽心思,在服务上,也会给予更多的关心。而在产品不足或发生障碍时所做的服务,更是重要。例如,天气开始炎热而需用电扇时,不妨问问客户:"去年生产的电扇有没有什么毛病?"或"我们的商品是否令你满意?"这就是所谓的"招呼式的服务"。这种完全属于问候性质的服务虽然不可能马上就有什么结果,但对于需要的人来说,听起来会比什么都高兴,且会觉得公司值得信赖。当然,如有问题讨论则马上处理其效果也将事半功倍。由这点,便可以考验出一个商人的荣誉与责任。如果只是抱着不负责任的态度,那是很难有服务的热忱的。

4. 适时帮助客户

中国人有"礼尚往来"的传统,中国人同样有"患难见真情"的古训。假如你能够在适当的时机,即在核心客户需要的时候(当然,这种需要靠你自己去发现)伸出援助之手,热情地予以帮助,核心客户就会感受到你的真诚,他会在心底感谢你,这时候,他会表现出对你的满意和忠诚。重视这一观点的公司经常会将最新的资讯送给客户,这是助人的方式之一。一般人都会跟那些一直保持往来,又能提供最新信息的公司做生意,因为跟熟人做生意总是比较牢靠的。

适时帮助客户是提高核心客户满意度的一条捷径。事实上,不论何时何地,核心客户的心理大致都相同。如果你对适时帮助核心客户的可行性持怀疑的态度,你不妨问问自己,为什么你会特别喜欢到某一个加油站加油呢?为什么你会在附近银行开户而不到其他地方去?你如何选择保险公司呢?一般来说,如果人们受重视或受到好的服务,就会很满足。作为专业服务人员,要很乐意帮助客户,永远不要拒人于千里之外。

12.2 客户忠诚度管理

12.2.1 客户忠诚的概念

在 20 世纪六七十年代,不少学者从行为视角来界定客户忠诚。美国学者纽曼(Newman)和沃贝尔(Vaublo)认为,忠诚的客户是指那些反复购买某品牌的产品,并且只考虑该品牌的产品而不会寻找其他品牌信息的客户。塔克(Tucker)把客户忠诚界定为连续 3 次购买某品牌的产品或服务。布莱博格(Blyberg)和森(Sen)则强调应该把购买比例作为忠诚行为的测算基础。美国学者雅各布(Jacoby)和柴斯那特(Chestnut)率先探讨了忠诚的心理含义,从而对传统的行为忠诚(如重复购买)提供了有意义的补充。他们认为,企业应该综合考虑客户忠诚的行为因素和心理因素。施特劳斯(Stauss)等人指出,在情感与忠诚之间存在着显著的相关性。真正忠诚的客户不仅会反复购买企业的产品和服务,而且还真正喜欢企业的产品和服务。因此,企业只有综合分析客户的购买行为和客户对企业产品和服务的态度,才能更准确地衡量客户的忠诚程度。奥利佛(Oliver)把客户忠诚定义为:"对自己偏爱的产品和服务具有的未来持续购买的强烈愿望,以及将其付诸实践进行重复购买的客户意愿。"在此基础上,奥利佛进而界定了"最终忠诚客户"的内涵,即抓住任何可能的机会,不惜任何代价而购买自己所偏爱品牌的产品或服务的客户,并进一步根据客户忠诚的形成过程把忠诚划分为认知忠诚、情感忠诚、意愿忠诚和行为忠诚四大类。

尽管客户忠诚的重要性已经得到了广泛的认同,但客户忠诚的内涵是什么,怎样的客户才是忠诚的客户,理论界还有很多争议。这里把客户忠诚界定为"客户在较长的一段时间内对企业产品或服务保持的选择偏好与重复性购买"。

12.2.2 客户忠诚和客户满意的关系

美国贝恩公司的调查显示,在声称对公司产品满意甚至十分满意的客户中,有65%～85%的客户会转向其他公司的产品。其中,汽车业85%～90%满意的客户中,再次购买的比例只有30%～40%,而餐饮业中,品牌转换者的比例则高达60%～65%。因此,对自己消费经历满意的客户不一定就会忠诚于企业;不少以"服务所有客户"为宗旨的企业陷入了"满意困境"中。那么,客户满意与客户忠诚究竟是什么关系呢?

1. 客户忠诚与客户满意的区别

根据客户忠诚和客户满意的定义和内涵,我们可以看出客户忠诚和客户满意是两个层面的问题讨论。如果说客户满意是一种价值判断,是一种心理的感受,带有主观性,那么客户忠诚则是客户满意的行为化,是一种客观标准。由于主观性的影响,作为客户心理反应的客户满意是非常难以衡量的,尽管企业可以采用大规模的市场调查和客户询问等活动对客户满意度进行调查,但对其准确性无法完全保证。相反,客户忠诚是客户的一种客观行为,其衡量的量化指标就是客户的重复购买。而且满意是一种暂时的态度,而忠诚更关乎持久态度和行为。一个忠诚的客户必然定时地进行再消费、交叉消费企业的其他产品或服务、向别人推荐购买同类产品或服务,同时不为竞争对手的蝇头小利所动心。表12-1从比较对象、表现形式、可观察的程度和受竞争对手影响的程度4个方面对客户忠诚与客户满意进行了比较。

表12-1 客户满意与客户忠诚的比较

项 目	客户满意	客户忠诚
比较对象	过去期望与现实的感知效果	现实期望与预期利益
表现形式	心理感受	行为反应
可观察的程度	隐含的	外显的
受竞争对手影响的程度	影响小	影响大

2. 客户忠诚与客户满意的联系

长期以来，人们普遍认为客户满意与客户忠诚之间是简单的、近似线性的关系，即客户忠诚的可能性随其满意程度的提高而增大。客户满意度越高，客户就越容易变得忠诚，从而为企业带来的收入和利润增长就越快。但近几年来，几项研究发现客户满意对客户忠诚的作用并不总是直接的，有很多因素成为这两者关系的中介。因此，满意分值的高低并不一定直接导致忠诚度的高低，而只是提供了产品或服务的有效预警，满意客户并不总是比不满意客户购买更多产品。因此，客户满意与客户忠诚的关系受其他因素的影响。

12.2.3 客户忠诚的衡量

对客户忠诚与否，可以从以下几个方面衡量。

（1）重复购买的次数。一段时间以内，客户对某一种产品重复购买的次数越多，说明对这一产品的忠诚度越高；反之，则越低。对于经营多种产品的企业来讲，重复购买本企业品牌的不同产品，也是一种高忠诚度的表现。由于服务或产品的用途、性能、结构等因素也会影响客户的再购买次数，因此在确定这一指标的合理界限时，要根据不同服务或产品的性质区别对待，不能一概而论。

（2）购买量占其对产品总需求的比例。这个比例越高，忠诚度越高。

（3）对本企业产品品牌的关心程度。一般来讲，关心程度越高，忠诚度越高。关心程度和购买次数并不完全相同，比如，某种品牌的专卖店，客户经常光顾，但是并不一定每次都购买。

（4）购买时的挑选时间。客户在挑选产品的时候，时间越短，忠诚度越高。反之，则说明他对该产品的忠诚度越低。在利用客户购买挑选时间测定品牌忠诚度时，也要考虑服务产品的属性。个别属性的服务或产品，客户几乎对品牌不太介意，而化妆品、酒、烟、计算机、汽车等服务产品的品牌，在客户做出购买决策时则起着举足轻重的作用。

（5）对产品价格的敏感程度。对于喜爱和信赖的服务或产品，客户对其价格变动的承受能力强，即敏感度低；而对于不喜爱和不信赖的服务或产品，客户对其价格变动的承受能力弱，即敏感度高。

（6）对竞争产品的态度。人们对某一品牌的态度的变化，大多是通过与竞争产品的比较而产生的，客户对竞争产品表现出越来越多的偏好，这显然是忠诚度下降的结果；而如果客户对竞争产品不感兴趣或没有好感，就可以推断他对本产品的忠诚度较高。一般对某种产品或服务忠诚度高的客户会不自觉地排斥其他品牌的产品或服务。

（7）对产品质量事故的宽容度。客户对产品或品牌的忠诚度越高，当服务或产品出现质量问题时，他们越会采取宽容、谅解和协商解决的态度，不会由此而失去对它的偏好；而如果客户对产品或品牌的忠诚度较低，服务产品出现质量问题时，他们会深深感到自己的正当权益被侵犯了，可能产生很大的反感，甚至通过法律方式进行索赔。

12.2.4 培养客户对企业的忠诚

1. 确定客户价值取向

要提升客户忠诚度，我们首先要知道哪些因素将影响客户的取向。客户取向通常取决于三方面：价值、系统和人。当客户感觉到产品或者服务在质量、数量、可靠性或者"适合性"方面有不足的时候，他们通常会侧重于价值取向。期望值受商品或者服务的成本影响，对低成本和较高成本商品的期望值是不同的。但当核心产品的质量低于期望值时，他们便会对照价格来进行考虑。一个简单的例子：一份5元的快餐即使味道不太好，客户也会很快原谅，但是一顿50元难以下咽的正餐引起的反应会大得多。客户遇到不必要的复杂的办事程序、低效甚至是麻烦时，系统就成了影响其取向的因素。客户针对排长队、服务慢、雇员缺乏培训、环境差及标志不清等的抱怨，都是系统出问题讨论的例证。公司雇员举动欠妥、说话刻板、语气漠不关心，这时候，人便成了主要的影响因素。这还包括粗鲁、不敢目光接触以及衣着或修饰不当。

2. 让客户认同"物有所值"

只有保持稳定的客源，才能为品牌赢得丰厚的利润。但是，当商家把"打折"、"促销"作为追求客源的唯一手段时，"降价"只会使企业和品牌失去它们最忠实的"客户群"。促销、降价的手段，不可能提高客户的忠诚度，"价格战"只能为品牌带来越来越多的"毫无忠诚可言"的客户；而当商家、企业要寻求自身发展和高利润增长时，这部分客户必将流失。培养忠诚的客户群，不能仅做到"价廉物美"，更要让客户明白这个商品是"物有所值"的。由于"经营同质化"，企业只有细分产品定位、寻求差异化经营、找准目标客户的价值取向和消费能力，才能真正培养出属于自己的"忠诚客户群"。

3. 服务第一，销售第二

在消费者意识抬头的时代，良好的客户服务是建立客户忠诚度的最佳方法，包括服务态度、回应客户需求或申诉的速度、退换货服务等，让客户清楚了解服务的内容以及获得服务的途径。因为当今的客户变得越来越挑剔，并且在购买了产品后会非常"敏感"，他们在与公司交易时，希望能够获得足够的愉悦，并且能够尽量减少麻烦。当这些客户获得了一个很好的客户服务（大服务）体验时，他们自然会形成"第二次购买"；不过，如果他们获得了一个不好的体验时，他们会向周围更多的人宣传他们的"不幸"。因此，企业要想提升客户体验，必须要把与产品相关的服务做到家，然后才是真正的产品销售。

4. 化解客户抱怨

对于大多数公司而言，客户抱怨中只有10%的客户可以有机会向公司明确表述出来，而剩下的90%是客户没有机会向公司表述出来的，这些抱怨只能反应到一些行为中，例如，拖欠公司的应付账款，对一线的客户服务人员不够礼貌等。而且，借助于Internet，这些不开心的客户很容易会让上千人知道她的感受。因此企业必须要在这个不愉快的事情发生之前快速解决，尽量给客户一个倾诉抱怨的机会，让他们有机会说出心中的不畅，同时尽量解决这些不畅的问题。企业可以根据客户响应时间、客户趋势分析来设立公司的准则。在国外，"职员抱怨监控"是高层用来决策的一个重要工具。另外，服务不周造成的危害是显而易见的。弥补这种危害带来的影响，应被视为是一次机遇而不仅仅是痛苦的例行公事。我们解决客户抱怨的时候，从两方面入手，一是为客户投诉提供便利；二是对这些投诉进行迅速而有效的处理。用一些创造性的方法来补偿，至少是抵消客户的不满或已经给他们带来的不便。比如换货、维修，可以提供上门服务。如果客户的汽车需要修理,汽车经销商可以上门拖车而不必让客户自己把车弄过来,它将赢得客户的信赖。

5. 想客户未来所想

企业实施 CRM 后,需要管理客户的整体资料和信息,包括客户的地理位置、家庭成员状况、客户利润贡献率、交易渠道偏好、终身价值等因素。然后根据客户的不同资料进行客户细分化,来进行一种"个性化"的定制服务;更重要的是 CRM 可以有助于你预测未来,仅仅做到"想客户所想"还不够,还应当做到"想客户未来所想"。CRM 中所建立的预测模型可以帮助企业的市场部门通过对客户和市场变化的调查,制定更准确的市场策略、开展更成功的市场攻势。通常,预测模型的建立需要利用多种统计工具来解释客户行为,并对其未来的客户和市场动向做出预测,真正实现"想客户未来所想"。另外,这种对客户行为的预测,还有助于挖掘客户的潜在价值。

6. 实现"一对一"服务

企业要想赢得较高的客户忠诚和赢利能力,就一定要实现以下目标:在正确的时间、以正确的价格、通过正确的渠道将正确的产品(或服务)提供给正确的客户。在新的社会环境下,客户的需求正不断发生变化,开始追求一种与众不同产品享用和服务享受。最近在国外所倡导的"一对一营销"、"一对一企业",正是为了满足客户新需求的产物。而目前很多企业所缺乏的就是个性化的产品或服务。如果企业能够为每一位客户建立一套个性化档案,就可以针对每一位客户来实行其个性化的服务。例如,可以设计一个程式,请客户填入他最感兴趣的主题,或是设计一个程式自动分析客户资料库,找出客户最感兴趣的主题。当有这方面的新产品时便主动通知客户,并加上推荐函,必能给客户一个不一样的个人化服务感受。

【情境案例 12-2】 威海恒发公司的做法

实务情境:威海恒发副食公司每月 30 号的全天时间进行员工培训和经验交流。在会上,公司除了请专家给实务人员讲课以外,还请当月的销售冠军上台介绍经验,对实务人员遇到的问题及时讨论解决。并且每次会议总经理都亲自参加,对员工做出的成绩及时予以肯定和奖励,引导他们及时调整观念,以客户为中心开展工作,充分调动了员工的工作积极性,使公司内部形成了一种力争上游的良好竞争环境。同时,总经理的办公室还记录了每个人的生日,集中时间为员工举行生日 Party。如果遇到员工婚丧嫁娶等,公司还专门派人送出礼物。例如,结婚的员工不仅可以享受婚假,还可以得到公司专门准备的 200 元礼金。这种制度对公司人员的稳定起到了保持作用。

问题讨论:威海恒发公司通过何种方式来培养员工忠诚?

思路引导:该公司通过充分满足雇员需要、开展员工培训、建立有效的激励制度等方式来培养雇员的忠诚度。

(资料来源:范云峰.客户管理营销.北京:中国经济出版社,2003)

【实务指南 12-1】 如何培养顾客的忠诚度

顾客于先生在第一次入住泰国东方饭店时就留下了良好的印象,当他第二次入住时几个细节更使他流连忘返。在他走出房门准备去餐厅的时候,服务生恭敬地问道:"于先生是要用早餐吗?"于先生很奇怪:"你怎么知道我的姓?"服务生说:"我们饭店规定,晚上要背熟所有客人的姓名。"这令于先生大吃一惊。他高兴地来到餐厅,餐厅的服务生就说:"于先生,里面请。"于先生很疑惑,因为服务生并没有看到他的房卡。服务生答:"上面的电话说您已经下楼了。"于刚走进餐厅,服务小姐微笑着问:"于先生还要老位置吗?"于的惊讶再次升级。服务小姐主动解释说:"我刚查过电脑记录,您在去年的6月8日在靠近第二个窗口的位子上用过早餐。"于听了很兴奋,"老位子!老位子!"小姐接着问:"老菜单?一个三明治,一杯咖啡,一个鸡蛋?"于兴奋到了极点:"老菜单!就要老菜单!"三年后,在于生日的时候突然收到了一封东方饭店发来的贺卡:"亲爱的于先生,您已经有三年没有来我们这儿了,我们全体人员都非常想念您,希望能再次见到您。今天是您的生日,祝您生日快乐。"于激动得热泪盈眶,发誓要说服所有的亲友去泰国一定要选择令他终生难忘的东方饭店!

(资料来源:安琪士兵.顾客感动营销,你开始了吗.http://blog.tianya.cn/blogger/post_show.asp?BlogID=1755624&PostID=14317003 2008-6-20)

12.3 客户体验管理

12.3.1 客户体验管理的内涵

客户体验管理是近年兴起的一种崭新客户管理方法和技术。根据伯尔尼·H.施密特(Bernd H. Schmitt)在《客户体验管理》一书中的定义,客户体验管理(Customer Experience Management,CEM)是"战略性地管理客户对产品或公司全面体验的过程",它以提高客户整体体验为出发点,注重与客户的每一次接触,通过协调整合售前、售中和售后等各个阶段,各种客户接触点或接触渠道,有目的、无缝隙地为客户传递目标信息,创造匹配品牌承诺的正面感觉,以实现良性互动,进而创造差异化的客户体验,实现客户的忠诚,强化感知价值,从而增加企业收入与资产价值。通过对客户体验加以有效把握和管理,可以提高客户对公司的满意度和忠诚度,并最终提升公司价值。

12.3.2 客户体验管理类型

一家企业(或一个品牌)可以直接或间接让客户体验的各种因素,在不同行业,对不同目标市场与客户,其重要性各不一样。但最终客户体验的好与坏都离不开这些因素,亦是客户为什么光顾(或不光顾)的原因。这些因素如下。

(1) 产品。包括实物和服务。有即时享用的(如餐饮业),亦有以后才使用的(如电子及耐用消费品)。

(2) 服务。包括基本服务(服务于基本产品)及额外服务于基本服务(如售后、维修和咨询服务)。

(3) 关系。包括各种加强与客户关系的手段(如 VIP 俱乐部,特殊优惠予长期客户等)。

(4) 便利性。包括在整个客户周期流程(购买/消费前、中、后)的便利性,是否容易、省时、省力(如网上/电话银行)。

(5) 品牌形象。包括针对各种市场与目标客户的品牌定位。

(6) 价格。包括评价、规格、高性价比、客户细分定价等。

【实务思考 12-1】

中国移动通信网站上提供的免费下载最 IN 的炫酷振铃是否属于客户体验营销?是何种类型的客户体验?

分析说明:可对照客户体验管理的概念及客户体验的类型来回答。

理解要点:属于客户体验营销,是产品体验。

12.3.3 客户体验管理方法

客户体验管理方法分为七个主要步骤。如图 12-1 所示。

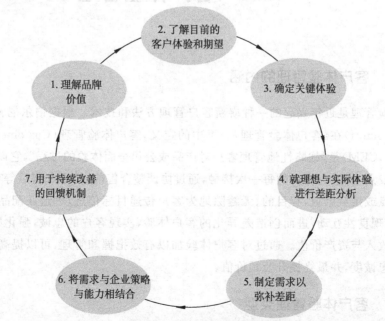

图 12-1 客户体验管理方法

【实务指南 12-2】 星巴克的体验营销

星巴克（Starbucks），一家 1971 年诞生于美国西雅图的咖啡公司。专门购买并烘焙高质量的纯咖啡豆，并在其遍布全球的零售店中出售。

顾客体验。星巴克咖啡宗教。星巴克人认为他们的产品不单是咖啡，咖啡只是一种载体。而正是通过咖啡这种载体，星巴克把一种独特的格调传送给顾客。其成功在于，在消费者需求的中心由产品转向服务，在由服务转向体验的时代，星巴克成功地创立了一种以创造"星巴克体验"为特点的"咖啡宗教"。也正是通过这种顾客的体验，星巴克无时无刻不在向目标消费群传递着其核心的文化价值诉求。

情境体验。星巴克通过情境尽力去营造一种温馨的家的和谐氛围。在环境布置上，星巴克给自己的定位是：第三空间。即在你的办公室和家庭之外，我给你另外一个享受生活的地方、一个舒服的社交聚会场所。无论是其起居室风格的装修，还是仔细挑选的装饰物和灯具，煮咖啡时的嘶嘶声，将咖啡粉末从过滤器敲击下来时发出的啪啪声，用金属勺子铲出咖啡豆时发出的沙沙声，都是顾客熟悉的、感到舒服的声音，都烘托出一种"星巴克特有的情景体验"。

产品体验。为保证星巴克咖啡具有一流的纯正口味，星巴克设有专门的采购系统。他们常年与印度尼西亚、东非和拉丁美洲一带的咖啡种植者、出口商交流沟通，为的是能够购买到世界上最好的咖啡豆。所有的咖啡豆都是在西雅图烘焙，他们对产品质量的追求达到了发狂的程度。无论是原料豆及其运输、烘焙、配制、配料的添加、水的滤除，还是员工把咖啡端给顾客的那一刻，一切都必须符合最严格的标准，都要恰到好处。

服务体验。"认真对待每一位顾客，一次只烹调顾客那一杯咖啡。"这句话贯穿了星巴克的服务。为了保证服务的高质量，所有在星巴克咖啡店的雇员都经过严格而系统的训练，对于咖啡知识及制作咖啡饮料的方法，都有一致的标准。

（资料来源：消费者行为分析．北京财贸职业学院精品课程网站．http://www.bjczy.edu.cn/xfzxw/article/2008/0520/article_132.html，内容有删减）

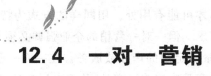

12.4 一对一营销

12.4.1 一对一营销概述

1. 概念

一对一营销（One-To-One Marketing），亦称"121 营销"、"1-2-1 营销"或"1 对 1 营销"等，是一种客户关系管理（CRM）战略，指企业根据客户的特殊需求来相应地调整自己经营策略的行为。它要求企业与每一个客户建立一种伙伴型的关系，尤其是那些最具有价值的金牌客户。企业通过与客户的交往不断加深对客户的了解,不断地改进产品和服务,从而满足客户的需求。一对一营销的目标是提高短期商业推广活动及终身客户关系的投资回报率(ROI)。最终目标就是提升整体的客户忠诚度,并使客户的终生价值达到最大化。

【实务思考12-2】

某学生在房产中介实习,领导让其电话联系业主建立关系。这属于一对一营销吗?
分析说明:可对照一对一营销的概念来回答。
理解要点:因为该学生的工作是了解客户的基本资料,有针对性的和客户建立关系进行维系,属于一对一营销。

2. 一对一营销与传统营销的区别

(1) 关注的重心不同

传统的营销,是从产品的角度经营,一次关注一种产品或服务,满足一种基本的顾客需求,然后挖掘市场,尽可能多地找到在当前销售季节中有这种需求的顾客。其以某种产品或服务为营销中心。而一对一营销,不是一次关注一种需求,而是一次关注一位顾客,尽可能多地满足这位顾客的需求。它关注的中心是顾客。实行传统营销的公司的成功方向是赢得更多的顾客,而实行一对一营销的公司的成功方向是更长久地留住顾客。

(2) 竞争方式不同

一对一营销不只关注市场占有率,还尽量增加每一位客户的购买额,也就是在一对一的基础上提升对每一位客户的占有程度。传统营销靠区分产品来进行竞争,而一对一营销靠区分顾客来进行竞争。传统营销通过推出新产品以及对产品进行延伸,尽量对产品进行实际意义上的区分,或者利用品牌和广告制造出一种观念上的区分;而一对一营销的企业一次照料一位顾客,他所依赖的是将每一位顾客与其他人区分开来。

(3) 与客户互动的程度不同

传统营销经营者认为与单个顾客进行互动是不必要的,而来自某位顾客的反馈也只有当顾客能代表整个市场时,才可能有用处。用同样的方式为特定市场的每个人生产并交付同样的产品,满足同一种需求。但一对一营销的企业强调必须与顾客互动交流,根据从互动中获得的顾客反馈来提供量身定制的产品或服务。在一对一营销中,客户可直接参与产品的设计,企业也根据客户的意见直接改进产品,从而达到产品、技术上的创新,并能始终与客户的需求保持一致,从而促进企业的不断发展。

12.4.2 一对一营销的实施过程

1. 识别顾客

"销售未动,调查先行"。占有每一位顾客的详细资料对企业来说相当关键。对于准备实行一对一营销的企业来讲,关键的第一步就是能直接挖掘出一定数量的企业顾客,而且大部分是具有较高服务价值的企业顾客,建立自己的顾客库,并与顾客库中的每一位顾客建立良好的关系,以最大限度地提高每位顾客的服务价值。

(1) 深入了解比浮光掠影更重要。仅仅知道顾客的名字、住址、电话号码或银行账号是远远不够的,企业必须掌握包括消费习惯、个人偏好在内的其他尽可能多的信息资料。企业可以将自己与顾客发生的每一次联系都记录下来,例如顾客购买的数量、价格、采购的条件、特定的需要、业余爱好、家庭成员的名字和生日等。

(2) 长期研究比走马观花更有效。仅仅对顾客进行某次调查访问不是一对一营销的特征,一对一营销要求企业必须从每一个接触层面、每一条能利用的沟通渠道、每一个活动场所及公司每一个部门和非竞争性企业收集来的资料中去认识和了解每一位特定的客户。

如利兹—卡尔顿酒店就是通过倾听获取客户偏好的。任何人得知客人的偏好,都可以通过前台服务人员记录到"客人偏好表"中,然后客人偏好就会进入所有分店的名为"客人历史"的计算机文件中。每天晚上,文件被送到连锁店数据库,以保证一位客人下榻的两家不同的利兹—卡尔顿酒店都拥有其偏好信息。每天早上,根据酒店的预定名单察看客人偏好文件,从而使工作人员就能采取各种必要措施迎接客人的到来。这种倾听的"小把戏"还包括由前门迎宾人员从行李标签上收集到达顾客的姓名,并迅速传递到服务前台,给酒店其他员工使用。客人投诉由引起投诉的酒店员工负责。问题讨论解决后,此次投诉被记录到"客人事件表",并立即进入数据库,可以使酒店其他人员了解到当天客人有不幸的经历而去投诉,可能需要特别的照顾和关心。

2. 客户差别化

在客户差别化的过程中,企业首先应该选取几家准备明年与之有业务往来的客户,将他们的详细资料输入企业的顾客资料库;其次,针对不同的顾客以不同的访问频率和不同的通信方式来探询目标顾客的意见;最后,根据评估顾客终身购买本企业的产品和服务使企业获得的经济收益的现值,将企业顾客划分为各个等级,进一步识别企业的"金牌客户",以便确定下一步双向沟通的具体对象。如上海移动通过对大客户分类,为不同类客户提供不同的服务。

自1999年上海移动集团大客户服务部成立以来,上海移动集团大客户部摸索了一套切实可行的集团客户营销服务方法。集团大客户分为科技、金融、制造等9个行业,A、B、C三个等级,根据不同的行业特征设计个性化的集团产品解决方案,根据不同的等级提供合适的资费优惠组合,从而更好地为集团大客户提供规范化、标准化、综合化、个性化的服务。

3. "企业—顾客"双向沟通

在激烈的市场竞争中,企业应当根据对客户的区分,有针对性地与客户建立有效的信息互动平台,以搜集最新的客户信息,挑选出最有价值的信息,了解客户的需求倾向、偏好和购买习惯等,改进产品或服务。

企业与客户的互动,它的互动平台和措施应视该成员的级别与价值而定,可以是数字化、网络化的,也可以是电信化和人工化的。譬如,宝洁公司对于他们的全球最大客户沃尔玛,一大批的MBA都在阿肯色州的最大现场办公室工作,因为这里与他们的顶级顾客沃尔玛相邻,在办公室里,一套巨大的网络平台系统与沃尔玛连接,24小时不停的工作、产品的卖场策略等信息,沃尔玛的存货情况、即时的产品需求、补货数量、时间、顾客的意见反都以最快的速度传输到宝洁公司办公室,使得宝洁公司能够据此随机应变,快速地根据市场变化调整策略。对于级别较低的渠道成员宝洁公司则采用电话、传真、普通互联网络、邮寄、人员等方式进行沟通和了解。宝洁公司还会指令驻分销商人员或者定期派出市场渗透人员到其他各类终端进行沟通,在助销的同时随时向总部反馈来自渠道成员和当地市场的信息。

与渠道成员互动相比,企业与最终顾客的沟通交流就显得面积更大,沟通的接触点更多了,企业必须通过多种方式尽可能地挖掘企业的产品、服务、广告宣传路径中与顾客的接触点,在一些重要的接触点上设置与顾客的反馈沟通的装置。如沃尔玛零售连锁店在收银台设置顾客购买资料录入器,对顾客购买商品的数量、品种、购买频率、购买时间等都进行录入,而且在卖场里设置了顾客意见和建议反馈记录,并派专人进行搜集整理和分析,了解顾客的需求变化。若发现该商圈的顾客群体家庭子女已经从5年前满巢时的全家聚居,变成了儿女们纷纷自立,并在本区域或者周边有沃尔玛连锁的区域租买房独自生活时,沃尔玛就可能会在店内增加家庭用品如厨具等的货量和品种,以满足这些离家自立的新家庭的需求,并且会根据这个消费群体的特征开展一些促销的活动,以吸引他们的光顾,培养他们的忠诚。

4. 定制服务

识别客户也好,与客户互动也好,最终目的是通过掌握客户需求来满足客户需求,从而与客户建立长期的关系。在这一过程中,企业可以结合企业的流程再造进行以定制服务为目标的新流程。将生产过程重新解剖,划分出相对独立的子过程,再进行重新组合,设计各种微型组件或微型程序,以较低的成本组装各种各样的产品,以满足客户的需求;采用各种设计工具,根据客户的具体要求,确定如何利用自己的生产能力,满足客户的需要,从而为单个客户定制一件实体产品,或围绕这件产品提供某些方面的定制服务。

例如,上海通用汽车可以为每一位客户提供个性化的别克。现在,每一个注册成功的准车主都可以尝试通过上海通用汽车公司的中文网址定制自己中意的别克——配置、颜色以及供货地点都可以——标明。不仅如此,如果车主是一个爱操心的人,还可以通过这套系统查看所订购车辆的状态——是尚在生产线上,还是已经在喷漆,或是进入仓库,或者已经在运输途中,一直到这辆个性化汽车送到面前。这就是上海通用汽车公司实施CRM后为客户提供的定制服务。

【情境案例12-3】 买家电可吃"自助餐"

实务情境:以往的家电营销模式,一般是"厂方产什么,商家销什么,消费者就买什么"。而今,海尔集团与华联家电联手推出按需定制产销新模式。在这种新模式下,消费者可自行选择家电外观、结构和功能设置等,通过现场演示和技术讲解,客户可如同上桌点菜那样的根据自己的需求、喜好包括经济上的精打细算,随意打钩选定自己的"菜谱",经销商交由供货商下单"炒小锅菜"。

问题讨论:海尔的这种新模式是否属于一对一营销?

思路引导:海尔的新模式采用"按需定制、按需订购"的方式进行,通过掌握客户需求来满足客户需求,其最大的新意就在于变消费者的被动"看菜下筷"为主动"上桌点菜",属于一对一营销。

理念总结

- 客户满意,就是客户通过对一种产品的可感知的效果或结果与他的期望值相比较后所形成的一种失望或愉悦的感觉状态。具有主观性、层次性、阶段性和相对性的特征。核心产品或服务、支持性服务、所承诺服务的表现、客户互动的要素、情感因素—服务的感性方面是影响客户满意度的因素。可以通过降低客户期望值、增加客户的感受值、主动为客户服务、适时帮助客户来提高客户满意度。

- 客户忠诚是"客户在较长的一段时间内对企业产品或服务保持的选择性偏好与重复性购买"。与客户满意是正相关关系。通过客户重复购买的次数、购买量占其对产品总需求的比例、对本企业产品品牌的关心程度、购买时的挑选时间、对产品价格的敏感程度、对竞争产品的态度、对产品质量事故的宽容度来衡量其对企业的忠诚度。以建立员工忠诚、确定客户价值取向、让客户认同"物有所值"、服务第一,销售第二、化解客户抱怨、想客户未来所想、针对同一客户使用多种服务渠道、与渠道合作伙伴进行协作、创造以客户为中心的文化、实现"一对一"服务来培养客户对企业的忠诚。

- 客户体验管理是"战略性地管理客户对产品或公司全面体验的过程",它以提高客户整体体验为出发点,注重与客户的每一次接触,通过协调整合售前、售中和售后等各个阶段,各种客户接触点,或接触渠道,有目的、无缝隙地为客户传递目标信息,创造匹配品牌承诺的正面感觉,以实现良性互动,进而创造差异化的客户体验,实现客户的忠诚,强化感知价值,从而增加企业的收入与资产价值。其步骤包括理解品牌价值、了解目前的客户体验和期望、确定关键体验、就理想与实际体验进行差距分析、制定需求以弥补差距、将需求与企业策略与能力相结合、用于持续改善的回馈机制。

- 一对一营销是一种客户关系管理(CRM)战略,指企业根据客户的特殊需求来相应地调整自己经营策略的行为。它和传统营销相比,关注的重心不同、竞争方式不同、与客户互动的程度不同。其实施过程包括识别顾客、客户差别化、"企业—顾客"双向沟通和定制服务。

■ 实务观念 ■

客户满意　期望值　客户忠诚　客户体验管理　一对一营销　客户忠诚和客户满意的关系
客户体验管理的类型　传统营销与一对一营销的区别　一对一营销的价值

■ 职业技能 ■

提升客户满意度

理念应用

单项选择题

1. 提出需求层次理论的学者是（   ）。
   A. 马斯洛   B. 赫茨伯格   C. 亚当斯   D. 佛隆
2. 下列说法正确的是（   ）。
   A. 客户满意是一种价值判断，是一种客观标准；客户忠诚是客户满意的行为化，是一种心理感受
   B. 客户满意受竞争对手影响小，客户忠诚受竞争对手影响大
   C. 客户忠诚是对过去期望与现实感知效果的衡量，而客户满意是对现实期望与预期利益的感知
   D. 客户忠诚的可观察程度是隐含的，而客户满意的可观察程度是外显的
3. 下列选项不属于一对一营销步骤的是（   ）。
   A. 识别顾客   B. 顾客差别化   C. 双向沟通   D. 顾客价值评价

多项选择题

1. 下列选项中不属于客户满意度影响因素的是（   ）。
   A. 核心产品   B. 服务   C. 情感因素   D. 辅助性服务
2. 关于客户忠诚的说法正确的是（   ）。
   A. 垄断忠诚的客户通常是高重复的购买者
   B. 方便忠诚的客户很容易被竞争对手挖走
   C. 对价格敏感的客户忠诚于提供最低价格者
   D. 超级忠诚的客户常会宣传其受益的产品和服务
3. 以下各项中可能导致客户不满的是（   ）。
   A. 商品本身品质不良   B. 服务员熟练掌握商品的知识和技术
   C. 送货送错了或迟了   D. 对客户第一次产生的不满处理不当

判断题

1. 客户在挑选产品的时候，时间越短，忠诚度越高。反之，则说明他对该产品的忠诚度越低。（   ）
2. 随着竞争变得越来越激烈，价格因素已成为影响大客户忠诚度的重要因素。（   ）
3. 只有给客户"可靠的关怀"与"贴心的服务"，把客户当作朋友，他们才可能频繁购买。（   ）

理念辨析

1. 提高客户满意度的方法有哪些？

2. 客户体验管理的方法是什么？
3. 简述一对一营销的实施过程。

□ **实务运用**

1. 一天中午，王先生来到某家银行。他告知客户服务人员：他来领取前几天重新申请的信用卡。但王先生是在其他网点申请的，而且他也没有带齐手续，只带了他的身份证。由于工作原因，他只有中午有时间来银行领取他的信用卡。如果你是服务人员，你如何使他满意？

2. 在客户服务中，往往会有一些不冷静、易发怒的客户，与愤怒的客户相处需要谨慎。因为如果处理不当，事态扩大，则可能给客服人员和企业带来非常严重的影响。所以对待愤怒的客户，你应该关心他，就如他是一个病人等待你这个心理医生治疗一样。对方愤怒的程度越高，你越要委婉曲折，让他的心情能够慢慢平静下来。你须超越情感的层次去挖掘客户愤怒的根源，以便采取正确的策略。你遇到愤怒的客户时会怎么办？

□ **案例题**

为适应各地消费群体的不同需求，海尔为北京市场提供高技术的昂贵的高档新品，为上海家庭生产瘦条体小、外观漂亮的"小小王子"，而为广西客户开发专门保鲜水果蔬菜的"蔬王"，2001年海尔个性订单已达到1 500多万台（套），得到了市场的丰厚回报。

问题（选择题）：

1. 海尔提高客户满意度的方式是（　　）。
    A. 适应客户需求   B. 一对一营销
    C. 客户体验管理   D. 提高客户忠诚
2. 海尔开展个性化订单的作用是（　　）。
    A. 降低产品库存
    B. 降低产品库存，满足不同客户群需求
    C. 提高产品销量，满足不同客户群需求，提高客户满意度
    D. 扩大市场份额
3. 提高客户满意度，必须要考虑影响客户满意度的相关因素。在此案例中，海尔把（　　）作为影响客户满意度的重要因素。
    A. 核心产品或服务   B. 支持性服务
    C. 所承诺服务的表现   D. 情感因素
4. 海尔这种策略是（　　）的体现。
    A. 生产观念   B. 产品观念   C. 推销营销观念   D. 市场营销观念
5. 从本案例中可以看出，海尔的销售策略重点关注的是（　　）。
    A. 客户   B. 客户需求   C. 产品   D. 服务

□ **实务分析**

实务情境：

一位名叫赫兹的商人，当他开始从事机场的汽车服务时，他的注意力放在了培训司机为客户服务方面，如怎样帮客户搬运行李，怎样准确报站等，司机们也做得很好。但是，赫兹开始没有意识到客户的一个最主要的需求：对客户来说，最主要的是两班车之间间隔的时间要

短。这一服务上的缺陷也引起了不少客户的抱怨,尽管事实上客户的平均等车时间为7~10分钟。为此,赫兹投资巨款购买了汽车和雇用司机,把两班车之间的标准间隔时间定为最长5分钟,有时两班车之间间隔仅2~3分钟,最终使客户得到了满意。赫兹公司另一项业务是租车给乘飞机来该市的客户,待他们回来乘飞机时再将车还回。由于租车的客户大多数是商人,因此,对他们来说最重要的是速度。赫兹也认真地处理了这些租车客户的抱怨,尽管租车时的服务速度很快,但还车时的速度太慢,客户没有时间在柜台前站队等着还车。赫兹想了一个办法,能使客户即刻还车。这个办法是:当客户将车开到赫兹的停车场时,服务人员就将汽车上的号码(车的挡风玻璃上设有车的编号牌)输入到计算机里,这些计算机与主机相连,等到客户到柜台前时,服务人员能叫出其姓名,整个手续只需再问两个问题:里程数与是否加过油,然后就能把票据打印出来。这样一来,原来需要10分钟的服务时间缩短到只需1分钟,使客户十分满意,从此之后,生意十分兴隆。

问题讨论:
1. 说明正视客户不满意的意义。
2. 赫兹公司是如何提供及时服务的?
3. 为进一步提高客户满意度,赫兹公司还可从哪些方面做出改进?

"提高客户满意度"职业技能和素养训练

【实训目的】

通过切实体验"提高客户满意度"各实训任务和要求的完成,系列技能操作的实施、《××企业××产品(或服务)客户满意度调查报告》的准备与撰写等活动,培养其"提高客户满意度"的职业技能,并通过践行职业规范,促进职业人格的塑造。

【实训技能规范】

职业技能——提高客户满意度

技能Ⅰ:客户满意度问卷调查

职业规范:

(1)能够按要求设计调查问卷。

(2)能正确地进行问卷调查。

(3)能统计分析调查数据。

(4)能写出调查报告。

技能Ⅱ:客户满意度测评

职业规范:

(1)能设计客户满意度的测评指标。

(2)能对企业客户满意度进行测评。

技能Ⅲ:提高客户满意度的方法和策略

职业规范:

(1) 能设计客户满意度调查方案。

(2) 能就企业的实际情况提出提高客户满意度的建议。

【实训任务和要求】

各实训组通过对所选企业客户满意度运作情况的调查、参与和体验,运用所学知识总结该企业相应业务运作的成功之处和不足之处,在此基础上提出建议,并撰写《××企业××产品(或服务)客户满意度调查报告》。

【实训时间】

一周。

【实训步骤】

(1) 将学生组成若干个实训组,每5~6人分成一组,每组确定1人负责。

(2) 确定每个组的实训企业,根据各自企业客户满意度运作情况,对其客户满意度、忠诚度等进行调查,参与并体验所选企业的客户满意度具体运作。将工作情况进行详细记录。

(3) 撰写《××企业(或公司)客户满意度调查报告》。

(4) 在班级交流、讨论和修订《××企业××产品(或服务)客户满意度调查报告》。

【实训报告范本】

见附录12。

第 13 章

CRM 应用系统

■ **学习目标**

了解和掌握 CRM 应用系统的主要功能模块的作用等理念和技能；能用所学理念和技能通过 CRM 应用系统进行客户管理的相关实务操作，并依照行业规范或标准，强化学生的职业素养。

实务引例　四创文仪 CRM 应用系统应用案例

北京四创文仪办公设备经营有限公司（以下简称四创文仪）是国内最早经营各种办公设备及耗材的公司，代理惠普、松下、东芝、佳能、施乐等著名厂商的多种产品，并负责产品的售后服务。2001 年 4 月，四创文仪与 TurboCRM 信息科技有限公司合作，在客户服务部全面实施了 TurboCRM 客户关系管理系统，并建立了以提高老客户保有率为目的的全新服务模式。

TurboCRM 系统将四创文仪老客户的信息集中到一个统一的平台上，通过对一些关键信息的收集帮助四创文仪的客户服务人员分析老客户的需求。如购买了复印机的客户，在他的资料中有一个"复印"的记录，及客户每个月的复印量。有了这条信息，再根据客户购买的复印机机型，四创文仪的服务人员就能估算出什么时候需要再次购买墨粉、纸张等耗材，然后在系统中设置自动提醒的功能，提前主动与老客户联系，询问耗材需求的情况。

现在，四创文仪定期派出服务人员对老客户的办公设备进行巡检，了解设备的运行情况。这个巡检工作已经纳入了客户关系管理系统中加以管理。每次拜访完客户，四创文仪的服务人员将该客户当月的设备使用情况、有没有出现故障、故障排解方法、更换的部件、维修后的使用情况等——记录到系统中。这些集中有序的资料加强了四创文仪全体服务人员对老客户的了解，并在此基础上做需求分析，为老客户提供个性化服务。如服务人员根据客户设备的历次检修情况提供相关保养服务的建议，并分析设备使用不当的地方，提醒客户使用时应注意的环节。

实施 TurboCRM 系统后，客户打电话叫修时，可以立刻从 TurboCRM 客户关系管理系统中调出客户的性能系，与客户在电话中核对被叫修设备的机型、保修期，并立刻通知相应的服务人员联系上门服务的时间等。

（资料来源：郑方华．客户服务技能案例训练手册．北京：机械工业出版社，2006）

在上面这个案例中,四创文仪在客户服务部建立了以提高老客户保有率为目的的全新服务模式,并全面实施了 TurboCRM 老客户信息管理系统。据 TurboCRM 信息系统提供的相关信息,客户服务部门便可以预测该客户的购买时间,把握老客户的需求;同时也方便了客户打电话叫修后,客户服务部门通过查看该客户购买的机型后,派遣适合的维修人员及配备合适的维修工具。

四创文仪同时确立了针对老客户的巡检制度,即公司的客户服务人员定期巡检老客户购买的办公设备,并记录下该设备的使用情况、有没有出现故障、故障排解方法、更换的部件、维修后的使用情况等信息。回来后则将这些信息记录到 TurboCRM 老客户信息管理系统,以便客户服务人员就此作分析,给该客户提供个性化的服务。

13.1 CRM 应用系统分类

客户关系管理的产生和发展经历了一个漫长的过程,其类型多种多样,产品的性能也逐渐趋于成熟。客户关系管理的分类方法多种多样,这里我们可以采用按照客户关系管理的目标客户和功能特点进行分类的办法,对其进行分类说明。

1. 按目标客户分类

由于不同的企业或同一企业的不同部门或分支机构有着不同的商务需要和不同的技术基础设施。因此,根据客户的行业特征和企业的规模来划分目标客户群,是大多数 CRM 的基本分类方式。在企业中,越是高端应用,行业差异越大,客户对行业化的需求也越高。因而,有一些专门的行业解决方案,比如,银行、电信、大型零售商等 CRM 应用解决方案。而对于中低端应用,一般采用基于不同应用模型的标准产品来满足不同客户群的需求。一般将 CRM 分为 3 类:以跨国公司或者大型企业为目标客户的企业级 CRM;以 200 人以上、跨地区经营的企业为目标的中端 CRM;以 200 人以下企业为目标的中小企业 CRM。

以企业级客户为目标的公司包括 Siebel、Oracle、IBM 等;Onyx、Pivotal 等则与中型应用市场相联系,并试图夺取部分企业级市场。MyCRM、Goldmine、Multiactive 和 SalesLogix 等公司瞄准的是中小企业,他们提供的综合软件包虽然不具有大型软件包的深度功能,但功能丰富实用。

2. 按功能特点分类

按照目前市场上流行的功能分类方法,客户关系管理应用系统可以分为运营型 CRM、分析型 CRM、协同型 CRM。

运营型 CRM 通过基于角色的关系管理工作平台实现员工授权和个性化,使前台交互系统和后台的订单执行系统可以无缝实时集成连接,并与所有客户交互活动同步。通过以上手段可以使相关部门的实务人员能够在日常的工作中共享客户资源,减少信息流动的滞留点,从而使企业作为一个统一的信息平台面对客户,大大地减少了客户在与企业的接触过程中产生的种种不协调。

分析型 CRM 主要是分析运营型 CRM 中获得的各种数据，进而为企业的经营、决策提供可靠的量化的依据。分析型 CRM 一般需要用到一些数据管理和数据分析工具，如数据仓库、OLAP 分析和数据挖掘等。

协作型客户关系管理系统更加注重各个部门之间的实务协作，能够让企业员工同客户一起完成某项活动。比如售后服务工程师通过电话来指导客户排除设备故障，因为这个活动有员工和客户共同参与，因此是协作的。协作型 CRM 目前主要有呼叫中心、客户多渠道联络中心、帮助台以及自助服务帮助导航等。具有多媒体、多渠道整合能力的客户联络中心是协同型 CRM 的发展趋势，其作用是交换信息和服务。借助多渠道协作以及交互式语音响应(IVR)和计算机电话集成(CTI)技术，客户能够在任何时候、任何地点，通过方便的渠道了解相应的产品和服务。不仅如此，各机构还可以利用这种交互方式收集现有客户和潜在客户的信息。

这里我们重点介绍运营型 CRM 和分析型 CRM。

13.1.1 运营型 CRM

运营型客户关系管理系统是建立在这样一种概念上的，即客户管理在企业成功方面起着很重要的作用，它要求所有实务流程的流线化和自动化，包括经由多渠道的客户"接触点"的整合，前台和后台运营之间的平滑的相互链接和整合。

1. 运营型 CRM 的功能

运营型 CRM 的功能主要体现在销售、市场营销和客户服务三个方面。

在销售方面，为企业管理销售实务的全过程提供丰富强大的支持，包括销售信息管理、销售过程定制、销售过程监控、销售预测、销售信息分析等，主要包括：客户与联系人管理、销售机会管理、待办事宜与工作流程、产品的报价和配置、渠道销售管理、合同制定和管理、网上订购、销售的预测和统计报表、竞争对手的跟踪和合作伙伴的信息。

在市场营销方面，为企业提供市场营销活动信息管理、计划预算、项目跟踪、成本明细、回应管理、效果评估等支持，帮助企业管理者清楚地了解所有市场营销活动的成效与投资回报，主要包括：市场预算和收入跟踪管理、市场活动管理、活动反响跟踪、促销内容管理、市场宣传资料、工作流自动化、任务管理、市场衡量指标、时间表管理、电话促销管理、邮件促销管理和 Web 促销管理。

在客户服务方面，为企业提供了一个强大的支持工具，来满足现在和未来的市场需求，包括客户交易中心/呼叫中心、电子服务、现场服务与分派、服务产品、修复与退货、安装点管理、服务协议和服务分析等。

2. 运营型 CRM 的现状

目前市场上大多数的 CRM 产品关注的焦点是运营型的 CRM 产品，主要涉及自动化管理、销售、营销以及客户服务支持等领域的与客户关系有关的实务流程处理，运营型的 CRM 产品占据了 CRM 市场的主要份额。运营型 CRM 解决方案虽然能够基本保证了企业实务流程的自动化处理、企业与客户间沟通以及相互协作等问题讨论。但是随着企业的不断发展，客户信息的日趋复杂，对于一个企业的长远发展来说，如何使 CRM 解决方案拥有强大的实务智能和分析能力才是最重要的。

运营型 CRM 产品主要作用是构造一个面向客户的协作环境,帮助企业的各个触角(部门与人员)发掘市场机会,并促成其转化为企业收益。其代表性厂商及产品有 Siebel、SAP 的 mySAP.com、Oracle lli、PowerCRM、Onyx、Saleslogix、TurboCRM、联城互动 MyCRM、中圣 SellWell、合力金桥 HollyCRM 和用友 iCRM 等。

13.1.2 分析型 CRM

分析型 CRM 是以改善实务管理为目的的分析活动。分析的对象是企业的 CRM 实务和当前应用所产生的相关数据。分析型 CRM 可对客户数据进行捕捉、存储、提取、处理、解释和产生相应的报告。

分析型 CRM 产品通过对企业生产运营过程中产生的数据进行分析,及时掌握企业运营状况和业绩、发现企业运作过程中的问题、寻找隐藏在这些数据背后的规律等,来帮助企业管理者进一步改善实务过程,辅助决策者调整或制定新的策略。有代表性的厂商及产品有 SAS、NCR Teradata CRM、SPSS、Brio 和 Cognos 等。

1. 分析型 CRM 的功能

分析型客户关系管理系统具备如下 6 大支柱性功能。

(1) 客户分析

客户分析(Analysis)功能旨在让营销人员可以完整、方便地了解客户的概貌信息,通过分析与查询,掌握特定细分市场的客户行为、购买模式、属性以及人口统计资料等信息,为营销活动的展开提供方向性的指导。此外,营销人员还可以通过客户分析功能追踪营销活动的执行过程,从而了解这类活动的内容和随之传达的信息对客户所造成的实际影响。客户关系管理软件有能力让营销人员通过轻松的鼠标点击即可锁定特定客户群、建立新的细分市场。例如,对于银行来说,有的客户突然提取大笔现金,可能使银行处于高风险状态;有的客户虽然归还贷款比较迟缓,但基本上总能在一定的期限内归还,这就是银行最喜欢的客户,因为他总是在为银行带来利息收入。银行的客户关系管理系统对此都应该及时察觉。

(2) 客户建模

客户建模(Modeling)功能主要依据客户的历史资料和交易模式等影响未来购买倾向的信息来构造预测模型。例如,根据客户的促销活动回应率、利润贡献度、流失可能性和风险值等信息,为每一位客户赋予适当的评分。从技术方面看,客户建模主要是通过信息分析或者数据挖掘(Data Mining)等方法获得。另外,机器学习(Machine Learning)和神经网络(Neural Network)也是重要的客户建模方法。

客户建模的结果可以构成一个完备的规则库。例如,银行客户如果有大笔存款进入账户,应考虑向其推荐股票或者基金等收益更高的投资项目。客户建模还可以帮助企业建立成熟、有效的统计模型,准确识别和预测有价值的客户沟通机会。一旦这种模型得以建立,企业就可以对每一个客户进行价值评估并在适当的时机以适当的方式与这个客户进行沟通,从而创造更多的赢利机会。

(3) 客户沟通

客户分析的结果可以与客户建模所形成的一系列适用规则相联系。当这个客户的某个行为触发了某个规则,企业就会得到提示,启动相应的沟通活动。

客户沟通(Communication)功能可以集成来自企业各个层次的各种信息,包括客户分析和客户建模的结果,针对不同部门的不同产品,帮助企业规划和实施高度整合的营销活动。

客户沟通的另一大特色是帮助企业进行基于事件(Event-based)的营销。根据客户与企业之间发生的貌似偶然的交互活动,企业可以迅速发现客户的潜在需求并做出适当的反应。客户沟通功能支持营销人员设计和实施潜在客户营销、单一步骤营销、多步骤营销和周期性营销等四种不同类型的营销活动。

(4) 个性化

个性化(Personalization)功能帮助企业根据不同客户的不同消费模型建立相应的沟通方式和促销内容,以非常低的成本实现真正的一对一营销。

例如,营销人员可以用鼠标点击的方式建立和编辑个性化的电子邮件模版,以纯文本、HTML 或其他适当的格式向客户发送促销信息。更重要的是,营销人员可以利用复杂的获利能力评估规则、条件与公式为不同的客户创建更具亲和力的沟通方式。

(5) 优化

每个营销人员每天应当处理多少个目标客户?每隔多长时间应该对客户进行一次例行联络?各类营销方式对各类客户的有效程度如何?对于这些问题,分析型客户关系管理的优化(Optimization)功能都可以提供答案,帮助企业建立最优的处理模式。优化功能还可以基于消息的优先级别和采取行动所需资源的就绪状况来指导和帮助营销人员提高工作效率。

(6) 接触管理

接触管理(Interaction)功能可以帮助企业有效地实现客户联络并记录客户对促销活动的反应,将客户所发生的交易与互动事件转化为有意义、高获利的营销商机。例如,当接触管理模块检测到重大事件时,即刻启动特别设计的营销活动计划,针对该事件所涉及的客户提供适用的产品或者服务,这种功能又被称作实时事件注入。

分析型客户关系管理把大容量的销售、服务、市场及实务数据进行整合,使用数据仓库、数据挖掘、OLAP 和决策支持技术,将完整的和可靠的数据转化为有用的、可靠的信息,再将信息转化为知识,进一步为整个企业提供战略上和技术上的商业决策,为客户服务和新产品的研发提供准确的依据,提高企业的竞争能力,使得公司能够把有限的资源集中到所选择的有效的客户群体,同这些客户群体保持长期且富有成效的关系。分析型的客户关系管理系统使这一切成为可能,它是一种处理大容量的客户数据的方法,可以使企业获得可靠的信息支持策略和商业决策。

2. 分析型客户关系管理的 4 个阶段

一个典型的分析型客户关系管理系统,包括 4 个阶段:①进行客户分析;②将市场分段信息运用于客户分析;③进行日常市场活动的分析;④预报客户行为的各种方法的模型。

(1) 客户分析

客户分析需要很多可以定量化的信息,这些信息通常来自各种不同的数据源。对于这些信息必须加以整合,并以合理的方式放到客户数据仓库中,以便于对其做分段或挖掘处

理。一个结构良好的客户数据仓库,应能回答以下问题:
① 新客户是否比现有的客户更有价值?
② 最重要的客户最为关注的是什么?
③ 年龄低于 35 岁的客户是否更有价值?
④ 互联网技术是否有助于实务增长?如果答案是肯定的,如何做到这一步?
⑤ 是否吸引了客户的消费?

客户分析所需要的信息,一般来自 3 个方面:企业与其客户的主要"接触点"(客户服务中心、Web 和自动柜员机)、关键收益点(POS、电子商务、订单录入)和外部数据(客户的地域分布、生活方式等信息)。客户分析阶段所需的关键信息包括客户服务历史信息、客户市场历史信息、销售信息、收益信息、客户的地域分布数据及生活方式数据等。

为了在客户数据仓库中形成一个完整的视图,必须对这些不同的信息源加以整合与清理。在进行分析之前,必须了解信息的可用性、信息的质量、信息的整合与清洗程度是否符合向客户数据仓库提交的要求。这里的侧重点是信息的质量,而不是它的"完备"。因为任何决策支持系统,总处在不断得到新的信息源、不断地补充新的信息、不断地对信息实施清洗的过程中。另外,这类系统还要求根据当前的实务与市场的需要,对原有的信息持续地做出评估。

一旦完成了这个过程,则反映产品采购、收益、服务、客户地域分布及生活方式的信息就已具备。这时,就可以对客户的行为及收益率进行统计处理,并借此建立能够预报客户未来行为的种种模型。

(2) 市场区段

在客户数据仓库准备就绪之后,就可以对当前客户以及预期的客户群做出区段分析,判断不同区段的优势与弱势。市场区段分析中常见的问题是:
① 哪些客户购买产品 A 而不购买产品 B?
② 对某个特定的市场活动而言,感兴趣的是哪些客户?
③ 对商家最有价值的是哪些客户?
④ 客户的价值是否因其地域分布和人口学特征的不同而不同?

对客户群实施区段分析时,可以利用客户数据仓库所积累的大量的有用信息,对这些信息的分析与数据挖掘,有助于发现和评价各种可变因素的不同排列组合会导致什么样的后果。

(3) 一对一的市场

在找到最具价值的市场区段后,就可以为不同区段设计并提交适应其特定需要的成套服务。有针对性的市场开拓工作,可以促使企业瞄准更有前景和更有商机的领域。如果能够使企业的产品和服务被本来可能并不需要它们的客户所接受,就可能为本企业赢得最具价值的客户。

通过对很多实务细节的分析,可以对那些针对不同领域进行设计的做法做全局性的考察,将相似的处置策略集中起来并加以提炼。在条件成熟的时候,推广这些作法到新的用户群。当将产品与服务也延伸到那些本来并不需要它们的用户群时,可以针对这个群体中那些最具可能和最有价值客户的特定需要,构建特定的市场策略。

(4) 事件模型

事件模型是一种技术手段,旨在帮助企业选择正确的市场活动与处理策略,并最终取得成功。事件模型可以"刻画"客户的行为和客户的反应，还可以预见未来市场活动的后果。事件模型提供了一种可能，让企业能从客户生活中的某些事件(如过生日、买房、买车等)中找到新的商机。这些事件不仅形成不同的市场区段，而且也是对客户实施评估并预期未来收益的有利工具。事件模型有助于发现使企业利润最大化的方法，如减少促销活动的次数、提高客户对促销活动的回应和控制实务策划的费用等。与事件模型有关的一些典型问题有：

① 哪些年龄段的客户对降价处理最感兴趣？
② 哪些客户更喜欢通过个人渠道购物？
③ 针对高收入客户的市场策略是否达到了预期的目的？

提出此类问题的目的，在于发现影响客户反应的主要因素，然后，才能将客户按照他们的特征加以标识与分类。在很多情况下，可以运用有关购买特征的新发现的知识，对各种不同的处置策略加以检验。如果这方面的工作进一步细化，必然会因这些策略的正确运用而提高客户的满意程度。

13.1.3 各种客户关系管理系统之间的关系

客户关系管理整体解决方案的基本流程如下：运营型 CRM 从客户的各种"接触点"将客户的各种背景数据和运营数据收集并整合在一起，这些运营数据和外来的市场数据经过整合和变换，装载进数据仓库。之后，运用 OLAP 和数据挖掘等技术来从数据中分析和提取相关规律、模式、趋势。最后，利用精美的动态报表系统和企业信息系统等，使有关的客户信息和知识在整个企业内得到有效的流转和共享。这些信息和知识将转化为企业的战略和战术行动，用于提高在所有渠道上同客户交互的有效性和针对性，把合适的产品和服务，通过合适的渠道，在适当的时候，提供给适当的客户。

客户与企业的互动，需要把分析型 CRM 与接触点客户关系管理结合在一起。如网站的客户先通过运营型系统了解信息，运营型系统就把客户的要求传递给数据仓库，通过数据仓库来拿这些信息，然后返回客户界面，再到客户。运营型 CRM 管理接触点，适应于通过 Web 与客户联系，而数据仓库不管理接触点，适应于分析和决策。一个强大的客户关系管理解决方案应该是把接触点的运营型客户关系管理和分析型的后台的数据仓库结合起来，这也就产生了所谓的协作型的客户关系管理。而后端和前端走向融合的关键点在于系统是开放的，只有开放的系统才能把各自的优点结合起来。

【实务指南 13-1】 亚马逊网上书店使用 CRM 应用系统进行客户互动管理

亚马逊网上书店成立于 1995 年，是全球电子商务的成功代表。在亚马逊网上书店，读者可以买到近 150 万种英文图书和音像影视产品。自 1999 年开始，亚马逊网上书店开始扩大销售的产品门类。现在除图书和音像影视产品外，亚马逊网上书店也在网上销售服装、礼品、儿童玩具、家用电器等 20 多个门类的商品。

为了给客户提供他们真正需要的书籍，从而赢得竞争、获得发展，他们确立了与客户互动学习的客户服务方针，即通过建立于客户互动的平台，通过各种途径了解客户的真实需求,并寻求客户的反馈,再根据客户的反馈改善和提高服务。在这样一个服务水平呈螺旋式上升的过程中通过适时满足客户需求、最大化客户的满意度,赢得客户忠诚。

当客户在亚马逊网上书店购买图书以后,其销售系统会自动记录下该客户购买和浏览过的书目。当该客户再次进入该书店,系统识别出他的身份后,就会查询该客户购买和浏览的记录、分析其经常购买的书的类别、推测该客户的图书喜好,最后在该客户打开的网页界面推荐目前该店可以满足客户喜好的图书。当客户的购买行为发生后,该系统再次记录该客户的购买书的类别,以指导下次推荐书目,如此循环往复。这样,客户去亚马逊网上书店的次数越多,系统对该客户的了解也就越多,也就能更好地为该客户服务。

另外,客户在第一次购买之前,该书店会要求客户注册,在注册的表格中就有关于该客户喜欢的图书类别的填写选项。

同时在该书店的主页上也有"推荐书目"的选项,即当客户发现亚马逊网上书店没有其欲购买的书籍或最近有一本书十分值得推荐时,则可在这个选项登记以弥补亚马逊网上书店在图书类别上的不足。亚马逊网上书店接收到推荐书目后,会尽快去联系出版商,争取在最短时间内提供给客户以满足客户的需要。

通过以上三种措施,亚马逊网上书店了解到了客户的真实需求,为了完善客户服务,亚马逊网上书店还建立了客户意见反馈表,客户可以把在交易过程中的任何不满或觉得不合理的地方反映在这张表格中。通过这些措施,亚马逊网上书店可以很好地向客户学习,形成下一步服务改善的基础和起点。

通过与客户互动关系的建立,亚马逊网上书店取得了长足的发展,赢得了客户忠诚。据悉,这种客户服务方式在亚马逊网上书店的成功实施不但给它赢得了65%的回头客,也使该企业的分析型CRM应用系统组织初见雏形。

(资料来源:郑方华.客户服务技能案例训练手册.北京:机械工业出版社,2006)

13.2 CRM 应用系统结构

13.2.1 CRM 应用系统的一般模型

集成了CRM管理思想和最新信息技术成果的CRM系统,是帮助企业最终实现以客户为中心的管理模式的重要手段。CRM系统的一般模型(如图13-1所示)反映了CRM最重要的一些特性。

根据CRM系统的一般模型,可以将CRM系统划分为接触活动、实务功能和数据库三个组成部分。

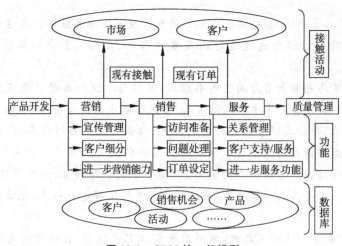

图 13-1　CRM 的一般模型

1. 接触活动

CRM 软件应当能使客户以各种方式与企业接触,典型的方式有呼叫中心(call center)、面对面的沟通、传真、移动销售(mobile sales)、电子邮件、Internet 以及其他营销渠道,如金融中介或经纪人等,CRM 软件应当能够或多或少地支持各种各样的接触活动。企业必须协调这些沟通渠道,保证客户能够采取其方便或偏好的形式随时与企业交流,并且保证来自不同渠道的信息完整、准确和一致。今天,Internet 已经成为企业与外界沟通的重要工具,特别是电子商务的迅速发展,促使 CRM 软件与 Internet 进一步紧密结合,发展成为基于 Internet 的应用模式。

2. 实务功能

企业中每个部门必须能够通过上述接触方式与客户进行沟通,而市场营销、销售和服务部门与客户的接触和交流最为频繁,因此,CRM 软件主要应对这些部门予以支持。

然而,并不是所有的 CRM 软件产品都能覆盖所有的功能范围。一般的,一个软件最多能够支持 2～3 种功能,如市场营销和销售。因此,在软件评价中,功能范围可以作为 CRM 系统性能评价的重要衡量指标。

CRM 软件系统的实务功能通常包括市场管理、销售管理、客户服务和支持三个组成部分。市场管理的主要任务是通过对市场和客户信息的统计和分析,发现市场机会,确定目标客户群和营销组合,科学地制定出市场和产品策略;为市场人员提供制定预算、计划、执行和控制的工具,不断完善市场计划;同时,还可管理各类市场活动(如广告、会议、展览、促销等),对市场活动进行跟踪、分析和总结以便改进工作。

销售管理部分则使销售人员通过各种销售工具,如电话销售、移动销售、远程销售、电子商务等,方便及时地获得有关生产、库存、定价和订单处理的信息。所有与销售有关的信息都存储在共享数据库中,销售人员可随时补充或及时获取,企业也不会由于某位销售人员的离去而使销售活动受阻。另外,借助信息技术,销售部门还能自动跟踪多个复杂的销售线路,提高工作效率。

客户服务和支持部分具有两大功能,即服务和支持。一方面,通过计算机电话集成技术(CTI)支持的呼叫中心,为客户提供每周 7×24 小时不间断服务,并将客户的各种信息存入共享的数据库以及时满足客户需求。另一方面,技术人员对客户的使用情况进行跟踪,为客户提供个性化服务,并且对服务合同进行管理。其实,上述三组实务功能之间是相互合作的关系。

以上三种实务功能在应用中相互结合、相互促进。实务功能的实现是 CRM 系统技术和应用的核心所在。

3. 数据库功能

一个富有逻辑的客户信息数据库管理系统是 CRM 系统的重要组成部分,是企业前台各部门进行各种实务活动的基础。从某种角度来说,它甚至比各种实务功能更为重要。其重要作用体现在以下几点:帮助企业根据客户生命周期价值来区分各类现有客户;帮助企业准确地找到目标客户群;帮助企业在最合适的时机以最合适的产品满足客户需求,降低成本,提高效率;帮助企业结合最新信息和结果制定出新策略,塑造客户忠诚。运用数据库这一强大的工具,可以与客户进行高效的、可衡量的、双向的沟通,真正体现了以客户为导向的管理思想;可以与客户维持长久的、甚至是终身的关系来保持和提升企业短期和长期的利润。可以这样说,数据库是 CRM 管理思想和信息技术的有机结合。

一个高质量的数据库包含的数据应当能全面、准确、详尽和及时地反映客户、市场及销售信息。数据可以按照市场、销售和服务部门的不同用途分成 3 类:客户数据、销售数据、服务数据。客户数据包括客户的基本信息、联系人信息、相关实务信息、客户分类信息等,它不但包括现有客户信息,还包括潜在客户、合作伙伴、代理商的信息等。销售数据主要包括销售过程中相关实务的跟踪情况,如与客户的所有联系活动、客户询价和相应报价、每笔实务的竞争对手以及销售订单的有关信息等。服务数据则包括客户投诉信息、服务合同信息、售后服务情况以及解决方案的知识库等。这些数据可放在同一个数据库中,实现信息共享,以提高企业前台实务的运作效率和工作质量。目前,飞速发展的数据仓库技术(如 OLAP、数据挖掘等)能按照企业管理的需要对数据源进行再加工,为企业提供了强大的分析数据的工具和手段。

【实务指南 13-2】 上海金丰易居网的客户关系管理应用

上海金丰易居网为华东地区最大的房地产中介企业,它的营运模式主要是通过上海的 263 家连锁店及网页提供房屋中介服务。在现有的庞大连锁规模的营运模式下,各部门都设有客户服务的机制。但在面对来自不同途径(如面对面、电话、网络等)要求服务的客户,因为没有一个统一的客户服务中心,造成了客户往往要交涉很多次才能找到适合问题解答的人员。加上各部门信息共享程度低,交流不畅,所以回答结果也参差不齐。此外,虽然金丰易居网目前积累了大量的客户资源,但是由于各门市的客户数据库不能共享,更无法有效地分析潜在的客户需求,因此,它不能将资料转换为决策时可使用的客户知识。

在这种情况下,上海金丰易居网引入了美国艾克的 E-CRM 系统。他们首先汇整所有单位的客户资料,制定统一格式及定义以便建立"资料蓄水池",使得既有客户或是尔后所产生的客户资料均能有效汇整;接着他们进一步建立统一的客户联络中心(UCC),

涵盖了网上互动、电话拨入(Inbound)、电话拨出(Outbound)服务和后端 MIS(管理信息系统)系统的整合。所以当"资料蓄水池"与统一的客户联络中心联结后,上海金丰易居网不但解决了对外与客户沟通的障碍,还克服了内部跨部门沟通的困难。

例如,当有位客户在网上看了浦东区 50 万元人民币的二手房住宅,这时,网站会立即向他推荐在附近其他合乎条件的产品。若这次没成交,当有新的目标物产生时,金丰易居网则立刻产生名册,用电话或 Email 通知客户。同时当一名客户买了某价位的房子,金丰易居网又立即寻找符合这个客户的家具、装潢等,可以说是真正实现了"客户终身价值",并且在每一次与客户接触时进一步了解了客户。最后他们又利用后端数据挖掘机制的建置,让金丰易居网将企业与客户互动瞬间所获得的信息记录加以分析,然后再依照企业所制定的商业策略,立即对每一个客户提出个性化的建议,这样更能精确地掌握每个客户的需求。

上海金丰易居网整个 CRM 系统的引入,只花了大约两个月的时间就上线运行。在过去,一次服务电话平均需要 15 分钟才能完成服务,客户平均需要打两三次电话才会得到所需要的服务。而现在客户的需求平均只要一次 5 分钟的电话就可解决了。而企业主动推荐产品的成功率,也由原来的 8%提升为现在的 20%。

(资料来源:范云峰. 客户管理营销. 北京:中国经济出版社,2003)

13.2.2 CRM 网络结构

CRM 系统是建立在 Internet 和 Intranet 等 Web 技术基础之上的,其网络体系一般采用的是浏览器/服务器(B/S)模式和客户机/服务器(C/S)模式的结合。

1. C/S 模式结构

C/S 模式是一种比较传统的软件系统体系结构,主要由客户应用程序(Client)、服务器管理程序(Server)和中间件(middleware)三个部件组成。客户应用程序是系统中用户与数据进行交互的部件。服务器程序负责有效地管理系统资源,如管理一个信息数据库,其主要工作是当多个客户并发地请求服务器上的相同资源时,对这些资源进行最优化管理。中间件负责联结客户应用程序与服务器管理程序,协同完成一个作业,以满足用户查询管理数据的要求。

2. B/S 模式结构

B/S 模式是一种以 Web 技术为基础的新型的 CRM 系统平台模式。把传统 C/S 模式中的服务器部分分解为一个数据服务器与一个或多个应用服务器(Web 服务器),从而构成一个三层结构的客户服务器体系。

第一层,客户机是用户与整个系统的接口。客户的应用程序精简到一个通用的浏览器软件。浏览器将 HTML 代码转化成图文并茂的网页。网页还具备一定的交互功能,允许用户在网页提供的申请表上输入信息提交给后台,并提出处理请求。这个后台就是第二层的 Web 服务器。

第二层,Web 服务器将启动相应的进程来响应这一请求,并动态生成一串 HTML 代码,其中嵌入处理的结果,返回给客户机的浏览器。如果客户机提交的请求包括数据的存取,Web 服务器还需与数据库服务器协同完成这一处理工作。

第三层,数据库服务器的任务类似于 C/S 模式,负责协调不同的 Web 服务器发出的 SQ 请求,管理数据库。

3. C/S 模式和 B/S 模式的比较

(1) B/S 模式的优势

首先,它简化了客户端。它无须像 C/S 模式那样在不同的客户机上安装不同的客户应用程序,而只需安装通用的浏览器软件。这样不但可以节省客户机的硬盘空间与内存,而且使安装过程更加简便、网络结构更加灵活。

其次,它简化了系统的开发和维护。系统的开发者无须再为不同级别的用户设计开发不同的客户应用程序了,只需把所有的功能都实现在 Web 服务器上,并就不同的功能为各个组别的用户设置权限就可以了。各个用户通过 HTTP 请求在权限范围内调用 Web 服务器上不同的处理程序,从而完成对数据的查询或修改。现代企业面临着日新月异的竞争环境,对企业内部运作机制的更新与调整也变得逐渐频繁。相对于 C/S,B/S 的维护具有更大的灵活性。当形势变化时,它无须再为每一个现有的客户应用程序升级,而只需对 Web 服务器上的服务处理程序进行修订。这样不但可以提高公司的运作效率,还省去了维护时协调工作的不少麻烦。如果一个公司有上千台客户机,并且分布在不同的地点,那么便于维护将会显得更加重要。

再次,它使用户的操作变得更简单。对于 C/S 模式,客户应用程序有自己特定的规格,使用者需要接受专门培训。而采用 B/S 模式时,客户端只是一个简单易用的浏览器软件。无论是决策层还是操作层的人员都无须培训,就可以直接使用。B/S 模式的这种特性,还使 CRM 系统维护的限制因素更少。

最后,B/S 特别适用于网上信息发布,使得传统的 MIS 的功能有所扩展。这是 C/S 所无法实现的。而这种新增的网上信息发布功能恰是现代企业所需的。这使得企业的大部分书面文件可以被电子文件取代,从而提高了企业的工作效率,使企业行政手续简化,节省人力、物力。

鉴于 B/S 相对于 C/S 的先进性,B/S 逐渐成为一种流行的 CRM 系统网络结构。各软件公司纷纷推出自己的 Internet 方案。一些企业已经领先一步开始使用它,并且收到了一定的成效。

(2) C/S 模式的优势

首先,交互性强是 C/S 固有的一个优点。在 C/S 中,客户端有一套完整的应用程序,在出错提示、在线帮助等方面都有强大的功能,并且可以在子程序间自由切换。B/S 虽然由 JavaScript、VBScript 提供了一定的交互能力,但与 C/S 的一整套客户应用相比太有限了。

其次,C/S 模式提供了更安全的存取模式。由于 C/S 是配对的点对点的结构模式,采用适用于局域网、安全性比较好的网络协议(例如:NT 的 NetBEUI 协议),安全性可以得到较好的保证。而 B/S 采用点对多点、多点对多点这种开放的结构模式,并采用 TCP/IP 这一类运用于 Internet 的开放性协议,其安全性只能靠数据服务器上管理密码的数据库来保证。现代企业需要有开放的信息环境,需要加强与外界的联系,有的还需要通过 Internet 发展网上营销实务,这使得大多数企业将它们的内部网与 Internet 相连。由于采用 TCP/IP,它们必须采用一系列的安全措施,如构筑防火墙,来防止 Internet 的用户对企业内部信息的窃取以及外界病毒的侵入。

再次,采用 C/S 模式将降低网络通信量。B/S 采用了逻辑上的 3 层结构,而在物理上的网络结构仍然是原来的以太网或环形网。这样,第一层与第二层结构之间的通信、第二层与第三层结构之间的通信都需占用同一条网络线路。而 C/S 只有两层结构,网络通信量只包括 Client 与 Server 之间的通信量。所以,C/S 处理大量信息的能力是 B/S 所无法比拟的。

最后,由于 C/S 在逻辑结构上比 B/S 少一层,对于相同的任务,C/S 完成的速度总比 B/S 快。使得 C/S 更利于处理大量数据。

4. ASP 模式结构

在 CRM 行业中出现了一种新的趋势,即通过 ASP(应用服务提供商)提供 CRM 应用服务。对于 ASP 客户,他们不必配备专门人员管理和维护 CRM 雄,而是通过互联网从第三方 ASP 获得所需的 CRM 应用服务。ASP 供应商租赁部分或全部的 CRM 软件,提供部分或全部的支持性服务,满足部分或全部的客户需要。如 Upshot 和 Firstwave 是这方面的良好范本。

但就目前中国市场而言,由于互联网本身在基础设施、安全技术和使用成本等方面的不完善,CRM 的 ASP 尚处于研究和发展阶段。目前,更符合中国企业实际应用的 CRM 销售与服务软件仍主要通过面对面的交流。但由于 ASP 模式具有潜在的很多优势,它将逐步成为中国 CRM 市场上的一种重要的服务方式。

13.3 CRM 系统的功能模块

CRM 系统的功能模块包括销售管理、营销管理、服务管理、呼叫中心等。

1. 销售管理

CRM 系统中,销售管理主要是对商业机遇、销售渠道等进行管理。该模块将企业所有的销售环节结合起来,形成统一的整体。销售管理模块有助于缩短企业销售周期,提高销售的成功率,同时还为销售人员提供包括企业动态、客户、产品、价格和竞争对手等大量的最新企业信息。

销售自动化 SFA(sales force automation)是销售管理模块的重要组成部分。其主要功能包括:组织和浏览销售信息,如客户、实务描述、联系人、时间、销售阶段、实务额、可能结束时间等;产生各销售实务的阶段报告,并给出实务所处阶段、还需的时间、成功的可能性、历史销售状况评价等信息;对销售实务给出战术、策略上的支持;对地域(省市、邮编、地区、行业、相关客户、联系人等)进行维护;把销售员归入某一地域并授权;地域的重新设置;根据利润、领域、优先级、时间、状态等标准,用户可定制关于将要进行的活动、实务、客户、联系人、约会等方面的报告;提供类似 BBS 的功能,用户可把销售秘诀贴在系统上,还可以进行某一方面销售技能的查询;销售费用管理;销售佣金管理。

2. 营销管理

营销管理对客户和市场信息进行全面地分析,从而对市场进行细分,产生高质量的市场策划活动,指导销售队伍更有效地工作。营销管理系统为销售、服务和呼叫中心等提供关键性的信息。

营销自动化MA(marketing automation)是营销管理的重要组成部分。营销自动化是通过营销计划的编制、执行和结果分析,清单的产生和管理,预算和预测,资料管理,建立产品定价和竞争等信息的知识库,提供营销的百科全书,进行客户跟踪、分销管理,以达到营销活动的设计目的。

其主要功能包括:产品和价格配置器;在进行营销活动(如广告、邮件、研讨会、网站、展览会等)时,能获得预先定制的信息支持;把营销活动与实务、客户、联系人建立关联;显示任务完成进度;提供类似公告板的功能,可张贴、查找、更新营销资料,从而实现营销文件、分析报告等的共享;跟踪特定事件;安排新事件,如研讨会、会议等,并加入合同、客户和销售代表等信息;信函书写、批量邮件,并与合同、客户、联系人、实务等建立关联;邮件合并;生成标签和信封。

3. 服务管理

服务管理模块为客户服务人员提供易于使用的工具和有用的信息,以提高客户服务人员提供服务的效率,增强服务能力。服务能力管理包括客户服务与支持、关系管理等多个方面。

(1) 客户服务与支持。客户服务与支持(customer service and support,CSS)是CRM中的重要部分。它是通过互联网和呼叫中心来实现的,有助于产生客户的纵向及横向销售业绩。其主要功能包括:服务项目的快速录入;服务项目的安排、调度和重新分配;事件的升级;搜索和跟踪与某一实务相关的事件;生成事件报告;服务协议和合同;订单管理和跟踪;问题讨论及其解决方法的数据库。

(2) 关系管理。关系管理主要是指合作伙伴关系管理。其主要功能包括:对公司数据库信息设置存取权限,合作伙伴通过标准的Web浏览器以密码登录的方式对客户信息、公司数据库、与渠道活动相关的文档进行存取和更新;合作伙伴可以方便地存取与销售渠道有关的销售机会信息;合作伙伴通过浏览器使用销售管理工具和销售机会管理工具,如销售方法、销售流程等,并使用预定义的和自定义的报告。

4. 呼叫中心

呼叫中心子系统将销售管理和服务管理模块的功能集成起来,使一般的业务人员能够向客户提供实时的销售和服务支持。其主要功能包括:呼入呼出电话处理;互联网回呼;呼叫中心运行管理;软电话;电话转移;路由选择;报表统计分析;管理分析工具;通过传真、电话、电子邮件、打印机等自动进行资料发送;呼入呼出调度管理。

呼叫中心结合了自动呼叫分配(ACD)、计算机电话集成(CTI)、交互式语音应答(IVR)等多项技术,从而为客户提供更快捷、更有效地客户服务。

【实务指南13-3】 好孩子集团使用CRM系统提供其客户一对一营销与服务

生产儿童用品的好孩子集团拥有全国性网络,在国内各地设立约38家分公司,建立了近万个商业网点,共涉及400余座城市。这一庞大的营销网络,有力地支持和巩固了好孩子品牌的市场地位,并因此而获得无限的发展优势。好孩子集团通过在国内拥有的38家销售中心，100 100多家销售点组成的销售网络，走进了万千消费者家庭，成为中国儿童用品市场最畅销的产品。据国家轻工总会最新统计，好孩子童车的市场占有率达到了78%以上，并连续六年获同类产品全国销量第一和产品质量检测第一。广泛的分销网络提高了产品销售，在企业的销售成功中发挥了重要作用，但随着规模的不断扩大，销售网络的管理也出现了一些问题。企业发展不但要有新的管理理念，同时还要有先进的管理手段作支撑才能成功。好孩子集团在实务处理的电子化、自动化的基础上，企业经营方式实现了信息化。面对客户，企业从原来"面对面"式的服务，转变为以信息为中心的客户与企业之间的电子流、信息流的无形联系。

为此，好孩子集团建置了一套CRM系统，在好孩子集团与客户之间架设了一座多渠道的沟通桥梁（包括网络、电话、传真等），这种多样、灵活、及时的服务，使得用户更加方便、舒适，从而拉近了用户与好孩子集团的距离，大幅度地提高了客户的满意度。同时，好孩子集团可以为用户提供一种更直接、高效、快速、双向的一对一服务，提供快速、真实、详细、标准的商业信息，以优质的服务作为吸引用户交易的切入点。通过后端的数据分析结果，企业的服务窗口可以向客户提供适当的提醒和推荐，使得客户感受到贴心的服务，在最大限度上帮助好孩子集团完成尽可能多的交易，提升了客户的忠诚度以及好孩子的品牌形象和知名度。

（资料来源：范云峰．客户管理营销．北京：中国经济出版社，2003）

▍理念总结

- 按照CRM应用系统具备的功能分类，客户关系管理应用系统可以分为运营型CRM、分析型CRM、协同型CRM。
- 运营型客户关系管理系统是建立在这样一种概念上的，即客户管理在企业成功方面起着很重要的作用，它要求所有实务流程的流线化和自动化，包括经由多渠道的客户"接触点"的整合，前台和后台运营之间的平滑的相互链接和整合。
- 分析型CRM是以改善实务管理为目的的分析活动。分析的对象是企业的CRM实务和当前应用所产生的相关数据。分析型CRM可对客户数据进行捕捉、存储、提取、处理、解释和产生相应的报告。
- 根据CRM系统的一般模型，可以将CRM系统划分为接触活动、实务功能和数据库三个组成部分。
- CRM系统是建立在Internet和Intranet等Web技术基础之上的，其网络体系一般采用的是浏览器/服务器(B/S)模式和客户机/服务器(C/S)模式的结合。
- CRM系统的功能模块包括：销售管理、营销管理、服务管理、呼叫中心。

■ 实务观念 ■

CRM 应用系统　运营型 CRM 系统　分析型 CRM 系统　B/S 模式　C/S 模式
CRM 应用系统的分类　CRM 应用系统的一般模型　CRM 应用系统的网络结构
CRM 应用系统的主要功能模块

■ 职业技能 ■

CRM 应用系统功能

理念应用

□ 单项选择题

1. 运营型 CRM 的功能主要体现在销售、(　　)和客户服务三个方面。
   A. 市场营销　　　B. 数据挖掘　　　C. 资源共享　　　D. 客户分析
2. 以下不属于 CRM 系统的功能模块的是(　　)。
   A. 销售管理　　　B. 服务管理　　　C. 营销管理　　　D. 后台数据库管理
3. B/S 模式与 C/S 模式相比,主要的优势体现在(　　)。
   A. 简化了客户端　　　　　　　　　B. 提高了数据存储空间
   C. 提高了安全性　　　　　　　　　D. 降低了网络通信量

□ 多项选择题

1. CRM 应用系统的常见网络结构是(　　)。
   A. B/S 模式　　　B. ASP 模式　　　C. C/S 模式　　　D. Web 模式
2. 以下各项中是分析型客户关系管理系统的支柱性功能的是(　　)。
   A. 客户分析　　　B. 客户建模　　　C. 客户沟通　　　D. 个性化
3. CRM 应用系统的服务管理模块,包括(　　)。
   A. 营销自动化　　　　　　　　　　B. 客户服务与支持
   C. 关系管理　　　　　　　　　　　D. 呼叫中心

□ 理念辨析

1. 客户关系管理系统的一般模型是什么?
2. 分析型客户关系管理的 4 个阶段是什么?
3. 分析型客户关系管理的 6 大支柱性功能是什么?

□ 实务运用

1. 分析型 CRM 有哪几个支柱功能?具体内容是什么?
2. 客户关系管理系统的基础工作是什么?如何创建客户关系管理系统?

3. 客户关系管理的相关技术主要有哪些？各有什么作用？
4. 通常 CRM 应有系统的产品被分为哪些类型？

□ **实务分析**

实务情境：

2001年10月，海尔 CRM 联网研讨会在海尔国际培训中心召开，60 家经销商代表海尔在全国各地的 1 万多个营销网点出席了该研讨会。在这次研讨会上，一直以创新营销引领国内企业营销潮流的海尔集团率先推出并演示了具有海尔管理特色的 CRM 系统(又称海尔客户关系管理系统)。海尔通过与商家的联网，将提高对客户需求的响应速度，共享数据信息资源，实现企业与客户的零距离，进一步提升海尔的核心竞争力。海尔集团首席执行官张瑞敏在讲话中指出，提高企业竞争力的途径就是满足用户需求，获取有价值的订单，除此之外别无他法，而海尔 CRM 联网系统就是获得有价值订单的必要手段。

前台一张网，后台一条链，海尔市场链管理是实施 CRM 的基础。自 1999 年开始，海尔就已经进行以市场链为纽带的企业实务流程再造，目前已基本形成了符合新经济要求的实务组织流程化(包括商流、物流、资金流等)。组织结构扁平化的企业组织结构，为各实务流程管理系统的实施打下了坚实的基础。海尔 CRM 系统就是在海尔实务流程再造之后的平台上实施的，形成了"前台一张网，后台一条链"的闭环系统，前台的一张网是海尔客户关系管理网站，后台的一条链是海尔的市场链。

企业内部 ERP(企业资源计划)系统与外部的客户系统是海尔实现 CRM 的手段。CRM 系统就是一种管理软件解决方案，它的高速运转建立在科学、规范的内部管理基础上。两年前海尔就在实务流程再造的基础上，构筑了企业内部供应链系统、物流配送系统、资金流管理结算系统、遍布全国的分销管理系统和客户服务响应 CALL-Center 系统，并形成了以订单信息流为核心的各子系统之间无缝连接的系统集成。海尔内部 ERP 系统和外部客户系统的目的是一致的，都是为了快速响应市场和客户的需求。前台的 CRM 网站作为与客户快速沟通的桥梁，将客户的需求快速收集、反馈，以实现与客户的零距离接触；而后台的 ERP 系统可以将客户需求快速发送到供应链系统、物流配送系统、财务结算系统、客户服务系统等流程系统上，实现对客户需求的协同服务，大大提升了对客户需求的响应速度。

与客户的零距离接触是海尔实施 CRM 的目的。海尔认为，企业之间的竞争已经从过去直接的市场竞争转向对客户的竞争。海尔 CRM 联网系统就是要实现端对端的零距离销售。海尔 CRM 管理系统围绕一个中心，面向两类客户，提供三种服务。一个中心是以订单信息流为中心，可实现客户对订单的下达、审核、跟踪的全过程服务；两类用户分别是外部客户用户和内部实务人员用户；三种服务分别是面向外部客户的网上财务对账、费用查询等在线财务服务，面向外部客户的管理咨询、客户投诉及面向内部实务人员的库存查询、日期查询、客户进销存查询、商业智能分析等在线系统服务，企业文化、产品推介、促销活动等网上信息。海尔实务流程再造的目标是实现顾客满意度的最大化，海尔 CRM 管理系统通过搭建与客户之间的统一的高效的平台向客户提供更加个性化、专业化的服务。

问题讨论：

1. 海尔 CRM 系统的特色是什么？
2. 海尔 CRM 系统的作用在客户关系管理中的具体体现有哪些？

3. 海尔 CRM 系统提供的中心服务有哪些?
4. 海尔 CRM 系统以后发展的方向是?
5. 海尔"创造有价值订单实现与用户零距离"的做法对你有什么启发?

实 务 训 练

使用 CRM 应用系统进行客户互动管理

【实训目的】

通过切实体验各实训任务和要求的完成、系列技能操作的实施,培养其"打造和运用 CRM 应用系统"的职业技能,并通过践行职业规范,促进职业人格的塑造。

【实训技能规范】

职业技能——CRM 应用系统运作

职业规范Ⅰ:CRM 应用系统功能模块设计

职业规范Ⅱ:CRM 应用系统网络结构设计

职业规范Ⅲ:CRM 应用系统一般模型设计

【实训任务和要求】

各实训组对所选企业利用 CRM 应用系统进行客户互动管理的运作情况调查、参与和体验,运用所学知识总结该企业相应业务运作的成功之处和不足之处,在此基础上提出建议,并撰写《××企业客户关系管理应用系统运作实训报告》。

【实训时间】

一周。

【实训步骤】

(1) 将学生组成若干个实训组,每 5~6 人分成一组,每组确定 1 人负责。

(2) 确定每个组的实训企业产品(或项目),根据各自企业客户关系管理运作情况,对其现有客户关系管理应用系统等进行调查,参与并体验所选企业项目的客户关系管理应用系统具体运作。将工作情况进行详细记录。

(3) 撰写《××企业客户关系管理应用系统运作实训报告》。

(4) 在班级交流、讨论和修订《××企业客户关系管理应用系统运作实训报告》。

【实训报告范本】

见附录 13。

实训报告范本

附录1 上海金丰易居客户关系管理与客户经营情况调研报告

(负责人：　　　　　团队成员：　　　　　　　　　　　　　　　)

在市场充分而有效的调节下,现代企业纷纷构建"以客户为中心"的经营理念,借助先进的客户关系管理,以营销环节的资讯化、科学化,拉动企业管理体制的进步,提高客户满意度和企业营利能力,扩展市场和业务渠道,帮助企业在激烈的竞争中立足和发展。

加强客户关系管理,提高企业的核心竞争能力,已经是摆在企业面前的重要课题。

那么,××企业运用客户关系管理与客户经营的实际情况如何呢？带着这些问题,我们项目组于200×年×月×日至×日,对上海金丰易居客户关系管理与客户经营情况进行了调查研究,收集了大量资料,经过认真分析总结,使实训体验得到深化,形成了如下实训报告。

一、上海金丰易居运用"客户关系管理与客户经营理论"情况调查介绍与分析思考

上海金丰易居是集租赁、销售、装潢、物业管理于一身的房地产集团。由于房地产领域竞争日趋激烈,花一大笔钱在展会上建个样板间来招揽客户的做法已经很难起到好的作用,在电子商务之潮席卷而来时,很多房地产企业都在考虑用新的方式来吸引客户。

金丰易居在上海有很多营业点,以前如果客户有购房、租房的需求,都是通过电话、传真等原始的手段与之联系。由于没有统一的客服中心,而且服务员的水平参差不齐,导致用户常常要多次交涉才能找到适合解答他们关心问题的部门。又由于各个部门信息共享程度很低,所以用户从不同部门得到的回复有很大的出入,由此给用户留下了很不好的印象,很多客户因此干脆就弃之而去。更让金丰易居一筹莫展的是,尽管以前积累了大量的客户资料

和信息，但由于缺乏对客户潜在需求的分析和分类，这些很有价值的资料利用率很低。

金丰易居的总经理彭加亮意识到，在 Internet 时代，如果再不去了解客户的真正需求，主动出击，肯定会在竞争中被淘汰。1999 年 5 月，金丰易居与美国艾克公司接触后，决定采用该公司的 eCRM 产品。

1. 找到突破口

经过双方人员充分沟通之后，艾克认为金丰易居的条件很适合实施客户关系管理系统，艾克公司的中国区产品行销总监张颖说："首先，金丰易居有很丰富的客户资料，只要把各个分支的资料放在一个统一的数据库中，就可以作为 eCRM 的资料源；另外，金丰易居有自己的电子商务平台，可以作为 eCRM 与客户交流的接口。"

但是金丰易居还是有不少顾虑，因为客户关系管理在国内还没有多少成功的案例。另外，传统的 CRM 系统需要具备庞大的客户数据样本库，并且建设的周期长，投资大，不是一般的企业可以承受的。最后，eCRM 系统的特色打消了金丰易居的顾虑，eCRM 系统与传统的 CRM 有很大的不同——它是模块化的结构，用户可以各取所需；用户选定模块后，厂商只需做一些定制化的工作就可以运行起来，实施的周期也很短，很适合中小型企业使用。经过充分沟通以后，为了尽量减少风险，双方都认为先从需求最迫切的地方入手，根据实施的效果，然后再决定下一步的实施。

通过对金丰易居情况的分析，双方人员最后决定先从以下几个部分实施：

● 金丰易居有营销中心、网上查询等服务，因此需要设立多媒体、多渠道的即时客服中心，提高整体服务质量，节省管理成本。

● 实现一对一的客户需求回应，通过对客户爱好、需求的分析，实现个性化服务。

● 有效利用已积累的客户资料，挖掘客户的潜在价值。

● 充分利用数据库信息，挖掘潜在客户，并通过电话主动拜访客户和向客户推荐满足客户要求的房型，以达到充分了解客户，增加销售机会。

● 实时数据库资源共享使金丰易居的网站技术中心、服务中心与实体业务有效结合，降低了销售和管理成本。

根据这些需求，艾克公司提供了有针对性的解决方案，主要用到艾克 eCRM 产品 eNterprise Ⅰ，该产品结合了网页、电话、电子邮件、传真等与客户进行交流，并提供客户消费行为追踪、客户行销数据分析功能，实现一对一行销。另外，结合艾克的电子商务平台 eACP，与金丰易居现有的系统进行有效整合。

2. 艾克的方案

艾克公司为金丰易居提供的客户关系管理平台包括前端的"综合客户服务中心 UCC"以及后端的数据分析模块。前端采用艾克 UCC3.20，该产品整合了电话、Web、传真等多渠道、多媒介传播及多方式分析系统的综合应用平台。在前端与后端之间是数据库，它如同信息蓄水池，可以把从各个渠道接收的信息分类，如客户基本信息、交易信息和行为记录等。后台采用艾克 OTO2.0，它用于数据分析，找出产品与产品之间的关系，根据不同的目的，从中间的数据库中抽取相应的数据，并得出结果，然后返回数据库。于是，从前端就可以看到行销建议或者市场指导计划，由此构成了从前到后的实时的一对一行销平台。通过这个平台，解决了金丰易居的大部分需求。

在前端,UCC系统整合电话、Web、传真等多种服务,客服人员在为客户提供多媒体交流的同时,还可以服务于来自电话、Web、传真等媒介的需求,管理人员可以实时监控、管理客服人员的服务状况,实现统一管理。这个统一的服务中心设立统一标准问题集及统一客服号,利用问题分组及话务分配随时让客户找到适合回答问题的服务人员,得到满意的答复。该系统中的UCC-Approach模块可以有效挖掘客户潜在的价值。

二、运用客户关系管理与客户经营理论的实施步骤

金丰易居与艾克认为,实施的原则是必须以金丰易居的现有系统和业务不做大的改动为前提,充分利用现有的硬件、软件和网络环境,并且与以前的系统有效地整合在一起。

1. 建立多渠道客户沟通方式

这一步骤包括三个部分:UCC-Web、UCC-Ware和UCC-Approach。

UCC-Web 客户通过Web进来时,客户的基本信息与以往交易记录一并显示于服务界面,客服人员可给予客户个性化服务,并根据后端分析结果做出连带的销售建议。

UCC-Ware 客户租房、买房等咨询电话经话务分配后到达专门的服务人员,同时自动调用后台客户数据显示于客服界面供客服人员参考,而一些标准问题,可以利用IVR系统做自动语音、传真回复,节省人力。

UCC-Approach 根据CRM系统分析出数据所制订的服务和行销计划,对目标客户发送电话呼叫,将接通的电话自动转到适当的坐席,为客户提供产品售后回访或者新产品行销服务。

2. 实现OTO分析与前端互动功能的整合

利用OTO分析结果,直接进入UCC的Planer数据库,作为建议事项及外拨行销依据。目前金丰易居有4项主营业务,已积累了大量的客户资料。该部分针对资料做检测,剔除无效信息,对有效信息按照业务需求类型分组,然后对分组数据做PTP分析,找出相关性最强的两种产品,据此可以做连带销售建议。同时,对目标客户贡献度做分析,找到在一定时效内对产品有购买能力与贡献度最大的客户,其余客户可按照时效及重要程度做力度和方式不同的跟踪处理。

另外,金丰易居以前的销售系统、楼盘管理系统、购房中心系统和业务办公系统,现在都通过艾克产品提供的接口,整合到客户关系系统内。该项目的实施总共只花了3个星期,由于前期的工作做得很充分,所以项目实施很顺利,并且很快就运行起来。

应用艾克的客户关系管理系统之后,金丰易居很快取得了很好的效果,统一的服务平台不仅提升了企业的服务形象,还节省了人力物力。通过挖掘客户的潜在价值,金丰易居制定了更具特色的服务方法,提高了业务量。另外,由于客户关系管理整合了内部的管理资源,降低了管理成本。

3. 小步前进

现在回想起来,张颖说,虽然项目的实施时间并不长,但这个成功来之不易。eCRM对于中国企业来说还很陌生,没有多少成功的经验可以借鉴,所以要说服企业相信它就不是一件容易的事情。艾克为了让金丰易居相信eCRM,做了大量的工作,并且把试用版本给金丰易居使用。虽然金丰易居承认它能够为自己带来很多好处,但是由于害怕风险,所以并不能立即决定采用,因为大家都知道上eCRM意味着巨大的资金投入和管理革新。真正让金丰

易居决定采用艾克产品的原因是,应用艾克的产品不需要花很多钱,而且以前的设备很多可以保留下来,也不用进行"伤筋动骨"的人事和管理的调整。

在考虑如何与金丰易居原有系统连接问题时,双方的意见并不一致。作为艾克来讲,开始连接的系统越简单越好,而金丰易居则认为能把自己所有的系统和 eCRM 整合起来当然最好——客户往往忽视过于复杂的实施会带来更大的风险。张颖说,国内的客户与国外的客户区别很大,国外的客户很清楚自己要什么,而国内的用户很多只知道自己大概要什么,具体的需求并不清楚,而一旦厂商提供了产品之后,他们又觉得很多地方要改进,使厂商又花很多精力重新做很多工作。

为了防止系统在实施过程中发生意外,艾克和金丰易居在实施之前签订了一个协议,明确规定什么时候完成什么事情,完成到什么程度,达到什么样的效果,由谁来负责,然后在实施过程中按照这个步骤执行,有效保证了系统的顺利实施。

作为一家外资企业,是否能够了解中国用户的特殊需求,是其产品能否在国内站稳脚跟的关键。张颖说,艾克成功的原因在于他们能够从最简单的地方入手,而不是一上来就把系统所有的功能推给用户。先实施一部分功能,然后根据客户的反馈意见做一些改动,直到稳定之后,接着继续实施其他的功能。这种小步前进的方法适合中国的国情,也容易为中国的用户接受。

(资料来源:佚名.上海金丰易居客户关系管理案例分析.IT 社区 & 媒体平台网,http://www.donews.com/Content/200602/5aa417466ec94455b839619fbf7a4efa.shtm,2006-2-24)

附录2　广东省英德市市场需求预测分析报告

(负责人：　　　　团队成员：　　　　　　　　　　　　　　　)

背景与情境:卷烟需求预测要立足于市场,坚持以市场为导向,真正做到从市场实际出发,坚决克服需求预测中的非市场因素,切实反映市场的真实需求。广东英德营销部根据分公司的卷烟消费总量与结构,同时结合当地的消费习惯。对 2010 年 4 月份的需求预测作出了如下分析。

一、上月需求预测总结分析

1. 月度预测、实际销售、实际订单的差异性分析

2 月份月度预测、月实际销售和月实际订单见表 1。

表1　2月份月度预测、月实际销售和月实际订单

月度需求预测量	客户提报量/万支	实际订货量/万支	需求预测率/%	订单满足率/%
11 000	10 989.63	9 303.10	99.9	84.65

从以上数据分析,2 月份的月度需求预测率准确率达到了 99.9%,订单满足率达到了 84.65%,其中预测准确率高的原因主要是客户受近期卷烟市场走势、价格走势、社会库存量

多或少以及周边消费环境的变化等因素影响,在收集需求数据以及在实际订货时提报的需求量比较接近真实的销售,因此预测准确率比较高。

在订单满足率方面,客户经理在走访时加强了对客户的经营指导,而且投放的85个卷烟品牌中,除33个品牌的满足率低于80%外,其他品牌的满足率均在80%以上。

2月份卷烟投放量完成情况见表2。

表2　2月份卷烟投放量完成情况

营销部	投放量/万支	订单量/万支	需求量/万支	月计划总量/万支	完成比率/%
英德市场服务部	10 352.4	9 303.1	10 989.63	11 733.54	89.86

从以上数据来看,客户提报的卷烟需求总量基本与月度预测的总量相符,但由于投放的卷烟量未达到预测的数量,客户的实际订货量与户提报的需求量差异性和浮动性仍比较大。

2. 重点骨干品牌、紧俏品牌预测量与月零售客户要货量、月实际订单量的差异性分析相关数据见表3

表3　差异性分析　　　　　　　　　　　　　单位:万支

序号	牌　号	月预测量	月客户要货量	月实际订单量
1	中南海	50	86.74	86.04
2	中华	250	80.60	68.22
3	红双喜(沪)	100	23.92	21.52
4	云烟	81	58.40	55.40
5	红河	100	118.10	114.28
6	玉溪	60	19.06	16.06
7	红塔山	220	66.62	33.52
8	红梅	300	293.16	184.50
9	南京	80	107.92	107.28
10	苏烟	13	23.64	21.80
11	利群	100	126.26	125.48
12	七匹狼	63	75.52	65.48
13	黄鹤楼	63	17.70	12.88
14	白沙	432	381.58	313.56
15	芙蓉王	531	590.12	556.44
16	双喜(广)	2 773	1 718.02	1 602.34
17	真龙	30	44.62	33.04
18	娇子	5	23.80	23.36
19	黄果树	140	120.30	104.80
20	黄山	50	37.44	31.12

从以上数据可以看出,除"红塔山"、"红梅"、"黄鹤楼"、"真龙"品牌外,其他品牌的客户要货量与实际订货量的偏差不大,满足率都在80%以上,但在月预测量与客户要货量上,以上品牌的差距仍比较大,主要原因一是在预测时,虽有考虑到2月份客户的需求量将会有所下降,但受市场走势和市场价格下滑的影响,客户的实际订货量与预测的数量存在较大的差距,预测准确率偏低;二是受各卷烟品牌来货量以及投放量的影响,客户对卷烟的提报有所变化。对此在以后的预测中仍要重点加强。

3. 预测销量吻合度分析

2月份英德营销部通过各维度和层级预测的卷烟总量为11 000万支,而客户实际提报的需求量为10 989.63万支,实际订货量为9 303.1万支。从数据上分析,营销部预测的数量与客户实际订购的数量吻合度为99.9%,预测销售的吻合度比上月有所提高,同时在订单满足率上也达到国家局要求的80%以上,主要是在货源的供应上多数品牌货源供应充足,基本能满足客户的需求,因此满足率较高。

4. 预测水平的提升方向、影响因素及评估

2月份的需求预测准确率与上月相比有大的提高,主要是客户根据自己的实际经营情况,结合货源的来货量、市场卷烟价格走势以及消费群体、节假日等因素的影响来提报需求。但从2月份客户提报的各卷烟单品的需求量分析,受工业企业来货量以及市场价格走势等各方因素的影响,在单品的预测上预测准确度仍难于把握,客户对单品卷烟的需求量很容易受周边消费人群、环境以及市场走势的影响,而且受货源投放时有时无的影响,单品预测的准确率仍难以提高,因此作为营销人员在预测时还是要以市场为导向,从零售客户与市场消费潜力以及消费者需求等方面着手,了解辖区市场对各品牌卷烟的真实需求的同时也要将其他因素考虑在内,如卷烟市场走势、价格等,为工商企业提供依据,按客户的需求组织货源投放市场。

二、影响需求预测的相关因素分析

1. 上月卷烟销售情况分析

本月市公司下达分公司销售任务为9 000.00万支,比去年同期减少了2 000.0万支,减幅为18.2%。完成情况如表4所示。

表4 2月份卷烟销售情况

类别	计划/万支	销售/万支	完成率/%
总量	9 000	9 303.1	103.37
一类烟	518	888.06	171.44
二类烟	371	348.32	93.89
五类烟	1 093	1 239.66	113.42

从上表来看,在节前节后卷烟市场较为复杂的情况下,公司仍完成了大部分销售指标,其中一类烟因仍有春节前消费的带动,而五类烟在月底时因低收入群体多准备春耕,对五类烟的需求加大,完成情况良好。但是在二类卷烟的销售上,由于二类卷烟的品牌规格不多,在投放的卷烟当中,"利群(新版)"、"南京(红)"在当地的消费群体主要是外省烟民,由于春节期间,外来人员大量返乡过年,使这些品牌的卷烟销量下降,造成二类卷烟未能完成销售计划。

2. 卷烟供求变化趋势

2月份的销售受客户节前购进量大,特别是"双喜(经典)"系列,虽然节日期间放假时间长,但客户在此期间的卷烟销售与往年相比有所下降,客户普遍反映节前所备的各类卷烟因销售不佳,存货量大,使卷烟销售的供求呈逐步呈下降趋势,市场价格持续下滑,卷烟销售逐步放慢,对各类卷烟的需求量减少,在供大于求的情况下,卷烟的市场走势有所回落。预计

在4月份,受存货量以及天气等因素的影响,除二、三类烟的需求有所减少外,其他品牌的需求应与3月份相比无大的变化。

3. 季节变化及节假日等各类市场因素

2月份春节期间,受寒冷天气的影响,外出探亲访友的人群减少,给节日期间的零售业带来较大的影响,给卷烟的销售也带来一定的困难,另4月份适逢清明节,由于我国有清明回家祭祖的传统习惯,在清明假期前后,会有相当数量的外出务工人员返乡,这将会给当地的卷烟销售带来一定数量的提升。但受客户存货量、天气潮湿、人们消费减少等不利因素的影响,卷烟需求不会有太大的变化,但在结构上将会有所下降。

4. 本地卷烟消费习惯及消费结构变化趋势

4月份人们普遍缩减消费性支出,农村消费者也要为春耕准备,在这一环境的影响下,烟民吸食的卷烟档次将明显下降。根据这一变化趋势,在当地习惯吸食省产烟"红玫"、"羊城"、"椰树"的低收入人群因这些品牌供应不足,会转向省外其他的同类型品牌,四五类卷烟在4月份的需求量会有较大幅度的提升。与此同时,清明回乡祭祖的人群中,会有部分事业有成的商界人士,这部分群体对高档品牌的需求较大,因此一类烟的需求量与3月份相比预计不会有较大的下降。

三、4月需求预测情况分析

1. 预测总体情况

综上因素,预计4月份英德市场的卷烟需求总量与3月份的需求量相比略有下降,预计需求量为11 500万支。与上月相比,减少了500万支,减幅为4.2%,如表5所示。

表5　预测总体情况

上月预测量/万支	本月预测量/万支	增减幅度/%
12 000	11 500	−4.2

2. 各类别卷烟预测情况

预计2010年4月,卷烟销售形势与1月和2月相比市场上的卷烟销售有所放缓,主要是由于多数客户对2月份的卷烟销售估计不足,普遍存货量大,这给4月份的需求与销售造成一定的影响,因此预计4月份的一、二、三类烟总体预测量比3月份有所下降。见表6。

表6　各类别卷烟预测情况

商品类别	2010年3月份		2010年4月份	
	预测量/万支	所占比重/%	预测量/万支	所占比重/%
一类	1 213	10.11	1 013	8.81
二类	605	5.04	555	4.83
三类	5 232	43.60	5 012	43.58
四类	2 970	24.75	2 970	25.82
五类	1 980	16.50	1 950	16.96
合计	12 000	100.00	11 500	100.00

3. 重点卷烟品牌(规格)需求预测分析

2010年4月份重点品牌的需求情况预测如表7所示。

表7　4月份重点卷烟品牌(规格)需求预测　　　　　　　　单位:条

序号	规格品牌	需求量
1	中华(硬)	5 000
2	南京(精品)	2 500
3	苏烟(软金砂)	1 000
4	七匹狼(软灰)	500
5	黄鹤楼(软蓝)	2 000
6	黄鹤楼(硬雅香)	1 000
7	双喜(硬世纪经典)	2 500
8	云烟(紫)	2 500
9	玉溪(硬)	1 500
10	玉溪(软)	1 500
11	红塔山(硬经典100)	1 000
合　计		21 000

从以上数据可以分析出,2010年4月份受市场卷烟价格、走势的影响,以上品牌的需求预测量与3月份相比无较大的变化。

4. 潜在卷烟货源供应的预测分析

零售价格在3~5元之间的品牌"红梅"、"芙蓉王"、"红山茶(特红)"、"黄山(一品)"等品牌在"红玫"、"椰树"等系列紧缺时,通过客户经理的推介,都能接受,在销售上存在一定的潜力,在预测时根据客户经理提供的数据有所上调,而"哈德门"、"吉祥好日子"等则因市场存货量大,在客户经理提供的数据上有所下调。

四、存在的问题及解决建议

由于一些品牌的投放不能保证,影响到客户对品牌的提报,而且给客户经理以及营销部的预测准确性带来一定的难度,单品的满足率难以预测准确。对此,建议各预测人员能根据各方数据,收集信息,做好需求预测工作,采购部门再根据需求向工业企业组织货源,制定营销策略,均衡投放,确保货源的持续性和单品预测的准确性。

(资料来源:李丽婵. 广东省英德市市场需求预测分析报告. 管理营销网站. http://www.tobaccochina.com,2010-3-25)

附录3　基于数据挖掘的CRM在酒店行业中的应用策略实训报告

(负责人:　　　　　团队成员:　　　　　　　　　　　　　　　　　　　　　)

在网络社会化,社会网络化的信息时代,数据挖掘使人们有能力去发掘蕴藏在大量数据中的信息和知识。客户关系管理 CRM(Customer Relationship Management)是一种新颖的管理机制，目的是为了改善企业与客户之间的关系，使企业在营销、销售、服务与支持各个方面形成一种协调的关系。

通过对酒店行业信息化现状的分析，了解酒店行业 CRM 应用系统运作的具体工作过程。我们将实训的重心放在基于数据挖掘的 CRM 在酒店行业中的应用策略上，并形成如下实训报告。

一、酒店行业 CRM 应用策略运作情况调查

在酒店行业，传统的计算机管理系统主要包括前台管理系统和后台管理系统两大部分，基本涵盖酒店主要业务部门，实现了客户服务和进行财务核算所需要的各个功能。但传统的酒店管理系统基于财务管理为主线的设计理念，无法满足酒店全面信息化管理的需要，在营销管理上也存在不足。其客户管理部分主要是对客户资料的整理与统计，采用的工具也主要是传统的统计分析工具，注重的是对历史数据的分析总结，缺乏对未来情况的预测。

把客户关系管理(CRM)引入酒店管理系统是一个很好的选择。现代酒店计算机管理系统是一个具有 CRM 管理机制的系统。目前，我国在酒店客户关系管理方面的研究工作做得比较少。本文以酒店行业为应用背景，通过实施基于数据挖掘的客户关系管理系统，改进企业的营销策略，为酒店节省信息管理时付出的无谓费用。

二、基于数据挖掘的 CRM 在酒店行业中的应用策略

CRM 在酒店行业的应用和研究已经远远落在了其他行业的后面，在应用方面也正处于试用阶段。这与"CRM 系统特别适合实施于客户群体大、服务含量高的行业"这一说法相悖。因此，迫切需要对 CRM 在酒店行业的应用进行深入、全面、广泛的研究，以便为酒店行业实施 CRM 提供理论和实践方面的指导。

酒店是一种提供特殊服务的企业，它出售的商品可以概括为"空间"、"时间"和服务。酒店产品是个性化消费品，不同的年龄段、不同的住宿动机、不同的阶层对客房的要求是有所差别的。酒店的客户多为个体客户，酒店应该针对不同的目标客户群体提供不同的服务。需要哪种个性化的服务可在酒店 CRM 辅助指导下确定。

利用数据挖掘技术，在酒店 CRM 除了实现一般客户关系管理的功能，如客户赢利能力分析、客户获取(即挖掘潜在客户)、交叉营销、客户保持与流失分析、客户细分之外，还具有以下功能。

1. 客源市场划分

(1) 按地区划分。酒店的客人来自于不同的国家、地区和城市。

(2) 按住宿动机划分。酒店的客人有公务客人、会议客人、团体观光客人、一般散客。

(3) 按营销途径划分。酒店的销售渠道主要有：旅行社、航空公司、会议组织单位等。

2. 销售渠道拓展

酒店的销售渠道主要有直接渠道和间接渠道两种。直接渠道是酒店直接向顾客销售,如通过预定系统销售;通过印刷品、宣传品、广告、电视片、小册子等多种形式、多种途径、多种手段推销产品;在旅游网站上编制酒店主页,发布酒店产品信息。间接渠道是指酒店通过某些媒介,如旅行社、旅行组织商、酒店销售代办处、航空公司、酒店预定系统等向顾客销售。直接渠道销售,酒店利润大,但客源不够稳定;通过间接渠道销售,酒店利润小,但客源比较有保障。

总之,酒店 CRM 是对酒店和客户之间的交互活动进行管理的过程。在这个过程中,酒店获得了许多关于现有客户的消费行为和潜在客户的有效数据,利用数据挖掘技术自动地从庞大的数据堆中找出有用的信息,为酒店决策、信息管理提供支持,将是酒店信息化发展的方向。

附录4 烟草公司客户经理拜访频次调整实训工作报告

(负责人: 团队成员:)

一、客户经理每月工作各阶段时间安排(见表1)

表1 客户经理每月工作各阶段时间安排

工作阶段	时间安排	工作日/个	工作方式	备注
第一阶段	1~4 日	2~3	室内办公	实行弹性工作制,休息日、假日根据工作需要可相应调整,确保客户经理平均每周除节日外休息两天。
第二阶段	5~15 日	8~10	实地走访	
第三阶段	16~20 日	3~4	室内办公	
第四阶段	21 日到月底	6~8	实地走访	

二、工作流程

1. 第一阶段:月度总结

(1)主要工作内容

收集整理上月工作资料,对上月工作情况进行分析与总结,以此为基础,做好当月的拜访计划。

(2)具体工作流程

第一步:工作总结。结合上月工作情况,在 CRM 系统工作平台上撰写上月工作分析与总结。

第二步：制订计划。做出当月客户拜访计划。

2. 第二阶段：拜访客户

（1）主要工作内容

每天走访15～20户客户（所辖客户全部拜访一遍），重点了解客户下月卷烟品牌、数量的需求。

（2）拜访前准备工作

应在拜访前一天工作结束后或次日早上进行。

① 个人准备。修饰自己的形象，做到形体整洁、挂牌上岗，职业形象良好。善于及时调整自己，心情愉快，忘却与客户无关的问题，以提高工作效率，实现拜访目标。

② 拜访工具准备。按照拜访内容，准备拜访工作所需要物品和资料。

一是介绍资料：包括产品介绍、品牌介绍、价目表、标价签、活动介绍、促销计划、宣传资料等。

二是辅助工具：客户经理工作日志、陈列工具、笔、笔记本、名片、抹布、工作包等。

三是其他物料：包括一般促销品以及当期应返还客户的物品等。

③ 交通工具准备。客户经理拜访客户，驾驶工具一般都是摩托车，在出发之前，一定要检查摩托车的车况，如刹车情况，轮胎气压，油料是否足够等，并带好安全防护用具，如头盔、手套等，以保证安全性能，避免影响拜访工作。

④ 熟悉客户情况。在每次拜访前，要事先熟悉拟拜访的客户的情况，明确拜访目的、拜访重点，并拟定有针对性的工作措施，带着问题拜访客户，走访市场。

（3）上门拜访工作流程

第一步：问候客户。到达客户经营场所使用规范文明语言，向客户问候致意，向客户介绍此次拜访的目的。

第二步：查看出样。查看客户卷烟出样情况并提出改进意见（包括有无违规经营卷烟）；协助客户维护标价签摆放，保持标价签的整洁和完整；督导客户做到明码实价。

第三步：提供资讯。通报公司的营销、服务政策以及其他信息，如市场信息、产品信息、紧俏货源分配信息、断货预警信息、价格调整信息、促销活动计划等。

第四步：指导经营。结合拜访前对客户的分析结果，在规范经营、经营环境改善、品牌结构调整、经营策略调整、保持合理库存等方面为客户提供经营指导，帮助客户合理订货。

第五步：了解需求。了解并记录客户下月卷烟需求，包括品牌（规格）、数量，在此过程中回答客户对公司卷烟供应状况方面的问题。

第六步：培育品牌。根据营销中心品牌培育工作要求，执行品牌培育方案，努力促成客户与公司间的协同配合。

第七步：收集信息。了解客户卷烟动销情况以及销售异动等情况；听取并记录客户意见、建议；按公司要求登记客户卷烟库存，填写《客户商情簿》简要记录本次拜访情况。

第八步：告别客户。用规范文明语言向客户告别，离开客户经营场所。

3. 第三阶段：分析预测

(1) 主要工作内容

对客户需求逐步进行分析，对服务区客户下月的卷烟需求量做出预测；结合上级下达的货源组织情况及营销策略，逐户提出下月订货建议；做好当月第二次拜访准备。

(2) 具体工作流程

第一步：需求预测。结合历史销量、客户库存及相关因素，对所有客户下月卷烟需求逐户做出预测，并提交需求预测分析报告。

第二步：上报结果。将下月辖区需求预测数据及分析报告报市场经理审核汇总。

第三步：调整预测。接到市场经理下达的下月可供货源及销售策略后，对预测结果进行调整修正。

第四步：明确意见。根据调整结果，分析辖区客户下月货源供应状况，结合所掌握的客户经营情况，明确下一步对客户的经营指导意见。

第五步：维护系统。在CRM系统中维护客户信息，对已变更的客户信息及时进行修改。

第六步：走访准备。做好下次拜访客户的准备工作。

4. 第四阶段：预测反馈

(1) 主要工作内容

再次对不低于50%的零售客户进行走访，在服务零售客户的同时，将做好的需求预测反馈给客户，听取客户的修正意见，总结经验，努力提高预测水平。（注：对销售状况稳定正常、货源需求基本得到满足的客户可实行电话反馈，对除此之外的其他客户应按规定比例上门拜访。）

(2) 拜访前准备工作

① 个人准备。

② 拜访工具准备。

③ 交通工具准备。

④ 熟悉客户情况。

(3) 上门拜访工作流程

第一步：问候客户。

第二步：查看出样。

第三步：提供资讯。

第四步：指导经营。结合拜访前对客户的分析结果，在规范经营、经营环境改善、品牌结构调整、经营策略调整、保持合理库存等方面为客户提供经营指导，帮助客户合理订货。

第五步：需求反馈。

第六步：培育品牌。

第七步：收集信息。了解客户卷烟动销情况以及销售异动等情况；听取并记录客户意见、建议；按公司要求登记客户卷烟库存，填写《客户商情簿》简要记录本次拜访情况。

第八步：告别客户。用规范文明语言向客户告别，离开客户经营场所。

（资料来源：佚名. 客户经理拜访频次调整试点工作方案. 豆丁网. http://www.docin.com/p-43445825.html，2008-12-12）

附录5 某配送车介绍范本

某配送车介绍范本	运用技巧分析
◆ 业务员:陈处长、李科长,大家好。感谢处长及科长能将时间拨出来,同时要再次感谢处长及科长能协助我对贵企业配送车的使用现状做调查,让我能提出更适合贵企业的建议方案。 ■ 一辆好的配送车,能比同型货车增加21%的载货空间,并节省30%的上下货时间。 ■ 根据调查显示,贵企业目前配送的文具用品体积不大,但大小规格都不一致,并且客户多为一般企业,客户数量多且密集,是属少量多次进货的形态,一趟车平均要装载50家客户,因此上下货的频率非常高,挑选费时,并常有误拿的情形发生。如何正确、迅速地在配送车上拿取客户采购的商品,是提高效率的重点。这点是否处长及科长也能同意? ◆ 陈处长:对,如何迅速、正确地从配送车上拿出下一家客户要的东西是影响配送效率的一个重要因素。	◆ 问候 ◆ 感谢聆听 ◆ 感谢协助调查 ◆ 引起注意及兴趣 ◆ 客户现状及问题点说明 ◆ 闭锁式的询问争取确认 ◆ 客户确认问题点
◆ 业务员:另外,配送司机一天中大部分时间都在驾驶位上,因此驾驶位子的设置要能舒适,这是配送司机们一致的心声。 ■ 李科长也提到,由于车子每天长时间在外行驶,车子的安全性,绝对不容忽视。 ■ 的确,一辆专业配送车的设计,正是要满足上面这些功能。 ■ 本企业新推出的专业配送车××,正是为满足客户对提高配送效率而专门开发设计出来的。它除了比一般同型货车超出了15%的空间外,并设计有可调整的陈放位置,您可依您空间大小的需要,调整出0~200个置物空间,最适合放置大小规格不一致的配送物,同时能活动编号,依号码迅速取出配送物。贵企业目前因为受制于取货及放置的不便,平均每趟只能配送50个客户,若使用此种型号的配送车,您可调整出70个置物空间,经由左、右及后面活动门依编号迅速取出客户所要的东西。 ■ 配送车的驾驶座,有如活动的办公室。驾驶室的位置调整装置能依驾驶人员的特殊喜好,调整出最适合他的位置。坐椅的舒适度,绝对胜过一般内勤职员的椅子,并且右侧特别设置了一个自动抽取式架子,能让配送员书写报表及单据,使配送人员能感到企业对他们的尊重。 ■ 由于配送车在一些企业并非专任司机使用,而采取轮班制,因此,车子的安全性方面的考虑更是重要。××型配送车有保护装置、失误动作防止、缓冲装置等。电脑安全系统控制装置,能预先防止不当的操作带给人、车的危险,能使配送驾驶人自己能控制的车祸意外降至最低。贵企业的配送人员也常有轮班、换班的情形,使用本车能得到更大的保障。 ■ 或许有人会说,万一安全系统的电脑发生故障而不知道,不是更危险吗?这个问题非常好,因为在设计时也有人提出过,我们的解决方法是,若安全系统发生故障,车子一发动,就会有"哔""哔"的声音发出。 ◆ 陈处长:××车,听起来不错,但目前我们的车子还没到企业规定的汰旧换新的年限,况且停车场也不够。 ◆ 业务员:陈处长说得不错。停车场地的问题,的确给许多成长的企业带来一些困扰。贵企业业务在处长的领导下,每年成长50%,为了配合业务成长,各方面都在着手提升业务效率。若您使用××型配送车,每天平均能提升您20%的配送量,也就是您可以减少目前1/5的配送车辆,相对的也可以节省1/5的停车场地。虽然贵企业的车子目前仍未达企业规定的使用年限,汰旧换新好像有一些不合算。的确,若是您更换和目前同型的车子,当然不合理,可是您若采取××型专业配送车,不但因提高配	◆ 特殊需求确认 ◆ 产品特性转换成特殊利益 ■ 异议提出 ■ 异议处理 ■ 要求订单

某配送车介绍范本	运用技巧分析
效率而降低整体的配送成本,还能节省下停车场地的空间,让贵企业二年内不需为停车场地操心。 ■ 向陈处长报告,目前贵企业五十辆配车中有 10 辆已接近汰旧换新年限,是否请处长先同意选购 10 辆××型专业配送车,旧车我们会以最高的价格估算过来。	

附录6 为某企业的一次年终总结暨表彰大会拟出会议筹备方案的实训报告

(负责人:　　　　　团队成员:　　　　　　　　　　　　　　)

公关活动中的联谊或会议,是现代企业对内对外公关活动的重要组成部分。组织做好各种会议,不仅关系到本公司团队的建设,更关系到客户能否真正的、完全的信任和了解。

1. 公司常见会议类型

公司常见会议类型包括经理例会与特别会议、员工大会、公司年会、股东大会和董事会、客户咨询会、展览会、订货会、业务洽谈会、新产品新闻发布会、联谊会、表彰会等。

2. 会议工作的基本任务

组织工作如下:

(1) 协助领导确定会议议题;

(2) 根据议题安排议程、日程;

(3) 发会议通知,负责会议报到;

(4) 对与会人员进行编组;

(5) 布置会场,安排座次;

(6) 印发会议证件(出席证、列席证、工作证等);

(7) 负责会议签到;

(8) 会中组织和协调;

(9) 会场其他组织和管理;

(10) 会外的联络和协调(负责与会议有关的邀请、报道、乘车、参观、文体娱乐活动等方面的联系和组织);

(11) 会议的结束收尾工作。

3. 会前准备工作

(1) 确定会议主题与议题

确定主题的主要方法：一是要有切实的依据；二是必须要结合本单位的实际；三是要有明确的目的。议题是对会议主题的细化。

(2) 确定会议名称

会议名称一般由"单位＋内容＋类型"构成，应根据会议的议题或主题来确定。

(3) 确定会议规模与规格

确定会议规模与规格的依据是会议的内容或主题。同时本着精简效能的原则。

会议的规模有大型、中型、小型。

会议的规格有高档次、中档次和低档次。

(4) 确定会议时间、会期

会议的最佳时间，要考虑主要领导是否能出席，确定会期的长短应与会议内容紧密联系。

(5) 确定会议所需用品和设备

必备用品是指各类会议都需要的用品和设备，包括文具、桌椅、茶具、扩音设备、照明设备、空调设备、投影和音像设备等。

(6) 建立会议组织机构

会议组织机构包括会务组、宣传组、秘书组、文件组、接待组和保卫组。

(7) 确定与会人员名单

出席会议和列席会议的有关人员。应根据会议的性质、议题、任务来确定与会人员。

(8) 确定会议地点

要根据会议的规模、规格和内容等要求来确定。有时也考虑政治、经济、环境等因素。

(9) 安排会议议程与日程

会议议程是对会议所要通过的文件、所要解决的问题的概略安排，并冠以序号将其清晰地表达出来。

会议日程的具体安排如表1所示。

表1 会议日程

日 期	时 间	内容安排	地 点	主 持	参加人
3月9日上午	9:00	报到	花园酒店大会议厅	李总	
	9:30	会议开始，张董致开幕词	大会议厅	张董	全体股东
	9:40	李总:年度经营报告	大会议厅	张董	全体股东
	11:00	年度决算表	大会议厅	总会计师	全体股东
	11:30	大会结束			

(10) 制发会议通知

会议通知的内容包括名称、时间、地点、与会人员、议题及要求等。

会议通知的种类有书信式和柬帖式。

会议通知的发送形式有正式通知和非正式通知。

会议通知的方式有书面、口头、电话、邮件。

(11) 制作会议证件

会议证件的内容有会议名称、与会者单位、姓名、职务、证件号码等。有些重要证件还贴上本人照片,加盖印章。

(12) 准备会议文件资料

主要有议程表和日程表、会场座位分区表和主席台及会场座次表、主题报告、领导讲话稿、其他发言材料、开幕词和闭幕词、其他会议材料等。

(13) 安排食住行

① 会议饮食管理本着"卫生第一、保证营养、适合口味、方便节约"的原则,做好伙食预算和伙食搭配与烹调工作。

② 会议住宿安排,根据实际情况,按照规定标准,尽可能地满足与会人员住宿上的要求。

③ 安排好会议用车,为会议提供完备的交通服务。

(14) 制定会议预算方案

预算包括文件资料费、邮电通信费、会议设备和用品费、会议场所租用费、会议办公费、宣传交际费、食宿费、交通费、其他费用。

(15) 布置会场

① 会场的风格特点:庄严、肃穆、轻松、简洁、喜庆、儒雅、简单、朴素。

主席台:主席台的布置一是要对称;二是要简化。主席台的座次一般是职务最高的居第一排正中,然后先左后右,由前至后的顺序依次排列。

② 场内其他人员的座次安排

座次安排的方法有横排法、竖排法和左右排列法。

③ 会场内外的布置:准备会标、会徽、台幕、标语、桌签、座签、色调、灯光、气味、旗帜、花卉等。

(16) 检查会场

① 方式。一种是听取会议筹备人的汇报;一种是现场检查。

② 检查的内容。A. 文件的材料准备情况;B. 会场布置情况;C. 会议保卫工作情况;D. 其他内容。

附录7 投标报价实训报告

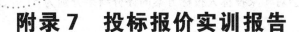

(负责人:　　　　团队成员:　　　　　　　　　　　　　　　　　　　)

背景与情境:国家某重点电力工程建设项目,对其中的A系统设备采用公开招标方式采购。A系统设备技术要求比较高,是该工程核心的系统设备。招标人委托招标代理机构组织该设备的招标,招标代理机构按照相关规定会同招标人准备了前期工作。至投标截止时间止,共有4家投标人参与投标。相关情况如下。

1. 招标公告中投标人资格要求

投标人应具有通过年检的营业执照及税务登记证;具有 A 系统设备生产制作许可证书;具有三年以上成功、成熟的生产经验和同类产品的销售业绩;通过了 ISO 9001 质量体系认证且成功运行两年以上。

2. 评标办法

本次评标采用综合评估法。综合总分为 100 分,由技术分和价格分组成。评标价格与技术的权重各占综合总分的 40% 和 60%。

(1) 价格评分标准

评标价确定:满足工程所需的全部配置价格,如投标人配置缺项,采用其他投标人的同类最高配置价格进行加价计算。

价格得分确定:采用直接折价法进行价格折算,以最低评标价为 40 分,其他各投标人价格得分 = 最低评标价/该投标人报价 × 40。

(2) 技术条件评分标准

技术评标将根据评分细则,技术组评委采用技术打分的方法确定各投标方案的技术优劣。技术得分满分为 60 分。

3. 评标情况

(1) 经资格审查后 4 家投标人均满足招标公告中载明的资格条件。

(2) 评标委员会对投标配置价格进行了审查,发现如下情况:投标人 2 所报设备单价为 100 万元/台,但在系统配置上缺少两台 B 设备;投标人 1、投标人 3、投标人 4 在 B 设备上所报单价分别为 120 万元/台、200 万元/台、150 万元/台。

投标人报价见表 1。

表 1 投标人报价

投标人	投标总价/万元	调整配置	评标价/万元
1	1 366	配置全,无调整	1 366
2	1 000	缺两台 B 设备,增加 2×100 万元/台 = 200 万元	1 200
3	1 728	配置全,无调整	1 728
4	1 600	配置全,无调整	1 600

(3) 评标委员会对 4 家投标人投标方案的评分结果分别为 54 分、52 分、57 分、56 分。

【问题】

(1) 评标价格的计算是否正确?为什么?

(2) 上述计算评标价是否会影响评标结果?若影响,正确的排名第一中标候选人是谁?

【分析】

在设备招标过程中开标价和评标价并不是一个概念。由于各投标人对招标文件的理解和自身产品特性的不同,会导致在评标时供货范围、备品备件或专用工具的不同。评标委员会通常会就所有投标人的配置和实际需要推荐最佳配置,将所有投标人置于同一标准配置框架下,并根据这一标准配置对投标人增减配置,评标委员会同时计算评标价格。针对投标人确报的设备价格,评标时一般在其投标报价的基础上,按照其他投标人就该设备报价中的最高报价调整该投标人的评标价。在实际操作中,很多投标人出于自身考虑有意或无意地不响应招标人的增加数量的要求,导致按照对招标人起保护的高价计算方法使投标人处于不利的处境。更严重的,评标委员会会按不响应招标文件报价实质条款作废标处理。该例投标人2就是未能掌握投标技巧,制作投标文件的准备阶段未能与招标人做好沟通,对影响报价的关键要素之一的数量想当然地按照自己的一贯配置进行报价,殊不知招标人此次因需要对数量做了调整。虽不致废标,但也使投标人2错失了一次极有利的中标机会。

【参考答案】

(1) 上述的评标价格的计算不正确,其按照投标人2的B设备单价100万元/台计算了评标价,违反了评标办法的规定。应该按照4个投标人对B设备所报单价的最高价计算投标人2的评标价,即采用投标人3的B设备所报单价200万元/台。

(2) 影响评标结果。按照上述的评标价最终中标为投标人2,纠正后排名第一的中标人就是投标人1,过程如下。

按上述评标价计算如表2所示。

表2 按评标计算得分并排序

投标人	投标总价/万元	B设备单价/(万元/台)	调整配置	评标价/万元	投标价格得分	技术标得分	综合得分	排序
1	1 366	120	配置全,无调整	1 366	35.14	54.00	89.14	2
2	1 000	100	缺两台B设备,增加2×100万元/台=200万元	1 200	40.00	52.00	92.00	1
3	1 728	200	配置全,无调整	1 728	27.78	57.00	84.78	3
4	1 600	150	配置全,无调整	1 600	30.00	56.00	86.00	4

正确的评标结果如表3所示。

表3 评标结果

投标人	投标总价/万元	B设备单价/(万元/台)	调整配置	评标价/万元	投标价格得分	技术标得分	综合得分	排序
1	1 366	120	配置全,无调整	1 366	40.00	54.00	94.00	1
2	1 000	100	缺两台B设备,增加2×200万元/台=400万元	1 400	39.03	52.00	91.03	2
3	1 728	200	配置全,无调整	1 728	31.62	57.00	88.62	4
4	1 600	150	配置全,无调整	1 600	34.15	56.00	90.15	3

附录8 药物配送实训报告

(负责人：　　　　团队成员：　　　　　　　　　　　　　)

背景与情境：瑞达制药公司是一家中外合资制药公司，总投资为2亿人民币。公司主要产品有心血管药品、神经系统药品、抗血栓药品、抗肿瘤药品和抗生素等处方药和少量非处方药，销售额将近3个亿，销售人员近300名。公司在上海、北京、广州、重庆等多个城市设有办事处，公司的客户是医药商业公司和药品经营部，已达到200多家。

公司以前向各地办事处发送药品是通过多家货代公司，为了便于管理并且降低运输成本，公司决定由一家货代公司全部承包运输业务，有两家货代公司A、B给出了向各地运输的单价，如表1所示，表2是公司全年向各地办事处发送药品数量。

表1　货代公司提供的到各地运输单价　　　　　　　　　　单位：元

公司	北京	广州	上海	沈阳	西安	重庆
货代公司A	3.00	3.80	1.20	4.40	3.80	5.20
货代公司B	3.10	4.10	1.40	4.20	3.60	4.80

表2　瑞达公司向各地全年的发货量　　　　　　　　　　单位：元

公司	北京	广州	上海	沈阳	西安	重庆
公司全年发货量	62 000	53 000	26 000	51 000	48 000	60 000

瑞达公司请您对这两家货代公司进行评估，以确定最终的总承包方。

【问题】

(1) 分别计算货代公司A和货代公司B的平均运输单价(列出计算过程，保留两位小数)，如果只比较运输单价，帮助瑞达公司选择哪一家货代公司。

(2) 瑞达公司在评估运输商时，认为不应只考虑运输价格的因素，请您分析还需要考虑哪些因素？

【参考答案】

计算各公司的平均单价，结果见表3。

表3　各公司平均运输单价　　　　　　　　　　单位：元

公司	北京	广州	上海	沈阳	西安	重庆	合计
全年发货量/公斤	62 000	53 000	26 000	51 000	48 000	60 000	300 000
货代公司A运输单价	3.00	3.80	1.20	4.40	3.80	5.20	
货代公司B运输单价	3.10	4.10	1.40	4.20	3.60	4.80	
货代公司A的年运费	18 600	201 400	31 200	224 400	182 400	312 000	1 137 400
货代公司B的年运费	192 200	217 300	36 400	214 200	172 800	288 000	1 120 900

(1) 货代公司A的平均运输单价是1 137 400/300 000＝3.79(元/公斤)。货代公司B的平均运输单价是1 120 900/300 000＝3.74(元/公斤)。如果按运输单价的高低进行选择，

应选择货代公司 B。

(2) 在选择运输商时,除了考虑运输价格以外,还应考虑以下因素。

① 经营范围。经营范围较广的运输商能为客户提供多种运输服务方式,便于客户对运输业务的管理。

② 运输商的规模。运输商规模越大,越能更好地满足客户需求的波动,价格会更低。

③ 运输商覆盖区域。运输商覆盖区域越广对客户开拓市场越有帮助。

④ 运输商服务的主要客户情况。通过了解运输商之前服务客户的满意度,可以了解运输商的能力水平与服务质量。

⑤ 运输商的员工素质。员工的教育程度、资质等级等会影响到对客户的服务质量。

⑥ 对客户投诉和事故的处理能力,包括对货物损失的赔偿。这样能帮助客户减少损失。

⑦ 对客户特殊要求的响应能力,这些特殊要求可能是运量的波动、回单的要求、货物跟踪、特殊的设备或设施、定制化的服务等。

附录 9　××汽车企业售后服务运作实训报告

(负责人：　　　　团队成员：　　　　　　　　　　　　　　　)

售后服务,是现代汽车维修企业服务的重要组成部分。做好售后服务,不仅关系到本公司产品的质量、完整性,更关系到客户能否得到真正的、完全的满意。

1. 售后服务工作的内容

(1) 整理客户资料、建立客户档案。客户送车进厂维修养护或来公司咨询、商洽有关汽车技术服务,在办完有关手续或商谈完后,业务部应于两日内将客户有关情况整理制表并建立档案,装入档案袋。客户有关情况包括：客户名称、地址、电话、送修或来访日期；送修车辆的车型、车号、车种、维修养护项目；保养周期、下一次保养期；客户希望得到的服务；在本公司维修、保养记录。

(2) 根据客户档案资料,研究客户的需求。业务人员根据客户档案资料,研究客户对汽车维修保养及其相关方面的服务的需求,找出"下一次"服务的内容,如通知客户按期保养、通知客户参与本公司联谊活动、告之本公司优惠活动、通知客户按时进厂维修或免费检测等。

(3) 与客户进行电话、信函联系,开展跟踪服务。业务人员通过电话联系,让客户得到以下服务：

① 询问客户用车情况和对本公司服务有何意见；

② 询问客户近期有无新的服务需求需我公司效劳；

③ 告之相关的汽车运用知识和注意事项；

④ 介绍本公司近期为客户提供的各种服务、特别是新的服务内容；

⑤ 介绍本公司近期为客户安排的各类优惠联谊活动,如免费检测周、优惠服务月、汽车

运用新知识晚会等,内容、日期、地址要告之清楚;

⑥ 咨询服务。

(4) 客户的咨询解答与投诉处理。受理投诉人员要有公司大局观,要有"客户第一"的观念,投诉处理要善终,不可轻慢客户。客户对我方答复是否满意要做记录。

(5) 维修服务。

2. 售后服务工作规定

(1) 售后服务工作由业务部主管指定专门业务人员——跟踪业务员负责完成。

(2) 跟踪业务员在客户车辆送修进场手续办完后,或客户到公司访谈咨询业务完后,两日内建立相应的客户档案。

(3) 跟踪业务员在建立客户档案的同时,研究客户的潜在需求,设计拟定"下一次"服务的针对性通话内容、通信时间。

(4) 跟踪业务员在客户接车出厂或业务访谈、咨询后三天至一周内,应主动电话联系客户,做售后第一次跟踪服务,并就客户感兴趣的话题与之交流。电话交谈时、业务员要主动询问曾到我公司保养维修的客户车辆运行情况,并征求客户对本公司服务的意见,以示本公司对客户的真诚关心与在服务上追求尽善尽美的态度。对客户谈话要点要做记录,特别是对客户的要求,或希望或投诉,一定要记录清楚,并及时予以处理。能当面或当时答复的应尽量答复;不能当面或当时答复的,通话后要尽快加以研究,找出办法;仍不能解决的,要在两日内报告业务主管,请示解决办法。并在得到解决办法的当日告知客户,一定要给客户一个满意的答复。

(5) 在"销售"后第一次跟踪服务的一周内,业务跟踪员应对客户进行第二次跟踪服务的电话联系。电话内容仍要以客户感兴趣的话题为准,内容避免重复,要有针对性,仍要体现本公司对客户的真诚关心。

(6) 在公司决定开展客户联谊活动、优惠服务活动、免费服务活动后,业务跟踪员应提前两周把通知先以电话方式告之客户,然后于两日内视情况需要把通知信函向客户寄出。

(7) 每一次跟踪服务电话,包括客户打入本公司的咨询电话或投诉电话,经办业务员都要做好电话记录,登记入表(附后),并将电话记录存于档案,将电话登记表归档保存。

(8) 每次发出的跟踪服务信函,包括通知、邀请函、答复函都要登记入表,并归档保存。

(9) 指定跟踪业务员不在岗时,由业务主管临时指派本部其他人员暂时代理工作。

(10) 业务主管负责监督检查售后服务工作;并于每月对本部售后服务工作进行一次小结,每年末进行一次总结;小结、总结均以本部工作会形式进行,由业务主管提出小结或总结书面报告;并存档保存。

(11) 本制度使用以下四张表格:"客户档案基本资料表"、"跟踪服务电话记录表"、"跟踪服务电话登记表"、"跟踪服务信函登记表"。

3. 业务工作接待制度

业务接待工作是业务工作的一个重要组成部分,它包括业务接待工作程序,内容解说,工作内容与要求(即工作内容规定)。

(1) 业务接待工作程序

① 业务厅接待前来公司送修的客户。

②受理业务：询问客户来意与要求；技术诊断；报价，决定是否进厂，或预约维修或诊断报价；送客户离厂。

③将接修车清洗送入车间，办理交车手续。

④维修期间，维修增项意见征询与处理：征询客户意见、与车间交换工作意见。

⑤将竣工车从车间接出：检查车辆外观、技术状况及有关随车物品。

⑥通知客户接车，准备客户接车资料。

⑦业务厅接待前来公司取车的客户，引导客户视检竣工车，汇报情况，办理结算手续、恭送客户离厂。

⑧对客户跟踪服务。

(2) 业务接待工作内容规定

①业务厅接待前来公司送修或咨询业务的客户

工作内容：A. 见到客户驾车驶进公司大门，立即起身，带上工作用具（笔与接修单）走到客户车辆驾驶室边门一侧向客户致意（微笑点头）；当客户走出车门或放下车窗后，应先主动向客户问好，表示欢迎（一般讲"欢迎光临！"）。同时作简短自我介绍。B. 如客户车辆未停在本公司规定的接待车位，应礼貌引导客户把车停放到位。C. 简短问明来意，如属简单咨询，可当场答复，然后礼貌地送客户出门并致意（一般说"请走好"、"欢迎再来"）如属需诊断、报价或进厂维修的应征得客户同意后进接待厅从容商洽；或让客户先到接待厅休息，我方工作人员检测诊断后，再与客户商洽。情况简单的或客户要求当场填写维修单或预约单的，应按客户要求办理手续。D. 如属新客户，应主动向其简单介绍我公司维修服务的内容和程序。E. 如属维修预约，应尽快问明情况与要求，填写"维修单预约单"，并呈交客户；同时礼貌告之客户：请记住预约时间。

工作要求：接待人员要文明礼貌，仪表大方整洁、主动热情，要让客户有"宾至如归"的第一印象。客户在客厅坐下等候时，应主动倒茶，并示意"请用茶"，以表示我方待客礼貌诚恳。

②业务答询与诊断

工作内容：在客户提出维修养护方面诉求时，我方接待人员应细心专注聆听，然后以专业人员的态度、通俗的语言回答客户的问题。在客户车辆需作技术诊断才能作维修决定时，应先征得客户同意，然后我方人员开始技术诊断。接待人员对技术问题有疑难时，应立即通知技术部专职技术员迅速到接待车位予以协助，以尽快完成技术诊断。技术诊断完成后应立即打印或填写诊断书，应明确车辆故障或问题所在然后把诊断情况和维修建议告诉客户，同时，把检测诊断单呈交客户，让客户进一步了解自己的车况。

工作要求：在这一环节，我方接待人员要态度认真细致，善于倾听，善于专业引导；在检测诊断时，动作要熟练，诊断要明确，要显示我公司技术上的优越性、权威性。

③业务洽谈

工作内容：A. 与客户商定或提出维修项目，确定维修内容、收费定价、交车时间，确定客户有无其他要求，将以上内容一一填入"进厂维修单"，请客户过目并决定是否进厂。B. 客户审阅"进厂维修单"后，同意进厂维修的，应礼貌地请其在客户签字栏签字确认；如不同意或预约进厂维修的，接待人员应主动告诉并引导客户到收银处办理出厂手续——领"出厂通知单"，如有我方诊断或估价的，还应通知客户交纳诊断费或估价费；办完手续后应礼貌送客户出厂，并致意"请走好，欢迎再来"。

工作要求：与客户洽谈时，要诚恳、自信、为客户着想，不卑不亢、宽容、灵活、要坚持"顾客总是对的"的观念。对不在厂维修的客户，不能表示不满，要保持一贯的友好态度。

④ 办理交车手续

工作内容：客户在签订维修合同（即维修单）后，接待人员应尽快与客户办理交车手续；接收客户随车证件（特别是二保、年审车）并审验其证件有效性、完整性、完好性，如有差异应当时与客户说明，并作相应处理，请客户签字确认差异。接收送修车时，应对所接车的外观、内饰表层、仪表坐椅等作一次视检，以确认有无异常。如有异常，应在"进厂维修单"上注明；对随车的工具和物品应清点登记，并请客户在"随车物品清单"上签字（详见"随车物品清单"），同时把工具与物品装入为该车用户专门提供的存物箱内。接车时，对车钥匙（总开关钥匙）要登记、编号并放在统一规定的车钥匙柜内。对当时油表、里程表标示的数字登记入表。如即时送车于车间修理的，车交入车间时，车间接车人要办理接车签字手续。

⑤ 礼貌送客户

工作内容：客户办完一切送修手续后，接待员应礼貌告知客户手续全部办完，礼貌暗示可以离去。如客户离去，接待员应起身致意送客，或送客户至业务厅门口，致意："请走好，恕不远送。"

工作要求：热情主动、亲切友好、注意不可虎头蛇尾。

4. 汽车送修制度

（1）为送修车办理进车间手续

工作内容：A. 客户离去后，迅速整理"进厂维修单"，（这时通过电脑，一些车辆统计报表也同时登记），如属单组作业的，直接由业务部填列承修作业组；如属多组作业的，应将"进厂维修单"交车间主管处理。B. 由业务接待员通知清洗车辆，然后将送修车送入车间，交车间主管或调度，并同时交随车的"进厂维修单"，并请接车人在"进厂维修单"指定栏签名、并写明接车时间，时间要精确到十分钟。

工作要求：认真对待、不可忽视工作细节，更不可省略应办手续。洗车工作人员洗完车后，应立即将该车交业务员处理。

（2）追加维修项目处理

工作内容：业务部接到车间关于追加维修项目的信息后，应立即与客户进行电话联系，征求对方对增项维修的意见。同时，应告之客户由增项引起的工期延期。得到客户明确答复后，立即转达到车间。如客户不同意追加维修项目，业务接待员即可口头通知车间并记录通知时间和车间受话人；如同意追加，即开具"进厂维修单"填列追加维修项目内容，立即交车间主管或调度，并记录交单时间。

工作要求：咨询客户时，要礼貌，说明追加项目时，要从技术上作好解释工作，事关安全时要特别强调利害关系；要冷静对待此时客户的抱怨，不可强求客户，应当尊重客户的选择。

（3）查询工作进度

工作内容：业务部根据生产进展定时向车间询问维修任务完成情况，询问时间一般定在维修预计工期进行到70%～80%的时候。询问完工时间、维修有无异常。如有异常应立即采取应急措施，尽可能避免拖延工期。

工作要求：要准时询问，以免影响准时交车。

(4) 通知客户接车

工作内容：A. 作好相应交车准备；车间交出竣工验收车辆后，业务人员要对车做最后一次清理；清洗、清理车厢内部，查看外观是否正常，清点随车工具和物品，并放入车内。结算员应将该车全部单据汇总核算，此前要通知、收缴车间与配件部有关单据。B. 通知客户接车：一切准备工作之后，即提前一小时（工期在两天之内），或提前四小时（工期在两天以上包括两天）通知客户准时来接车，并致意："谢谢合作！"；如不能按期交车，也要按上述时间或更早些时间通知客户，说明延误原因，争取客户谅解，并表示歉意。

工作要求：通知前，交车准备要认真；向客户致意、道歉要真诚，不得遗漏。

(5) 对取车客户的接待

工作内容：A. 主动起身迎候取车的客户，简要介绍客户车辆维修情况，指示或引领客户办理结算手续。B. 进行结算。客户来到结算台时，结算员应主动礼貌地向客户打招呼，示意台前座位落座，以示尊重；同时迅速拿出结算单呈交客户；当客户同意办理结算手续时，应迅速办理，当客户要求打折或其他要求时，结算员可引领客户找业务主管处理。C. 结算完毕，应即刻开具该车的"出厂通知单"，连同该车的维修单，结算单，质量保证书，随车证件和车钥匙一并交到客户手中，然后由业务员引领客户到车场作随车工具与物品的清点和外形视检，如无异议，则请客户在"进厂维修单"上签名。D. 客户办完接车手续，接待员送客户出厂，并致意："××先生（小姐）请走好。""祝一路平安！欢迎下次光临！"

工作要求：整个结算交车过程、动作、用语要简练，不让客户觉得拖拉烦琐。清点、交车后客户接收签名不可遗漏。送客要至诚。

（资料来源：安静的晚风．最佳答案．百度知道．http://zhidao.baidu.com/question/32105363.html，2007-8-21）

附录10 可口可乐的战略性潜在客户挖掘计划

(负责人：　　　　团队成员：　　　　　　　　　　　　　　　　)

1. 确定目标客户

可口可乐把新客户分成4类：销售其他品牌饮料而不卖可口可乐产品的客户；以前曾经销售过可口可乐产品但因为某种原因现在不卖了；有销售饮料的需求，但还没有开设售点的地方；有潜力经营饮料但目前还没有经营的客户。

2. 制订客户开发计划

(1) 在开发新客户以前要求业务代表要有足够的心理准备，同时还要补充好必备的产品知识。

① 铺货率。

A. 不同包装产品在同一售点的铺货率。可口可乐公司的同一品牌有着不同形式的多种包装，以可口可乐为例即分为：PET（塑料瓶）、RB（玻璃瓶）、CAN（易拉罐）、POM（现调杯)等类型。那么在同一售点如果采取单一品牌多种包装铺货的办法,无疑会大大提高可口可乐产品的铺货率。所以,作为可口可乐的业务代表就要熟知每一种产品包装的特点、优势以及给客户和消费者所带来的利益。例如,600ml 的 PET 具有:便于携带、适合一人多次饮用等优势,它带给消费者的利益是可以适合消费者在多种场所方便地饮用。业务代表只有了解了不同包装的不同特点、优势和利益后,才有助于向客户推荐合适的包装组合,也才会提高多种包装产品的铺货率。

B. 多种品牌在同一售点的铺货率。由于可口可乐公司是采取多品牌(可口可乐、雪碧、芬达、天与地、醒目、酷儿等)策略运作的企业,所以在同一售点,如果加大可口可乐全系列品牌的铺货率将会更好地满足消费者的需求,从而提升产品的市场占有率。作为可口可乐的业务代表,要了解以上各种品牌的形象、目标消费群的特点和需求,并且只有在熟知这些品牌知识的基础之上才会更加有助于向客户推荐适合他经营的品牌组合。

② 冷饮设备。

根据可口可乐的研究表明:当消费者品尝到温度保持 3℃ 的可口可乐时,最能体验到冰凉解渴、美味怡神的最佳口感。更会使消费者对品牌情有独钟,并留下良好的品牌印象。为了达到这一目标,可口可乐准备了多种冷饮设备供客户使用,从而确保消费者在售点上购买到冰冻的可口可乐产品。因此,业务代表在投放冷饮设备时,要做到:

A. 选择合适的客户。可口可乐在投放冷饮设备时,首先要充分考虑到拟投放售点的基本条件。而且要充分评估投放冷饮设备后,所能产生的额外销量。其次客户是否能做到专卖,以及是否有一定的管理能力等,这些条件都会作为可口可乐公司是否选择在此客户处,投放冷饮设备的评估指标。

B. 冷饮设备的摆放。可口可乐系列冷饮设备的摆放原则是:首先要放在最显眼的地方,只有放在最显眼的地方,才能够让消费者不费力就注意到冷饮设备的存在。其次要放在售点人流量较多的地方,这样就可以使消费者更方便地购买冰冻的可口可乐产品。

(2) 要了解所开发的新客户。主要包括售点的类型、经营范围、主要的目标顾客群以及老板本人的一些基础状况等。

(3) 制定拜访目标与计划。可口可乐认为:我们不是来赚钱的,而是和"价值链"中的伙伴共同创造财富。可口可乐认为给客户(零售商)带来的利益如下:

① 缩短货架周转周期;

② 降低存货积压成本;

③ 减少断货情况;

④ 可以辨别出滞销商品;

⑤ 在消费者心目中树立良好的形象,提高对零售商的忠诚度。

销售人员若在拜访客户中接到订单,则必须告知客户产品送货的预计日期。无论是由于销售事宜或仅仅是生动化拜访,在拜访结束后,都不要忘记答谢客户,并告知其下次拜访的日期。

(资料来源:佚名. 卓越的终端管理:解密可口可乐的"金字塔计划". 全仔加油站网. http://hi.baidu.com/jywy168/blog/item/40b35bf1ddd4deca7831aa8d.html,2008-08-03)

附录11 某通用耗材厂家客户开发实训报告

(负责人：　　　　　团队成员：　　　　　　　　　　　　　)

国内某通用耗材厂家 A 主要以生产兼容墨水为主(主要给行业内的兼容厂家提供墨水)，在去年开始进入兼容墨盒、硒鼓、色带领域，这些产品大多以 OEM 为主。在国内有22名销售经理(其实是光杆司令)，只有一个销售部门，并没有市场部。因为产品质量和营销管理的问题，全国每月的销售额大约为20万~30万元。在经过和高层激烈的讨论以后，大客户部随即产生了，当然这个部门除了人以外，什么也没有，一切必须从零开始。本实训组就其大客户开发进行了跟踪调研，经过认真分析总结，使实训体验得到深化，并形成了如下实训报告。

1. A 品牌大客户的定义

行业内竞争没有任何秩序，渠道主要为电脑批发城、文具批发城，新兴渠道的建设大家都还处在探索阶段，于是 A 公司开始给他们公司的大客户进行定义，到底谁才是他们真正的大客户呢？我们先来看看下面的大客户：

(1) 国际型的大卖场——包括沃尔玛、家乐福、麦德龙、山姆、好又多、易初莲花等；

(2) 国内大型家电、IT 数码连锁企业——国美、苏宁、顺电、永乐、五星、三联等；

(3) 文具生产企业(主要为 OEM、ODM)——包括齐心、得力、益而高等；

(4) 金融行业生产商——百佳一本、康艺、普霖等；

(5) 原装设备代理商——佳能、HP、爱普生、利盟、施乐等原装厂家的代理商；

(6) 影像处理商——柯达、富士、爱克发、柯尼卡、乐凯等；

(7) 办公设备及纸张生产企业——科密、三木、千叶百汇、欧梅、亚龙、亚太等；

2. 大客户价值分析

经过 A 公司的调查发现这些大客户的情况都不一样。

(1) 国内外的大卖场——这类客户的主营业务不在办公用品领域，他们也不重视这一块的业绩，而且他们对品质要求很严格，所以都不敢尝试兼容的，怕承担责任(麦德龙和山姆的机会比其他要大得多)；

(2) 国内大型家电、IT 数码连锁企业——这类客户有的已经在运作了，像永乐，但销售状况整体不好，原因是消费者的购买习惯还未养成，而且客户本身并不重视这些产品所带来的利润(所占的比例太小)合作方式主要为代销；

(3) 文具生产企业(主要为 OEM、ODM)——在国内文具行业具有绝对的渠道和网络，而且它们本身的产品利润已经越来越少，正在寻找新领域产品的利润增长点，这是通用耗材行业的最好的机会；

(4) 金融行业生产商——这类客户具有强大的金融、政府等终端网络，可以让我们的产品直接而且快速地走向终端，是很值得我们去开发的，主要是贴牌加工；

(5) 原装设备代理商——原装产品的利润已经能够让他们倒闭,在前几年他们通常都是通过经营假冒产品来获利,而现在政府的打假能力越来越强,再经营假冒品的机会已经是越来越小了,风险太大的事一般人都不愿意做,所以他们选择经营通用耗材来补充原装产品的利润是很正常的事,最好帮他们贴自己的品牌(深圳爱丽斯就是最好的例子);

(6) 影像处理商——很难接受通用的产品,主要是以提供墨水为主;

(7) 办公设备及纸张生产企业——因为销售渠道相对一致,这类客户在国内也具有不错的分销网络,是值得尝试的未来渠道,合作方式以代理为主。

于是A公司从当中挑出了最符合他们的几个客户出来(主要是文具行业的)开发。(由于篇幅有限,以下我们就以典型的客户为例)

3. 大客户开发策略

(1) Y客户

现状:拥有相当具有耗材销售力的办公纸张分销网络;此网络每年的销售额高达8亿元以上,单一品牌的销量在全国排名第一,"QJ"的品牌在国内办公用品行业已经具有相当大的品牌价值;现在国内已经有20余家店面,主要分布在江苏和浙江,其负责人说在一年内将增加到150家以上。拥有系统的经营运作团队,拥有高效、强大、低成本的物流配送体系,拥有国内办公行业最强大的运作资金,拥有终端的控制和办公用品领域的全面化(和纸张紧密关联的产品)是该公司必须发展的方向之一。

策略:通过Y公司的纸张网络、目录手册等渠道销售;原产品客户数据库销售;通过他们培训支持来提高整体销售能力;通过Y公司的网站来进行大客户拓展。我们公司之间的产品关系就像食用油和食用盐的关系密不可分,没有菜(复印、打印机)它们永远都成不了主角,市场竞争运作发展的结果必定是"上下游"企业、"产品兄弟"的强强联合,A公司和Y公司也是一样的关系。

(2) W客户

现状:W公司在该城市有30多家零售店面,并且已经在其他城市建立的两个零售店面,集团年销售额已经达到了3亿元以上,是我国最大文具销售商。W公司在该城市的直销网络有十几个办事处大约一百多个直销人员,在以终端为王的办公文具市场,这些遍布在每一个角落的销售人员将是企业最大的价值所在,在零售店面上,W公司也是在国内文具零售行业里第一个把OA设备、耗材、IT数码独立于传统文具并建立专卖店的企业,并设立了独立于传统文具的事业部,在采购、销售、管理上都有专门的经营团队,其目的很简单,吃掉办公文具行业里最后一块蛋糕,设备售后服务与通用耗材销售;W公司还是文具行业里拥有自己刊号发行办公杂志的少数企业之一;在渠道方面,文具除了拥有强大的市场网络外,还有自身具有很强杀伤力的OEM产品,这些产品除了遍布该省外,在湖南、湖北、上海等地也到处可见,主要有两个品牌"×力"和"××斯",产品涉及文件管理系统、本册、纸张、桌面用品、办公设备等上百个品种。

策略:由于其终端的网络只限制在本城及周边城市,所以前期可以考虑让其先做我们公司的品牌代理(或一个全新品牌),这样可以获得较可观的利润,而且可以把该城市做成我们的样板城市,这样对我们的招商和公司在同行业的知名度都有相当的影响,在W公司我们的所有的价值都体现在产品身上,目的是以低价抢占市场份额。实行双品牌策略,以前期操作我们现有产品而沉淀下来的客户进行市场细分,做出双方共同拥有的品牌(或OEM"×力"

和"××斯"品牌）。

4. 总结

我们可以看到大客户的开发和维护与普通客户的开发是决然不同的，我们建议每一个大客户都应该按一个细分市场来操作，每一个大客户就是一个项目。从这个开发的过程我们可以注意到一点，那就是了解客户占了我们工作内容的60%，当你都还不知道客户需要的是什么的时候，试问你提供给客户的方案能够满足他吗？自然客户也不会接受你，大客户真正需要的是了解和知道他们需求的供应商，当大客户需求的利益和你给的解决方案最大限度的重合时，那你就成功了。

附录12 提高寿险公司服务客户满意度途径的实训报告

（负责人：　　　　团队成员：　　　　　　　　　　　　　　）

我国在新中国成立之初就已经有保险业的出现，经历了初步的发展后，在时代的强制下，遭遇了一段时期的封冻，直到20世纪80年代改革开放时才重新走上正轨，随着经济的飞速发展，保险业也取得了惊人的成绩，以仅仅30年左右的时间猛追国外水平，但是高速发展必然会导致很多问题的出现，仅仅在量上有着规模扩张式的发展，却缺少相应的质的突破。

为深入调查保险市场的现状和问题，本实训组以实践为基础，真正以一名保险从业人员的身份对保险终端市场做了细致翔实的调查，得出了实际和客观的数据。经过认真分析总结，使实训体验得到深化，形成了如下实训报告。

1. 人寿保险市场的现状及问题

（1）人寿保险诚信程度问题是首要问题

保险行业是一个比较特殊的行业，有其独到的运作方式，整个行业都是架构在非常诚信的基础上的，而这个特殊的诚信是由国家作为其强大的保障，才使得保险行业受到人们的接纳。目前，在经济危机的时代背景下，人们对经济板块有着相当的敏感态度，诚信问题主要表现为保险终端市场上从事保险产品销售和售后的工作人员没有按照相关规定和《保险法》的要求，为客户提供保险服务，保险从业人员包括中介机构和中介人员等为完成保险公司规定时间内的任务指标，用尽一切办法和关系，忽视职业道德，在保险行销过程中，虚夸保险职能，口头扩展保险责任，不履行如实告知保险责任条款的义务，导致客户很难明确自己所购买的保险能给自己提供的保障，而由于保险条款的专业性和复杂性，普通没有保险知识的人根本无法解读，从而导致发生保险事件时客户申请理赔受到阻碍，最终导致保险市场秩序混乱，保险业的发展遭遇瓶颈状态。

（2）人寿保险产品结构单一，不能满足人们的具体要求

目前保险市场上的保险产品结构十分单一，虽然每一种寿险产品我们都有涉及，但却只

是停留在初级阶段,或者是模仿国外的相关险种,没有细腻程度上的创新,不能使保险的功能与人们生活密切相关的关系体现出来,很多人想要的却无法承保,不需要的却接连不断地登门而至。笔者在营销过程中遇到的客户中有高达83%的客户提到过"这个保险我有!"各个寿险公司主推的险种还是以长期万能型、分红型为主,此类险种通常投资较大,保险期间较长,很难在短期内收益,对于经济危机的特殊时期,人们都很谨慎手中持有的货币资金,更不愿意选择超过五年的长时期的投资方式,他们更愿意相信手中的货币才是真正的资产,十年二十年以后的再大的利益也不愿意去冒险,尤其是仅仅一纸合同的保险。其他类型的短期险更是结构单一,短期意外型的险种基本上是千篇一律,保险责任大同小异,除了保险期间和费率等有少许差异外,基本上没有什么新意,相比之下国外的险种有很多贴心之处值得我们学习和借鉴。

（3）人寿保险市场不正当竞争仍需解决

随着保险主体的日益增多,保险市场上的竞争越来越激烈,每个大型城市基本上每年都会有几个甚至十几个的新公司成立,犹如雨后春笋一般,保险主体的增多无疑是保险市场正在走向繁荣的最直接表现,说明整个行业正处于蒸蒸日上的阶段,竞争的激烈会导致非正当竞争的产生,为获得市场份额,实现规模报酬递增效应,有的公司通过各个领导层次的关系网拉拢客户,违反保险法的相关规定。有的公司之间大打价格战,通过不正当手段向客户、中介机构、其他利益相关者返还佣金,有悖于竞争规则,致使有些客户会在购买产品过程中直接索要从业人员佣金,很是影响保险市场秩序。

2. 提高保险服务客户满意度的途径

保险行业集聚了众多行业的特征,因此,可以考虑将保险行业拆分为若干行业来区分对待,再将其综合起来考虑,相信应当会有所突破和创新。

第一,寿险业应当吸收银行业的众多优点。银行业是我国金融行业中最成熟、最规范、最稳健的行业。同银行业一样,保险业也是由中央政府机关直接掌握的,监督银行的有银监会,监督保险行业的有保监会,银监会监督银行业的日常活动和各种金融政策,为其正常运转提供强大的后台保障,这就要求保监会也起到相应的作用,要求政府机关全力的配合,要求保险业严格按照保监会的规定发展,以政府导向为发展方向。而且应当学习银行业的规范性和成熟性,银行业尤其具有完善的管理制度和信息披露制度,也有非常完备的法律支撑,我国新保险法的出台也在很大程度上填补了管理依据的空白,有利于新的历史环境下保险业的发展。

第二,寿险业应当借鉴律师行业的法律管理经验。律师行业是从事提供法律服务的行业,凡属律师行业的任何事项都有严密的法律体系支撑。在经济环境复杂而不乐观的环境下,寿险行业正应当借鉴这种规范的管理手段,人们之所以信任法院和法律行业,就是因为法律是国家所颁,是国家权威和尊严的结晶,寿险行业在人民群众中的口碑并不是很理想,以为保险业的法律执行并不严格,很多地方都不按照《保险法》的规定办事,很难在人民心中树立铁一样的信任度。

第三,寿险业是一个非常需要爱心的行业,需要良好的售后服务。教育业被社会评价为售后服务最好的行业,在收纳教育经费后,会有学校来安排合适的课程,合适的老师,合适的教学计划。会让学生有最大限度的收获,老师也会全力配合学生和家长来提高教学质量,提高自身知名度。寿险行业所具有的特殊性要求必须能够保障良好的售后服务,因为销售过程只是保险合同达成的过程,而寿险合同的效力会长达十几年甚至几十年,因此要求寿险公司必须提供良好的售后服务以保障被保险人在保险期间内所受到服务的周到性和满意性,这样才能使人们对保险业的信任度提升。

第四,寿险行业一定要在人们心目中有一个良好、特殊的形象,就仿佛我们提到的"白衣天使"就等同于医生一样,而航空服务业为我们提供了一个良好的榜样,任何航空公司都有属于自己的形象设计,都会给人们加倍的亲切感和认同感,给人们一种规范和正规的感觉。在与人接触的过程中,第一印象会在很大程度上主导日后的交往的结果,尤其寿险行业营销一线上整日与各种人群接触,形象上的必然要求给人们一种亲和力和信任感,以打破接触中的第一道障碍。

第五,寿险行业也应当具有餐饮业的服务标准。餐饮业的服务人员都经过专门的培训,拥有非常好的职业操守和服务观念,时刻保持以顾客为上帝的服务理念,在人们心中留下良好的口碑。寿险行业更需要这样的服务理念,因为对于长期的险种,由谁开发的客户,日后就会由这名营销员来跟踪服务,有的甚至要为其提供长达几十年的保险服务,简直可以说是半生的朋友,因此,如果没有一个特别好的服务态度很难让客户享受到应得的保险服务,很难使客户成为我们保险业真正的朋友与支柱。提高服务水平是必须有的经营手段,公司应当也组织相应的定期培训与考核,严格把守保险从业人员的服务观。

附录 13　商业银行分析型 CRM 系统的发展与问题调研实训报告

(负责人：　　　　团队成员：　　　　　　　　　　　　　　　)

从信息技术发展的角度看,企业从以账户处理为核心的联机数据库阶段发展到以客户信息整合为中心的数据仓库建设阶段。同时,企业管理的出发点也从关注与客户的成交量转变为关注客户细分市场、客户忠诚与满意度、营销效率与交易成本以及客户价值提升。因此,企业界更加关注客户关系管理系统的建设与应用。

本次调查主要解决的问题是分析性 CRM 系统目前在商业银行中的应用现状如何？有何发展前景？以及发展中主要存在的问题和解决方法。形成如下实训报告。

1. 调研需求分析

近年来,国内商业银行不约而同地建设企业级数据仓库、数据集市以支撑分析型 CRM 系统应用于目标客户营销、市场细分、客户风险管理,其紧迫性来源于客户需求和市场竞争压力。从银行业体系结构的变化来看,我国银行业体系已走向多元化,并加速以 15 家国有商业银行与股份制银行为主导、百余家地方性银行"百舸争流"发展的竞争格局。

另外,国内客户对商业银行金融产品和服务的认识逐渐加深,挑选为其服务机构的选择面进一步扩大,客观上也促使商业银行之间竞争的加剧。以国内个人信用卡产品市场为例

(如图1所示),从2006—2008年期间四家国内知名信用卡产品金融服务机构市场份额经历了较大幅度的变化,有的金融服务机构的市场份额逐年下降、有的金融服务机构市场份额发生起伏、有的金融服务机构市场份额逐年大幅增长。

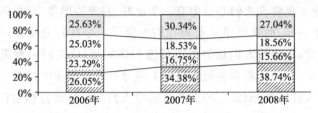

图1　国内部分商业银行信用卡市场份额比较

2. 影响分析型 CRM 系统稳步成长的关键因素

分析型 CRM 系统的建设与应用涉及项目管理的方方面面,既有制度文化、组织结构的影响,也受建构方法、系统架构方面的制约。从信息管理的角度看,影响分析型 CRM 系统稳步成长的关键因素中较为突出的有以下两点。

(1) 建设与持续完善客户统一视图。客户统一视图指客户在商业银行金融资产、负债以及交易情况的信息集合。企业构建的客户统一视图越全面、越完善,了解客户的行为、偏好、特性就越准确、越客观,在此基础上进行目标客户市场细分、开展重点产品销售、管控潜在风险更有针对性,相应的客户关系维护工作更贴近客户愿意接受的心理预期。

(2) 制定客观、准确的客户价值评价方法。客户价值评价(客户贡献度模型)指客户为商业银行带来的全部收入扣减商业银行为其服务产生成本后的收益,其实质是计算客户给商业银行带来的利润。

3. 调研中发现的问题及解决方法

我国商业银行在解决分析型 CRM 系统建设的过程中需要探讨的问题还有很多。不过,从实践经验看,有以下几个问题应予以重视。

(1) 与系统建设相关的制度创新不足,无法满足分析型系统建设的节奏。国内商业银行大部分信息技术研发制度停留在基于账务处理、核算清算等定制化的业务需求研发阶段,对个性化信息服务的人力资源、设备资源投入明显不足,面对灵活多变的市场决策业务需求反应速度迟缓。

(2) 缺少对产品、渠道、服务使用成本的准确计量,亟待管理会计不断完善和发展。分析型 CRM 系统对营销活动的改善效果之一在于降低服务成本。而降低服务成本的首要条件是必须客观、准确地核算每一个产品、渠道、服务的资源耗费。因此,商业银行必须有能力进行管理会计体系的构建,为计量营销成本、开展营销活动奠定基础。

(3) 考核激励制度的创新和合理分配营销活动利润是分析型 CRM 系统长期深入应用的主要推动力。在分析型 CRM 系统应用的初级阶段,大多以报告和分析业务现状为主导,对考核激励制度创新要求并不高。一旦进入分析型 CRM 系统更高级的应用阶段,其对营销管理机制的影响非常显著。

(4) 组建跨部门职能的工作小组,积极推进"事件式"营销活动。开展"事件式"营销活动是分析型 CRM 系统应用的高级形式,能使商业银行真正"引导"顾客行为按照有利于企业经营的方向发展,而不是被动地适应客户的需求变动。

(5) 收集数据的广度需要进一步扩大。一般而言,我国商业银行信息系统建设以账务处理为始,逐步建设数据集市直至数据仓库阶段,较少"以客户为中心"收集客户信息及交易信息。其缺点是,分析型 CRM 不能回答带有社会属性的客户分层问题。但是,客户的社会属性往往更能影响客户的购买行为。

(6) 缺少准确的客户特征信息,不能记录客户成长过程。目前,这个问题给商业银行带来极大的困扰,企业耗费资源所存储的客户信息不能使用,而且有些关键的客户资料即使运用了最严格的数据治理规则也不能准确记录。此问题产生的最为严重的后果是,商业银行依据客户交易行为建立的预测模型将失去用武之地,主要是不知道具有哪些特征的客户适用这些行为模式。

总之,我国商业银行建设与应用分析型 CRM 系统的历程与国外商业银行相比还比较短,遇到的一些关键问题也未能得到很好的解决。尽管如此,如果坚持分析型 CRM 系统建设目标,紧紧把握系统应用的业务价值,运用"螺旋式"发展理念来解决当前存在的问题,分析型 CRM 系统必将稳步发挥其系统的功用,极大地提升金融企业的盈利能力。

1. 朱云龙,南琳,王扶东.CRM理念、方法与整体解决方案.北京:清华大学出版社,2004
2. 郝雨风.卓越绩效的客户经营.北京:中国经济出版社,2009
3. 托马斯·N.英格拉姆(Thomas N. Ingram)等.专业销售——基于信任的方法.4版.北京:中国人民大学出版社,2009
4. 於军.服务问题讨论管理.上海:上海人民出版社,2008
5. 周洁如,庄晖.现代客户关系管理.上海:上海交通大学出版社,2008
6. 托马斯·N.英格拉姆等.专业化销售——基于信任的方法.方毅平译.北京:中国人民大学出版社,2009
7. 谭新政.感动上帝,售后服务管理师职业培训教程.北京:中国广播电视出版社,2008
8. 李光明,李伟萁.客户管理实务.北京:清华大学出版社,2009
9. 李先国,曹献存.客户服务实务.北京:清华大学出版社,2006
10. 谷再秋,潘福林.客户关系管理.北京:科学出版社,2009
11. 张永红.客户关系管理.北京:北京理工大学出版社,2009
12. 杨勇.市场营销:理论、案例与实训.北京:中国人民大学出版社,2006
13. 杨莉惠.客户关系管理实训.北京:中国劳动社会保障出版社,2006
14. [美]B.约瑟夫·派恩(B. Joseph Pine Ⅱ),[美]詹姆斯·H.吉尔摩(James H. Gilmore).体验经济(修订版).夏业良译.北京:机械工业出版社,2008
15. 马连福.体验营销——触摸人性的需要.北京:首都经济贸易大学出版社,2005
16. [美]约瑟夫·米歇利.金牌标准(丽思卡尔顿酒店如何打造传奇客户体验).徐臻真译.北京:中信出版社,2009
17. 郭亚军.先做朋友后做生意.北京:中国致公出版社,2009
18. Lerbinger,Otto.危机管理.北京:读品文化出版社,2003
19. 马刚.客户关系管理.大连:东北财经大学出版社,2005
20. 何荣勤.CRM原理·设计·实践.北京:电子工业出版社,2006
21. 李怀祖,韩新民.客户关系管理理论与方法.北京:中国水利水电出版社,2006
22. 吴清,刘嘉.客户关系管理.上海:复旦大学出版社,2008
23. 郑方华.客户服务技能案例训练手册.北京:机械工业出版社,2006
24. 费建平.数据库营销方案设计.北京:机械工业出版社,2006
25. 周云霞.仓储管理实务.北京:电子工业出版社,2008
26. 钱芝网.仓储管理实务情景实训.北京:电子工业出版社,2008
27. 李玉民.配送中心运营管理.北京:电子工业出版社,2007
28. 杨凤祥.仓储管理实务.北京:电子工业出版社,2005
29. 李万秋.物流中心运作与管理.北京:清华大学出版社,2003
30. 李永生.仓储与配送管理.北京:机械工业出版社,2009
31. 刘联辉.配送实务.北京:中国物资出版社,2009
32. 秦明森.流作业优化方法.北京:中国物资出版社,2003
33. 孙宏岭,戚世钧.现代物流活动绩效分析.北京:中国物资出版社,2001
34. 孙宏岭.高效率配送中心的设计与经营.北京:中国物资出版社,2002
35. 王智明.物流管理案例与实训.北京:机械工业出版社,2003

36. 翁心刚.物流管理基础.北京:中国物资出版社,2009
37. 徐天亮.运输与配送.北京:中国物资出版社,2006
38. 许胜余.物流配送中心管理.成都:四川人民出版社,2002
39. 姚城.物流配送中心规划与运作管理.广州:广东经济出版社,2004
40. 真虹,张婕妹.物流企业仓储管理与实务.北京:中国物资出版社,2003
41. 赵曾海.招标投标操作实务.北京:首都经济贸易大学出版社,2006
42. 韦强.论信息时代如何提升客户满意度.海南省通信学会论文集(二〇〇二年),2002
43. 林自葵,张军,李正.客户关系管理在物流企业的应用.首届中国物流学会年会论文集,2002
44. 朱桂平.客户关系管理与分销渠道整合."安财杯"流通现代化研讨会论文集,2002
45. 程虎得.企业网上电子商店系统的建设探讨.全面建设小康社会:中国科技工作者的历史责任——中国科协 2003 年学术年会论文集(上),2003
46. 侯志翔.浅述邮政企业核心竞争力.2003 年内蒙古自治区自然科学学术年会优秀论文集,2003
47. 王郑达.探讨 CRM——客户关系管理在烟草行业中的应用.中南片 2003 年烟草学术交流会论文集,2004
48. 王冰.构建广电企业的分析型 CRM 系统.2004 国际有线电视技术研讨会论文集,2004
49. 肖红.CRM 的理论及在企业中的应用研究.成都:西南财经大学出版社,2000
50. 吴显仁.工商银行零售银行客户信息数据库建设.成都:西南财经大学出版社,2000
51. 刘瑞霞.中国工商银行企业法人客户评价办法.载中国城市金融,2001(04)
52. 舒华英,齐佳音.客户关系稳定期:与客户保持生生不息的长期互动.载通信世界,2004(24)
53. 张贵华.剖析企业客户关系管理的十大误区.载湖南商学院学报,2005(02)
54. 钱自芳.试论销售企业客户满意度管理.载国际市场,2007(03)
55. 王贤平,刘友华.数据挖掘在企业客户行为分析中的应用.载情报杂志,2004(05)
56. Timothy L. Keiningham, Tiffany Perkins-Munn, Lerzan Aksoy, Demitry Estrin,李海岚.提高客户满意度是否会增加企业盈利.载市场研究,2006(06)
57. 陈明亮,袁泽沛,李怀祖.客户保持动态模型的研究.载武汉大学学报(社会科学版),2001(06)
58. 佚名.CRM 将客户关系带入一个全新的领域.载现代制造,2001(06)
59. 魏仁干.精益思想在客户管理中的应用.载中国市场,2006(36)
60. 黄鹤泉.企业客户关系管理.载煤矿现代化,2001(03)
61. 唐震坤.客户满意与忠诚.载当代经理人(下旬刊),2006(11)
62. 梁佳聚,明培珍.规范客户管理 实现产销双赢.载国际石油经济,2004(08)
63. 程凤谷.加强客户管理是搞活经营的突破口.载农村金融研究,1998(10)
64. 洪晓成.客户管理的知与行.载中国邮政,2006(06)
65. 李群英,陈土法.加强商业银行客户管理的举措与提高.载浙江金融,2002(11)
66. 唐波.配送环节的客户管理.载商业时代,2005(16)
67. 黄辉,朱山涛.客户关系管理实施六步曲.载知识经济,2001(07)
68. 佚名.中国工商银行推出新的企业法人客户评价办法.载中国城市金融,2001(04)
69. 朱强,崔凤芳.论国有商业银行的客户管理.载现代金融,2004(06)
70. 马跃.危机公关与媒体沟通.载今传媒 TODAY'S MASSMEDIA,2005(5)
71. 何荣勤.CRM 原理设计.实践.北京:电子工业出版社,2006
72. 李怀祖,韩新民.客户关系管理理论与方法.北京:中国水利水电出版社,2006
73. 吴清,刘嘉.客户关系管理.上海:复旦大学出版社,2008
74. 郑方华.客户服务技能案例训练手册.北京:机械工业出版社,2006
75. 费建平.数据库营销方案设计.北京:人民邮电出版社,2006

76. 郑方华.客户服务技能案例训练手册.北京:机械工业出版社,2006
77. 李光明,李伟萁.客户管理实务.北京:清华大学出版社,2009
78. 纪希禹.数据挖掘技术应用实例.北京:机械工业出版社,2009
79. Michael J. A. Berry,Gordon S. Linoff.数据挖掘技术市场营销、销售与客户关系管理领域应用.北京:机械工业出版社,2006
80. 石赟.推销要懂心理学.北京:北京大学出版社,2009
81. 帕翠珊·B.西博尔德,罗尼·T.马萨克.客户关系管理理念与实例.北京:机械工业出版社,2002
82. 常青.完美沟通.北京:机械工业出版社,2006
83. 金正昆.商务礼仪教程.北京:中国人民大学出版社,2009
84. 张波.口才训练教程.北京:机械工业出版社,2002
85. 王超逸,马树林.最经典的企业文化故事.北京:中国经济出版社,2008
86. 张泽玲.当代大学生心理素质教育与训练.北京:机械工业出版社,2004
87. 赵中利.现代秘书心理学.广东:高等教育出版社,2004
88. 沈杰,方四平.公共关系与礼仪.北京:清华大学出版社,2006
89. 鹏奏平,谢伟光.公共关系实务.北京:清华大学出版社,2004
90. 杨丽萍.公共关系理论与技巧.广东:高等教育出版社,2005
91. 杨丽敏.现代职业礼仪.广东:高等教育出版社,2007
92. 王红,朱宪玲.职业女性形象设计.广东:广东旅游出版社,2004
93. 吴勤堂.公共关系学.湖北:武汉大学出版社,2007
94. 居延安.公共关系学.上海:复旦大学出版社,2005
95. 张岩松等.公共关系案例精选精析.北京:经济管理出版社,2003
96. 李红梅.现代推销实务.北京:电子工业出版社,2005
97. 杨智斌.怎样和客户交朋友.北京:电子工业出版社,2009

网上资源:
1. 李翊玮.客户体验管理的方法与应用.中国服装网.http://www.sina.com.cn
2. 佚名.经常联系客户如何保证有效.企博网.http://www.bokee.net/.2010-7-21
3. 中泰园林.回答:我有铸造厂,怎样才能联系客户.阿里巴巴网.http://baike.china.alibaba.com/doc/view-d3718761.html,2010-3-17
4. 佚名.回答:联系客户的主要方法是怎样的.百度知道.http://zhidao.baidu.com/question/33847632.html.2007-8-2